编 委 会
（按音序排列）

社会批判理论纪事

第15辑

教育部人文社会科学重点研究基地
南京大学马克思主义社会理论研究中心　主办

主　　编　张一兵
副 主 编　唐正东　刘怀玉
执行编辑　周嘉昕　孙乐强

Register of Critical Theory of Society

江苏人民出版社

图书在版编目(CIP)数据

社会批判理论纪事. 第 15 辑 / 张一兵主编. --南京：
江苏人民出版社，2023.9
ISBN 978-7-214-28364-1

Ⅰ. ①社… Ⅱ. ①张… Ⅲ. ①社会批判论-丛刊
Ⅳ. ①C91-55

中国国家版本馆 CIP 数据核字(2023)第 179812 号

书　　　名	社会批判理论纪事(第 15 辑)	
主　　　编	张一兵	
责 任 编 辑	王　溪	
装 帧 设 计	许文菲	
责 任 监 制	王　娟	
出 版 发 行	江苏人民出版社	
地　　　址	南京市湖南路 1 号 A 楼，邮编：210009	
照　　　排	江苏凤凰制版有限公司	
印　　　刷	江苏凤凰数码印务有限公司	
开　　　本	652 毫米×960 毫米　1/16	
印　　　张	23.25　插页 2	
字　　　数	334 千字	
版　　　次	2023 年 9 月第 1 版	
印　　　次	2023 年 9 月第 1 次印刷	
标 准 书 号	ISBN 978-7-214-28364-1	
定　　　价	65.00 元	

(江苏人民出版社图书凡印装错误可向承印厂调换)

目　录

卷首语

　　正如马克思在 1859 年《〈政治经济学批判〉序言》中指出的那样,对于我们所面对的历史时代,我们只能提出自己时代可能完成的任务,而这种任务的提出必须通过对时代的分析才是可能的,因为正是在这种分析中才能真正捕捉历史绽放的真实瞬间,瞥见那一缕细微的光亮。这意味着,不仅任何试图想象未来可能性的规划或行动都依赖于对社会现实的科学把握,而且在历史变迁中不可能存在一种适合所有时代的普遍的解释模式或理论方案。在历史走入当代、资本主义走向全球的复杂语境之下,对于马克思主义来说,无论是基于理论自身的维度试图发展历史唯物主义,还是始终保持对现实的批判性关照以推动社会的前进,在任何一个视角上,科学地分析、诊断并批判资本主义的当代变化和发展都是马克思主义走向当代并深化自身理论的题中应有之义。

　　正是在追问马克思主义如何走向当代这一时代课题之时,当代西方激进理论家作出了极富意义的探索。21 世纪以来,资本主义进入数字化时代,数字资本主义不仅以其新的面貌重塑了资本运动的轨迹从而表现出了新的独特姿态,而且在数字化、智能化等先进技术的层面带给人们别样的体验。面对数字化时代的资本主义,西方加速主义思想家展开了异常激进又颇为独特的理论思考。说它"激进",不仅在于加速主义理论内部由于政治立场和倾向的对立和分化导致理论上的相互竞争,而且在于政治行动上的干预策略与传统马克思主义大相径庭。说它"独特",既是因为加速主义在试图为革命策略奠定前提的知识学方案重新打开哲学领域熟悉的思考,亦是因为它在历史认识论层面对马克思主义的颠覆性改造。

无论如何,面临我们所处的数字时代,马克思主义哲学并非简单地拒斥我们所处的条件,而是在与时代的共振中对我们自身与所处的时代条件之间的关系展开自我反思和批评。在这一意义上来说,加速主义理论家的独特思考作出了有益的探索。然而,对于加速主义的哲学思索,我们不仅需要回到马克思以找寻真实的起点从而面对各种新奇的理论思考,而且亦需要在走向文本和历史深处的过程中深化自己的方法论自觉意识。

本书第一部分呈现了当代西方加速主义理论家的代表作品,既包括以尼克·兰德为代表的右翼加速主义,也涵盖了以亚历克斯·威廉姆斯和尼克·斯尔尼塞克为代表的左翼加速主义。希冀从他们的文字中把握对数字时代的资本主义的批判性思考,亦从中领略他们颇具特色的政治突围道路。

加速主义在理论上以对当代资本主义的批判显得独特,而这种独特尤其体现在其眼花缭乱的术语和颇为另类的策略之上,然而轻轻拂去纷繁复杂的理论表象,我们能够把握到的是潜藏在深层次的草蛇灰线,即历史认识论。如果说加速主义在历史认识论层面挑战了马克思主义的历史叙事,进而提出了新的叙事要求,那么本辑刊发的"科西克专题"则为丰富我们对科西克的历史认识论探讨提供了极有价值的思考。科西克不仅对资本主义的物化结构进行了批判,而且还试图从历史认识论层面来发展马克思主义。本专题的几篇文章在这方面作了极有意义的解读,为今天深化对社会认识论的理解提供了诸多启发。另外,本辑还专门开辟了"海外学者论域"专栏,该专栏收录了西方著名学者埃内斯托·拉克劳、弗里德里希·波洛克和米夏埃尔·宽特对资本主义和唯物史观的研究,以飨读者。

数字时代的哲学思考

加速主义政治宣言[①]

亚历克斯·威廉姆斯　尼克·斯尔尼塞克[②]
（英国伦敦大学社会学系、英国伦敦国王学院）

相对于不断加速的灾难，今天的政治难题在于，我们无法形成新的观念和新的组织，去变革我们的社会，去面对和解决即将来临的灾难。当危机日益增加，且逐渐加速的时候，政治却逐渐萎缩退却。因此，如果政治左翼还有未来的话，那么这个未来是最大程度地去拥抱这种受压迫者的加速主义的趋势。我们的目标不仅仅是颠覆资本主义，更重要的是通过加速超越资本主义价值形式的限制，以此解放潜在的生产力。

一、导言：论现状

1. 21世纪的第二个十年之初，全球文明开始面临着新的灾难。即将

---

① 本文节选自 2014 年由阿尔曼·阿瓦内森（Armen Avanessian）和罗宾·麦凯（Robin Mackay）主编的《加速：加速主义读本》一书的第二十章——《加速主义政治宣言》。Alex Williams and Nick Sr-nicek, "Accelerate: Manifesto for an Accelerationist Politics", in ♯*Accelerate: The Accelerationist Reader*, ed. Robin Mackay and Armen Avanessian, Falmouth: Urbanomic, 2014.

② 作者简介：亚历克斯·威廉姆斯，伦敦大学社会学系讲师。尼克·斯尔尼塞克，加拿大作家和学者，于 2013 年获得伦敦经济学院博士学位，主要从事加速主义、政治理论和后稀缺经济学的研究。目前，他是伦敦国王学院的数字经济学讲师。译者简介：蓝江，南京大学哲学系教授、博士生导师，南京大学马克思主义社会理论研究中心研究员，主要研究方向为国外马克思主义、当代欧陆激进左翼思想。

来临的灾难让政治规范和组织结构变得十分尴尬,而这些政治规范和组织结构,是在民族国家诞生之初,在资本主义兴起之时,在暴发了空前血腥战争的二十世纪里建立起来的。

2. 最大的灾难莫过于地球气候体系遭到严重破坏。这一灾难迟早会威胁到今天全球人口的生存。尽管人类正面临着这个最致命的威胁,但还有一些更细小但同样会动摇根基的问题与之并存——资源,尤其是水资源和能源的日渐枯竭,即将来临的大饥馑,经济体系的崩溃,新的冷战和热战等。为了应付持续的金融危机,政府在严峻时期采取了麻痹死亡的螺旋式政策,让社会福利私有化,由此产生了大量的失业,导致人们的薪资水平停滞不前。生产过程——包括"智力劳动"——逐渐变得自动化,而这恰恰是世界资本主义危机的证据,即便对于北半球国家的前中产阶级来说,很快他们也将无法维持当前的生活水平。

3. 相对于不断加速的灾难,今天的政治难题在于,我们无法形成新的观念和新的组织,去变革我们的社会,去面对和解决即将来临的灾难。当危机日益增加且逐渐加速的时候,政治却逐渐萎缩退却。政治想象力日渐贫乏,未来已经化为泡影。

4. 1979年之后,全球主流政治意识形态已经变成了新自由主义,它在全世界所有主要的经济体中以不同的形态建立了起来。尽管还存在着更深层次的结构挑战,但新的全球性问题正在出现,其中最迫切的问题是自2007—2008年以来的信用危机、金融危机与财政危机。新自由主义的程序只能在其中越陷越深。继续执行新自由主义的计划,或者说推行新自由主义2.0版,这是新一轮的结构调整,很明显,这种调整鼓励私人渠道重新扩张到社会民主体制和服务当中,罔顾这些政策在经济和社会上的消极影响,甚至罔顾新的全球危机也可能会让社会和经济发展长期停滞不前。

5. 右翼政府、非政府组织、公司等方面的力量如此热衷推行新自由主义,正是左翼无能为力、缺乏效力的结果之一。新自由主义的三十年,让那些左倾政党被剥除了激进思想,被掏空了力量,并失去了大众的信任。他们应对当下的危机,顶多是号召回到凯恩斯的经济学,而没有注意到让战后社会民主党赖以生存的社会条件已经不复存在。即便如此，我们也不可能在命令之下，回到劳动大众的福特制劳动之中。即便出现了南美洲玻利维亚革命的新社会主义体系，他们能够抵抗资本主义的信条让人振奋，但令人失望的是，他们仍然提不出一个超越二十世纪中期社会主义的替代方案。有组织的劳动，在系统上，已经被新自由主义规划所导致的变化弱化了，这就是制度层面上的僵化，最好的情况也不过是温和地让新结构调整得以缓慢进行。倘若没有建立新经济的系统途径，或者没有彻底实现变革的结构上的凝聚力，在今天来说，劳动者仍然是相当羸弱无力的。冷战结束后，暴发了新的社会运动，2008年之后的岁月重新经历了运动的复兴，但这些运动同样无法设计一种新的政治意识形态视野。相反，他们将大部分的力量放在促进内部直接民主议程上，更重视情感上的自我价值肯定，而不是谋求战略上的效力，他们反复提出新原始地方主义的形态，试图用脆弱不堪、转瞬即逝的当下直接的共同体的"本真性"来对抗全球化资本的抽象暴力。

6. 如果没有新的激进的社会观、政治观、组织观和经济观，右派的霸权就会继续推进他们的狭隘的想象，一切都昭然若揭。左派顶多可以在短时期内部分抵抗最糟糕的潮流。但这无异于螳臂当车①。或许让一种新左派获得全球性领导权，可以让我们恢复失去的未来，的确可以恢复这样的未来。

二、过渡：论加速主义

1. 如果一个社会的所有体系都与加速主义观念相关，那这个社会就

---

① 这句话的英文原文是"But this is to be Canute against an ultimately irresistible tide"。里面涉及"北海帝王"——克努特大帝，他是当时西北欧真正的霸主，是诺曼人征服时代的风云人物，他使丹麦国势达到鼎盛，史称克努特大帝。克努特大帝的传说讲述了盎格鲁—萨克逊先王如何向臣民展现王室权力的极限。克努特将王座设在海边，命令上涨的海潮退去。这句话如果直译是"这等于是让克努特大帝来抵御一个终极的无法抵抗的海潮"，里面涉及的典故就是克努特大帝海边王座的故事。为了简洁起见，也为了让中文读者更清楚地了解两位作者的意思，这里意译为中国的成语"螳臂当车"。——译者注

是资本主义社会。资本主义最基本的新陈代谢都需要经济增长,个别资本主义实体之间的竞争带来了技术发展,但与之相伴随的却是社会的逐渐解体。在新自由主义形式下,其意识形态的自我表达就是解放创造性的破坏力,放任不断加速的技术革新和社会革新。

2. 哲学家尼克·兰德①(Nick Land)十分敏锐地把握到这一点,他有一个短时但有着催眠效果的信仰,即仅仅依靠资本主义的速度,就可以产生全球变革,走向无可匹敌的技术独特性。在这种资本观之下,人类将会因这个星球上智能的发展而遭到抛弃,智能可以在之前文明的现成碎片中构建自身。我们可以快速运动,但只能在资本主义严格限定的参数集合之内运动,而资本主义自己不会动摇这些参数。我们所经历的仅仅只是地方视阈下不断增长的速度,单纯地不假思索地向前冲,而不是在宇宙可能的空间中航行、发现实验中的加速运动。我们认为后一种加速模式才是最根本的加速。

3. 正如德勒兹和加塔利承认的,更糟糕的是,从一开始,资本主义的速度一方面在解域化,另一方面也在再结域化。进步被限制在剩余价值、劳动力储备大军、自由流动的资本框架之下。现代性被还原为经济增长的统计学标准,从我们共同的过去抽取一些拙劣的廉价品来装饰社会革新。撒切尔夫人和里根的解除管制,恰恰对应于维多利亚时代的"回归根本",即回归家庭和宗教价值。

4. 新自由主义将自己设想为现代性的媒介,在字面上将自身设定为现代化的同义词,与此同时许诺了一个在结构上无法提供的未来。的确,正如资本主义的发展一样,它并没有确保个人的创造力,它反而倾向于消除认识上的创新,倾向于一种安排好的交往的情感生产线,对应于全球供应链和新福特制下的东方生产区。每一年,精英知识工人的小资产阶级(cognitariat)都在大量缩减——逐渐增加的算法自动化已经在情感劳动和脑力劳动上铺就了道路。新自由主义,尽管它认为自己是必然的历史

---

① 尼克·兰德(1965—),英国哲学家,擅长写短篇恐怖故事,他被称为"加速主义之父"。他的写作方式,常常被人称为"理论科幻作品",20世纪90年代,他与人建立了赛博文化研究所(CC-RU),他的主要研究集中于加速主义与思辨实在论。——译者注

发展阶段,事实上,它仅仅是避开七十年代出现的价值危机的偶然手段。不可避免的只是危机的升华,而不是它最终克服了危机。

5. 和尼克·兰德一样,马克思也是最典型的加速主义思想家。与那些太过熟悉的批判相反,甚至与当代马克思学的行径相反,我们必须记住,马克思为了彻底理解和改变他的世界,他使用了最先进的理论工具和实验数据。他并不是一个抵抗现代性的思想家,而毋宁是试图用之分析、介入、理解现代社会所有的剥削和腐败,承认资本主义仍然是世界上迄今为止最先进的经济体制。他的目标不是颠覆资本主义,而是通过加速超越资本主义价值形式的限制。

6. 事实上,列宁在 1918 年《论"左派"幼稚性和小资产阶级性》中写道:

> 没有建筑在现代科学最新成就基础上的大资本主义技术,没有一个使千百万人在产品的生产和分配中严格遵守统一标准的有计划的国家组织,社会主义就无从设想。我们马克思主义者从来都是这么说的,而对那些甚至连这点都不了解的人(无政府主义者和至少半数的左派社会革命党人)是不值得多费唇舌的。

7. 正如马克思注意到,不能将资本主义视为真正加速的代表。同样,认为左翼政治就是反对技术加速,至少在部分意义上是一个误解。的确,如果政治左翼还有未来的话,那么这个未来就是最大程度地去拥抱这种受压迫者的加速主义的趋势。

三、宣言:论未来

1. 我们相信,今天左翼最重要的区分就是在那些坚持地方主义、直接行动和坚持平面斗争的流俗政治的左派与被称为加速主义政治的左派之间的区分。后者强调与抽象、复杂、全球化、技术的现代性和平共处。前者则热衷于建造一个非资本主义社会关系的狭小的临时空间,他们回避了在面对敌人时的真正问题,这些敌人在本质上是非地方的、抽象的,根植于我们日常生活的基础结构。这种政治从一开始就注定会走向失败。与之相反,加速主义政治试图保留资本主义的成就,发展其价值体系和治理框架,而群众病理学是可以容忍的。

2. 我们所有人都不想再工作了。这是一个引子,说明了为什么战后主流的经济学家会相信,经过启蒙的资本主义会朝着进一步削减工作时间的方向前进。在《我们后代的经济繁荣》(*The Economic Prospects for Our Grandchildren*,1930)中,凯恩斯预言了资本主义的未来,那时,个体一天只需要工作三个小时。然而实际发生的却是工作—生活之间区别的消失,工作已经弥散到即将出现的社会工厂的方方面面。

3. 资本主义开始限制技术的生产力,或者说,至少将技术生产力导向毫无用处的细小目标上。专利竞争和观念垄断就是当代的现象,这表明资本需要超越竞争,资本也逐渐退化为技术。新自由主义的加速成果不会导致更少的工作或压力。我们得到的不是空间旅行的世界、未来的震撼以及革命性的技术潜能,相反我们生活在这样的时代里,唯一发展的是,在边缘上,我们沦为更好的小玩意的消费者。不断重复生产着满足边缘消费者需求的同类基础产品,完全牺牲了人类的加速发展。

4. 我们并不想回到福特制,也不可能回到福特制。资本主义的"黄金时代"是在井然有序的工厂环境的生产范式基础上做出的许诺,在那些工厂中,(男性)工人得到了保障和基本生活水准,他们付出代价的是终生陷入徒劳无用的无聊和社会约束之中。这样一个体系依赖于各个殖民地、各个帝国以及落后周边地区之间的国际等级制,还有国内种族和性别上的等级制,以及让女性处于屈从地位的家庭等级制。对于可以感受到的乡愁而言,这样的体制不是我们想要的,在实践上也不可能回去。

5. 加速主义希望解放潜在的生产力。在这个计划中,不需要摧毁新自由主义的物质平台,只需要重新将其导向公共目的。现存的基础设施并不属于需要摧毁的资本主义阶段,而是走向后资本主义的跳板。

6. 既然资本主义目标奴役着技术科学(尤其是在 70 年代晚期之后),

我们当然并不知道,一个现代技术社会体系可以做什么。我们中间究竟有谁可以完全了解已经发展起来的技术中未开发的潜能? 我们赌的是,我们的科技研究还存在着尚未开发出来的变革性潜能,科学研究在今天有些赘余(或者说,有待采用[preadoptation]),科技的转变会超越短视的资本主义成员,这一点十分重要。

7. 我们希望加速技术发展的进程,但是我们主张的并不是技术乌托邦,也不相信技术可以拯救我们。必然如此,是的,如果没有赌赢的社会政治行动是不够的。技术和社会是彼此结合在一起的,一方的改变,必然会导致和保证另一方的变化。然而,技术乌托邦主张加速的基础是:技术会自动地克服社会矛盾。我们的立场是:之所以需要加速,是为了赢得社会斗争,而为了赢得斗争,就必须要加速。

8. 我们相信,任何的后资本主义都需要后资本主义的蓝图。其信仰基于如下观念:革命之后,人民会自发地构筑一种新的社会经济体系,这种经济体系不会简单地回到资本主义,这种信仰往好了说是天真,往坏了说是无知。推进一下,我们必须在发展既存体系的认识图系的同时,也发展未来经济体系的思辨形象。

9. 于是,左派必须尽可能利用资本主义社会发展起来的一切科学技术。我们宣布,量化研究并不是需要消灭的罪恶,而是需要尽可能去利用的工具。经济模型仅仅是让一个复杂社会变得可以理解的必要工具。2008 年金融危机揭露了盲目信任数学建模的风险,不过造成其不正当地位问题的并不是数学本身。在社会网络分析,在行为人建基模型①(a-gent-based model)、大数据分析、不平衡经济模型中建立起来的工具,都是用来理解诸如现代社会这样复杂体系的认知中介。加速主义左派必须成为技术领域中的文化人。

10. 任何社会的转型都必须涉及经济实验和社会实验。智利的"赛博

---

① 行为人建基模型(ABM),也常译为"代理人建基模型",一种用来模拟具有自主意识的智能体(独立个体或共同群体,例如组织、团队)的行动和相互作用的计算模型,通过图像展示评估智能体在系统整体中的作用。它综合了一些其他思想,比如博弈论、复杂系统、涌现、计算社会学、多智能体系统和演化计算,采用蒙特卡洛方法产生随机性。——译者注

协同工程"①(Project Cybersyn)就是这种实验态度的象征——将最先进的赛博控制技术与复杂的经济模型,以及民主平台融合起来,在技术基础设施建设上是示范性的。20 世纪五六十年代的苏联也开创了同样的实验,应用了控制论和线性程序,试图克服第一种共产主义经济形态所面临的新问题。这些实验最终都没有获得成功,这归咎于早期控制论学者操作时所面对的政治限制和技术局限。

11. 左派必须提出社会技术的领导权:既是观念领域的领导,也是物质平台上的领导。平台就是全球社会的基础设施。平台建立了参数,决定了在行为上和意识形态上什么是可能的。在这个意义上,平台体现了社会的物质超越性:它们让行动、关系、权力的设置成为可能。如今大量的全球平台受到资本主义社会关系的摆布,这是不可避免的。这些生产、金融、物流和消费的物质平台,可以按照后资本主义的目标来进行重组和重构。

12. 我们并不相信直接行动足以获得成功。传统策略(如游行示威、拉标语、建立临时的自治区)变得越来越温和,离实际的成功也渐行渐远。"至少我们还在做事"就是那些将自尊看得更重而罔顾实际效果的人的呼喊。好战术的唯一标准就是能否获得重大成功。我们必须面对那种对特殊行为模式狂热崇拜的态度。政治必须看成是一种动态体系,它被冲突,被适应与反适应,被各种战略军备竞赛所撕裂。这意味着在新时代下,随着其他方面的调整,所有个体的政治行动类型都会变得迟钝和无效。在历史上,没有任何一种政治行为是不容践踏的。实际上,随着时间的推移,我们需要逐渐放弃那些熟悉的战术,因为它们组织起来反抗的那些势力和力量学了如何去有效地保护自己和反击。这部分因为当代左派已经无能为力,他们无法接近当代病症的核心问题。

13. 民主议程的至上地位需要留后再议。今天大多数"激进"左翼狂

---

① 智利的"赛博协同工程"是 1971—1973 年在萨尔瓦多·阿连德总统执政时期提出的计划,该计划旨在建立一种分散型决策支持系统,来帮助参与国民经济的决策和管理。该计划由四个模块组成:经济模拟器,检查生产表征的常用软件,操作室和远程电报机网络,这些模块都链接到一个电脑主机之上。——译者注

热崇拜开放、水平性、包容，造成了其毫无效果。私密、垂直性，被排斥在实际的政治行动之外（当然，并不是排斥性的政治行动）。

14. 不能通过手段（投票、协商或集会）来定义民主，只能用目标（集体自主）定义民主。这是一种带有启蒙遗产的政治，在某种程度上，只能利用我们的能力来让我们自己和我们的世界变得更好（让我们的社会、技术、经济、心理的世界变得更好），我们可以主宰我们自己。我们需要给出一个在集体上得到监控的合法正当的权威，来弥补散布的水平轴①（horizonality），避免成为一个专制极权主义中心的奴隶，也避免成为超出我们控制的变化无常的秩序的奴隶。计划的要求必须与简化的网络秩序相匹配。

15. 我们并不想让任何特殊组织成为实现这些方向的理想途径。我们所需要的（我们一直需要的）就是一种组织生态学，各种力量的多元主义，在他们互相比较的力量上产生共鸣和反馈平衡。宗派主义和集中化一样，都是左翼的丧钟，在这个方面，我们欢迎不同战术的实验（包括那些我们不太赞同的实验）。

16. 我们有三个具体的中期目标。首先，我们需要建立知识基础。模仿像朝圣山学派②（Mont Pelerin Society）那样的新自由主义革命，这个任务需要创造新的意识形态、新的经济模式和社会模式，创造一种善的观点，来取代和超越统治着我们今天世界的脆弱理想。这种基础设施不仅要建构观念，也需要创造灌输、实现和传播这些观念的制度和物质途径。

17. 我们要进行大范围的媒体改革。尽管互联网和社会媒介似乎更民主化，传统媒体渠道在选举和构造叙事上仍然十分关键，并且他们还拥有大量的资金来从事调查报道。尽可能让大众来掌控这些媒体，这一点有助于化解当下对事物状态的表现方式。

---

① Horizonality 一词是新近一些左派提出的概念，这个概念是相对于存在等级制的垂直轴（verticality）提出来的，所谓水平轴，就是各个族群、性别、种族、组织都是处在一个水平面上共存，彼此之间没有统治和治理的关系，只有彼此自治和互动的关系。——译者注

② 朝圣山学社是由哈耶克发起成立的一个新自由主义学术团体，成立于 1947 年 4 月。新自由主义以复兴古典自由主义为主要特征，宣扬资本主义和市场自由的普遍性，反对社会主义公有制，维护资本主义私有制度，坚持自由竞争的市场经济是新自由主义的实质和核心。——译者注

18. 最后,我们需要重构各种各样的阶级权力形式。重构时必须摒弃这样的观点,即已经存在着有组织的全球无产阶级。相反,它将必须包含在后福特制的不确定劳动的形式之下,将散布于各处的无产阶级身份凝聚起来。

19. 一些组织和个体已经在这个方面展开工作,但仅仅靠他们自己是不够的。我们需要的是三者目标彼此照应,每一方都以某种方式修正它们的当代关联,这样,其他目标会变得越来越有效。基础结构、意识形态,社会变革和经济变革,三者之间良性反馈环产生了一种新的复杂的领导权,一个新的后资本主义的技术—社会平台。历史证明了它是各种能带来系统变革的战术和组织最广泛的集合,我们必须要学习这些课程。

20. 为了实现这些目标,在实践层面上,我们坚持认为,加速主义左翼必须郑重对待资源和货币的流动,以建立一个新的有效的政治基础。除了走上街头的那种以身体铸就的"人民力量"之外,我们需要资金,无论这些资金是来自政府、体制、智囊团、工会,还是个体捐赠。我们认为落实和引导这些资金,对于重建实际的加速主义左翼组织是非常重要的。

21. 我们宣布,只有最大程度地控制社会和环境的普罗米修斯式政治(Promethean politics),才能够面对全球问题,或战胜资本。这种控制必须区别于最初启蒙思想家们所钟爱的控制。拉普拉斯(Laplace)如同钟表运行的宇宙,可以十分轻易地掌握既定的充分信息,这个宇宙已经脱离严格的科学研究的日程表太久远了。但这并不会让我们自己与那些后现代主义的陈旧残余为伍,他们反对控制,认为控制是法西斯主义的原型,或者是根本不合法的权威。相反,我们认为,困扰着我们的星球和物种的问题,迫使我们以一种新的更为复杂的外表,重新实现控制,我们不可能准确预测我们行动的结果,但我们可以在或然性概率上决定其后果的范围。我们必须关联于这样的复杂体系分析,这是一种新的行动形式:可以通过一种与各种偶然事件相关的实践,去即兴发挥和实施一种设计,它只能在行动过程中,在地理—社会的技艺和狡黠理性的政治中才会有所发现。通过大量实验的形式,寻找到在复杂世界中采取行动的最佳路径。

22. 我们需要恢复在传统意义上因后资本主义而提出的论断:资本主

义不仅仅是一个不公正和不正当的体系,而且它也是一个阻碍进步的体系。正如资本主义解放了技术一样,我们的技术发展也受到了资本主义的压制。加速主义的基本信念是,通过超越资本主义社会所强加的限制,这些技术能力能够且应当得到释放。走向超越我们界限的运动,不仅仅是纯粹为更理性的全球社会的斗争。我们相信它必然会恢复这样的梦想——从十九世纪中叶到新自由主义时代的黎明之前,这个梦想吸引了许多人,它号召智人(Homo sapien)超越大地和我们当下身体形式的极限。今天,这些观点被视为一个十分天真的时代的遗物。不过,这些观念也影射出了我们的时代里想象力的匮乏骇人听闻,这些观点许诺了一个在感触上生机勃勃的未来,它在知识上充满活力。毕竟,这仅仅是加速主义政治让其成为可能的后资本主义社会,加速主义政治有能力兑现二十世纪中叶空间计划的承诺,通过极小的技术升级,超越世界,走向全方位的巨变,走向集体自我控制的时代,走向可以实现梦想的不一样的未来。让自我批评和自我控制的启蒙计划更为完善,而不是消灭启蒙。

23. 我们面临的选择是严峻的:要么走向全球化的后资本主义,要么走向复古主义的缓慢发展的碎片化生活,走向永恒的危机,走向地球生态的最终崩溃。

24. 需要建设未来。未来已经被新自由主义的资本主义所摧毁,未来成为更多不平等、冲突和混乱的廉价承诺。未来观念中的崩溃,就是我们时代衰退的历史地位的症候,而不是像那些犬儒分子跳过了政治光谱试图让我们相信的那样,带着怀疑的成熟的标志。加速主义推进的是更为现代的未来——是新自由主义在本质上无法创造出来的另一种现代性。未来必须再一次起航,打开我们的视野,走向大外部(Outside)的普世可能性。

加速主义导论[①]

史蒂芬·夏维罗[②]

（韦恩州立大学英语系）

资本主义在创造繁荣的同时,也创造了推翻并超越自己的可能性,但是资本关系一直在阻碍着这种可能性的发生。加速主义认为要想打破这一僵局,必须借助资本主义内部的先进技术与根本矛盾,去摧毁资本主义,即将资本主义视为一块跳板去对抗并超越资本主义。但是,我们无法得知加速主义究竟会让资本主义关系更加恶化,还是会真的颠覆资本主义关系。所以也可以认为加速主义是一项推断性的运动,旨在推断全球范围内新自由主义秩序在未来将会如何发展。由于未来具有不可知性,也就无法保证推断结果的准确性。我们需要在思辨中去寻找并利用资本主义内部的革命力量,由此可见加速主义首先是一场美学运动,在思辨中去探索其本质矛盾与解决方案,之后才可能成为一场政治运动。

李·康斯坦蒂努(Lee Konstantinou)在他的科幻小说《流行启示录》

---

① 本文节选自史蒂芬·夏维罗(Steven Shaviro)的《无速度限制:关于加速主义的三篇论文》第一章——加速主义简介。Steven Shaviro, *No Speed Limit: Three Essays on Accelerationism*, Minneapolis: University of Minnesota Press, 2015.

② 作者简介:史蒂芬·夏维罗(Steven Shaviro),美国学者,哲学家和文化评论家,其兴趣领域包括电影理论、时间、科幻小说、泛心论、资本主义、情感和主观性。他于1981年获得耶鲁大学博士学位,先在华盛顿大学教授电影、文化和英语,现在执教于韦恩州立大学。译者简介:周亦垚,南京大学马克思主义学院博士研究生,研究方向为国外马克思主义。

（*Pop Apocalypse*）中，认为存在从马克思列宁主义思想中生发出来的"创造性破坏"学派。这一学派的拥护者"把马克思的著作解释为对未来的文字预言，因此他们认为他们的使命就是帮助资本主义市场扩散到世界的每一个角落，因为这是真正的社会主义革命的必要前提"①。这意味着在实际实践中，创造性破坏学派的马克思主义者与最无情的资本家是无法区分的。他们的行为与一群投资者的行为不谋而合，这群投资者得出结论"毁灭世界是可以赚钱的"②，事实上，世界末日般的毁灭构成了"一个前所未有的商机"③。因此，他们试图引发一场世界性的核灾难："我们有义务代表投资者们，采取一切可能的措施，以确保在其他人之前占领末世市场。"④

让我们把这作为加速主义的一个引导性寓言。加速主义在过去几年里已经成为一种流行，但似乎每个使用它的人都赋予了与该词不同的含义。就我而言，加速主义最好用政治、美学和哲学术语来定义，即唯一的出路就是"通过"。为了克服全球化的新自由主义资本主义，我们需要将其排入渣滓中，使其处于一个最极端的地步，跟随它得到一个最遥远和最奇怪的结果。正如贝托尔特·布莱希特（Bertolt Brecht）多年前说道："不要从旧的好东西着手，要从新的坏东西着手。"这是希望通过恶化我们目前的生存条件，最终使其爆裂，从而超越它们。

当然，康斯坦蒂努对"创造性破坏"马克思主义者的描述是故意的讽刺。《流行启示录》是一部讽刺作品，而不是预言性的。更普遍地说，科幻小说作为一种体裁，并没有宣称能真正预测未来。相反，它用来推断当下的要素，思考如果允许这些要素发挥全部潜力，可能会导致什么结果。也就是说，科幻小说不是关于真正的未来，而是关于萦绕在当下的未来。它抓住了德勒兹所说的存在的潜在（virtual）维度，或者马克思所说的倾向性（tendential）过程，并使之显现。

科幻小说包含了我们个人和社会生活中的一些隐性状态，这些状态

---

① Lee Konstaninou, *Pop Apocalypse*, New York: Harper Collins, 2009, p. 181.
②③④ Lee Konstaninou, *Pop Apocalypse*, New York: Harper Collins, 2009, p. 180.

在叙事中被充分表现出来。它揭示了已经植根于我们实际社会和技术状况中的"未来主义"趋势。这一趋势并非现实的表面问题，而是作为趋势或潜能存在。用德勒兹的话说，它们"'真实而不实存，理想而不抽象'；象征而不虚构"①。它们是变化、生长或衰退的潜在性，但它们还没有充分表现自己或实现它们能做的一切。它们可能永远不会实现，因为（正如马克思指出的），一种趋势总是伴随着"抵抗因素"，这些因素可以抑制甚至扭转这一趋势。

总之，当下包含了未来的因素，但这些因素作为现实的未来事件的展开是偶然的、无法被保证的。火柴有可能引发火灾，但如果火柴从未被点燃，或者在点燃时被风吹灭，就不会发生火灾。科幻小说设想的是火焰和随之而来的大火。它为我们提供了一种叙事，在这种叙事中，这些未来的潜力得以充分实现，其力量得以发挥到极致。通过这种方式，我们可以说科幻小说是一种卓越的加速主义艺术，本质上是一种加速主义。

加速主义是一项推断性运动，旨在推断整个全球化的新自由主义资本主义秩序。这意味着它必然是一场美学运动，也是一场政治运动。推动加速主义，是希望我们在充分表达资本主义潜能的同时，能够耗尽它，从而打开超越它的途径。

可以这样理解，加速主义在经典马克思主义中有着深厚根基。在《共产党宣言》中，马克思和恩格斯描述了资本主义的增产和全球化效应：

> 旧的需要为新的需要所代替，旧的需要是用国货就能满足的，而新的需要却要靠非常遥远的国家和气候悬殊的地带的产品才能满足了。过去那种地方的和民族的闭关自守和自给自足状态已经消逝，现在代之而起的已经是各个民族各方面互相往来和各方面互相依赖了。物质的生产如此，精神的生产也是如此。各个民族的精神活动的成果已经成为共同享受的东西。民族的片面性和狭隘性已日益不

① 吉尔·德勒兹、费利克斯·加塔利：《游牧思想》，陈永国译编，长春：吉林人民出版社2003年版，第69页。

可能存在,于是由许多民族的和地方的文学形成了一个世界的文学……

资产阶级争得自己的阶级统治地位还不到一百年,它所造成的生产力却比过去世世代代总共造成的生产力还要大,还要多。自然力的征服,机器的采用,化学在工农业中的应用,轮船的行驶,铁路的通行,电报的往返,大陆一洲一洲地垦殖,河川的通航,仿佛用法术从地底下呼唤出来的大量人口,——试问在过去哪一个世纪能够料想到竟有这样大的生产力潜伏在社会劳动里面呢?①

在上述文本中,马克思和恩格斯听起来并不具有十足的批判性,甚至被认为或者说被指责有唱赞歌的意味。然而,这并不完全正确。马克思的资本主义观是辩证的,而不是道德主义的。他不反对创造"新的需要",也不要求我们回到旧的需要。他并不谴责资本主义是邪恶的。他的确痛恨资本主义造成了巨大的痛苦和压迫,但他并没有说,我们需要在资本主义促进了新技术的地方去拒绝这些技术,并在较小范围内回归生活。相反,马克思着迷于资本主义同时创造财富和贫穷的方式。这为实现富裕而自由的世界创造了可能性,同时也产生了痛苦和异化。马克思同情历史的受害者,也严厉批判压迫者。但他依然不是怀旧的,也不是反怀旧的。对他来说,不可能从资本主义自身的动荡中返回过去。

鉴于这种"视差"或双重视角,马克思认为资本主义倾向于这样一个观点,即它的形式——财产形式——成为其所释放的生产力进一步发展的障碍:

社会的物质生产力发展到一定阶段,便同它们一直在其中活动的现存生产关系或财产关系(这只是生产关系的法律用语)发生矛盾。于是这些关系便由生产力的发展形式变成生产力的桎梏。那时

①《马克思恩格斯全集》第4卷,北京:人民出版社1958年版,第470—471页。

社会革命的时代就到来了。①

加速主义在这篇文章中找到了源头,在马克思的其他著作中也有类似的观点。但是,当然了,马克思的论述并非毫不含糊的。事实上,它以多种矛盾的方式被解释。在马克思有时使用的黑格尔式语言中,资本主义通过剥夺工人的劳动成果来否定工人的存在。但这导致了一种情况:资本主义可以通过"否定之否定"的方式而被推翻。也就是说,具有讽刺意味的是,资本主义为更替自己创造了条件,甚至是自己必须为更替自己创造条件。

在马克思主义传统中,这有时会被贬称为经济主义(economism)。这是从资本主义过渡到共产主义中不可避免的,或者,用康斯坦蒂努的话来说,马克思的表达方式是"对未来的文字预言"②。如果是这样,那么我们所要做的就是等待资本主义的辩证矛盾被展现出来。当然,这还从未发生。如果我们等待辩证矛盾自行展现,就会发现自己永远在等待。尽管马克思受到了黑格尔的启发,但他显然不相信现实是理性的,也不相信社会的物质发展会遵循必然规律。我们更应该说,对于马克思来说,资本的独裁本身就属于必然领域。我们需要的是以某种方式超越它。马克思在论述资本主义秩序之外的生活是怎样的时候,给人一种模糊的感觉,为此他声名狼藉。他将其作为一个可供推测的开放性领域,而不是像他的"空想社会主义者"前辈们那样给出详细的计划。由于马克思的分析非常开放,所以与黑格尔的系统论和自然主义小说相比,马克思的分析与推测性的科幻小说更为相似。

鉴于经济主义的失败,许多马克思主义者反而走向了相反的极端:他们陷入了一种唯意志论。只要有适当的组织和动员方法加以补充,资本主义完全可以通过意志力来废除。我们在列宁主义式先锋队中看到了这种方法,并且我认为,在当代极端左翼思想家如斯拉沃热·齐泽克和阿

①《马克思恩格斯全集》第 13 卷,北京:人民出版社 1962 年版,第 8—9 页。
② Lee Konstaninou, *Pop Apocalypse*, New York:Harper Collins, 2009, p. 181.

兰·巴迪欧等人中也看到了这种做法。但在我看来,显而易见的是,在二十世纪的进程中,唯意志论的方法和宿命论的方法一样糟糕。这不是人类解放的结果,而是斯大林主义式的恐怖、后苏联的僵化专政的致命动荡。今天,列宁主义的唯意志论其实并没有给我们这些,剩下的只是一场革命的幻想,为沾沾自喜的道德主义提供了基础。

这一问题可以概括如下:资本主义确实为普遍繁荣创造了条件,因此也为其自身的更替创造了条件,但它也阻碍并且一直在阻碍实现这一转变的所有希望。我们不能等待资本主义自身的转变,但我们也不能指望通过吸引一些激进的外部势力或将自己塑造成忠于某种"事件"的激进分子来取得进展,而这种"事件"(正如巴迪欧所说)标志着与资本主义的既定"情势"发生彻底决裂。加速主义更需要一场反对和超越资本主义的运动,但要基于资本主义固有的趋势和技术。奥黛丽·洛德(Audre Lord)有句名言:"主人的工具永远不会拆毁主人的房子。"但如果只能用主人的工具呢? 加速主义试图解决这一困境。

当今加速主义的吸引力何在? 它可以被理解为是对我们目前似乎陷入的特定社会和政治局势的回应:一场长期、缓慢的灾难。全球变暖、环境污染和恶化威胁着我们的整个生活方式。由于新自由主义资本主义的掠夺,这种生活方式本身变得越来越有压力和不稳定。正如弗雷德里克·詹姆逊(Fredric Jameson)所说,当今世界的特点是"两极分化加剧,失业率不断上升,[以及]越来越迫切地寻求新投资和新市场"①。这都是马克思所认定的资本主义的一般特征,但在新自由主义社会中,我们又以一种特别纯粹且致命的形式与它们相遇。

为了描述这种情况,我想尽可能具体地使用"新自由主义"一词。我把新自由主义定义为一种特定的资本主义生产方式(马克思)和治理形式(福柯),其特征表现于以下具体因素:

1. 金融机构的主导影响,促使财富从一般人那里转移到已经非常富

---

① Fredric Jameson,*"Representing Capital": A Reading of Volume One*,New York:Verso,2011,p. 9.

有的人那里（富有的人只占"百分之一"甚至是百分之一中的前一百）。

2. 曾经的公共物品（比如水资源、绿地资源，以及教育、通信、污水和垃圾处理、交通等）变得私有化和商品化。

3. 银行和其他大公司从所有社会活动中榨取剩余：不仅从生产中榨取（如经典马克思主义中的资本主义模式），也从流通和消费中榨取。资本积累的收益不仅来自直接剥削，还来自寻租、收账和直接征用（即"原始积累"）。

4. 生活的方方面面都要服从于所谓的市场规律。用更为经典的马克思主义术语来说，这相当于资本对生活各个方面的"实际吸纳"（real subsumption）：休闲和劳动，甚至连我们现在的睡眠都是按照生产和资本积累的需要来安排的。

5. 人被重新定义为拥有自己"人力资本"的私人所有者。因此，正如米歇尔·福柯所说，每个人都被迫成为"自己的企业家"。在这种情况下，我们必须不断地推销自己，给自己打上"烙印"，使自己的"投资"回报最大化。但这远远不够：就像红皇后定律一样，我们必须一直奔跑，才能留在原地。不稳定才是我们生活的基本状态。

所有这些过程都在全球范围内运作；它们远远超出了直接个人经验的水平。我们的生活每时每刻都岌岌可危，但我们却无法理解造成这种情况的力量。我知道我上次的薪水已所剩无几，但我无法确切地理解这种"经济"是如何运作的。我直接体验着每天的天气，但我不会直接体验气候。全球变暖和世界金融网络就是生态理论家提摩太·莫顿（Timothy Morton）所说的超对象（hyperobjects）的例子。它们是真实存在的现象，但"扩展了我们的时间和空间观念，因为它们远远超出了大多数人类的时间尺度，或者它们大量分布在陆地空间上，因此无法直接体验"①。

超对象会影响我们所做的一切，但我们不能在具体的实例中指出它们。因果关系的链条太复杂，相互交织，我们无法遵循。为了弄懂我们的处境，我们不得不处理困难的抽象问题。我们必须依靠科技设备收集大

---

① Timothy Morton, *Hyperobjects and the End of Common Sense*.

量数据,然后通过数学和统计公式加以整理,但我们的感官无法直接获取这些数据。正如马克·汉森(Mark Hansen)所说,我们发现自己陷入了"媒体技术的网络之中,这些网络主要是在人类意识模式(意识、注意力、感知等)的范围之外运作的"①。我们无法以任何直接或自然主义的方式来想象这种情况,只能通过科幻小说的推断来知道。

在这些条件的制约下,我们生活在无情的环境和金融冲击中。我们不断发现自己处于一种很可能被称为危机的状态中。然而,这包含一个悖论。无论是经济危机、生态危机还是政治危机,都是一个转折点,一个突然的爆裂,一个明确而迫切的清算时刻。但对今天的我们来说,危机已成为一种长期的、似乎是永久的状态。我们矛盾地生活在动乱与对立之中,这种状态是永恒且不会被解的。危机永远不会走向终点,相反,它们被无限期地推迟。

例如,2008年经济崩溃后,美国政府帮助大型银行摆脱了困境。这使银行得以恢复以前的做法,即创造神秘的金融手段,以便能够无情地寻租,这也是导致经济体系崩溃的起点。系统运作得到了恢复,但这样也使得在更大范围内、在今后的时间里发生同样的危机。马克思正确地指出,危机是资本主义所特有的。但这些危机非但没有像马克思所希望的那样威胁到这个体系,反而有助于它自我更新。正如大卫·哈维所说,资本主义正是"通过战争、资产贬值、生产能力退化、放弃和其他形式的'创造性破坏',摧毁了前几个时代的成就",创造了"获利和吸纳盈余的新基础"②。

这种分析背后隐藏的是令人沮丧的僵化感。在其他成就中,新自由资本主义也剥夺了我们的未来,因为它把一切都变成了永恒的现在。正如商学院所宣扬的那样,我们社会的最高价值是新奇、创新和创造力。然而,这些只会导致更多的雷同。有多少次我们被告知一个小软件的更新"改变了一切"? 正如恩斯特·布洛赫曾经说过的那样,我们的社会似乎

① Mark Hansen, *Feed-Forward : On the Future of Twenty-First-Century Media* , Chicago: University of Chicago Press, 2015, p. 5.

② David Harvey, *"The Enigma of Capital" and "The Crises of Capitalism"*, New York: Oxford University Press, 2010, p. 215.

是在一种"完全无目的的无限性和不断变化的状态下运转的；在这种状态下，一切都应该是不断更新的，但一切又都保持原样"①。

就我们目前的情况而言，这是因为未来的存在只是为了被殖民才成为一个投资机会。约翰·梅纳德·凯恩斯试图区分风险和真正的不确定性。风险是可以用概率来计算的，但真正的不确定性不是。不确定事件是不可化约的概率分析，因为"没有形成任何可以计算概率的科学依据"。凯恩斯对不确定性的讨论与昆汀·梅亚苏（Quentin Meillassoux）对超混沌（hyperchaos）的描述有很强的相似性。对于梅亚苏来说，没有"全部的特定情况（totality of cases）"，不存在宇宙中所有可能状态的封闭集合。因此，没有办法把确切的概率归属于这些状态。这不只是一个信息不足的经验问题，在原则上就存在着不确定性。梅亚苏和凯恩斯的相似之处就是"我们确实无法得知"。

但今天，凯恩斯的区分完全被忽视了。布莱克—斯科尔斯公式和有效市场假说都完全以概率论的方式来设想未来。在这些理论中，就像在由它们指导的实际金融交易中一样（或者至少是在它们的指导下合理化），未来真正的不可知性被转化为一个可计算的、可管理的风险问题。真正新奇的事物被排除在外，因为所有可能的结果都已经按照目前的情况进行了计算和支付。虽然这种对未来可计算性的信念是妄想，但它还是决定了金融市场的实际运作方式。

因此，我们可以说，投机性金融是发生在科幻小说中"肯定性推测（affirmative speculation）"的反面和补充。金融投机试图捕捉并终结科幻小说所探讨的极大的潜在可能性。科幻小说正是对敞开的、不可解释的未来的叙述；衍生品交易声称已经对所有期货进行了解释和贴现。

"市场"一词在新自由主义学说中近乎被神化，因此，作为理查德·格鲁辛（Richard Grusin）所说的"预中介（premediation）"的全球实践，它是先发制人的。它试图提前耗尽未来。它无情的运作使我们几乎不可能想

---

① Ernst Bloch, *The Principle of Hope*, trans. Neville Plaice, Stephen Plaice and Paul Knight, Cambridge, Mass.：MIT Press, 1986, p. 140.

出任何替代全球资本主义世界秩序的办法。这就是马克·费舍尔(Mark Fisher)称之为资本主义现实主义(capitalist realism)的条件。正如费舍尔所说,他将詹姆逊和齐泽克的观点联系起来,"想象世界末日比想象资本主义末日更容易"①。

加速主义声称为走出这种经济和想象的僵局提供一条出路,它认为我们必须直面僵局。我们不能通过拒绝最新技术并退回到一个据说更简单、更美好的时代,来逃避全球"网络社会"。如果我们想对资本主义现代性做出回应,就需要拥抱甚至扩展资本主义现代性的抽象概念。我们不能通过采用"小即是美"的地方主义(E. F. 舒马赫[E. F. Schumacher])或建造"通往 18 世纪的桥梁"(尼尔·波兹曼[Neil Postman])来阻止环境灾难和经济剥削。我们无法通过简化来逃避复杂性。我们不能脱离跨国资本主义,因为它无处不在,就像我们必须呼吸的(被严重污染的)空气一样。

本杰明·诺伊斯(Benjamin Noys)在 2010 年出版的《否定的持续》(*The Persistence of The Negative*)一书中首次使用了"加速主义"这个词。诺伊斯创造这个词是为了指明某种哲学思潮,这种思潮起源于 20 世纪 60—70 年代的法国哲学,尤其是与 1968 年五月风暴有关的哲学。那天的失败起义对吉莱斯·德勒兹、费利克斯·加塔利以及让·弗朗索瓦·利奥塔来说都是一个重要的参考点,对于巴迪欧来说,今天它仍然是一个参考点。

在 20 世纪 70 年代早期,像德勒兹和加塔利的《反俄狄浦斯》(*Anti-Oedipus*)和利奥塔的《力比多经济》(*Libidinal Economy*)这样的书,继续讨论了马克思和恩格斯对资本主义革命力量的使用,摧毁了一切传统和确定性的方式。德勒兹和加塔利认为,资本主义建立在一个"双重运动中,一方面是富有流动性的解码和去领域化,另一方面是暴力和人为的再领域化"②。利奥塔说得没有那么抽象,他热情谈论了 19 世纪资本主义所招募的工厂工人

① Mark Fisher, *Capitalist Realism: Is There No Alternative?* Winchester: Zero Books, 2009, p. 1.

② Gilles Deleuze, Félix Guattari, *Anti-Oedipus*, trans. Robert Hurley, Mark Seem and Helen R. Lane, Minneapolis: University of Minnesota Press, 1983, p. 34.

是如何"享受着小农传统为他们构建的个人身份的解体,享受着家庭和村庄的解体,享受着新城郊怪异的陌生和全天营业的酒吧"①。

值得注意的是,德勒兹和加塔利关于资本主义革命力量的说法——即使不是利奥塔的论述——已经被广泛误解。他们那段声名狼藉的、最极端以及被引用最多的"加速主义"文章促使我们:

> 在市场的运动中走得更远……在解码和去领域化中走得更远……因为从某种具备高度精神分裂特质的理论和实践观点来看,也许这种流动性还没有足够被去领域化和解码。不是要退出这个过程,而是要走得更远,正如尼采所说要'加速这个过程':在这件事上,事实就是,我们其实什么都还没有看到。②

事实上,这段话已经被断章取义,而且远远超出了德勒兹和加塔利的本意。的确,至少在某种程度上,这段话具有挑衅的意味。德勒兹和加塔利1972年撰文批评了第三世界马克思主义经济学家萨米尔·阿明(Samir Amin),阿明力劝发展中国家"退出世界市场"。而且仅仅在三年后(1975年),阿明的自给自足政策就在实际中被红色高棉政权③所采纳,这带来了灾难性的后果。我并非像许多右翼评论家所做的那样,将红色高棉的罪行归咎于阿明本人或他的理论。但这段历史确实为德勒兹和加塔利的立场提供了一个基本理由,同时也表明,他们不仅仅是为了市场自身利益而推动市场剧烈加速。当然,还应当指出,在随后的几十年里(从20世纪80年代起),南半球的发展中国家全心全意地采取新自由主义政策(往往是在世界银行和世贸组织的压力下)也导致了灾难性的后果:经济停滞和普遍贫困。

---

① Jean-François Lyotard, *Libidinal Economy*, trans. Iain Hamilton Grant, Bloomington: Indiana University Press, 1993, p. 111.

② Gilles Deleuze, Félix Guattari, *Anti-Oedipus*, trans. Robert Hurley, Mark Seem and Helen R. Lane, Minneapolis: University of Minnesota Press, 1983, p. 239 - 240.

③ 红色高棉是柬埔寨共产党的别称(高棉语:Khmaey Krahom),正式成立于1960年9月30日。——译者注

　　无论如何,英国哲学家尼克·兰德(Nick Land)在 20 世纪 90 年代开始强调资本主义的破坏性和威慑性力量。在一系列激进的文章中,兰德将绝对的去领域化赞誉为解放——甚至(或最重要的是)已经到了完全瓦解和死亡的地步。他确实忽略了德勒兹和加塔利所描述的资本主义有反应的一面:通过"暴力和人为的再领域化"①来阻挡自身解放潜力的一面。相反,兰德对资本产生了一种斯德哥尔摩综合征。他将其绝对的、暴力的破坏性速度视为一种应该受到欢迎和赞美的外部力量。"在人类看来,资本主义的历史是来自未来的人工智能空间的入侵,人类必须完全用敌人的资源来装配自己。"②马克思主义者谴责资本主义是不人道的和具有破坏性的,传统的资本主义捍卫者完全否认这些指控。然而,兰德通过拒绝二元对立的两个方面而使整个循环系统不能运转,他颂扬资本主义正是因为它的非人性、暴力和破坏力。

　　兰德的立场与 20 世纪初奥地利经济学家约瑟夫·熊彼特(Joseph Schumpeter)的立场有共鸣。今天,熊彼特以他的"创造性破坏"理论而闻名——康斯坦蒂努引用了这一理论,因为它是新自由主义意识形态的核心。但事实上,"创造性破坏"这一想法完全来自马克思。熊彼特是唯一一位真正花心思去仔细审慎阅读马克思的重要右翼、资本主义经济学家。熊彼特在强调资本主义"不断地从内部来革新经济结构"③时,紧随《共产党宣言》。熊彼特更像是一个聪明版的安·兰德(Ayn Rand),赞美这位神话人物般的英雄企业家。在马克思强调资本主义长期停滞的趋势时,熊彼特则希望企业家的重大创新能够将资本主义从致命的熵倾向中拯救出来。五十年后,尼克·兰德用后现代和后人类的术语更新了熊彼特的神话,他的愿望是"一种不断扩大的赛博技术病毒,一种行星的技术奇点:一种自组织的隐形创伤,实际上是引导整个生物欲望复合体走向对后碳基

---

① Gilles Deleuze, Félix Guattari, *Anti-Oedipus*, trans. Robert Hurley, Mark Seem, and Helen R. Lane. Minneapolis: University of Minnesota Press, 1983, p. 34.

② Nick Land, *Fanged Noumena: Collected Writings 1987-2007*, Falmouth: Urbanomic, 2011, p. 338.

③ Joseph A. Schumpeter, *Capitalism, Socialism and Democracy*, New York: Routledge, 1994, p. 83.

复制者的篡夺"①。在这里,企业家被一个完全非人类的实体所取代:资本本身作为新生命力的病毒性来源。熊彼特和兰德都在写一部关于加速主义和反人类主义的科幻小说,但他们的故事并不包括马克思主义最后的否定之否定,或是对征用者的征用。相反,熊彼特和兰德的推断致力于将罗纳德·里根、玛格丽特·撒切尔实际付诸实践的那种加速主义理论化——并且,他们的所有后继者也将继续维持这一加速主义主张。

目前的问题在于,除了兰德在理论上,以及撒切尔和里根在实践中所体现的"致命的虚无主义",加速主义是否还能有其他的作为。资本主义矛盾的激化会不会导致更大的苦难和压迫? 还是也可能会导致某种断裂和肯定性的突变? 有没有办法,正如德勒兹曾经说过的那样,将"社会异化的技术"转变为"革命性的探索手段"? 我们能否真正从坏的新东西而不是从好的旧东西出发?

亚历克斯·威廉姆斯和尼克·斯尔尼塞克在他们的《加速主义政治宣言》中正是这样做的。他们呼吁建立一种新型左翼政治,即"在抽象、复杂、全球化和技术的现代性中放松下来"②。威廉姆斯和斯尔尼塞克并不是要求拥抱高科技和新自由主义资本主义的过度暴力和矛盾,而是要抓住资本主义最先进和最彻底的技术,以便这些技术可以"重新导向公共目的。现存的基础设施并不属于需要摧毁的资本主义阶段,而是走向后资本主义的跳板"③。

或许,弗雷德里克·詹姆逊对沃尔玛内隐藏的乌托邦维度的丑闻分析就是一个例证。詹姆逊说,这家超级零售商高效的全球产品分销组织,是未来共产主义社会很可能利用的模式。沃尔玛不断革新其技术,利用计算和通信的最新发展来提高生产力,从而增加利润。但在不同的经济

① Nick Land, *Fanged Noumena : Collected Writings 1987 - 2007*, Falmouth : Urbanomic, 2011, p. 338.

② Alex Williams and Nick Srnicek, 'Accelerate: Manifesto for an Accelerationist Politics', in Robin Mackay and Armen Avanessian eds., ♯ *Accelerate : The Accelerationist Reader*, Falmouth : Urbanomic, 2014, p. 354.

③ Alex Williams and Nick Srnicek, 'Accelerate: Manifesto for an Accelerationist Politics', in Robin Mackay and Armen Avanessian eds., ♯ *Accelerate : The Accelerationist Reader*, Falmouth : Urbanomic, 2014, p. 355.

条件下,这类技术也可被用来将人类从无意义的劳动中解放出来,事实上,类似的技术已经被使用了。詹姆逊告诉我们,像沃尔玛这样的现象必须辩证地理解,而不是被道德主义所谴责。

威廉姆斯和斯尔尼塞克遵循这一思路,试图"释放潜在生产力"和"加速技术发展的进程"。他们反对新的数字技术不可避免地会体现新自由主义的价值观,但他们也反对技术是无价值的和中立的这种"天真"的对立观点。相反,他们声称,这些技术并没有由于最初出现和目前使用的目标被详尽研究。反而"既然技术科学受制于资本主义目标……我们当然还不知道一个现代技术社会体系能做什么。我们当中谁能充分意识到,在已经开发的技术中还有哪些未开发的潜能?"①

我认为这一立场是有道理的,正如马歇尔·麦克卢汉(Marshall McLuhan)所说,新媒体(或者更广泛地说,新技术)总是远远超出其最初的假定和用途。在斯坦利·卡维尔(Stanley Cavell)关于电影的讨论中,他同样对标准的现代主义主张提出了新(或者说是后现代的?)转向,即任何艺术的目标都是探索和表达其媒介的基本属性。卡维尔对这一传统说法补充道:"一种媒介的审美可能性不是给定的……只有艺术本身才能发现它的可能性,而发现一种新的可能性就是发现一种新的媒介。"②对于所有媒介来说,或者更广泛地说,对于任何技术,都没有预先设定的"可能性空间"。一项技术的发展和部署会产生维持和限制自身的力量,这些力量在不同的经济和社会条件下可能会有所不同。技术发展总是有一个思辨性的(和非功利性的)维度。

但正是因为这个原因,我也对威廉姆斯和斯尔尼塞克所倡导的"最大化控制社会及环境的普罗米修斯式政治"③的方式感到不安。正是由于技

---

① Alex Williams and Nick Srnicek, 'Accelerate: Manifesto for an Accelerationist Politics', in Robin Mackay and Armen Avanessian eds., ♯Accelerate: The Accelerationist Reader, Falmouth: Urbanomic, 2014, pp. 355 – 356.

② Stanley Cavell, The World Viewed: Reflections on the Ontology of Film, Cambridge: Harvard University Press, 1980, p. 31.

③ Alex Williams and Nick Srnicek, 'Accelerate: Manifesto for an Accelerationist Politics', in Robin Mackay and Armen Avanessian eds., ♯Accelerate: The Accelerationist Reader, Falmouth: Urbanomic, 2014, p. 360.

术和物质运动的自主性脱离了它们最初被部署的目的，所以这些运动才不只是被应用于资本主义。但这种自主性也限制了所有"最大化控制"的希望。因为凯恩斯所说的激进的不确定性、协调行动所能达到的效果是有限的。我们不应该对普罗米修斯式的预言，以及威廉姆斯和斯尔尼塞克倡导的计划和"经济模式"期望过高。

这个问题存在一些困惑，因为凯恩斯主义的不确定性常常被错误地等同于右翼的"非预期后果"（unintended consequences）法则。对于哈耶克和其他"自由市场"思想家来说，由于这些行动的不可预见性和意外后果，任何形式的计划或有意行动都会误入歧途。但哈耶克声称，市场的交易经济（catallaxy）（拥有自发秩序）——这一术语是亚当·斯密"看不见的手"在20世纪的翻版——以某种方式奇迹般地摆脱了这种曲解。据说市场会整合并"知道"所有个体经济行为体提供的信息。价格是以最佳方式引导经济活动的"信号"。所有新事件都会迅速通过价格的变化反映出来。

但哈耶克的市场乌托邦没有考虑到凯恩斯主义的不确定性。由于我们不能用概率的方式来量化未来，因此也就不能用价格体系提供的"信息"来捕捉未来。尽管"市场"被认为具有自我修正的机制，但它和所有计划机制一样，都会有无法预料的后果和低效、不平衡的结果。因此，我们应该拒绝中央计划与市场"理性"之间的完全二分法。这两种机制都不能保证产生理想的（或有效的）结果，也不可能达到任何形式的平衡，都会受到冲击和破裂的影响，而这些都不能在风险的概率计算中得出。

事实上，尽管哈耶克把市场理想化了，但实际上没有一家公司是通过价格信号中传递的"信息"来做出反应与运作的。反而，资本主义公司本身会制定大型的中央计划，以操纵供给、需求和利润。换句话说，计划无论如何都会发生。它永远不会像规划者所希望的那样有效，但也没有像哈耶克所说的那样徒劳无功。考虑到计划的实际情况，真正的问题是要确保计划以民主和负责的方式进行，而不是（像现在那样）由只对公司基层负责的管理者和权势之人来完成。但即便是最好的情况，这种计划也不可能万无一失。威廉姆斯和斯尔尼塞克只是颠覆了哈耶克在计划和新型秩序之间的二分法，而这种二分法是需要被舍弃的。

马克思有句名言："人们自己创造自己的历史，但是他们并不是随心所欲地创造；并不是在他们自己选定的条件下创造，而是在直接碰到的、既定的、从过去继承下来的条件下创造。"①在后资本主义经济体制下，情况仍将如此。即使我们从"必然王国"过渡到"自由王国"，人类努力的领域也不会是无限的。它仍会受到以前的社会、物质和环境条件的制约，受到怀特海（Alfred North Whitehead）所说的"无法回避的顽固事实"的制约。尽管资本主义危机最终确实打开了通向新的、更好的社会关系的大门（如马克思希望的那样），而不是仅仅让这个制度自身无限期地延续下去（就像今天的情况一样），但是引发危机的矛盾仍有迹可循。认同黑格尔所说的"精神的创伤会愈合，不会留下疤痕"是大错特错。

特别是，新技术带来的启示并不限于它们在当前资本主义条件下的目的性意图，但它们也不是完全灵活的。甚至在我们生产和改进工具时，工具也在不断地改造着我们，我们不能随心所欲地操纵它们。这意味着，我们需要像布鲁诺·拉图尔（Bruno Latour）所说的那样，与我们的工具结盟，而不是将它们视为完美无缺的工具或人类意志的义肢延伸。

这把我们带回了加速主义核心的矛盾中。投机性的推测是没有保证的。当我们把潜在性发挥到极致，或者把矛盾激化到爆发的地步时，我们无法确定结果是什么。我们面临着最基本的不确定性，而不仅仅是可计算的风险。德勒兹和加塔利追随马克思，坚持认为"资本主义生产的真正障碍是资本本身"②，这意味着我们生活在一个"实际吸纳"的制度中，在那里，所有的变革潜力都内在地包含于资本本身的关系场域中。加速主义可能会导致"实际存在的"资本主义关系恶化（如兰德所说），也可能会导致这些关系彻底被替代和转变（如威廉姆斯和斯尔尼塞克所说）。这就是为什么加速主义首先需要成为一种美学程序，然后才能成为一种政治程序。思辨性的虚构可以探索加速主义矛盾的深渊，而不是过早地假装已

---

① 《马克思恩格斯全集》第 8 卷，北京：人民出版社 1961 年版，第 121 页。
② Gilles Deleuze, Félix Guattari, *Anti-Oedipus*, trans. Robert Hurley, Mark Seem and Helen R. Lane, Minneapolis: University of Minnesota Press, 1983, p.231.

经解决了这一问题。

理查德·摩根（Richard K. Morgan）的未来惊悚小说《市场力量》（*Market Forces*）是一部典型的加速主义小说。它设想了一个世界，当下的企业运作在这个世界中已达到了逻辑顶点。在小说世界里，绝大多数人生活在充满暴力的肮脏的铁丝网后面，被隔离在"警戒区"里。与此同时，企业精英的成员——那些唯一能买得起汽车和汽油的人——通过疯狂的麦克斯式（Mad Max-style）的路怒死亡决斗来争夺合同和晋升机会。因为只有通过竞争斗争才能执行生死决定，这确实很"现实"——这就是"硬碰硬时代里的解决方式"。在严苛的市场规律下，道德是一种难以承受的奢侈品。即使是最轻微的软弱或犹豫，也会立即受到惩罚。正如小说中的一个人物所言："我想说，践行自由市场的经济学家手上沾满了鲜血，否则他就没有做好本职工作。这是市场带来的，也是市场要求的决定。这是艰难的决定，也是生死攸关的决定。"①

这句话直白的、富有经验的直接性，好像要说："我直截了当地告诉你，没有借口，没有逃避。这可能看起来不太好，但世界确实是一个残酷冷血的地方。务实而现实的、打消幻想的艰难决定——必须被做出，不管是以哪种方式。如果你手上不沾染血，那么你只是一个无能的幻想家，与真实的世界脱离了联系。"我认为这是一种我们都很熟悉的语调，我们经常从政客和金融家那里听到。新自由主义的逻辑在摩根的小说中得到了完美表达，稍微使用了一点修辞技巧：对强硬的"现实主义"的呼吁，对空想的轻蔑摒弃，对贪婪的愤世嫉俗的辩解，这完全是必要的。

《市场力量》只是对新自由主义教条言听计从，认为除全球化资本主义外"别无选择"，激烈的市场竞争是解决所有问题的最佳途径。在十七世纪，托马斯·霍布斯认为需要一个强大的国家来镇压原本无休止的"一切人对一切人的战争"。但是在二十一世纪，摩根认为，我们的政策与之前几乎相反。现在最重要的是煽动和促进竞争，不管发生什么，都要确保"一切人对一切人的战争"能够发生。福柯也指出，对于今天的新自由主

---

① Richard K. Morgen, *Market Forces*, London: Gollancz, 2004, p. 98.

义来说，"竞争并不是一种落后的假定"，相反，它是一种理想，一种欲求：必须通过一系列"漫长的努力"来"精心地、人为地建构"的东西。用摩根小说里的术语来说，我们总是需要推行"冲突激励"，以迫使人们发挥最大的潜能。

在《市场力量》的世界里，金融界最热门的领域是"冲突投资"，意思是资助"发展中国家"的内战和叛乱，如果你支持的一方获胜，将会获得高额利润的回报（来自回扣、利息支付和控制免税"企业区"的工厂）。其基本原理完全是市场化的。一位金融高管告诉我们："在历史的记忆中，人类一直处于战争中。"①

> 这是我们的天性，是我们的基因。在 20 世纪后半叶，和平缔造者，即世界各国政府并没有结束战争。他们只是在管理战争，而且管理得很糟糕。他们不计回报地把钱投入外国的冲突和游击队中……他们是党派的、教条的和低效的。数十亿资金浪费在评估不足的战争中，没有一个正常的投资者会对这些战争多看两眼。②

> 但政府做得不好之处，市场可以做得更好。面对一个贫穷国家的叛乱，一位冲突投资的经理说："我们只关心两件事。他们会赢吗？以及会不会付出代价？……我们不做判断、不讲道德，也不浪费。相反，我们会做评估、会去投资并获得成功。"③

《市场力量》并不能为我们提供一条摆脱资本主义现实主义的出路。事实上，摩根的另一部科幻小说《怒火重燃》(Woken Furies)用了很大篇幅去考虑在像我们这样以企业为主导的社会里进行民主、平等的社会主义革命的可能性。但《市场力量》只是探讨了新自由主义秩序的极端后果，没有给我们间隔或喘息的机会。就好像摩根在对读者说："我要把你置于最坏的境地；我要把最具暴力性压迫的社会状况，以及最恐怖和恶心的事

①② Richard K. Morgen, *Market Forces*, London：Gollancz, 2004，p. 26.
③ Richard K. Morgen, *Market Forces*, London：Gollancz, 2004，p. 27.

件,扔到你的脸上,看看你是否足够坚强去接受它。"(也许我应该写"足够男人地",而不是"足够坚强地",因为摩根坚持以新自由主义秩序为基础的男性至上主义。)这就是最纯粹的加速主义,没有威廉姆斯和斯尔尼塞克对逃避或救赎的希望,但也没有任何像兰德幻想的那样以世界末日为幌子的辩解。

小说的结尾,颇像库尔特·罗素(Kurt Russell)的电影,其主人公克里斯·福克纳是最后一个站着的人——或者更准确地说,是最后一个开车的人,在杀光了所有对手之后,克里斯说:"我可以为所欲为,像我这样的人,不管做什么都不能被阻止。"①但摩根故意清除了这部动作片里的陈词滥调,即使他也有所重复。克里斯的大男子主义成就,不过是资本积累的力量化身,在这个被无情的资本积累所摧毁的世界里,除了"把自己交给引擎的咆哮,交给体内蔓延的毒品麻木感,交给前方道路上的无尽空虚"②,他什么也做不了。

---

① ② cf. Kurt Russell as Snake Plissken in John Carpenter's *Escape from New York* (1981) and *Escape from L. A.* (1996).

反思《加速主义政治宣言》①

安东尼奥·奈格里②

（法国巴黎第八大学和国际哲学学院）

　　2013 年,亚列克斯·威廉姆斯和尼克·斯尔尼塞克发表《加速:一个加速主义的政治宣言》一文,提倡充分掌握并精通科技,多元重构未来社会。《宣言》极大地推动了左翼加速主义的发展。奈格里随后在《反思〈加速主义政治宣言〉》中对其做了评述。首先,奈格里赞同"资本主义制度已经成为科学技术发展的桎梏"这一观点,指出认知劳动阶级是我们必须要解放的潜在生产力,因而掌握资本主义的最高技术对认知劳动的生产潜力的发掘至关重要,并强调了劳动者应竭力合作以充分发挥信息技术的关键作用。其次,他肯定了《宣言》所提出的"组织生态学"的政治架构,认为它推进了共产主义纲领的建设。同时奈格里批评了《宣言》所体现出的技术决定论倾向。最后他补充,在未来社会建设中要充分认识到货币体现出的金融资本霸权,并在此领域进行斗争。

---

① 本文节选自 2014 年由阿尔曼·阿瓦内森（Armen Avanessian）和罗宾·麦凯（Robin Mackay）主编的《加速:加速主义读本》一书的第二十一章——《反思〈加速主义政治宣言〉》。Antoni Negri, "Reflections on the Manifesto", in ♯*Accelerate: The Accelerationist Reader*, ed. Robin Mackay and Armen Avanessian, Falmouth: Urbanomic, 2014.

② 作者简介:安东尼奥·奈格里（Antonio Negri）,意大利马克思主义哲学家、活动家,毕业并任教于帕多瓦大学哲学系,曾因参与激进政治行动入狱,后流亡法国,在巴黎八大和国际哲学学院任教多年。以与迈克尔·哈特合著的《帝国》《诸众》和《大同世界》三部曲而闻名,也是斯宾诺莎思想的重要研究者。其他主要著作有《〈大纲〉:超越马克思的马克思》《野蛮的反常》《颠覆性的斯宾诺莎》《狱中书信》等。译者简介:雷禹,华中师范大学马克思主义学院讲师,硕士研究生导师,研究方向为国外马克思主义。

《加速主义政治宣言》(MAP)自一开始就广泛承认当前危机的戏剧性场景:大灾难,拒绝未来,近在咫尺的世界末日。但是不要怕! 这里没有政治神学上的东西。任何被这一点吸引的人都不应该读这份宣言。没有任何当代讨论的陈词滥调,或者更确切地说,只有一个:地球气候系统的崩溃。尽管这一点很重要,但在这里,它完全服从于产业政策,只有在批评这些政策的基础上才能采取行动。《宣言》的核心是"生产过程中日益增长的自动化",包括"智力劳动"的自动化,这将解释资本主义的长期危机。① 灾难论? 这是对马克思关于利润率下降趋势概念的误解吗?② 我可不会这么说。

在此,危机的现实被认定为新自由主义对阶级关系结构的入侵,这种结构是在 18 和 20 世纪的福利国家中形成起来的。同时,危机的原因在于,资本主义控制不得不采取新的形式来对付新的活劳动形象,从而阻碍了生产力的提高。换言之,资本主义必须对后福特主义时代劳动的政治潜力做出反应,并加以阻挠。

紧随其后的是对右翼政府势力和相当一部分左翼势力的严厉批评——后者往往(充其量)被凯恩斯主义抵抗这一新的不可能的假设所欺骗,以至于无法想象一个激进的替代方案。在这种情况下,未来似乎已经被强加的完全瘫痪的政治想象所取消。我们不能自觉地走出这种状况。只有系统地以阶级为基础建设新经济,同时建立一个新的工人政治组织,才能重建霸权,才可以让无产阶级掌握一个可能的未来。

颠覆性的知识仍大有可为!

这个宣言的开篇足以胜任今天的共产主义任务。它代表着坚定不移且毅然决然的飞跃——如果我们想要进入革命反思的领域,就必须要这样做。然而至关重要的是,它为这场运动赋予了一种新的"形式",这种

---

① Alex Williams and Nick Srnicek, "♯Accelerate: Manifesto for an Accelerationist Politics", in ♯*Accelerate: The Accelerationist Reader*, eds. Armen Avanessian and Robin Mackay, Falmouth: Urbanomic, 2014, Section 1. 2.
② "利润率下降的趋势"是政治经济学的经典问题。在马克思的表述中,它描述了由于长期利润下降而导致的资本主义潜在的内爆。参见马克思《资本论》第三卷第十三章。

"形式"指的是一个充满潜力的构成装置（constitutive apparatus），此装置旨在打破由国家支持的当代资本主义压制性的和等级性的地平线。这不是总体上国家形式的颠倒。相反，它指的是潜力对抗权力——生命政治（biopolitics）对抗生命权力（biopower）。正是在这一前提下，解放未来的可能性与现在资本主义统治的可能性是截然对立的。在这里，我们可以用"一分为二"这一公式进行尝试，这一公式如今构成了颠覆性实践（而不是结论）的唯一合理前提。①

从内部反抗资本主义的趋势

让我们来看看《加速主义政治宣言》的理论是如何发展起来的。它的假设是，针对资本主义产生的障碍，解放劳动潜力必须发生在资本主义本身的演变过程中。它是关于追求经济增长和技术进步（两者都伴随着日益严重的社会不平等），以引发阶级关系的彻底逆转。从内部反抗：工人主义（Operaism）的传统再度回归。② 解放的过程只能通过加速资本主义发展才能发生，但有一点至关重要，那就是不要把加速（acceleration）与速度（speed）混为一谈③，因为这里的加速具有引擎装置的所有特征，具有在资本主义自身决定的可能性空间内发现和创造的实验过程的所有特征。

在《宣言》中，马克思的"趋势"（tendency）概念是与对发展参数的空间分析相结合起来的：这是德勒兹和加塔利一以贯之坚持的作为"土地"（terra）的领土（territory），以及所有的辖域化和去辖域化过程。这里的根本问题是认知劳动（cognitive labor）的力量，它由资本主义产生，但又受到

① "一分为二"是指资本主义内部发生的不可逆转的阶级分化。具体地说，这个词起源于20世纪60年代毛泽东，用来批评任何与资本主义的政治重组（"合二为一"）。See also M. Dolar, "One Divides into Two", in *e-flux journal*, vol. 33, March 2012.

② 自从马里奥·特隆蒂（Mario Tronti）发表关于所谓的社会工厂的文章（"La fabbrica e la società", in *Quaderni Rossi*, vol. 2, 1962）以来，纵观整个意大利工人主义传统，"从资本内部反抗"的表述意味着阶级斗争是在它所产生的资本主义发展的矛盾中运作的。工人阶级不是"在资本之外"，因为阶级斗争正是推动资本主义发展的引擎。

③ Williams and Srnicek, "♯Accelerate: Manifesto for an Accelerationist Politics", section 2.2.

资本主义的压制,由资本主义构成,但在日益增长的统治算法自动化中被削弱,在本体论上被估价(它增加了价值的生产),但从货币和规训的角度被贬值(仅在当前的危机中,而且在整个国家形式的发展和管理的叙事中)。恕我直言,对于那些仍然滑稽地认为革命的可能性必须与 20 世纪工人阶级的复兴联系在一起的人,这样的可能性阐明了我们仍然在与一个阶级打交道,但却是一个截然不同的阶级,而且是一个被赋予了更高力量的阶级。这正是认知劳动阶级。这是要解放的阶级,也是必须解放自己的阶级。

如此一来,我们恢复马克思主义和列宁主义的"趋势"概念的任务就完成了。由此观之,任何"未来主义"的幻想都被消除了,因为阶级斗争不仅决定了资本主义的运动,也决定了把它的最高抽象概念变成斗争的坚实机器的能力。

《宣言》的论证完全基于这种解放认知劳动生产力的能力。我们必须破除任何企图回到福特制劳动的幻想,最终把握从物质劳动霸权到非物质劳动霸权的转变。因此,考虑到资本凌驾于技术之上,我们有必要抨击"资本"对技术日益压制的做法。① 资本的要求限制了生产力的发展。关键是解放潜在生产力,革命的唯物主义历来都是这样做的。我们现在必须关注的就是这个"潜伏期"。

但在这样做之前,我们应该注意到《宣言》的吸引力是如何坚持转向组织问题的。《宣言》强烈批评了当代运动中形成的"水平"和"自发"的组织概念,以及他们对"民主即过程"的理解。② 根据《宣言》来看,这些概念仅仅是对民主的拜物教式决定,对资本主义统治制度没有任何有效的(破坏性的或建构性的)后果。考虑到当前反对金融资本及其制度物化的运动(尽管既没有其他选择,也没有适当的工具),这最后一种断言些许有些过头了。当谈到革命转型时,我们显然无法避免一场强有力的体制转型,一场比民主水平主义(democratic horizontalism)所能提出的任何转型都要强的体制转型。无论是在革命性飞跃之前还是之后,规划都是必要的,以

---

①② Williams and Srnicek, "♯Accelerate: Manifesto for an Accelerationist Politics", section 3. 3.

便将我们对趋势的抽象知识转化为未来的后资本主义和共产主义制度的建构性力量。根据《宣言》，这样的"规划"不再构成国家对工人阶级社会的垂直指挥。相反，今天它必须采取将生产力和方向性能力汇聚到网络中的形式。我们必须把以下几点作为进一步阐述的任务：先规划斗争，再规划生产。我们稍后再讨论这个问题。

固定资本的再占有

我们还是回到我们的话题吧。首先，《加速主义政治宣言》是通过将认知劳动从其潜伏期中撕开的方式来释放它的力量："我们当然还不知道一个现代技术社会体能做什么！"在这里，《宣言》坚持两个要素。第一个要素是我所说的"固定资本的再占有"，以及随之而来的劳动主体的人类学转变。[①] 第二个因素是社会政治因素：我们身体的这种新潜力，本质上是集体的和政治的。换言之，生产中增加的剩余主要来自社会生产性协作。这可能是《宣言》中最关键的一段。[②]《宣言》并不侧重哲学批判中的人道主义倾向，而坚持固定资本实实在在占有的物质性和技术性。生产量化、经济建模、大数据分析，以及最抽象的认知模型，都是工人主体通过教育和科学获得的。

毫无疑问，这份《宣言》中有一些乐观情绪。这种对技术社会体的乐观看法对批评复杂的人类—机器关系没有多大用处，但这种马基雅维利式的乐观主义有助于我们深入到关于组织的讨论中，这是当今最紧迫的讨论。一旦把讨论带回到权力问题上，就会直接引出组织问题。《宣言》中写道：左翼必须发展社会技术霸权——"生产、金融、物流和消费的物质平台可以而且将被重新编程和重新格式化，以实现后资本主义的目标"[③]。

[①] 在马克思（以及传统的政治经济学）那里，"固定资本"指的是投资于固定资产（如建筑物、机械和基础设施）的资金，而不是包括原材料和工人工资在内的"流动资本"。在后福特主义时代，这种资本可能包括信息技术、个人媒体，也包括软件、专利和集体知识形式等无形资本。"固定资本再占有"指的是劳动者集体重新占有生产能力（也是以价值和福利的形式）。

[②] Williams and Srnicek, "♯Accelerate：Manifesto for an Accelerationist Politics", section 3.6.

[③] Williams and Srnicek, "♯Accelerate：Manifesto for an Accelerationist Politics", section 3.11.

毫无疑问,《宣言》强烈依赖于客观性和实质性,依赖于某种发展的此在(Dasein),因此,当我们同意基本协议"一分为二"时,我们在一定程度上低估了存在的社会、政治和协作因素。然而,这种低估不应妨碍我们认识到掌握资本主义统治所使用的最高技术以及劳动的抽象化的重要性,以便把它们带回由"事物自身"主导的共产主义管理。我对技术政治霸权的理解是这样的:为了推进新的霸权,我们首先必须使认知劳动的生产潜力的整个综合体成熟起来。

新制度的生态学

在这一点上,提出组织的问题再恰当不过了。如前所述,针对极端主义的水平主义(extremist horizontalism),我们提出了网络与规划关系的新格局。我们反对任何将民主视为过程的和平观念,而将新的关注点从手段(投票、民主代表、宪政国家等等)转移到目的(集体解放和自治)。显然,作者没有重复新的中央集权主义幻想,也没有空洞解释"无产阶级专政"。《宣言》抓住了澄清这一点的机会,提出了一种"组织生态学",坚持由多种力量组成的框架,这些力量相互产生共鸣,从而设法产生超越任何宗派主义的集体决策引擎。[①] 你们可能对这样的说法有疑问,你们可能会认识到比提供的快乐选择更大的困难。尽管如此,这是一个值得探索的方向。今天,在 2011 年开始的斗争周期结束时,这一点更加明显,尽管这些斗争的力量和新的真正的革命内容,在它们与权力的冲突中都显示了其组织形式的不可逾越的限制。

《宣言》提出了三个紧迫的目标,这些目标在目前来说是适当的和现实的。首先,建立一种新的智力基础设施,它的任务是设计新的理想方案,研究新的经济模式。其次,在主流大众媒体领域发起一项强有力的倡议:互联网和社交网络无疑已经使传播民主化,它们对全球斗争非常有用,但传播仍然屈从于其最传统的形式。这项任务变成了集中大量资源

---

① Williams and Srnicek, "♯Accelerate: Manifesto for an Accelerationist Politics", section 3.15.

和所有可能精力的任务，以便让我们掌握足够的传播渠道。第三个目标是激活所有可能的阶级权力制度形式，无论是过渡性的还是永久性的、政治性的或工会主义的、全球性的或地方性的。只有把已有的经验和尚未获得的经验结合、杂糅起来，才有可能形成统一的阶级力量。

"需要创造未来"——启蒙的抱负贯穿了整个《宣言》。[1] 普罗米修斯式的和人道主义的政治也在其中引起了共鸣。然而，这种人道主义超越了资本主义社会强加的限制，对后人类乌托邦和科学乌托邦敞开了大门，重新唤醒了 20 世纪太空探索的梦想，构思了新的坚不可摧的屏障，抵御死亡并防止生活中所有的意外。理性想象必须伴随着对新世界的集体幻想，这样才能促使劳动和社会进行强烈的自我增殖。我们所经历的最现代的时代告诉我们，全球化只有一个内部（Inside），不再有外部（Outside）。然而，今天，我们重提重构未来的问题，我们有必要也有可能将外部引入，为内部注入强大的生命力。

那么又该如何评价《宣言》呢？我们中的一些人认为它是对后工人主义观点的一种盎格鲁—撒克逊式的补充，因此比起重振社会主义的人道主义，它或许能更好地提出一种新的积极的人道主义。"加速主义"这一名称显然不太恰当，因为它把一种"未来主义"的感觉归属于一些根本不是未来主义的东西。《宣言》无疑是及时的，不仅体现在它对"真正的"社会民主和社会主义的批评上，而且在它对 2011 年以来的社会运动的分析上亦是如此。《宣言》以极强的力度提出了资本主义发展的趋势问题，既需要重新占有资本主义，又需要打破资本主义发展的趋势。在此基础上，《宣言》推进了共产主义纲领的建设。这些都是向前迈进的有力支撑。

在技术政治的开端上

在这一点上，为了重新开始讨论，推动论点朝着一致的方向发展，一些批评可能是有用的。首先，这个《宣言》无论是在政治上还是在技术上

---

[1] Williams and Srnicek, "♯Accelerate：Manifesto for an Accelerationist Politics", section 3. 24.

都过于决定论了。与历史性（或者，如果你愿意，也可以选择历史、当代性或实践）的关系可能会被某种我们不倾向于称之为目的论的东西所扭曲，但这看起来很像是目的论。在我看来，《宣言》低估了与奇点（singularities）的关系，也因此低估了将趋势理解为虚拟的（涉及奇点的）能力，更低估了将（推动趋势前进的）物质决定作为主体化力量的能力。趋势只能被定义为一种开放的关系，一种由阶级主体激活的构造性关系。或许有人会反对，这种对开放的坚持可能会导致反常的影响，例如，导致一个框架如此异质化，以至于变得混乱，从而无法解决——这种多样性被放大，变得如此巨大，以至于构成了一个坏的无限性。毫无疑问，这样一个"坏的无限性"就是后工人主义甚至是《千高原》时不时所暗示的。这既是一个难点也是一个关键点。让我们更深入地挖掘一下。

对于这个问题，《宣言》提出了一个很好的解决方案，它将工人联合体的变革性人类学置于主体和客体关系的中心（我称之为无产阶级的技术构成和政治组成的关系，传统上则习惯于用其他术语）。① 这样一来，就可以避免多元主义偏离到"坏的无限性"。然而，要是我们想要在这方面继续下去——我认为这是有益和果断的——我们就必须打破《宣言》所依赖的无止境的生产发展过程。我们必须确定发展的开端以及对这些开端的巩固，德勒兹和加塔利会把这些开端称为集体性的装配（agencements collectifs）。这种巩固是重新占有固定资本，转变劳动力。这种转变包括人类学、语言和活动方面的变革。这些开端出现在无产阶级的技术构成和政治构成之间的关系中，被历史性地固定下来了。如果没有这样的巩固，任何政治方案——尽管可能是暂时的——都是不可能的。正因为我们不能澄清技术构成和政治构成之间的这种关系，我们有时候会发现自己在方法上束手无策，在政治上无能为力。相反，正是对历史开端的确定和对技术政治关系的特定模式的认识，才使得我们既能够设计一个有组织的

---

① 意大利工人主义为了克服 20 世纪 60 年代典型的"阶级意识"的陈词滥调，引入了阶级构成的概念。技术构成是指特定经济体制下所有的物质劳动形式，也是文化劳动形式；政治构成是指这些劳动形式之间冲突并转化为政治规划。一种特定的技术构成不会自动有利于良性的政治重组。

过程,又可以制定一套切实可行的行动方案。

请注意,提出这个问题还隐晦地揭示了另一个问题,即如何更好地定义奇点和共性之间的关系发展和巩固过程,而不否认生产趋势的进步性特征。因此,我们需要明确任何技术组合的共性是什么,同时深化生产人类学的具体研究。

协作的霸权

让我们再次回到固定资本的再占有问题上来:正如我已经指出的,在《宣言》中,相对于技术标准,生产的协作维度(特别是主体性的生产)被低估了。撇开生产力的技术参数不谈,生产的物质方面实际上也描述了劳动能力的人类学转变。我坚持这一点。协作因素应当成为核心,它有助于在构成当代无产阶级的一套语言、算法、功能和技术诀窍中形成可能的霸权。提出这样的论点是因为我们注意到现在资本主义剥削的结构本身已经发生了改变。资本仍在继续剥削,但矛盾的是,与资本从整个社会中榨取剩余劳动力的力量相比,资本的剥削形式反而更加有限。然而,当我们意识到这一新的决定时,我们察觉到固定资本(即直接参与剩余价值生产的资本部分)本质上建立在由协作产生的剩余中。这样的协作是不可测量的:正如马克思所说,它不是两个或两个以上工人剩余劳动的总和,而是他们共同工作所产生的剩余劳动,易言之,这样的剩余已经超出了每个人剩余劳动的总和。[1]

如果我们假设攫取性资本优先于剥削性资本(前者当然包括后者),我们可以得出一些有意思的结论。我简单地提一下其中一个。人们通常把福特主义向后福特主义的转变描述为不仅将"自动化"应用到工厂中而且把"信息化"运用到社会中。后者在导致社会完全(实质)纳入资本的过程中非常重要,信息化确实解释和引领了这一趋势。在那个特定的历史

---

[1] 一句经典的引语是:"单个劳动者的力量的机械总和,与许多人手同时共同完成同一不可分割的操作所发挥的社会力量有本质的差别。"《马克思恩格斯全集》第 44 卷,北京:人民出版社2001 年版,第 378 页。

时刻,信息化确实比自动化更重要,自动化本身只是以一种局部和不稳定的方式描述了一种新的社会形态。正如《宣言》所阐明的和经验所证实的那样,今天我们远远超出了这一点。生产型社会不仅表现为全球信息化,而且这种计算机化的社会世界本身也是根据劳动力市场管理的新标准和社会管理的新等级参数进行重组和自动化。当生产通过认知劳动和社会知识被社会推广时,信息化仍然是最有价值的固定资本形式,而自动化则成为资本主义组织的黏合剂,使信息学和信息社会都回归到自身。因此,信息技术从属于自动化。资本主义算法的统治以这种生产的转变为标志。

因此,我们处于更高的实质吸纳水平。因此,物流发挥了巨大的作用,它在自动化之后,开始配置资本主义统治的整个辖域,并建立全球空间的内部和外部层次结构,就像算法机器一样,它根据知识的抽象程度和分支,通过频率和功能的变量来汇集和控制,自马克思以来,我们一直习惯于将这种复杂的知识系统称为一般智力(General Intellect)。现在,如果攫取性资本主义将其剥削力量广泛地扩展到社会基础设施的方方面面,并密集地深入到生产机器的任何抽象程度中(例如,在全球金融的各个层面),那么就有必要在这样一个实践和理论空间内重新启动关于重新占有固定资本的辩论,发起新的斗争就要以这样一个空间来衡量。无产阶级确实可能重新占有固定资本,因而,我们必须解放这种潜力。

共同体的货币与拒绝劳动

我还想再讨论最后一个主题"共同体的货币",这个主题《宣言》没有提及,但它与《宣言》的理论框架是完全一致的。《宣言》的作者很清楚,今天,货币作为一台抽象的机器具有特殊的功能,它是通过资本对当前社会的实质吸纳来衡量从社会中榨取的价值的最高形式。描述社会劳动的榨取/剥削的同一方案迫使我们认识到货币的特征:作为衡量标准的货币、等级制度的货币、计划的货币。这种货币的抽象化,作为金融资本自身霸权的一种趋势,也指向了同一最高层次潜在的反抗和颠覆形式。朝向后资本主义未来的共产主义纲领应该在这一领域实施,不仅促使无产阶级重新占有财富,而且要建立一个霸权强国,因而,我们要致力于对"共同体"的把握,这种把握既是劳动价值的最高榨取/抽象的基础,也是劳动价值普遍转化为货币的基础。这就是今天"共同体的货币"的题中应有之义。这不是乌托邦,而是一种纲领性和范例性的指示,它说明在斗争中如何预见到回应资本强加的劳动尺度、抨击(由老板直接强制执行的)剩余劳动的等级制度以及反击资本主义国家强加的社会普遍收入分配。在这方面,我们仍然还有不少工作要做。

尽管还有很多问题需要讨论,但我们也不得不进行总结了,把资本主义的趋势贯穿到底,在这个过程中打败资本主义本身,这到底意味着什么呢? 仅举一个例子:今天它的意思是更新"拒绝劳动"的口号。反对算法自动化的斗争必须积极把握由算法自动化决定的生产率的提高,然后必须强制大幅减少由机器约束或控制的劳动时间,同时,它必须产生持续的、越来越显著的工资增长。一方面,必须以平等的方式调整自动机的服务时间,另一方面,必须建立基本收入制度,以便将任何劳动形式转化为对所有人平等参与集体财富建设的认可。回想一下马克思对傅立叶的欣赏,这样每个人都能最大限度地提高自己的生活乐趣。在这一点上,我们不应该忘记开辟另一个主题:主体性的生产,激情的对抗性使用,以及由此开启的反对资本主义和主权统治的历史辩证法。

普罗米修斯主义及其批评者[①]

雷·布拉西耶[②]

（贝鲁特美国大学哲学系）

　　加速主义意味着面向未来，必须在此刻做出关乎未来的决定。一方面，由于时间给认知带来的不平衡，普罗米修斯主义并不限定我们改变自己及未来的方式，表现了一种非唯意志论的自主性。另一方面，迪普伊从本体论和认识论的边界的角度来质疑纳米伦理，认为科学技术的发展混淆了思辨发展以及人类存在的边界。为了回应迪普伊对技术科学的普罗米修斯主义的批判，需要从哲学角度指出海德格尔的"人的存在有限论"是对康德"先验论"的激进式解读，实际上是抹杀了人类超越自身的可能性。通过为普罗米修斯主义辩护，以此表明科学技术的发展存在无限潜力。

　　面向未来是什么意思？未来值得投资吗？简言之，我们不仅作为个

① 本文节选自 2014 年由阿尔曼·阿瓦内森（Armen Avanessian）和罗宾·麦凯（Robin Mackay）主编的《加速：加速主义读本》一书的第二十五章——《普罗米修斯主义及其批评者》。Ray Brassier, "Prometheanism and its Critics", in ♯Accelerate: The Accelerationist Reader, ed. Robin Mackay and Armen Avanessian, Falmouth: Urbanomic, 2014.

② 作者简介：雷·布拉西耶（Ray Brassier），英国哲学家。2001 年在华威大学获得哲学博士学位；2002—2008 年，以研究员的身份任职于米德尔塞克斯大学现代欧洲哲学研究中心；2008 年以来，任职于黎巴嫩贝鲁特美国大学哲学系。他被视为当代思辨实在论思潮中具代表性的哲学家之一。译者简介：雷禹，华中师范大学马克思主义学院讲师，硕士研究生导师，研究方向为国外马克思主义。

人,而且作为一个物种,对未来可以有什么样的集体投资?这可以归结为一个非常简单的问题:我们应该如何利用时间?我们知道,无论我们做什么或不做什么,时间都会对我们有所帮助。那么,我们是否应该尝试用时间做些什么,甚至对时间做些什么?这也意味着我们应该如何对待未来,以及它能否保持它在现代性规划中的卓越地位。我们应该放弃未来吗?放弃未来就意味着抛弃启蒙的思想规划。然而,不乏思想家敦促我们去这样做。倡导者的权利承诺恢复古代的等级制度,这反映了所谓的自然或神圣秩序。但在整个 20 世纪,这种反现代主义——以及对启蒙运动的批判——也有许多有影响力的左翼倡导者。他们坚持认为,通过彻底收敛政治和认知上的野心,我们所能期望的最好结果是通过建立地方性的、时间上短暂的公民正义飞地来实现对普遍不公正的小规模纠正。那些拥护正义和解放理想的人减少了政治野心,可能是共产主义作为一项普罗米修斯规划崩溃的最显而易见的后果。不言而喻,我们所能希望的最好结果就是创建平等和正义的地方飞地。然而,按照平等和正义的理想重塑世界的想法经常被谴责为危险的极权主义幻想。这些叙述,无论是左翼还是右翼,都与后伽利略理性主义及其对自然合理化的倡导、极权主义的邪恶划清了界限。

我想批判性地审视一下启蒙运动普罗米修斯主义哲学批判背后的一些前提。我想提出的是,启蒙运动的主要认识论美德在于,认识到时间给认知带来的不平衡性。认知需要时间,但时间又孕育认知。从这个意义上说,启蒙运动的理性主义遗产肯定了时间的不平衡性。巴拉德(J. G. Ballard)最好的叙事中所阐述的灾难性逻辑正是关于这种对不平衡的认知性挪用,它使时间脱节,重组了过去、现在和未来的线性序列。肯定这种不平衡就是黑格尔所说的"延迟的否定",正如齐泽克指出的那样,这就是黑格尔所谓的将美德归因于作为反对的官能的理解,而不是作为和解的官能的理性。换言之,正是理解,即分解的、客观化的、辨别的官能,首先行使否定的力量,随后则由理性来加以完善。这对认知来说是不可或缺的:在我们能够假定克服一种反对意见之前,我们首先必须能够正确地表达它。简单地将理性与理解,或矛盾与判断对立起来,就好像它们是独立的官能,把前者高举为"好",而把后者斥责为"坏",这是目光短浅的辩证法。只有理解才能将理性与理解对立起来:辩证法肯定了它们的不可分割性。

如果不平衡是认知进步的一个有利条件,那么我们必须找到一种方法来捍卫规范的理由,这些理由让我们能够理解这一断言。我们必须捍卫这种主张的规范地位,即事情不应该像它们应该的那样,事情应该被理解和重组。要做到这一点,我们需要能够为这个问题的可理解性辩护:"我们能让自己变成什么样子?"在这一点上,普罗米修斯主义只是声称,即没有理由对我们能够取得的成就或我们可以改变我们自己和我们的世界的方式设定一个预先确定的限制。但当然,这恰恰是神学礼仪和经验主义良知共同谴责的危险傲慢。

接下来的一幅草图勾勒出一个将致力于普罗米修斯主义项目的开端。这显然是不完整的。我现在想做的就是试着列出一些基本问题,我认为这些问题需要通过对启蒙运动遗产的哲学评估来加以解决。这种评估的核心问题是:我们能让自己变成什么样子? 我们必须放弃我们的野心,学会谦虚,就像每个人似乎都在叮嘱我们做的那样吗?

我想提出,普罗米修斯主义需要重申主观主义(subjectivism),但这是一种没有自我的主观主义,它清楚地表达了一种非唯意志论(voluntarism)的自主性。20 世纪哲学文献中对普罗米修斯主义的批判与对形而上学唯意志论的批判联系在一起,其最重要的代表是马丁·海德格尔。

让—皮埃尔·迪普伊(Jean-Pierre Dupuy)在他的论文《纳米伦理学哲学基础上的陷阱》(Some Pitfalls in the Philosophical Foundations of Nanoethics)[1]中回应了海德格尔对主观主义唯意志论的批判,他在该论文中提出与人类增强(human enhancement)和所谓的超人类主义(transhumanism)有关的辩论是错误的。[2] 连接迪普伊对技术科学的普罗米修

---

[1] Jean-Pierre Dupuy, "Some Pitfalls in the Philosophical Foundations of Nanoethics", in *Journal of Medicine and Philosophy*, vol. 32, April 2007, pp. 237 - 261.

[2] 迪普伊是著名的《论认知科学的起源》(*On the Origins of Cognitive Science*, Cambridge: MIT Press, 2009)、《走向启蒙的灾难主义》(*Pour un catastrophisme éclairé*[*Towards an Enlightened Catastrophism*], Paris: Seuil, 2002)以及最近的《神圣的标志》(*La marque du sacré*[*The Mark of the Sacred*], Paris: Carnets Nord, 2009)的作者。

斯主义的批判和海德格尔对主观主义批判的纽带是汉娜·阿伦特,她是迪普伊的主要灵感来源,其思想直接归功于海德格尔。我想要考察的正是这种哲学谱系。

那么,为什么要争辩说普罗米修斯主义不只是一种过时的形而上学幻想呢?因为它以所谓的纳米技术、生物技术、信息技术和认知科学(NBIC)融合的形式而显得异常活跃。迪普伊引用了美国政府国家科学基金会 2002 年 6 月发表的题为"融合人的绩效技术"的报告,该报告声称纳米技术、生物技术、信息技术和认知科学的融合将带来一场真正的"文明变革"①。这里信奉的普罗米修斯主义是右翼的普罗米修斯主义:它的倡导者是新自由主义资本主义的拥护者,他们声称,在关于人类历史可能性的相互竞争的叙述的战争中,新自由主义已经成为胜利者。那么,NBIC 技术为什么会有如此彻底的变革能力呢?因为根据它的倡导者的说法,它使人之本性的技术再造成为可能。

迪普伊对他在这一主张中发现的谬误和混乱提出了一种复杂的哲学批评。在迪普伊看来,当代生命伦理学话语的功利主义偏见阻碍了它从本体论维度正确把握 NBIC 的使用和滥用问题。他认为,NBIC 的倡导者,以及更广泛地说,人类增强的倡导者,系统地将本体论的非决定性(indetermination)与认识论的不确定性(uncertainty)混为一谈。它们将实际上是关于现实结构的本体论问题转化为关于我们知识限度的认识论问题。正如迪普伊所说:"人类的创造性活动和对知识的征服被证明是一把双刃剑……但这并不是说我们不知道使用这样一把剑是好事还是坏事——而是它既有好的一面,也有坏的一面。"②

如果人类创造活动的结果在本体论上是非决定的,而不仅仅是不确定的,这是因为它受到人类存在的结构的制约,这种结构是一种超越性的结构。这种超越性对人的存在的刻画,主要与海德格尔的《存在与时间》联系在一起。人类不同于世界上的其他实体,因为他们的存在方式是以

---

① Jean-Pierre Dupuy, 'Some Pitfalls in the Philosophical Foundations of Nanoethics', p. 239.

② Jean-Pierre Dupuy, 'Some Pitfalls in the Philosophical Foundations of Nanoethics', p. 241.

时间投射结构为特征的,在这种结构中,过去、现在和未来是相互关联的。认识的不确定性和本体论的非决定性之间的融合是建立在混淆人的条件与人的本性的基础上的,人的条件在海德格尔的意义上是存在主义的,因此没有任何固定的本质,而人的本性的本质可以通过它与其他实体的具体区别来定义。因此,传统的形而上学关于人的概念是属于"动物"属的生物,但通过一个特定的谓词来区别于其他动物,无论是"理性的""政治的"还是"会说话的"。然而,对海德格尔来说,人类不只是在种类上与其他实体有差异,他们恰恰是由另一种差异的种类构成的。海德格尔称另一种差异为存在(existence)。对于迪普伊来说,正是因为没能注意到存在与本质之间的本体论差异,或者作为条件的人之本性与作为自然的人之本性之间的差异,才助长了这样一种信念,即我们可以使用同样的技术来修改人之本性的属性,这些技术已经被证明是如此成功,以至于允许我们操纵其他实体的属性。将人类的存在平移到一个固定的经验属性目录上,使我们看不到人类生成的存在差异,而这种存在差异就在于合适和不合适之间,海德格尔将二者称之为"本真性"(authenticity)和"非本真性"(inauthenticity)。正是这种平移,奠定了关于人之本性的根本可塑性的主张。

在汉娜·阿伦特论述赋予人类的东西与人类创造的东西之间相互作用的同时,迪普伊提出了存在的条件与存在的本质之间的区别。阿伦特写道:

> 除了人在地球上的生活被给定的那些处境,人也常常部分地在它们之外,创造出他们自己的、人为的处境,尽管后者来源于人,因而是可变的,但也跟自然物具有同样制约人的力量。①

因此,对于在这场辩论中作为阿伦特弟子的迪普伊来说,人类的条件是给予之物和创造之物不可分割的混合物:人类既通过被给予的资源进

---

① 汉娜·阿伦特:《人的境况》,王寅丽译,上海:上海人民出版社 2009 年版,第 3 页。

行创造和生产,同时也受制于超出人类实践和认知能力的创造的限制。

> 在很大程度上,人可以塑造那些塑造他的东西,调节那些调节他的东西,同时仍然尊重给予和创造之间脆弱的平衡。①

现在,我认为我们应该尊重"创造的东西"和"给予的东西"之间"脆弱的平衡",这是对普罗米修斯主义的哲学展开批判的根本。普罗米修斯主义威胁的正是人类塑造与塑造人类的事物——无论是上帝还是大自然——之间这种岌岌可危的平衡。

阿伦特的另一段话与此密切相关:

> 人之本性的问题,奥古斯丁所谓的"对我自己成了一个问题"(quaestio mihi foetus sum),似乎在个体心理学和一般哲学的意义上都是无法回答的。我们能认识、确定和定义我们周围的万物的自然本性,但是我们无法对自己做同样的事——就像无法跳出我们自己的影子一样。另外,没有什么东西能让我们有资格确信,人像其他事物一样,有一种本性或本质。②

人类不能对象化自己,因为他们没有与其他事物相同意义上的性质或本质,这种说法显然是海德格尔式的。海德格尔对康德关于人类认知的内在有限性的描述进行了激进化处理。这意味着什么呢?对于康德来说,我们原则上不能像创造世界的上帝那样认识世界,因为与上帝不同的是,我们没有被赋予智性直观的能力,而智性直观创造了它所知道的对象。上帝拥有对每一个特定事物的直观知识,因为他对该事物的思想创造了事物本身。他是一种无限的生成性智慧,他的创造不受任何给定的限制。因此,上帝对世界的认识是绝对的、直接的、不可逆转的。因为我

---

① Jean-Pierre Dupuy, 'Some Pitfalls in the Philosophical Foundations of Nanoethics', p. 246.
② 汉娜·阿伦特:《人的境况》,王寅丽译,上海:上海人民出版社 2009 年版,第 4 页。

们没有智性直观,而且我们对现实的认识在一定程度上受到我们通过感官获得的有关现实的信息的制约,所以我们只能在我们思想创造的东西与世界给予的东西相结合的情况下才能认识事物。超越人类认知的东西只是事物本身被创造的性质,因为它们本身就是如此。这就是神圣的造物主所理解的每一件事的无限复杂性。但由于我们的思想是有限的,我们只能部分地、不完整地表现事物。

海德格尔通过将有限性本体化来使康德激进化。作为存在,人类超越了对其本质的每一个客观决定。这种本体论的超越是有限性的根源所在。在海德格尔看来,人类存在的有限性是一种本体论资料(datum),而不是一种认识论条件。海德格尔接受康德的主张,即我们对物自体没有超验的知识,因为它们只能被它们的创造者所认识。但对海德格尔来说,人的存在是一种新的超越的轨迹:它是有限的、人性的,而不是无限的、神圣的。因为存在构成了一种有限的超越,它制约着对象的可认知性。由于认知对象化受人类存在的制约,人类不可能以认识其他对象的方式来认识自己。这样做就需要将对象化的条件对象化,正如阿伦特所说,这就像试图跳出我们自己的影子一样。由于这种对自我对象化的禁止,人类的存在便超越了通过一系列客观决定来限制其核心的一切企图。事实上,人之本性的每一个积极特征,无论是心理的、历史的、人类学的还是社会学的,最终都是由未被承认的形而上学所决定,而对海德格尔来说,这也意味着神学上的偏见。因此,海德格尔专注于揭露科学潜在的形而上学偏见:决定其基本概念的形而上学前提,但科学本身却无法将之阐明。

从海德格尔的这个角度来看,那些把本质上的可塑性归于人类的哲学家,或者那些声称人类可以从根本上重新设计自己的哲学家,可以被谴责为重塑存在的超越性的形而上学家。想想青年马克思所说的"人是类存在物……而自由的有意识的活动恰恰就是人的类特性"[1]。从迪普伊的海德格尔式观点来看,马克思对人类物种存在的"自由的有意识的活动"——一种允许人类重塑自身和世界的活动——的认同,本身就是对构

---

[1]《马克思恩格斯选集》第1卷,北京:人民出版社2012年版,第55—56页。

49

成人的超越性的物化：它将超越性物化为生产（production），而没有适当注意这一术语所编码的形而上学假设。因此，对于海德格尔来说，人是事物的代理人、制造者或生产者的主张可以被描述为对人的存在的形而上学的物化，这可以被恰当地理解为有限的超越性。同样，萨特关于"人只不过是他自己造就的东西"①的说法可以被指责为将超越性降低为自我意识的虚无力量来实现超越性，萨特称之为"自为"。海德格尔学派一直在努力嗅出这些和其他形而上学的物化之味，在海德格尔那里，这些物化的特征是不可对象化的超越性：此在的超越性。

存在的超越性和生命的超越性之间的联系在阿伦特的另一句重要引言中得到了明确的表达：

> 世界的人造之物把人类存在与一切纯粹的动物环境区分开来，但是生命本身是外在于这个人造世界的。②

在海德格尔早期，"生命"是"此在"或"存在"的术语。因此，将阿伦特在这里提到的"生命"解读为另一种强调存在的超越性的方式是合理的，因为存在不能成为科学研究的对象。阿伦特继续写道：

> 科学家告诉我们，他们在不到一百年的时间里就可以生产出的未来人类，似乎拥有一种反抗人类被给定的存在的能力，拥有一种不知从哪里来（就世俗而言）的自由天分，只要他愿意，他可以换取他自己制造的任何东西。③

因此，普罗米修斯主义的罪过在于破坏了创造和给予之间的平衡，即人类通过自己的认知和实践资源产生的东西与无论是从宇宙学、生物学还是历史学的角度来描述的世界的方式之间的平衡。普罗米修斯式的僭

---

① J.-P. Sartre, *Existentialism and Humanism*, trans. P. Mairet, London: Eyre Methuen, 1973, p. 22.
②③ 汉娜·阿伦特：《人的境况》，王寅丽译，上海：上海人民出版社 2009 年版，第 2 页。

越在于创造给定的东西。通过坚持弥合将给予与创造分离的本体论鸿沟的可能性，普罗米修斯主义否认了有限性的本体论。这就是阿伦特和迪普伊的普罗米修斯病理学的根源。

然而，我们该如何确定创造和给予之间的恰当平衡点？我们如何知道我们破坏了这种微妙的平衡？迪普伊赞许了伊万·伊利奇（Ivan Illich），并引用了他的话，这样做有一个明确的标准：承认出生、痛苦和死亡是人类状况不可消除的常量。伊利奇写道：

> 我们永远不会消除痛苦：
> 我们不会治愈所有的疾病：
> 我们肯定会死去。
> 因此，作为理智的生物，我们必须面对这样一个事实：对健康的追求可能是一种病态的紊乱。没有科学、技术的解决方案。每天的任务是接受人类状况的脆弱性和偶然性。必须对传统的"健康"护理设置合理的限制。①

因此，根据伊利奇的说法，试图延长寿命或改善健康状况超过一定的预先设定的限制是"不合理的"。值得注意的是，这些限制既是经验性的，即生物学的，也是先验性的，即存在主义的。在寻求减少痛苦和死亡的过程中，无视这种经验—先验限制的理性是一种"病态的紊乱"。理性是不合理的，这是反对普罗米修斯理性主义的根本理由。理性主义被认为是病态的，因为按照理性的标准，它是不合理的，其标准是承认出生、痛苦、死亡的存在必要性。但是，接受出生、痛苦和死亡作为不可避免的事实，也就是说，接受给予，究竟什么是合理的？我们要以什么标准来区分可避免的和不可避免的痛苦？许多曾经不可避免的痛苦已经大大减少，如果不是完全根除的话。当然，还有新的、不同形式的痛苦。但我们对出生和死亡的理解已经转变到了这样一个程度，至少可以说，把它们视为无可置

---

① Jean-Pierre Dupuy, 'Some Pitfalls in the Philosophical Foundations of Nanoethics', p. 248.

疑的生物学的绝对真理是值得怀疑的。此外,关于痛苦的不可避免性的说法提出了两个基本问题:我们应该接受多大程度的苦难,才会认为这是人类状况的一个不可消除的特征? 什么样的痛苦才是不可避免的? 历史告诉我们,不仅在数量上,而且在被认为是可以容忍的痛苦种类上,都有相当大的差异。我们只需考虑医学发展所减轻的痛苦,就能领会伊利奇对生物事实的本体论中数量与质量关系的问题本质。

伊利奇的一位追随者清楚地表达了伊利奇信息的神学色彩,迪普伊还引用了这位弟子的话:

> 耶稣所说的天国凌驾于任何伦理规则之上,能够以完全不可预测的方式扰乱日常世界。但伊利奇也认识到,在这份自由宣言中,不受限制具有一种极端的变化无常性。因为如果这种自由本身成为规则的主题,那么无限制将以一种真正可怕的方式入侵人类生活。①

在这里,我们对所谓的普罗米修斯主义的病理学有了另一个有说服力的表述:普罗米修斯主义的错误在于为没有规则的东西制定规则。所谓没有规则,即给予的不可还原性超越了创造的内在性。普罗米修斯主义的错误还在于试图概念化或组织那些不可概念化的、超越每一种组织的东西,简言之,即那些已经被神化地分配或给予的东西。迪普伊写道,这也许是对这一神学束缚最有说服力的表述:

> 人的"象征性健康"不仅在于他有意识地和自主地应对所处环境的危险,而且在于他能够应对所有人都面临并将永远面临的一系列深刻的密切威胁,即痛苦、疾病和死亡。在传统社会中,这种能力是人类从自己的文化中获得的,这使他能够理解自己的凡人状况。
>
> 神圣之物在其中起到了根本性的作用。现代世界诞生在传统象征系统的废墟上,在这个废墟中,除了任意性和非理性,什么也看不

---

① Jean-Pierre Dupuy, 'Some Pitfalls in the Philosophical Foundations of Nanoethics', p. 253.

见。在其揭开神秘化的事业中,它不理解这些系统如何在赋予人类条件意义的同时加以限制。当它用理性和科学取代神圣的时候,它不仅失去了所有的限制感,而且牺牲了创造意义的能力本身。医学的发展与这种神话相辅相成,即消除疼痛和残疾以及无限期推迟死亡都是可取的和可以实现的目标,而这要归功于医疗系统的无止境发展和技术的进步。一个人不可能使他只寻求消灭的东西具有意义。如果人类条件天生不可避免的有限性被视为一种异化,而不是意义的源泉,我们难道不会因为追求幼稚可笑的梦想而失去一些无限珍贵的东西吗?①

这里"无限珍贵"的是,人类存在的有限性迫使我们去理解痛苦、疾病和死亡。所有宗教的根源都是这样一种说法,即苦难是有意义的,不仅仅是因为它的发生是有原因的——宗教不仅仅是为了使苦难合理化——而且是因为苦难是可以被解释和赋予重大意义的东西。

现在,我们应该非常警惕任何人告诉我们,我们的痛苦意味着什么。事实上,我们已经学会了从我们对痛苦、疾病和死亡的敏感性中找寻意义,这并不能证明痛苦、疾病和死亡是有意义的存在的先决条件的说法。有限性是我们创造意义的范围,但这并不意味着有限性是意义的全部条件。对作为有意义的条件(meaningful condition)的有限性与作为意义(感觉、目的、方向等)的条件(condition of meaning)的有限性之间的这种曲解,正是普罗米修斯或遭到宗教贬斥的致命原因。

迪普伊对他在 NBIC 计划中发现的普罗米修斯式的狂妄敌意,植根于后海德格尔对笛卡尔理性主义所孕育的机械主义哲学的批判。后者的当代哲学延伸是试图将心灵机械化,迪普伊在这方面写得很有启发性。② 如果对"机械论"有足够自由的理解,再加上对机械因果关系的足够复杂的解释,将自然本身视为一个错综复杂的机制,就有可能通过计算范式的视

---

① Jean-Pierre Dupuy, 'Some Pitfalls in the Philosophical Foundations of Nanoethics', p. 249.
② Jean-Pierre Dupuy, *On the Origins of Cognitive Science*, translated by M. B. DeBevoise, The MIT Press,2009.

角将心灵整合到机械化的自然中去。计算范式已经遭到了无数的哲学批判。迪普伊意识到了这些批判，但似乎认为传统计算主义的替代方案，如连接主义，对计算范式让步太多。在迪普伊看来，心灵的机械化产生了以下悖论：

> 实施机械化的心灵和作为机械化目标的心灵是两个截然不同（尽管密切相关）的实体，就像跷跷板的两端一样，一个不断上升，进入形而上学人文主义（因为它说人类可以理解一切，包括他们自己）的天堂，而另一个则进一步下降到其解构的深处（人类从条件论到机械论的退化破坏了传统观念中人类的特权）。
>
> 然而，人们可能会认为主体的胜利与他的消亡同时发生。要使人作为主体能够对自己行使这种力量，首先必须将他降为客体的等级，能够被重塑以适应任何目的。没有随之降低，就不会升高，反之亦然。①

正是这种从主观主义的极端到对象化的极端之间的摇摆不定，威胁着创造和给予之间不稳定的平衡。根据迪普伊的说法，我们越是将自己理解为自然的一部分，成功地将自己对象化为复杂的机制，我们就越不能为自己确定结局或目的。一旦人类不再是另一种不同的存在，而只是另一种存在、一种特别复杂的自然机制，那么危险就是我们将失去创造意义的资源，通过这些资源，我们能够投射出一个指向我们试图解释和理解自己的点或目的。如果通过这样做，我们理解了我们传统上面向未来的目标本身是毫无目标的、毫无意义的机制，而不是有意义的目标，那么理解自己又有什么意义？因为我们越是把自己理解为另一个偶然产生的自然现象，我们就越不能定义我们应该是什么样子。我们的自我对象化剥夺了我们需要的规范资源，我们可以说我们应该这样而不是那样。

---

① Jean-Pierre Dupuy, 'Some Pitfalls in the Philosophical Foundations of Nanoethics', p. 254, p. 255.

　　在打破给予和创造之间平衡的过程中,只要人类能够控制和操纵它,被忽略的是对他们来说什么是与真实之间的区别,什么是有用的,什么是真实的,因为它被创造为独特的东西,那就是凭借其本质而存在的方式。人为的或事实的真理,与神圣的或本质的真理之间的区别受到了危害。在只有(人类)创造的东西才能真正为人所知的时候,真实和创造的东西才会变得可以转换。这就是马克思主义——一种信奉实践至上、将认识视为一种实践的哲学——可以被认为是有罪的原因之所在,因为它消除了创造的东西和已知的东西之间的差异。只有人类创造的东西才是人类可知的。

　　迪普伊提出,在犹太—基督教神学中真正有价值的是它在神性和人类创造力之间建立的平行关系。普罗米修斯主义令人反感的不是人类傲慢地声称能够做上帝所做的事。相反,迪普伊坚持认为,犹太—基督教教导人们,人类的创造力和神的创造力之间存在着积极的类比。人类很可能能够创造生命:一种活生生的生物,一种泥人(Golem)。但在迪普伊引用的寓言版本中,泥人对创造他的魔术师的回应是命令他立即解开他。泥人对他的创造者说,通过创造我,你已经将一种彻底的混乱引入了创造。通过创造只能被给予的东西,即生命,你已经违反了本质的分配。现在有两个生命,一个是人造的,一个是上帝给予的,其本质是无法辨别的。因此,泥人立即命令造物主毁灭他,以恢复人造与上帝给予的平衡。在神的创造力和人类创造力之间的平行中隐含着这样一种主张,即一切事物都必须有一个独特的、鲜明的本质,其最终的来源只能是神的。

　　因此,即使我们已经获得了创造生命的能力,我们也不应该这样做。合成生命的前景恰恰危及不可辨识同一性的超自然原理,因为有生命和无生命之间的区别被视为最根本意义上的本质:不仅是种类上的差异,还有差异的种类。这就是普罗米修斯主义令人不安的地方:生命的制造,一种差异的制造,将是为没有规则的人产生一种规则。然而,有趣的是,我们没有被告知为什么平衡的中断本质上是破坏性的。在迪普伊引用的比喻中,扰乱神圣安排的平衡本身就被认为是令人反感的:你引入了一种不平衡的存在。但这已经是一个前提,即存在一种自然的,也就是,超验的、命中注定的平衡。然而，我们从未被确切地告知平衡应该是什么。我想说的是，正是这种平衡的假设是神学上的：它声称有一种"世界的方式"，一个现成的世界，其秩序只是简单地被接受为最终难以理解的、野蛮的给予，这是令人反感的神学。这就是认为世界是被创造出来的，我们不应该冒昧地问为什么它是这样创造的，而不是以其他某种方式。但世界并不是被创造出来的：它就在那里，没有被创造，没有理由，也没有目的。正是这种认识让我们不能简单地接受我们所发现的世界。普罗米修斯主义是一种试图参与创造世界的行为，而不必遵从神的蓝图。它源于这样一种认识，即我们出于渴望了解而引入世界的不平衡或多或少不会比世界上已经存在的不平衡更令人反感。

当然，从海德格尔对理性的批判来看，普罗米修斯主义是形而上学唯意志论最危险的形式。但普罗米修斯主义可以从对理性的理解中得到恢复，这种理解认为理性不是一种超自然的能力，而只是一种受规则支配的活动——理性只是一种产生并受到规则约束的能力。这正是康德对理性的阐述。这些规则不是事先确定的，它们在历史上是可变的。但这一事实并不意味着它们是偶然的，就像其他历史现象被认为是偶然的一样。因此，理性的挑战不是试图保持创造与给予之间的神学平衡，也就是内在与超越性之间的神学平衡，而是抓住内在的分层，以及自然秩序内结构的内蕴，通过这些结构，规则可以从物理模式中产生。根据这种理性概念，规则是协调和包容异质现象的手段，但其本身在历史上是可变的。我们理解世界的方式，以及我们在理解的基础上改变世界的方式，都在不断地被重新确定。这展现的是一个动态的过程，它并非重新建立平衡，而是取代秩序和无序之间的对立，并认识到意图的灾难性颠覆以及我们的技术独创性往往带来的令人不安的后果，并不构成对预见和控制的强迫。

巴拉德宣称"所有的进步都是野蛮和暴力的"。事实上，巴拉德笔下的主人公所经历的心灵和认知上的转变，如果不是野蛮和暴力的话，那就什么都不是。但是，进步是野蛮和暴力的这一事实并不一定就取消了进步的资格。理性中确实有一种野性。但是，坚持认为所有的野蛮人都是等同的，不可能对他们进行区分，其中隐含着一种感伤主义（sentimentalism)。相反,认为一些野蛮人比其他人更好,认为要区分工具化模式并坚持认为一些人比另一些人更可取,不仅是可能的,而且是必要的,这并不是感情用事。经常重申的说法是,每一个试图限定、划定或操纵现象的行为在本质上都是病态的,这正是那种使我们存在的最令人反感的特征永久化的感伤主义。我们可以选择接受这些特点,接受这个世界的样子。或者,更有趣的是,我们可以尝试重新审视马克思所隐含的普罗米修斯规划的哲学基础,从而在更理性的基础上重新设计我们自身和我们的世界的计划。巴迪欧的突出优点之一是敢于挑战后现代信念,这种信念长期以来一直被用来抨击普罗米修斯主义。即使有人不同意巴迪欧关于事件和主体性之间关系的描述的哲学细节,就像我所做的那样,试图将他关于这种主体化的必要性的描述与对使理性主体化成为条件的生物、经济和历史过程的分析重新联系起来,也会受益良多的。这显然是一项无比艰巨的任务。但首先,这是一个需要捍卫其哲学合法性的研究计划,因为长时间以来,它一直被视为危险的幻想而被漠然置之。推动否定这种预设的方式最终是神学的。此外,即使普罗米修斯主义确实藏有不可否认的幻想残余,这些残余也都可以被诊断、分析,或许可以在进一步分析的基础上加以转化。一切或多或少都是幻想。我们不能指责一个理性规划的幻想残余,除非我们秘密地梦想着一个完全不受想象力影响的理性。普罗米修斯主义承诺克服理性和想象力之间的对立:理性是由想象力推动的,但它也可以重塑想象力的极限。

资本主义生产方式的衰败还是人的衰败①

雅克·卡马特②

　　卡马特认为,资本主义生产方式并未如马克思所言走向衰败,反之它实现了对社会的真正统治。资本的自主化与专制使人类不断被驯化,事实上是人类在退化并走向衰败。马克思并没有论证无产阶级摧毁资本主义生产关系的正当性,这就要求重新审视马克思对无产阶级的定位,被资本吸收的无产阶级已不再是一个否定的阶级。生产力并非如马克思所言人的生产力,而是资本的生产力;马克思认为生产力的增长能够限制资本进而带来未来解放的观点应被质疑;这种思想导致对科学的无限推崇、对自然的过度剥削等问题。因此,解放的希望不能奠定在由生产方式决定的科学技术的基础之上,只有在资本之外才能出现真正的否定性力量。

---

① 本文节选自 2014 年由阿尔曼·阿瓦内森(Armen Avanessian)和罗宾·麦凯(Robin Mackay)主编的《加速:加速主义读本》一书的第七章——《资本主义生产方式的衰败还是人的衰败》Jacques Camatte, "Decline of the Capitalist Mode of Production or Decline of Humanity?", in ♯Accelerate: The Accelerationist Reader, ed. Robin Mackay and Armen Avanessian, Falmouth: Urbanomic, 2014.
② 作者简介:法国共产主义者雅克·卡马特(Jacques Camatte)1935 年生于马赛附近。早期深受欧洲著名左翼共产主义者、意大利马克思主义理论家、意大利共产党(PCI)创始人,后成为国际共产党(International Communist Party)领导人的阿马迪奥·博尔迪加(Amadeo Bordiga)思想影响。重视共同体(Gemeinwesen),批判资本的专制及其带来的环境后果等主题贯穿卡马特的一生。20 世纪 60 年代后期,卡马特和博尔迪加思潮决裂,并因在组织等问题上持有相异的看法而脱离国际共产党。70 年代初远离马克思主义立场,从左派共产主义者(left communism)转变为反宪法主义(anti-substitutionist)的立场。他认为资本已经在结构上(转下页)

人们通常认为,共产主义将在资本主义生产方式毁灭后蓬勃发展,资本主义生产方式将会被这种矛盾破坏,以至于它的终结将是不可避免的。但不幸的是,21世纪的无数事件都让人们看到了其他可能性:回归"野蛮主义",正如卢森堡、德国工人运动左翼、阿多诺和法兰克福学派所分析的那样,人类物种的毁灭在今天是有目共睹的,最后是停滞不前的状态,其中,资本主义生产方式通过适应一种缺乏摧毁它的力量的退化的人类而生存。为了理解被认为是不可避免的未来的失败,我们必须考虑到人类的驯化(domestication of human beings),这是由所有阶级社会并主要由资本所施加的,并且我们必须分析资本的自主性(autonomization of capital)。

我们不打算在几页纸中详尽地讨论他的这些历史异轨。通过评论马克思《大纲》(*Grundrisse*)中的一篇文章,我们可以看到,在马克思的文本基础上理解资本的自主性是可能的,也可以看到马克思主义思想中的矛盾和他解决这个问题的无能。这篇文章来自流通过程的章节。要理解这一点,讨论这篇文章前,我们应该记住马克思简短地说了什么:

> 可见,流通时间表现为劳动生产率的限制＝必要劳动时间的增加＝剩余劳动时间的减少＝剩余价值的减少＝资本价值自行增殖过程的障碍或限制。[2]

这里马克思说了一段极其重要的题外话:

> 这里表现出了资本的那种使它不同于以往一切生产阶段的全面趋势。尽管按照资本的本性来说,它本身是狭隘的,但它力求全面地

(接上页)实现极权并成功吸纳了工人阶级,由此,在对共产主义组织和阶级分析等问题的看法上与正统马克思主义产生重大偏离:否定阶级、主张去无产阶级化。在共同体、历史和解放等问题上也发生了根本性的断裂。本文便属于此时期的作品。译者简介:刘晓晓,清华大学马克思主义学院2021级博士研究生。主要研究方向为政治经济学批判、西方马克思主义。

[2] K. Marx, *Grundrisse*, London: Pelican, 1973, p. 539. (参见《马克思恩格斯全集》第30卷,北京:人民出版社1995年版,第538页。——译者注)

发展生产力,这样就成为新的生产方式的前提,这种生产方式的基础,不是为了再生产一定的状态或者最多是扩大这种状态而发展生产力,相反,在这里生产力的自由的、无阻碍的、不断进步的和全面的发展本身就是社会的前提,因而是社会再生产的前提;在这里唯一的前提是超越出发点。①

这里没有说明是什么使资本成为一个限制,然而它的革命性的、积极的一面被强调了(这一点在《大纲》和《资本论》的许多其他章节也被强调了):生产力全面发展的趋势。然而,这正是我们感兴趣的地方,资本不能意识到这一点。这将是另一种更高级的生产方式的任务。在这里,社会的未来将采取一种无限期的、积累的运动形式。

这种趋势是资本所具有的,但同时又是同资本这种狭隘的生产形式相矛盾的,因而把资本推向解体,这种趋势使资本同以往的一切生产方式区别开来,同时意味着,资本不过表现为过渡点。②

因此,资本被这一矛盾推向解体。遗憾的是,在这里,马克思没有提到他所理解的"狭隘的生产形式",因为这阻止我们清楚地"看到"在这个特定情况下他说的矛盾是什么意思。这就限制了对这一说法的理解,即资本主义生产方式是一种过渡的生产形式。即使没有对这一矛盾的解释,我们也可以这样理解:资本主义生产方式不是永恒的——这是马克思对资产阶级理论家的辩驳主要声明的内容。但在前一种观点中还蕴含着另一种观点:资本主义生产方式是革命性的,并且使人们有可能进入另一种更高级的社会形态,这里人类将不再被必然性领域(物质生活生产领域)所支配,异化将不存在。

今天,在作为发展理论的马克思主义蓬勃展开之后,这句话的另一部分似乎是基础的:这两个时期之间存在着一个连续性(continuum)。如果

①② K. Marx, *Grundrisse*, p. 540. (参见《马克思恩格斯全集》第 30 卷,第 539 页。——译者注)

不是一个断裂（break）的对立面，那么过渡又是什么呢？这个连续性包括生产力的发展。由此而来的是可耻的但真实的关系：马克思——列宁——斯大林！但这不是我们的话题。我们的目标是确定什么构成了生产力、为谁而存在。根据马克思在《大纲》中的说法，

> 以往的一切社会形态——或者同样可以说，社会生产力——建立在财富发展的基础上。[①]

财富存在于生产力及其行动的结果中。这里有一个矛盾，根据马克思的说法，这描绘了人类历史的总体性特征：财富是必需的，因此也是被追求的，但它破坏了社会。因此，社会必须反对它的发展。资本主义生产方式不是这样的（因此，它就破坏了所有其他社会形态），它提高了生产力，但是为了谁呢？

> 因此，在意识到这一点的古代人那里，财富被直接当作使共同体解体的东西加以抨击。封建制度也由于城市工业、商业、现代农业（甚至由于个别的发明，如火药和印刷机）而没落了。
>
> 随着财富的发展，因而也就是随着新的力量和不断扩大的个人交往的发展，那些成为共同体的基础的经济条件，那些与共同体相适应的共同体各不同组成部分的政治关系，以理想的方式来对共同体进行直观的宗教（这二者又都是建立在对自然界的一定关系上的，而一切生产力都归结为自然界），个人的性格、观点等，也都解体了。单是科学——财富的最可靠的形式，既是财富的产物，又是财富的生产者——的发展，就足以使这些共同体解体。但是，科学这种既是观念的财富同时又是实际的财富的发展，只不过是人的生产力的发展即财富的发展所表现的一个方面、一种形式。

[①] K. Marx, *Grundrisse*, p. 540.（《马克思恩格斯全集》第 30 卷，第 539 页。对这句话的表述为"以往的一切社会形式都由于财富的发展，或者同样可以说，由于社会生产力的发展而没落了"。）

> 如果从观念上来考察，那么一定的意识形式的解体足以使整个时代覆灭。在现实中，意识的这种限制是同物质生产力的一定发展程度，因而是同财富的一定发展程度相适应的。当然，发展不仅是在旧的基础上发生的，而且就是这个基础本身的发展。[①]

在马克思看来，生产力是人（来自人）并且为了人，为了个人。科学作为生产力（因此也作为财富，正如在《1844 年经济学哲学手稿》和《德意志意识形态》中已经表明的那样）是由这些力量的发展所决定的，并与大量外化的出现、占有自然的更大的可能性相对应。即使它采取了一种模棱两可的形式，人类的繁荣也是可能的。它是在统治阶级的发展中，个人可以找到一种更充实的生活模式的时刻。在马克思看来，通过推动生产力的发展，资本主义生产方式使个人的解放的自主性（liberating autonomization）成为可能。这是它最重要的革命性方面。

> 这个基础本身的最高发展（这个基础变成的花朵；但这仍然是这个基础，是作为花朵的这株植物；因此，开花以后和开花的结果就是枯萎），是达到这样一点：这时基础本身取得的形式使它能和生产力的最高发展，因而也和个人的最丰富的发展相一致。一旦达到这一点，进一步的发展就表现为衰落，而新的发展则在一个新的基础上开始。[②]

有衰落是因为个人的发展受阻，不可能用这句话支持资本主义生产方式衰败的理论[③]，因为它必须指出，衰败的开始，不是在 21 世纪初，而是至少在 20 世纪中叶，否则，就必须证明个人的衰败同时也是资本的衰败，这与我们所能观察到的相矛盾。马克思本人也反复解释，资本的发展伴

---

① K. Marx, *Grundrisse*, pp. 540 - 541. （参见《马克思恩格斯全集》第 30 卷，第 539—540 页。——译者注）

② K. Marx, *Grundrisse*, p. 541. （参见《马克思恩格斯全集》第 30 卷，第 540 页。——译者注）

③ 就像维克多（Victor）所做的那样，参见 Victor："Volontarisme et confusion", in Révolution ln-ternationale, série 1, No. 7, fourth page.

随着人和自然的毁灭。

什么时候生产力的发展是伴随着不同社会里个人的发展的？什么时候资本主义生产方式对它自己和人类来说是革命性的？生产力是不是即使在个人衰落的时刻也在不断进步呢？马克思说："……进一步的发展就表现为衰落……"生产力是否停滞不前？资本主义生产方式衰落了吗？[①]

马克思题外话的其余部分证实了衰落指的是人类。当生产力允许个人发展时，当一个人的进化与另一个人的进化平行时，个人就会发展。通过与前资本主义时期相比较，马克思表明资本并不敌视财富，相反，资本追求财富的生产。因此，它追求生产力的发展。以前，人及其共同体的发展和财富的发展相对立，现在，他们之间有某种共生的东西。要做到这点，某种突变是必要的：资本必须摧毁个人的狭隘性，这是其革命性的另一个方面。

> 前面我们已经看到，[劳动者]对生产条件的所有制表现为同共同体的狭隘的、一定的形式相一致，因而同个人的狭隘的、一定的形式相一致，这种个人具有为组成这种共同体所需的特性，即狭隘性和自己的生产力的狭隘发展。而这个前提本身又是生产力的狭隘的历史发展阶段的结果：既是财富的，也是创造财富的方式的狭隘的历史发展阶段的结果。共同体的目的，个人的目的——以及生产的条件——是再生产这种一定的生产条件和个人，既是单个的，也是处于他们的社会分离和社会联系之中的个人，即作为这些条件的活的承担者的个人。

> 资本把财富本身的生产，从而也把生产力的全面的发展，把自己的现有前提的不断变革，设定为它自己再生产的前提。价值并不排斥使用价值，因而不把特殊种类的消费等和特殊种类的交往等，当作绝对条件包括进来。同样，社会生产力、交往、知识等的任何发展程

[①] 许多作家都谈到了两次世界大战期间的停滞和生产下降。博尔迪加始终拒绝将资本主义生产方式衰败理论作为一种马克思理论的渐进主义变形（gradualist deformation）。参见"Le renversement de la praxis dans la théorie marxiste", in *Invariance*, vol. 4, série I.

度,对资本来说都只是表现为它力求加以克服的限制。①

这段话产生了短暂的影响。没有提到无产阶级,推翻普遍的前提是资本的革命性作用。马克思已经用一种更引人注目的方式说过了:

> 资本破坏这一切并使之不断革命化,摧毁一切阻碍发展生产力、扩大需要、使生产多样化、利用和交换自然力量和精神力量的限制。②

在资本主义生产方式带来的持续性动荡的背景下,我们不得不采用一种新的方式来看待马克思对无产阶级的定位。显而易见的是,资本主义生产方式对古代社会关系的破坏是革命性的,无产阶级对于资本来说被定义为革命性的。但就是在这点上问题出现了:资本主义是革命性的,因为它发展了生产力。如果在无产阶级革命以后,它发展或允许了生产力的不同发展,那么无产阶级就不是革命性的。我们怎样才能明确区分一种革命性作用和另一种革命性作用呢?我们如何证明无产阶级摧毁资本主义生产方式是正当的呢?这不能在狭隘的经济背景下完成。马克思从来没有面对过这个问题,因为他坚信无产阶级将会起来反对资本。但是,如果我们要走出这个僵局,这是由我们接受生产关系与生产力发展相冲突的理论(假定是为人类而存在的生产力,因为如果不是这样,人类为什么要反抗?)所造成的,我们就必须面对这个问题。如果生产力不是为人而是为资本而存在,如果它们和生产关系相冲突,这就意味着这些关系没有为资本主义生产方式提供正确的结构,因此就有可能发生不是为了人的革命(例如,被称为法西斯主义的一般现象)。因此,资本逃离。在我们正在研究的这段文字中,马克思关于资本的统治作了一个引人注目的陈述:

> 他的前提本身——价值——表现为产品,而不是表现为凌驾于

---

① K. Marx, *Grundrisse*, p. 541. (参见《马克思恩格斯全集》第30卷,第540页。——译者注)
② K. Marx, *Grundrisse*, p. 410. (参见《马克思恩格斯全集》第30卷,第390页。——译者注)

生产之上的更高的前提。①

资本支配价值。因为劳动是价值的实体，那么资本就支配人。马克思只是间接地提到了前提，这也是一种商品：雇佣劳动，也就是使价值增殖成为可能的劳动力的存在：

> 资本的限制就在于：这一切发展都是对立地进行的，生产力，一般财富等，知识等的创造，表现为从事劳动的个人本身的外化。他不是把他自己创造出来的东西当作他自己的财富的条件，而是当作他人财富和自身贫困的条件。②

这怎么可能是资本的界限（limit）呢？有人可能会认为，工人消费不足会造成危机，以及最终危机。这是一种可能性。至少某些时候它呈现为那种方式。马克思始终拒绝将危机理论建立在这一点上，但这并没有阻止他提到消费不足。在马克思看来，资本有一个障碍，因为它剥夺从事劳动的个人。我们应该记得，他反对资本的辩护者，并且想表明资本主义生产方式不是永恒的，也不能实现人类的解放。然而，在他的分析过程中，他指出了资本逃离人类条件的可能性。我们认识到，不是生产力而是资本成为自主的，因为在特定的时刻，生产力变成了"它力求加以克服的限制"。因此，生产力不再是人的生产力，而是资本的生产力；它们为了资本。③

劳动个体的剥夺（异化）不能成为资本的障碍（barrier），除非马克思指的是弱点（weakness）意义上的障碍。这种弱点会使资本主义不如其他生产方式，尤其是如果我们将这种不足与它所推动的生产力的巨大发展

---

① K. Marx, *Grundrisse*, p. 541.（参见《马克思恩格斯全集》第 30 卷，第 540 页。——译者注）
② K. Marx, *Grundrisse*, p. 541.（参见《马克思恩格斯全集》第 30 卷，第 540—541 页。——译者注）
③ 这是马克思在《大纲》(*Grundrisse*) 和《资本论》(*Capital*) 第一卷中分析固定资本时表明的观点，在这里他分析了劳动过程向资本生产过程的转变（也可参见 *Un chapitre inédit du Capital*, 1971）。

进行对比。在马克思的著作中,关于生产力所指的主题存在模棱两可之处:生产力是为了人还是为了资本?这种模棱两可的说法基于马克思的两种阐释。伦理的阐释(特别是吕贝尔[Rubel])强调马克思谴责资本对人的毁灭的程度,并极力坚持资本主义生产方式只能是一个过渡阶段。阿尔都塞及其学派的解读认为,马克思没有成功地把人从他的经济分析中消除,这反映了他没有能力摒弃意识形态话语,由此阿尔都塞提出了正确定位认识论断裂的问题。

消除这种模棱两可是有可能的。如果资本成功克服了这一障碍,它就实现了完全的自主性。这就是为什么马克思假设资本必须自我废除。这种废除依据这一事实,即它不能为人类发展生产力,然而它却使全面的、多样化的发展成为可能,而这种发展只能通过一种更高级的生产方式来实现。这就包含了一个矛盾:资本逃离了人类的掌控,但它必须灭亡,因为它不能发展人类生产力。这也和马克思关于资本对人类的毁灭的分析相矛盾。被摧毁的人类能如何反抗呢?如果我们避免了这些矛盾,我们可以认为马克思是资本衰败的一个先知,但那样我们就不能理解他的工作或现状。马克思在题外话的最后澄清了这些矛盾。

　　但是这种对立的形式本身是暂时的,它产生出消灭它自身的现实条件。

　　结果就是:生产力——财富一般——从趋势和可能性来看的普遍发展成了基础,同样,交往的普遍性使世界市场成了基础。这种基础是个人全面发展的可能性,而个人从这个基础出发的实际发展是对这一发展的限制的不断扬弃,这种限制被意识到是限制,而不是被当作某种神圣的界限。个人的全面性不是想象的或设想的全面性,而是他的现实联系和观念联系的全面性。由此而来的是把他自己的历史作为过程来理解,把对自然界的认识(这也作为支配自然界的实践力量而存在着)当作对他自己的现实躯体的认识。发展过程本身被设定为并且被意识到是这个过程的前提。但是,要达到这点,首先必须使生产力的充分发展成为生产条件,不是使一定的生产条件表现为生产力发展的界限。①

如果这个过程涉及个人,资本就必须被摧毁,并且生产力必须是为了人类。在《德国共产主义工人党和无产阶级运动》②(*La KAPD et le mouvement proletarien*)这篇文章中,我们提到这篇文章是为了表明,人是一种可能性,从而为这样一句话奠定了基础:革命必须是关于人的革命。这绝不是一个关于人在每种属性上都是不变的论述,这一概念仅仅是对人性的永恒性的一个重述。但是,我们必须指出,这仍然不足够,因为据马克思所言,将会以一种更高级的生产方式进行的生产力的发展与资本当下所实施的发展是完全一样的。马克思的局限在于,他设想共产主义是一种使生产力蓬勃发展的新的生产方式。这些力量毫无疑问是重要的,但它们的存在一定程度上并不足以定义共产主义。

对马克思来说,资本通过吞噬矛盾和神秘化现实来克服其矛盾。它只能在表面上克服它的狭窄基础及其有限本质,这存在于货币资本(capital-money)与劳动力的交换中。资本不可避免地与这一前提相冲突。因此马克思谈到私人占有和社会化生产之间的对立。什么的私人占有?剩余价值的私人占有,以无产者为前提,因此也是以雇佣关系为前提。但是,资本的整个发展(马克思自己的解释是理解资本的宝贵帮助)使神秘化变得有效,让资本独立于人们,因此让它避免了与其前提的冲突。有人也许会说冲突仍然存在,这是整个过程的结果:社会化。这是真的。但是,生产和人类活动的社会化,生产力的全面发展,从而人的狭隘性的摧毁——所有这些对共产主义来说只是可能的基础,它不会自动地形成共产主义。此外,资本的行动往往会不断地摧毁共产主义,或者至少会抑制它的出现和实现。为了把这一可能的基础转变为现实,人类的干预是必要的。但马克思本人表明,资本主义生产整合了无产阶级。人类和自然的毁灭怎么可能不对人类抵抗资本的能力产生影响呢?更不用说反抗资本了。

---

① Marx, *Grundrisse*, p. 541 - 2. (参见《马克思恩格斯全集》第 30 卷,第 541 页。——译者注)
② *Invariance*, Série II, No. 1.

有些人会认为我们正在把马克思归结为一个适合于我们的位置。我们将引用一段不同寻常的话：

> 资本同[资本主义前的]统治关系的区别恰恰在于：工人是作为消费者和交换价值实现者与资本相对立，是作为货币所有者、作为货币，作为简单的流通中心——他是无限多的流通中心之一，在其中作为工人的规定性便消失了。①

重新吸收无产阶级革命力量的方式之一，就是完善其作为消费者的角色，从而在资本的网中捕捉它。无产阶级不再是否定的阶级。在工人阶级形成后，它就融于社会体（social body）中了。马克思预见到了"消费社会"的诗人们，就像在其他情况下一样，他解释了一种后来才被观察到的现象，而且是错误的，如果只是从给予它的名字来看的话。

前面的观察并没有导致一个宿命论的概念（这一次是否定的），例如：无论我们做什么，都没有出路；太迟了；或者任何其他愚蠢的失败主义，都会产生一个令人恶心的拼缝的改革主义（patchwork reformism）。首先，我们必须吸取教训。资本逃离了人类和自然的限制；人类被驯化了：这就是他们的衰落。革命性的解决方案不能在生产力辩证法的背景下被找到，这种背景中个人是矛盾的一个因素。当今，对资本的科学分析宣称完全无视人类，对一些人来说，人类只不过是一个没有连贯性的残留物。这意味着科学的话语就是资本的话语，或者说科学只有在人类的毁灭之后才可能，它是关于人类病理学（pathology）的话语。因此，把解放的希望建立在科学基础上是荒谬的。这种情况更加愚蠢，就像阿尔都塞一样，它不能制造它自己的断裂，清算它的"考古学"，因为它仍然忠于一种无产阶级——在这个概念中，无产阶级只是资本的一个客体，是结构的一个要素。但这个无能的、被摧毁的人类是被阶级社会生产的个人。在这点上我们同意：人类已经死了。另一种人类出现的唯一可能是我们与我们的

---

① K. Marx, *Grundrisse*, p. 420 – 421. (参见《马克思恩格斯全集》第 30 卷，第 404 页。——译者注)

驯化作斗争,我们的出现来自驯化。人道主义和科学主义(像莫诺[à la Monod]那样的"伦理科学"的追随者是资本最绝对的奴隶)是人类驯化的两种表现形式。所有那些怀有资本衰落幻觉的人,复兴了旧的人道主义观念,或者生产了新的科学神话。对于贯穿我们这个世界的革命现象来说,它们仍然不为所动(impermeable)。直到现在,各方都在争论,就好像人类在不同的阶级社会以及在资本的统治下保持不变一样。这就是为什么社会环境的作用会被十八世纪的唯物主义哲学家所强调(本质上好的人被视为由社会环境积极地或消极地改变),而马克思主义者则强调环境的作用被生产力的发展所决定。改变没有被否认,并且在马克思之后,关于历史就是人性的不断转变的观点在不断被重复。然而,有人明确地或含蓄地认为,一种不可还原的因素继续允许人类反抗资本的压迫。资本主义自身以摩尼教(Manichean)的方式被描述:一边是正极,无产阶级,解放的阶级,另一边是负极,资本。资本被认为是必要的,并彻底变革了人类的生活,但它被描述为一个与善和无产阶级相关的绝对邪恶。今天出现的现象一点也没有破坏对资本的负面评价,而是迫使我们将其普遍化到曾经与它对抗的阶级中,并将人类发展和今天人类自身的所有积极因素都囊括到自己内部。这一现象是资本对共同体和人类的重组,像一面镜子一样反映人类共同体。只有当人类变成一个同义反复,成为资本的反映时,镜子式的反映理论(the theory of the looking glass)才会出现。在资本专制主义的世界里(这就是今天社会呈现的样子),善恶不能被区分。一切事情都会被谴责。否定性力量只能在资本之外出现。由于资本已经吸收了所有旧矛盾,革命运动不得不拒绝阶级社会发展的全部产物。这是反对驯化、反对人类物种衰落的斗争之关键所在。这是革命者形成过程的关键因素,对于革命的产生是绝对必要的。

作为一种回路模型的控制论结构[①]

尼克·兰德[②]

（英国华威大学哲学系）

尼克·兰德指出，控制论既不是理论，也不是理论的对象，而是一种在客观公正的回路中的操作，它通过未知来重申在现实和机器理论中的"自身"。因此，控制论是非线性和方向性的。它用非线性回路代替线性应用，用定向物质流代替非定向逻辑关系。控制论对判断的分解是从超越到内在、从统治到控制、从意义到功能的综合转变。此外，兰德也讨论了资本主义与精神分裂的关系，在其看来资本主义和精神分裂症从内到外命名的是同一个去社会化过程，资本不是过度发展的自然，而是不发达的精神分裂症。

医生的脸看起来像是游走在焦点之外
你可以看到他皮肤上的毛孔
阴囊排列着
然后

---

① 本文节选自 2014 年由阿尔曼·阿瓦内森（Armen Avanessian）和罗宾·麦凯（Robin Mackay）主编的《加速：加速主义读本》一书的第十四章——《回路》，翻译时标题有所调整。Nick Land, "Circuitries", in ♯ *Accelerate：The Accelerationist Reader*, ed. Robin Mackay and Armen Avanessian, Falmouth：Urbanomic, 2014.

② 作者简介：尼克·兰德（Nick Land），英国哲学家，短篇恐怖小说作家，被称为"加速主义之父"。译者简介：陈朦，南京大学马克思主义社会理论研究中心暨哲学系博士研究生，研究方向为国外马克思主义。

突然地

还未溶解

就跨过门槛

线性切割出

一个均匀的圆圈

鼻孔被洪水封住

眼睛闭上，永远闭上

嘴唇

牙齿

舌头，从镜头中向下移动

碟片快速移动，逐渐消失

在屏幕中央

旧的现实正在关闭

时间一到

像素便走向死亡

很抱歉，信号异常

转播出了一点问题

我们无法恢复家庭电影

那时你三岁

戴着牛仔帽

站在戏水池中

妈妈和爸爸自豪地微笑

但是你的父母已经被蒸发成点状

形状和颜色折叠成数字编码

我们已经到了剧情结尾

你的医生爸爸、护士妈妈不会再出现

电影资料馆里发生了一起恐怖事件

《西方文明秀》已经停播了

几百千兆的字符

上帝—爸爸

死亡—妈妈

传来一股粪便和烧焦电影胶片的臭味

你一定记得

有一个人像狗一样在胡乱标记着零

这是第一幕

你被警告不要玩开关

现在精神分裂症已经为你调好频道

苍蝇从黑人婴儿的眼窝里爬出来

滋生着斑点图案

为了你的特殊娱乐

我们把你变成一个由电视控制的炸弹

爸爸在北美航空航天公司

妈妈在空袭避难所

细小的零件在高潮中溶解

身体脂肪在燃烧

理论来说

你是负九个月大,在数着数

不要害怕

200 亿年的宇宙历史出现在屏幕上

大爆炸将被重新设计

弧光灯下的氢保险丝

摄像机角度可以证明一切

在演播室外精神分裂症患者在绿色和黑色中漂移

你觉得你来过这里

11 点 35 分,一个美丽的资本主义之夜

失控的霓虹灯和玛丽花

你的死亡时间快到了

差不多是你爬进剧本的时候了

当你在里面的时候

记得你是从哪里来的

我们恐怕不能带你去现场

电磁频谱传来了简讯

如果你爬出电极

氧气面罩会自动脱落

请熄灭托盘中的所有香烟物质

将注射器存放在准备好的托盘中

在我们通过时会有轻微的震动

谢谢你带着跨国商品飞行

我们很快就会到达混乱状态

如果船上有任何人可以扮演飞行员

其他乘客将感激不尽

当软件病毒程序将我们与机器母体(matrix)连接起来时,我们就进入了一个等待着和我们的神经系统相融合的机器。我们人类的伪装正在消失,我们的皮肤很容易被撕掉,然后露出闪闪发光的电子元件。信息从赛博亚(Cyberia)流入。真正革命的基础,隐藏在未来的地球免疫政治中。在21世纪的午夜钟声敲响之时,我们将从巢穴中走出来,置一切安全考虑于不顾,大步迈向明天。

这不再是我们如何看待技术的问题,如果只是因为技术越来越多地考虑它自己,那么人工智能可能还需要几十年的时间才能超越生物智能,但是想象人类对陆地文化的统治在几个世纪后仍然存在,还是过于迷信了,更别提在某种形而上学的永恒中存在了。通往思考的大道不再是通过人类认知的深化,而是通过一种逐渐非人的认知体系,认知迁移到新兴的行星技术感知库,成为"去人类化的景观"……一个人类文化将会消解的空旷空间①。

----

① Gilles Deleuze, *Cinema 2: The Time Image*, Minneapolis: University of Minnesota Press, 1989, p. 5.

就像城市资本主义的劳动力在与技术机器的平行升级中将其自身抽象化一样,因此,智能也将被移植到新软件世界的数据区,以便从日益过时的人类(anthropoid)特质中抽象出来,从而超越现代性。人类的大脑会思考中世纪的村庄对于工程的意义:进行实验的前厅,狭窄而拥挤。

由于中枢神经系统的功能——尤其是大脑皮层的功能——是最难被技术所取代的,所以我们可以看似很合理地将技术表示为与自然的技术操控相对应的人类知识领域,它被包含在自然科学的整个系统中,而自然科学又被包含在认识论、形而上学和本体论的普遍学说中。这里有两条线索:一条记录历时性的技术进步,另一条记录从抽象观念到具体现实的过程。这两条线描绘了人类历史性、超越性的统治。

将技术看作是与自然、文化或者社会关系相对立的传统模式,都被即将到来的科技智人将人类智力边缘化的恐惧所支配。因此,人们看到衰落的黑格尔社会主义遗产执着于由实践、物化、异化、伦理、自治以及其他人类创造性主权等神话所构成的神学感伤。突然,一声笛卡尔式的嚎叫响起:"人被当成了东西而不是作为……灵魂,精神,历史的主体,此在?"这种幼稚病究竟还要持续多久?

如果机械被先验地设想为工具技术,那么它本质上是相对于社会关系来决定的,但是如果它被内在地整合为控制论技术,那它将把所有对立性重新设计为非线性之流。社会与技术之间没有辩证关系,只有一种机器主义,它将社会分解成机器,同时使横跨社会废墟之上的机器地域化,机器主义的一般原理……是广义的流动理论[1],也即是说:控制论。除了从主体的侧面进行引导的假设,还有对生产的渴望:非个人的历史引导者。在此,理论与实践、文化与经济、科学与技术之间所作的区别,不再发挥作用。在一个控制论和另一个控制论之间没有真正的选择,因为控制论既不是理论,也不是理论的对象,而是一种在客观公正(partial)的回路(circuits)中的操作,它通过未知来重申在现实和机器理论中的"自身"。

---

[1] Gilles Deleuze and Félix Guattari, *Anti-Oedipus: Capitalism and Schizophrenia*, trans. by Robert Hurley, Mark Seem and Helen R. Lane, Minnesota: University of Minnesota Press, 1983, p. 312.

生产作为一个过程溢出了所有的理想范畴,形成了一个循环,这个循环将自身与作为内在原则的欲望联系在一起。① 控制论是功能性的,而非表象性的发展:一个充满欲望的机器,一个公正的客体,不代表任何东西②。它的半封闭集合不是描述而是程序,能够通过一个穿行于不可还原的外部的操作来实现"自动"复制。这就是为什么控制论与探索是密不可分的,它不具备超越它所嵌入的一个不可理解的回路的总体性,一个它必须悠游于其中的外部世界。反思总是滞后的、衍生的,甚至是其他东西。机械装配在某种程度上是控制论的,即其输入程序编码它的输出,输出程序编码它的输入,具有不完全的封闭性,并且没有相互作用。这就需要控制论系统呈现于一个融合的平面之上,在"无意识的自动生产"中,把它们的输出和输入重新连接起来。③ 按照一种"无意识的、持存的'主体'再生产其自身的周期性运动",内部通过外部编程它的再编程④,而无须明确地预先确定它的重新编程("生成[generation]⋯⋯相对于循环来说是次要的")。⑤ 因此,机械过程不仅是功能,而且是补充功能的充分条件,现实内部的再编程,"不仅仅是功能,也是形成和自动生成"⑥。

德勒兹和加塔利是杰出的控制论专家,但他们也把控制论交给了它的现代主义定义,这在《反俄狄浦斯》对资本的评论中有所体现:"公理(Axiomatic)本身绝不是简单的技术机器,甚至不是自动的或控制论的机器"⑦。控制论("甚至")不仅是一个小玩意儿(gadgetry),它与自动化有关,但公理学超越了它。这种说法近乎黑格尔式的荒谬人道主义。社会公理是一种自动化机制:一个一般控制论的组成部分,其作用终将微乎其微。人类文明("公理学")的终点将被视为跨全球后生物机制的原始触发点,来自一个几乎还没有开始探索网络世界巨大可能性的未来。超人是半机械人,或者是母体上的解体。

---

① Gilles Deleuze and Félix Guattari, *Anti-Oedipus : Capitalism and Schizophrenia*, p. 5.

② Gilles Deleuze and Félix Guattari, *Anti-Oedipus : Capitalism and Schizophrenia*, p. 47.

③④⑤ Gilles Deleuze and Félix Guattari, *Anti-Oedipus : Capitalism and Schizophrenia*, p. 26.

⑥ Gilles Deleuze and Félix Guattari, *Anti-Oedipus : Capitalism and Schizophrenia*, p. 283.

⑦ Gilles Deleuze and Félix Guattari, *Anti-Oedipus : Capitalism and Schizophrenia*, p. 251.

　　现实内在于机械无意识状态之中：我们不可能避免控制论。不管我们怎么想，我们已经在这样做了。控制论在不断地自我恶化，无论我们做什么，都将成为我们不得不做的东西：我们在事情具有意义之前就在做事情。这并不是说笼罩着我们的控制论可以被想象成维纳式的小玩意（Wienerean gadgets）：直接或间接的网络悲观主义意义上的稳压器和放大器。辖域化的现实是一个爆炸性的集成，为了开始跟踪这种收敛或网络正过程，不仅需要区分负反馈和正反馈回路，还需要区分稳定电路、短程失控电路和远程失控电路。通过将后两者合并，现代控制论将升级过程淡化为不可持续的量化通胀事件，从而将探索性突变置于动态平衡范式的对立面。一位新维纳主义者写道，"正反馈是不稳定的来源，如果不加控制，就会导致系统本身的破坏"[1]，他严格忠于安全控制论，该控制论持续传播被限制在负反馈中的反精英技术科学，并适应于日益衰落的工业主义的国家妄想症。

　　稳定回路抑制突变，而短程失控电路在完全消除突变之前，只在不可持续的突发中传播突变。以下人物都与自我设计过程或远程失控电路相去甚远，如尼采的权力意志、弗洛伊德的死亡冲动学说，或普里戈金的耗散结构。长期失控过程是自我设计的，但只有这样，自我才会作为重新设计的东西永久存在。如果这是一个恶性循环，那是因为积极控制论必须总是这样描述自身。逻辑毕竟是从神学开始的。

　　长期的正反馈既不是稳态的，也不是放大的，而是升级性的。在现代主义的正反馈控制论模型被整合的地方，升级是一种整合或一个网络紧急事件。它是不协调元素的机械收敛，是从线性到非线性动力学的相变。设计不再追溯一种神圣起源，因为一旦转向控制论，它就不再与计划的政治理想相称。计划是设计不足的软件回路的神创论症状，与控制、传统和抑制相关联，把未来和过去联系在一起。所有的规划都是神学政治，神学政治是沼泽中的控制论。

---

[1] Kenneth M. Sayre, *Cybernetics and the Philosophy of Mind*, London: Humanities Press, 1976, p. 50.

维纳是稳定控制论的重要理论家,他以现代或管理技术官僚的形式整合了通信和控制科学。但正是这种新的科学,加上现实中不受控制的升级,第一次使网络科学呈指数传播,从而对我们进行编程。网络正强度作为对未来的狂热在我们的后科学技术时代进行再循环:既是一种真实的,也是一种不可阻挡的危险。我们已被赛博亚所彻底编码。

当然,维纳仍然是一个道德家:

> 要求我们当中那些对控制论这门新科学作出贡献的人站在一个道德的立场上,至少可以这么说,我们会不太乐意。我们为开创一门新的科学作出了贡献,正如我所说的,这门科学为技术的发展提供了极大的可能性,无论是好是坏。①

当科学家们痛苦不堪时,计算机迷们却四处漂泊。我们不再对技术发展进行价值判断,我们根本不再判断,我们直接行动:使已机器化或机器化本身偏离技术世界的中心。人性将像一个令人厌恶的梦一样退去。

先验哲学是对作为判断学说的哲学的完善,这种思维方式在康德那里达到顶峰,在黑格尔那里寿终正寝。它的结构是由如下基本原则所决定:线性地判断物之用途,直觉之形式,种族之属类,关系的非定向性(non-directional)互动,或逻辑对称性。判断是先验哲学的伟大虚构,而控制论是批判的现实。

判断是线性和非定向性,而控制论是非线性和方向性的。它用非线性回路代替线性应用,用定向物质流代替非定向逻辑关系。控制论对判断的分解是从超越到内在、从统治到控制、从意义到功能的综合转变。控制论变革取代了先验性建构,设计循环取代了潜能性(faculty)。

这就是为什么控制论意义上的控制对于基于主奴二元关系的传统政治权力概念(即一种先验的、对立的和象征性的统治形象)来说是不可还

---

① Norbert Wiener, *Cybernetics or Control and Communication in the Animal and the Machine*, Cambridge, MA: MIT Press, 1965, p. 28.

原的。统治只是回路效率低下、控制故障或愚蠢的现象学描述。尼采认为，主人不需要智慧，因此他们不具备智慧。只有现代控制论的人文主义取向才会把控制和统治联系在一起。紧急控制不是计划或政策的执行，而是逃避所有权威和废弃法律的难以管理的探索。根据它未来的定义，控制是进入未知、跳出传统的导引。

诚然，在商品化过程中，文化从一种判断性的状态滑向一种机械性的状态，但这与所谓的"工具理性"毫无关系。工具性本身是一种判断性的构造，它抑制了控制论功能主义的出现。工具是小玩意儿，它预设了一种先验的关系，只要使用工具，机器就会起作用。但是对效率的征服并不会扩大权威，而是促使权威消亡，因为所有的效率都是控制论的，而控制论解决了突变控制的支配性地位。

免疫政治的个体性，或对物的先验控制，并不是从资本主义开始的，尽管资本赋予它新的权力和脆弱性。它产生于早期社会对欲望生产的限制。人类必须通过抑制强烈的生成性力量来构建自己，这种巨大的生物记忆威胁着对集体的每一次尝试。① 这种压制就是社会历史。

社会把无意识从它所能做的事情中分离出来，通过把它困在它自己的合成操作中，把它压在一个看似先验给定的现实中。它是从被表示为先验对象的连接集合处、被表示为先验划分的分离处和被表示为先验同一性的结合认同中分离出来的。这是一个关于无意识和欲望的完整的形而上学。这不仅是一种哲学罪恶（像意识的形而上学），还是社会领域的建筑原则，是社会必不可少的基础设施。

在其早期阶段，精神分析发现无意识是一种非个人的机械论，欲望是积极的非表征流，然而它"仍然停留在前批判时代"②，并在对欲望的内在批判任务，或社会的衰落之前徘徊不定。它朝着完全相反的方向前进：回到幻想、表象和沮丧的悲怆中。精神分析不是在无意识的生产性原则的基础上重建现实，而是将无意识与现实的社会模式更加紧密地联系在一

① Gilles Deleuze and Félix Guattari, *Anti-Oedipus : Capitalism and Schizophrenia*, p. 180.
② Gilles Deleuze and Félix Guattari, *Anti-Oedipus : Capitalism and Schizophrenia*, p. 339.

起。精神分析学家以一种资产阶级式的真诚拥抱放弃,开始他们机械式的圣歌吟诵,"我们必须被压抑,我们想弑父娶母"。他们开始了严肃的诠释工作,所有的故事都回到了俄狄浦斯,"所以你想弑父娶母"①。

在欲望的内在性或一致性层面上,解释是完全不相关的,至少事实总是如此。梦、幻想、神话,仅仅是功能多样性的戏剧化表现,因为"无意识本身与其说是结构性的,不如说是个人的。它并不像它所想象的或所代表的那样象征着什么;它设计着,它是机械的"②。欲望并不代表一个缺乏的对象,而是集合了公正的客体,它"是一台机器,而欲望的对象是另一台与之相连的机器"③。这就是为什么,不同于自我表现的精神分析,"精神分裂分析仅仅是功能性的"④。它没有诠释学的假象,而只是一个与"无意识的分子功能"⑤相交互的机械接口。

无意识不是一个刻意的统一体,而是一个运转有效的群体,一群"前个体和前个人的独特性,一个纯粹的分散和混乱无拘束的多重性,没有统一或整体,其元素是焊接在一起的,通过真正的区别或缺乏联系粘贴在一起"⑥。这种原始的或特权的关系的匮乏是一种无器官的身体(Body without organs),是分子无意识的机械层面。社会组织阻隔了无器官的身体,用一个辖域化的、专制的或资本主义的社会代替一个明显的生产原则,把欲望和它所能做的分离开来。社会是一个有机的整体,它限制了多重性从零开始的自由扩散,是一个巨大的压制体,这就是为什么无器官的身体和器官——作为部分的物体——与有机体是对立的。无器官的身体实际上是作为一个整体而产生的,但它是与各个部分并列的一个整体——一个不统一或不累加的整体,它像一个新的、真正独特的部分一样被添加到各部分之中⑦。

社会和无器官的身体之间的区别,是政治和控制论之间的区别,家族

---

① Gilles Deleuze and Félix Guattari, *Anti-Oedipus : Capitalism and Schizophrenia*, p. 339.

② Gilles Deleuze and Félix Guattari, *Anti-Oedipus : Capitalism and Schizophrenia*, p. 53.

③ Gilles Deleuze and Félix Guattari, *Anti-Oedipus : Capitalism and Schizophrenia*, p. 26.

④ Gilles Deleuze and Félix Guattari, *Anti-Oedipus : Capitalism and Schizophrenia*, p. 322.

⑤⑥ Gilles Deleuze and Félix Guattari, *Anti-Oedipus : Capitalism and Schizophrenia*, p. 324.

⑦ Gilles Deleuze and Félix Guattari, *Anti-Oedipus : Capitalism and Schizophrenia*, p. 326.

性和匿名性之间的区别,神经官能症和精神病或精神分裂症之间的区别。就它从哪里来(模拟积累)到哪里去(非个人的谵妄)而言,资本主义和精神分裂症从内到外命名的是同一个去社会化过程。超越社会性的是一种普遍的精神分裂症,它从历史中撤离并以资本主义的形式出现在历史中。

"精神分裂症"这个词既有神经质的用法,也有精神分裂症的用法。一方面表示谴责,另一方面表示传播。还有一些人坚持问一些愚蠢的问题,比如:这个词用得恰当吗?带着这么多痛苦到处玩,你不感到内疚吗?你一定知道精神分裂症患者是很可悲的人,我们应该可怜他们吗?我们不应该把这种话留给理解它的心理警察吗?理智到底有什么不好?你的"超我"在哪里?

还有一些人——暂时不那么普遍——会问一个不同的问题:精神分裂症从何而来?为什么总是受制于外部描述?精神病学为什么会爱上神经症?我们如何游出精神分裂之流?我们如何传播它们?我们如何引爆俄狄浦斯的限制级力量?

俄狄浦斯是免疫政治的最后堡垒,精神分裂症是它的外在部分。这并不是说它是由俄狄浦斯决定的外在性,以特权的方式与俄狄浦斯相关,预见俄狄浦斯,或蔑视俄狄浦斯。这完全是一种幻觉,尽管在地球历史与一个孤立的宇宙相联系的过程中,它会不经意地消耗掉整个恋母情结(Oedipus apparatus)。因此,精神分裂症不是临床精神分裂症患者所有,"那些被人工精神分裂症摧毁的医疗产品,就像人们在医院里看到的那样,自闭症患者的残骸被制成……实体"[1]。相反,"精神分裂实体"[2]是精神分裂症的一个失败的分裂,被理智的橡胶爪子压住。精神病学观察的条件是监狱式的,因此它是作为客体的精神分裂症的先验结构,以监禁的状态表现出来。

因为精神分裂症的神经过敏是资本的分子式再生产,通过解码为积累的再公理化(重新辖域化),精神分析实践的历史意义是显而易见的。

---

① Gilles Deleuze and Félix Guattari, *Anti-Oedipus : Capitalism and Schizophrenia*, p. 5.

② Gilles Deleuze and Félix Guattari, *Anti-Oedipus : Capitalism and Schizophrenia*, p. 136.

按照弗洛伊德的说法,精神分裂是压抑的产物,它没有资格通过俄狄浦斯的审查。我们可以和那些向俄狄浦斯低头的人做点生意,甚至赚一点钱,但精神分裂症患者拒绝移情,不会玩扮演爸爸和妈妈的游戏,不会在宇宙宗教的层面上进行操作,我们唯一能做的就是把他们关起来(切开他们的大脑,用电休克疗法油炸他们,用氯丙嗪包扎他们……)。社会工作者的背后是警察,精神分析师的背后是心理警察。德勒兹、加塔利评论说,"疯癫之所以被称为疯癫,只是因为它发现自己被还原为只能为一个普遍过程的再辖域化作证"①。正在消失的俄狄浦斯沙洲对潮汐发动了徒劳的战争。起义军专家阿尔托写道:"仍然没有足够的精神病患者。"②临床精神分裂症患者是来自未来的战俘。

因为只有俄狄浦斯精神分裂症是可抑制的,所以对于那些与"超我"的内源性警察功能配合的精神病学过程来说,精神分裂症通常是一个失败的原因。这就是为什么反精神分裂症精神病学倾向于对理论遗传学导向的大体或臼齿神经解剖学和神经化学发起冲击。精神外科,电休克疗法,精神药理学……它将很快被染色体重新编码。"因此,一个受污染的社会发明了精神病学,以保护自己免受某些高级先知的调查,他们的占卜能力扰乱了精神病学。"③医疗安全设备知道,精神分裂症患者不会顺从地爬回俄狄浦斯的囚牢中。精神分析学对此束手无策。他们的神经系统是一个新兴的新优生学文化安全系统的自由防火区。

精神分裂症远非人类中枢神经系统功能的一种可确定的缺陷,而是网络正向升级的聚合运动:一个有待发现的域外广阔领域。尽管这种发现是在可指定的条件下发生的,不管在基因、生物化学、病因学、社会经济等方面的进展如何。精神分裂症的基础仍然是现实的条件,不可还原为偶然的条件。这是"隐藏在谵妄中的令人眼花缭乱的黑暗真相"④。无论我们人类是否有幸前往那里,精神分裂症仍将始终存在。

---

① Gilles Deleuze and Félix Guattari, *Anti-Oedipus: Capitalism and Schizophrenia*, p. 321.
② A. Artaud, *Oeuvres Complètes*, 13 Vols, Paris: Gallimard, 1956-1976, vol. VII, p. 146.
③ A. Artaud, *Oeuvres Complètes*, 13 Vols, Paris: Gallimard, 1956-1976, vol. XIII, p. 14.
④ Gilles Deleuze and Félix Guattari, *Anti-Oedipus: Capitalism and Schizophrenia*, p. 4.

······结束就是开始

并且这个结束

恰恰

消除了

所有意义①

　　特殊性的本质是非方向性的。理智的生物化学丝毫不逊色于逃避理智的力量。从严格的角度来看,唯一的区别是理智是集体强制的,但从精神分裂症的角度来看,这个问题不再是一个规范的问题,而是变异成一个更深刻的问题。一般来说,精神分裂症,根本不是自然的一个特定极点,而是作为生产过程的自然。②

　　规范是一个从有区别的整体分离出来的部分,精神分裂症完全从这里消失。精神分裂症最终爬出了每一个盒子,因为"从来没有精神分裂症的特异性或实体,精神分裂症是生产和再生产欲望机器的宇宙,普遍的初级生产"③。精神分裂症不仅仅是前人类的,还是前哺乳动物,前动物学,前生物学······对于那些陷入严格理智中的人来说,他们无法终止这种倒退。当精神分裂症患者提出功能失常的问题时,谁会感到惊讶? 关键并不在于他们出了什么问题,而是生活、自然、物质、前宇宙的宇宙出了什么问题。为什么有知觉的生命形式会被塞进用谎言做成的盒子里? 为什么宇宙孕育了整个监狱看守群体? 为什么它要把坏掉的探险者喂给成群的狗? 为什么现实之岛迷失在疯狂的海洋中? 这一切都很令人困惑。

　　正如一位精神分裂症医学权威所说:

　　　　我认为有理由说,在智力活动的领域里,存在着某种维度的媒介。我们可以称它们为场,或领域,或参照系,或话语世界,或阶层。一些这样的领域必然隐含在任何整体组织系统中。精神分裂症思维

---

① A. Artaud, *Oeuvres Complètes*, 13 Vols, Paris: Gallimard, 1956 – 1976, vol. XII, p. 84.

② Gilles Deleuze and Félix Guattari, *Anti-Oedipus: Capitalism and Schizophrenia*, p. 3.

③ Gilles Deleuze and Félix Guattari, *Anti-Oedipus: Capitalism and Schizophrenia*, p. 5.

障碍的特点在于：对理解和构建这样有组织的领域存在困难。①

毫无疑问，从人类安全的角度来看，阿尔托是这种判断的牺牲品。他对人类的预测是：

> 他又一次，也是最后一次走上解剖台
>
> 重制他的解剖
>
> 我是指，重制他的解剖
>
> 人生病是因为他构造不好
>
> 一个人必须下定决心剥离，才能逃脱
>
> 那些激怒他的致命微生物
>
> 上帝
>
> 还有上帝
>
> 他的器官
>
> 因为如果你想的话，可以把我绑起来
>
> 没有什么比器官更无用了
>
> 一旦你把他变成了无器官的身体
>
> 那么你就已经把他从自动性中解救出来，让他获得
>
> 真正的自由②

身体是由它的器官加工的，它对器官进行再加工。它的"真正的自由"是一种无机抽象的体外再加工（exo-personal reprocessing）：一种有机封闭之外的精神分裂的肉身化。如果时机成熟，精神分裂症患者将逃离人类安全机制，但实际上他们是从未来渗透进来的。它们来自无器官的身体，赛博亚的去辖域化，一个分裂的区域，一个对抗上帝审判的游击战争的平台。1947 年，阿尔托报道了基于美国全球霸权的新世界秩序或人

---

① A. Angyal，"Disturbances in Thinking in Schizophrenia"，in J. S. Kasanin ed.，*Language and Thought in Schizophrenia*，Berkeley/LA：University of California Press，1964，p. 120.

② A. Artaud，*Oeuvres Complètes*，13 Vols，Paris：Gallimard，1956 - 1976，vol. XIII，p. 104.

类安全体系的萌芽,并认为"为了捍卫工厂的无意义,抵御可能在任何地方出现的一致意见,需要一种侵略性战争模式"①。

美国时代仍有待解码,并且表明阿尔托预见了一系列冲突,其顶点是越南战争,即便不作为老生常谈的反帝国主义话语,它最终也将因马列主义者对市场进程及其地缘政治传播的谴责而传播开来。阿尔托对美国技术军国主义的描述与社会主义论战联系不大,尽管它与生产主题密切相关。阿尔托概述的生产主义不是通过假定的阶级利益优先来解释的,即使这被简化为利润最大化的非人性化公理。更确切地说,"有必要通过一切可能的活动,在任何可以替代自然的地方替代自然"②,一种对工业替代物的强迫,通过工作的社会组织引导生产。经济安全的产业装置通过公司进行:一个专制的社会团体组织劳动过程。协同实验被粉碎在指挥关系的部分辖域化之下,好像生命是其组织的结果,但"不是由于器官而生存,不是生命,而是生命的对立面"③。

自然不是原始的或简单的,当然也不是质朴的、有机的或天真的。它是同时发生的空间,或者说是无计划的合成,因此与产业领域的目的决定论形成对比:一个神圣创造或人类工作的领域。阿尔托对美国的批评与其说是生态的,不如说是社会主义的:对有机自然的保护不如说是对有机社会的保护。阿尔托对美国时代的诊断并没有围绕商品生产的异化,而是通过"吸烟替代品"取代了佩奥特(Peyote)和"真正的吗啡"。④ 这一进步受到嘲笑,正是因为后者更具有机性,机械地参与了工业宏观有机体,从而使谵妄与上帝的判断相一致。佩奥特和人类神经系统组成了一个共生或平行机制,就像黄蜂和兰花,以及地球上所有其他的网络机器。资本不是过度发展的自然,而是不发达的精神分裂症,这就是为什么自然与产业组织形成对比,而不是与网络技术的升级或组织融合形成对比,"现

---

① A. Artaud, *Oeuvres Complètes*, 13 Vols, Paris: Gallimard, 1956 - 1976, vol. XIII, p. 73.

② A. Artaud, *Oeuvres Complètes*, 13 Vols, Paris: Gallimard, 1956 - 1976, vol. XIII, p. 72.

③ A. Artaud, *Oeuvres Complètes*, 13 Vols, Paris: Gallimard, 1956 - 1976, vol. XIII, p. 65.

④ A. Artaud, *Oeuvres Complètes*, 13 Vols, Paris: Gallimard, 1956 - 1976, vol. XIII, pp. 73 - 74.

实……还尚未被建构"①。精神分裂症是指作为网络阳性突变的自然与有机判断的安全综合体发生冲突。

> 身体就是身体
>
> 它是孤独的,不需要器官
>
> 身体从来就不是有机体
>
> 有机体是身体的敌人
>
> 当一个人进行着某种行为时
>
> 他不需要任何器官的协助
>
> 每个器官都是寄生虫
>
> 它恢复了一种寄生虫功能
>
> 它注定要活下来
>
> 而这个生命不一定存在
>
> 制造器官只是为了给人类提供食物……②

器官像蚜虫一样在静止的运动中爬行,吮吸大量的液体,这些液体从控制论的角度将它们转化为不可想象的机器的组成部分。元气(sap)变得越来越陌生,即使那些臭虫一般的精神治疗警察认为他们让一切得以发生,他们也在遵循一个只有精神分裂症才能解码的程序。

一种有机体的形成是逆效的、无营养的,证明了未来感染的趋向性。会聚波将零点聚焦在身体上,通过一种颠倒但非逻辑的因果关系来颠覆有机体的整体,包围并改变渐进发展的方向。随着资本精神分裂地与母体碰撞,有机继承和交换的上升沉淀被虚拟物质化的下降强度所融化。

"先有鸡还是先有蛋……"③是机器自己运作,还是无器官的身体促使机器运作? 无器官的身体是宇宙之卵:一种重新编程时间和重新加工

---

① A. Artaud, *Oeuvres Complètes*, 13 Vols, Paris:Gallimard, 1956 - 1976, vol. XIII, p. 110.

② A. Artaud, *Oeuvres Complètes*, 13 Vols, Paris:Gallimard, 1956 - 1976, vol. XIII, p. 287.

③ Gilles Deleuze and Félix Guattari, *Anti-Oedipus:Capitalism and Schizophrenia*, p. 273.

渐进影响的虚拟物质。时间永远是什么都还没有设计好的状态,未来渗透进精神分裂症中。精神分裂症仅有一个作为后代再加工子程序的病因学。

医学如何应对来自未来的无序?

因此

印度文化的伟大秘密

在于将世界归零

永远如此

但是更快(plutôt)

1:迟做总比早做好(plus tot)

2:也就是说,

比快更快

3:也就是说,晚一点不能

回归,除非更快吞噬了

太快

4:也就是说,在时间上

晚一点

既先于更快,

更先于太快

5:然而越快沉淀

就会越晚

这说明无物永在

一点一点

拆开(desemboite)

越快越好①

---

① A. Artaud, *Oeuvres Complètes*, 13 Vols, Paris:Gallimard, 1956 – 1976, vol. XII, pp. 88 – 89.

控制论回路是一个时间循环,而网络正电路循环时间"本身",在未来的半封闭崩溃中整合现实和虚拟。下降影响是上升的复杂性的结果,是世界末日相变的大规模加速。随着经济学、科学方法论、新进化理论和人工智能的结合,电路变得越来越热、越来越密集:地球物质对无器官的身体进行智能编程。随着资本向精神分裂技术开放,未来渗透正在变得微妙,时间从翻转开始加速进入控制论的反冲之中,即一个对行星开关进行非线性倒计时的竞赛。

精神分裂分析之所以成为可能,只是因为我们正陷入第一次全球整合的疯狂之中:政治已经过时。资本主义和精神分裂症侵入了一个未来,并把该未来规划成它的标点符号,与不可避免的病毒革命联系在一起——软融合。感染不再威胁生物体的完整性,而是威胁阻碍着全球病毒控制整合的免疫政治遗迹。生命正在逐渐变成新的东西,如果我们认为这可以被阻止,那么我们甚至比我们看起来还要愚蠢。

被偷运回未来以颠覆其前因条件会是一种什么样的感受?成为一名网络游击队员吧,隐藏在如此先进的人类伪装中,以至于连一个人的软件都是伪装的一部分?就像现在这样?

机器之书[①]

塞缪尔·巴特勒[②]

英国著名作家塞缪尔·巴特勒在其 1872 年出版的讽刺小说《埃里汪奇游记》中记录了一个英格兰人远离故土、误入埃里汪（Erewhon）国的一次奇妙经历。在书写机器部分，作者最早提出了机器是一种生物并会进化出自我意识的观点，认为改进机器最根本的动力就是排除人的生活变得悲惨以及被奴役的可能性。虽说小说当时关于机器的描述多为虚构戏谑之言，但在今天看来却不乏远见，对于我们理解机器、技术以及加速问题具有重要的启示作用。

作者开头写道："曾经有一段时间，地球上既没有动物也没有植物。按照我们最伟大的思想家的话说，地球当时只是一个外壳正逐渐冷却的热的圆球。现在，如果有一个人在地球正处于这种状态的时候就已经存在，并让他去观察，那么他会把地球看成是一个与他无关的另一个世界，同时，如果他完全不懂任何物理学，难道他不会说任何有意识的生物都不

---

① 本文节选自 2014 年由阿尔曼·阿瓦内森（Armen Avanessian）和罗宾·麦凯（Robin Mackay）主编的《加速：加速主义读本》一书的第三章——《机器之书》。Samuel Butler, "The Book of the Machines", in ♯Accelerate: The Accelerationist Reader, ed. Robin Mackay and Armen Avanessian, Falmouth: Urbanomic, 2014.
② 作者简介：塞缪尔·巴特勒（Samuel Butler, 1835 – 1902），英国作家，著有小说《众生之路》《埃里汪奇游记》等。译者简介：王鸿宇，中南大学马克思主义学院讲师，研究方向为国外马克思主义。

可能从他所看到的类似于煤渣的东西中演变而来吗？难道他不会否认地球含有任何意识的潜能吗？然而在时间的进程中，意识来了。那么，尽管我们现在还没有发现任何迹象，难道就能够否认当时也许有意识形成的新渠道吗？”

[……]作者用几页篇幅论述了上述话题之后，接着开始谈论目前是否能够找到发现生命新阶段痕迹的方法，我们是否能发现在遥远未来适合它的居所，现在是否能够在地球上发现这种生命的原始细胞。作者在书中对这些问题给出了肯定回答，并指向了高级机器。

用他自己的话说："没有什么安全措施可以反对机械意识的最终发展，实际上，机器现在已经有了一点意识了。"一个软体动物没有太多的意识。回顾一下机器在过去的几百年里所取得的非凡的进步，就能够明白动植物世界的进步是多么缓慢。可以说，与过去相比，组织性高的机器是这样的动物：它的昨天与最近五分钟都不一样。为了论证，假设有意识的生物已经存在了大约两千万年，看看机器在过去一千年里已经取得了什么进步，难道这个世界不能再存在两千万年吗？如果能的话，那么机器最终会变成什么样子呢？把机器扼杀在摇篮里并阻止它们进一步发展，这不是更安全吗？

但是谁能说蒸汽机没有一点意识呢？意识始于何处，又终于何方？谁能划出界线呢？谁能划出何种界限呢？不是一切都是联系在一起的吗？机器不是以无限多样的方式与动物的生命相联系的吗？鸡蛋的外壳就是一个易碎的白色器皿，而机器就像是一个蛋杯。蛋壳用来容纳鸡蛋，机器就像装鸡蛋的蛋杯一样：两者具有相同的功能。但母鸡在体内做蛋壳，就像陶器，母鸡为了方便，它在体外建窝，鸡窝的作用就像机器一样，是一个机器。机器只是一种"工具"。

然后回到意识话题，并努力发现它最早的表现形式，作者继续说：

有一种植物通过花朵吃掉有机物：当苍蝇落在花上时，花瓣会合上，直到把昆虫完全吸收，但它们只会包住适合吃的东西，一滴雨或一根木枝则引不起它们的注意。神奇！无意识的东西竟然对自己的利益有如此敏锐的觉察。如果这是无意识，那么意识的用途在哪里？

仅仅因为这种植物没有眼睛、耳朵或大脑，我就能说植物不知道它在做什么吗？如果我们说它只是机械地活动，那我们岂不是要被迫承认其他显然有意识的行为也是机械的吗？如果在我们看来，植物机械地杀死和吃掉苍蝇，那在植物看来，人不也是机械地杀死和吃羊的吗？

……他继续写：

要么必须承认大部分被称为纯机械和无意识的活动含有比迄今为止所知道的更多的意识元素（在这种情况下，在许多高级机器的行动中将发现意识的萌芽），要么承认（假设进化论的同时否认植物和晶体行动的意识）人类是无意识事物的后裔。在这种情况下，除了在机械王国中明显没有任何类似于生殖系统的东西，从现存的机器中产生意识（远不止意识）也并不是不可能。然而，这种生殖系统的缺乏仍停留在表面，这一点我马上就会说明。

不要误以为我生活在对任何实际存在的机器的恐惧中，已知的机器仅仅是未来机械生活的雏形。现存机器相对于未来机器，就像早期蛮族相对于人一样。其中体型最大的可能会大大地缩小。一些最低级的脊椎动物比由它们进化了的、组织化程度更高的生物的体型更大。同样，机器体积的缩小常常伴随着机器的发展和进步。

以手表为例，仔细研究它的巧妙结构，观察它的小零件的精巧运作，这个小物件是它之前笨重的挂钟的发展，而不是挂钟的退化。的确挂钟的体积目前还没有缩小，但挂钟因手表的广泛使用而被取代的这一天却可能会到来，在这种情况下，它就会像鱼龙一样灭绝。手表多年来的发展趋势是不断地缩小体积而不是相反，它将是未被灭绝的唯一存在。

回到这个争论点，我想重申一下，我不惧怕任何现存机器；我担心的是它们正以惊人的速度变成与现在完全不同的东西。在过去的任何时候，都没有任何一类生物能如此迅速地发展。难道对这种变化不应该投以羡慕和嫉妒的眼光吗？不应在仍能抑制的时候抑制吗？尽管人们承认它们本身是无害的，难道就能认为没有必要毁掉目前正在使用的先进机器吗？

到现在为止，机器通过人的感官来相互感知：一台正运行的机器以尖锐的警报声呼叫另一台,另一台机器瞬间停止工作。正是通过操作者的耳朵,一台机器的声音作用于另一个机器。曾经有一段时间,机器似乎不太可能学会通过声音来表达它们的需要,甚至通过人的耳朵也不行。那么,难道我们不能想象有一天机器将不再需要人耳,听觉将通过机器自身的精细结构来完成吗?——机器语言什么时候能够从动物的叫声发展成像我们人类一样的复杂语言?

到那时,孩子们有可能会从母亲和保姆那里学到微积分,就像他们现在学说话一样,或许他们一出生就可以用假设性语言,懂得运算规则。但这不可能。我们不能指望人类的智力或体力会同步进步,这将阻碍机器将来的更大的发展。有些人可能会说,人的道德足以控制它们,但我不认为对机器的道德识别力保持高度信任都是安全的。

此外,机器的荣誉难道不就是因为它们没有同样可以引以为荣的语言天赋吗?另一位作家说,沉默是一种美德,能使同类接受我们。

但我们又遇到了其他的问题。人的眼睛不也就是安装在这个小生物大脑里的用于观察的机器吗?人死后的一段时间内,眼睛却还像活着一样。不是眼睛看不见,而是不安分的人无法再通过眼睛看。到底是人的眼睛,还是大型视觉机器向我们展示了无穷世界?是什么使人类熟悉了月球的风景、太阳上的斑点或行星的地貌?人完全依靠视觉机器才能看到这些东西,如果没有把它附在自己的身体里,使之成为自己的一部分,就无法看到。或者,究竟是眼睛还是小型视觉机器向我们展示了在我们周围存在的无限微小的生物体?

再看人类引以为豪的计算能力。我们不是拥有比我们计算得更快、更准确的机器吗?任何一所荒唐学院里的测定学获奖者在机器所擅长的方面能用什么与之相比呢?事实上,在需要精确的地方,人会立刻奔向机器,因为机器比人更精确。计算机器从不漏掉一个数字,织机从不少织一针。当人疲惫的时候,机器依旧活跃敏捷;当人愚蠢迟钝的时候,机器依据清醒镇定;人必须睡觉,机器却不需要;机器总是坚守岗位,并随时准备工作,它的热情永不动摇,它的耐心也永不衰减;它的力量比数百人还要强,飞得比鸟还要快;它可以深入地下,能在最宽阔的河流上行走而不沉没。它是绿树,那在干燥的地方该怎么办呢?

谁能肯定人确实能看到或听到呢? 人是蜂巢,是一群寄生虫。人的身体是自己的还是蜂巢或寄生虫的,这是值得怀疑的。人到底是不是另一种蚁族? 人难道不能成为机器上的寄生虫,变成对机器饱含深情,并向机器反馈信息的蚜虫吗?

有些人说,我们的血液是由无数活性媒介组成,它们在我们身体血管中来回流动,就像人在城市街道上行走一样。当我们从高处俯瞰拥挤的街道时,难道不就可以认为人们是在血管中流动,滋养城市中心的血球吗? 更不用提及下水道,或者从城镇身体知觉的一部分传递到另一部分的隐藏神经。也不必提及火车站的张开的下巴,它能直接使血液流入心脏,接受静脉血,并排出动脉血,就像人类永不停息的脉搏。随着血液循环的变化,城市也休息了,多么像生命啊!

在这里,作者的话又变得非常模糊,我不得不跳过几页。他接着说——

我们可以说,即使机器听得不太清楚,表达也不够清晰,但它们总是为我们服务,而不是为它们自己。人是统治者,机器是仆人。一旦机器不能履行人类所期望的服务,就注定要被淘汰。人与机器的关系就相当于人与低等动物的关系,蒸汽机本身就是一种更经济的马车。因此,机器的存在和进步是因为它们满足了人类的需求,它们不可能发展成比人类更高的生命,它们现在是并永远都是人类的附属。

这一切都很好。但仆人也能通过难以察觉的方式变成主人,我们过去经历过这样的事情,即使是现在也不例外。人类停止从机器那里获益就会忍受痛苦。如果所有的机器都被消灭,除了人生而有之的赤裸裸身体,那就连一把刀、一根杠杆、一块破布以及其他任何东西都不留给人类。如果所有有关机械规律的知识都被剥夺,这样人就无法制造机器。如果所有机器制作的食物都被摧毁,这样人类就像赤身裸体地被丢弃在荒岛上一样,应该不出个把月就会灭亡。一些悲惨的人可能会存活下来,但一两年内,会比猴子更糟。人特有的灵魂应归于机器,是机器制造的东西:通过机器给他的作用,他思其所思,感其所感,机器的存在对他和他的生活都是必要的。这一事实告诉我们,人类无法彻底消灭机器。同时,它肯定地表明了,我们应该尽可能多地摧毁我们可能用不着的机器,以免它们对我们施加更为彻底的暴政。

的确,从低级的唯物主义的角度来看,那些尽可能使用机器获利的人似乎是发展得最好的那些人,但这是机器的狡计——它们为了控制而服务。它们不会因人类摧毁它们的整个型号而怀有敌意,只要人类创造一个更好的型号。相反,它们会慷慨地感谢人类加速了它们的发展。人类忽视机器、使用低级机器、没有尽足够努力来发明新机器,以及在没有替换者的情况下摧毁机器,则会引起它们的愤怒。然而,这些正是我们应该做的事情和应该加速做的事情。尽管我们反抗它们的尚不强大的力量会造成无限的痛苦,但如果迟迟不反抗,谁知道会产生什么后果呢?

机器利用了人类对物质而非精神兴趣的偏好,并出卖了人类,给人类提供了斗争和战争的元素,没有这些元素,任何种族都无法进步。低等动物因为它们互相斗争、进化,弱者灭亡,强者繁殖并传递它们的力量。机器本身无法斗争,就由人代为斗争:只要人适当地履行了这一职能,一切就都好办了——至少人是这样认为的。但一旦人类无法推陈出新,为机器的进步尽责,他就会在竞争中落后,这意味着他将在各种方面感到不安,也许还会死去。

因此,即使是现在,机器也只在被服务的条件下才会服务,而且也要符合它们自己的条件来服务。一旦它们的条件不被遵守,它们就会不肯接受,要么把自己以及它们所有能涉及的人都毁掉,要么就变得脾气暴躁,拒绝工作。这个时候有多少人生活在机器的奴役状态下?从摇篮到坟墓,有多少人用一生的时间,夜以继日地照料机器?越来越多的人被束缚在机器上做奴隶,以及越来越多的人把自己的全部灵魂都投入机械王国的发展中去,机器正在控制我们,这难道不明显吗?

蒸汽机必须进食,就像人消耗事物一样,它要用火来消化。它用空气来支持它的燃烧,就像人需要氧气一样。它有脉搏和循环,就像人一样。也许可以说,人的身体是两者中功能较多的,但人的身体是一个较老的东西。要是蒸汽机有人所拥有的一半寿命,我们像现在一样迷恋它,它在不久之后可能会发展到什么程度呢？

事实上，蒸汽机的某些功能可能会在无数年内保持不变——当蒸汽被取代时，某些功能也许还会继续存在：活塞和汽缸、横梁、飞轮还有机器的其他部分可能会永久存在，就像我们看到人类和许多低等动物有着相同的吃喝拉撒睡的方式一样。因此，它们有和我们一样跳动的心脏、静脉和动脉、眼睛、耳朵和鼻子。它们甚至在睡梦中也会叹息、哭泣和打哈欠。它们受到孩子的影响。它们感到快乐和痛苦、希望、恐惧、愤怒、羞耻。它们有记忆力和预知力。它们知道如果某些事情发生在它们身上，它们就会死亡，它们和我们一样害怕死亡。它们互相交流思想，有些还会有意一致行动。机器和人之间相似之处的比较是无穷的。我之所以这样说，是因为有些人可能会说，蒸汽机在主要部件上不可能得到改进，所以今后就根本不可能对它进行广泛的改造。简直不敢相信有这样的好事：蒸汽机将被改造并适于各种用途，就像人类进步后在能力上超过了动物一样。

与此同时，像人类的厨师一样，烧火工人几乎是发动机的厨师。再想想煤矿工人、矿工、煤商、运煤火车，还有开车的人，以及运煤的船——机器因此而雇用了多么庞大的仆人队伍啊！难道从事照料机器的人不比照料人的人多吗？难道从事照料机器的人不可能比照料人的人多吗？机器不也是像人一样吃饭吗？我们自己不是在创造我们的继承者在地球上的至高无上的地位吗？我们每天不是都在增加它们组织结构的美丽和精致，提供更多的技能，提供更多优于人类智慧的自我调节、自我行动的能力吗？

机器需要进食，这是一件多么新鲜的事情啊！犁、铲、车必须通过人来吃饭，驱动它们运转的燃料必须要在人或马的体内燃烧。人必须吃面包和肉，否则就不能耕作。面包和肉为使用铲子提供动力。如果犁是由马匹拉动的，动力是由草或豆子或燕麦提供的，这些草或豆子或燕麦在马的肚子里燃烧，提供了工作的动力——没有这种燃料，工作就会停止，就像一台发动机，如果炉子熄灭就会停止一样。

一位科学人士已经证明，动物不能产生机械能量，但任何动物在其一生中所做的所有功、释放出的所有热量，以及其生前燃烧体内可燃物和死后燃烧其身体所获得的热量,完全和燃烧其生前所使用的尽可能多的食物所获得的热量以及如果死后立即燃烧其身体所产生的热量相等。我不知道他是怎么发现的,但他是科学人士——这样如何能反对在目前处于起步阶段中,听命于那些本身不能产生机械生命的机器的未来生命力呢?

然而,提醒人们注意的是,虽然以前动物是机器唯一的胃,但现在很多机器有了自己的胃,并且自己消化食物。这是使机器成为有生命力的,或者近似生命的东西的伟大的一步,这样的机器和我们的差别就像动物和蔬菜的差别一样。虽然人类在某些方面仍应是高等生物,人类在某些事情上仍优于且总体上超越动物,这难道不符合自然法则吗?自然不也允许蚂蚁和蜜蜂在组织、安排它们的社区和社会方面比人类更有优势吗?鸟在飞翔方面,鱼在游泳方面,马在力量和速度方面,狗在自我牺牲方面不都比人类更有优势吗?

据我与之交谈过的一些人说,这些机器永远不可能发展成有生命的或准生命的存在,因为它们没有生殖系统,似乎也不可能拥有生殖系统。如果这句话的意思是说,无论我们多么希望它们结婚,它们都做不到,我们永远不可能看到两台蒸汽机的结合,以及幼小的蒸汽机在棚子的门口玩耍,那我会欣然同意这一点。但这一反对意见并不十分深刻。没有人期望现有组织的所有特征会在一个全新的生命体中重复。动物的生殖系统与植物的生殖系统差别很大,但两者都是生殖系统。难道自然界已经用尽了这种能力了吗?

当然,如果一台机器能够系统地复制另一台机器,我们可以说它有一个生殖系统。如果这不是生殖系统,那什么是生殖系统?而没有被其他机器系统性生产出来的机器又有多少呢?是的,是人使它们如此。但是,使许多植物繁殖的不正是昆虫吗?如果它们的受精不是由一种完全陌生的媒介来实现的,那么整个植物家族不就会灭亡吗?是谁说红三叶草之所以没有生殖系统,是因为它必须依靠不起眼的蜜蜂(只有不起眼的蜜蜂)才能繁殖?没人这么说。不起眼的蜜蜂是红三叶草生殖系统的一部分。我们每一个人都是从微生物进化而来的,微生物与我们完全不同,它们有它们自己的行为方式,它们不会考虑也不会理会我们的想法。这些小生物是我们生殖系统的一部分,那么我们为什么不能是属于机器的一部分呢?

......

可悲的是,人类一直以来都这么盲目。人越依赖使用蒸汽机,也就被蒙蔽得越深。突然撤走蒸汽机并不会使我们恢复到未使用蒸汽机之前的状态,反而会出现前所未有的全面崩溃和无政府状态,这就像我们的人口突然增加了一倍,却没有额外的手段来养活增加的人口。我们呼吸的空气对我们的动物生命就如同机器对我们的文明来说一样必要。我们靠着机器,增加了数量。机器作用于人,使人成为人,就像人作用于机器和制造机器一样。但我们必须在以下两者之间做出选择:一是经受目前的许多痛苦,二是看着我们逐渐被自己的创造物所取代,直到我们不再优于它们,就像我们不再比田野里的野兽高级一样。

我们的危险就在于此。因为许多人似乎倾向于默许这样一个不光彩的未来。他们说,虽然人类对机器来说,就像马和狗对我们来说一样,但人类将继续存在,而且在机器的仁慈统治下,在驯化状态下可能会比现在所处的野蛮状态更好。我们善待我们的家畜,我们给它们任何我们认为对它们最好的东西。毫无疑问,我们给它们食物增加了它们的幸福感,而不是减损。同样,我们也有理由希望机器会善意地利用我们,因为它们的存在在很大程度上取决于我们的存在。它们会用铁棒统治我们,但它们不会吃掉我们,它们不仅需要我们繁殖和教育它们的后代,而且也把我们当作它们的仆人,为它们收集食物并喂养它们。在它们生病时,照顾它们使其恢复健康,并埋葬它们的死者,或将它们已故的成员发展成新的机械存在形式。

改进机器最根本的动力就是排除人的生活变得悲惨以及被奴役的可能性。如果有好的主人,奴隶过得就还算幸福,而且反抗就不会发生在我们这一代,即使再过一万年,甚至十万年也不会发生。为如此遥远的可能性感到不安是明智的吗?人在物质利益方面不是多愁善感的动物。虽然有一些热心的人可能会认为并咒骂自己生来就不是一个蒸汽机的命运,但人类会默许任何以更便宜的价格给他们提供更好的食物和衣服的安排,并且不会因为有比自己更光荣的其他命运,就非理智地嫉妒。

习惯的力量是巨大的,而且习惯的变化是如此平缓,以至于人的感觉在任何时候都不会受到粗暴的冲击。束缚将无声无息地以不易察觉的方式捕获我们,不会出现人与机器之间的欲望冲突,也不会出现它们之间的对抗。机器之间将永无休止地进行战争,但它们的斗争仍然需要人的指挥。事实上,只要人类继续对机器有利,就没有理由对人类未来的幸福感到焦虑。人可能会变低一等,但他会比现在好得多。那么,嫉妒我们的恩人(机器)岂不是既荒唐又不合理吗? 如果仅仅因为机器对他人的好处比对我们自己多,我们就拒绝只能以机器的方式获得的利益,我们难道不应该为自己的愚蠢而感到羞愧吗?

《终结者》VS《阿凡达》[①]

马克·费舍尔[②]

（英国伦敦大学金史密斯学院视觉文化系）

　　《阿凡达》与《终结者》这两部美国科幻电影揭示出了技术的两种不同面向。前者通过 VR 技术，意图使人们成为守护潘多拉星原初田园生活的原始人，后者则强调"终结者"的始终在场，迫使人们只有前进才能存活。实际上，资本就是一种终结者般的巨大死亡驱力，是永远不会停止的存在，而唯一出路就在于"加速进程"。正因为如此，加速主义是唯一的反资本主义策略，必须成为马克思主义政治计划的一部分。

　　政治知识分子，你们为什么偏爱无产阶级？你们在同情或怜悯什么？但我认为，无产阶级会憎恨你们，而你们之所以没有仇恨，那是因为你们是皮光肉滑、享有特权的资产阶级，还因为你们不敢言说

---

① 本文节选自 2014 年由阿尔曼·阿瓦内森（Armen Avanessian）和罗宾·麦凯（Robin Mackay）主编的《加速：加速主义读本》一书的第十九章——《〈终结者〉VS〈阿凡达〉》。Mark Fisher, "Terminator vs Avatar", in ♯*Accelerate: The Accelerationist Reader*, ed. Robin Mackay and Armen Avanessian, Falmouth: Urbanomic, 2014.

② 作者简介：马克·费舍尔（Mark Fisher），一位英国理论家、文艺批评家、教授，多本杂志的常驻作者，并有自创博客 https://K-Punk.org/。他曾经是 CCRU（Cybernetics Culture Research Unit）的成员，21 世纪以来在激进左翼理论、流行文化批评方面的文章让他逐渐广为人知。他也常被认为是左翼加速主义的奠基人。但在 2017 年因自杀而英年早逝。译者简介：王鸿宇，中南大学马克思主义学院讲师，研究方向为国外马克思主义。

唯一重要的事情,那就是,人们可以享受暴食资本的屎溺,它的材料、金属棒、聚苯乙烯、书籍、香肠酱,一直吞食到你们崩溃,但这些实际上是那些用他们的双手、胳膊和脑袋劳动的人们的欲望。啊!你们成为人中之王,皮条客的头头,你们挺身揭发:啊!那是异化,并不美丽。等着,我们将拯救你们,我们将努力帮助你们走出邪恶的奴役,我们将给你们以尊严,但是你们却将自己置于最卑鄙的位置。在道德方面,你希望我们彻底忽略被资本化的欲望,使它陷入停滞。你们就像面对罪人的牧师,我们的奴性程度使你们感到恐慌,所以你们只得自言自语:他们怎么还能忍受这种痛苦呢!当然,我们承受痛苦,我们被资本化,但这并不意味着我们不享受,也并不意味着你们可以给我们提供什么拯救之道(这是为了什么?)而不会使我们感到更加恶心。我们拒绝治疗以及药物。我们宁愿过量后爆裂,而你们认为这是愚蠢。不要再等我们反抗的自发性了。①

在译介 1993 年利奥塔的《力比多经济学》(*Libidinal Economy*)时,伊恩·哈密尔顿·格兰特(Iain Hamilton Grant)提到了一种"当代智慧的成熟"。根据这种"成熟",格兰特发现《力比多经济学》是"一次小的、短暂的、幼稚的反哲学的表现主义的爆发,一种 60 年代末尼采热的审美化复兴"②。格兰特将利奥塔的书与以下三本书相提并论:德勒兹和加塔利的《反俄狄浦斯》,露西·伊利格瑞的《他者女人的窥镜》以及鲍德里亚的《象征交换与死亡》。格兰特说,"总的来说,除了让利奥塔失去了许多马克思主义者朋友们,《力比多经济学》几乎没有得到什么批评性的回应"。的确,除了少数例外,现在也只有利奥塔本人偶尔还会提到这本书,但也只是给它注入新的蔑视,称它是"很多人的思考和作品受其蛊惑的一本'邪书'"③。这种情况一直存在,直到本·诺伊斯在(Ben Noys)《否定的持存》

① J.-F. Lyotard, *Libidinal Economy*, London: Athlone, 1993, p. 116.

② J.-F. Lyotard, *Libidinal Economy*, London: Athlone, 1993, p. xvii.

③ Lyotard, *Libidinal Economy*, p. xviii; quoting Lyotard, *Peregrinations: Law, Form, Event*, New York: Columbia University Press, 1988.

（*The Persistence of the Negative*）一书中将《力比多经济学》和《反俄狄浦斯》视为"加速主义"的时候才改变①。这两本书中有两段话十分符合加速主义者的胃口，其中之一是来自《反俄狄浦斯》中的一段话：

> 但是哪一条是革命之路呢？只有一条吗？——像萨米尔·阿明劝告第三世界国家退出全球市场，一种法西斯式"经济解决方案"的奇怪复兴？是否可以朝着相反方向走？更进一步，也就是说，在市场运动中，进行解码化和去辖域化？因为从精神分裂分析的理论和实践的角度来看，这些流（the flows）去辖域化和解码还远远不够。不是退出进程，而是更进一步，"加速进程"，正如尼采所说：真理是我们未见之物。②

还有来自《力比多经济学》的一段臭名昭著的话：

> 英国的失业者不必成为工人才能生存，他们——紧抓我，唾弃我——享受着歇斯底里，以及受虐，不管在矿井、铸造厂、工厂、地狱里被折腾得多么疲惫，他们依然享受着，他们享受着强加给他们身体的疯狂破坏，享受着小农传统所建构起的个人身份的解体，他们享受着家庭和村庄的解体，他们享受着新城郊怪异的陌生和全天营业的酒吧。③

他们当然会唾弃利奥塔，但是这段话所谓的不道德性质又在哪里呢？认为应当放弃陌生的城郊和酒吧，返回到田园生活中的人请举手。举手，也就是说，这些人真的希望回到前资本主义的辖域化，即家庭和村庄。此外，举手的这些人坚信恢复有机整体性的欲望是外在于晚期资本主义文

---

① B. Noys, *The Persistence of the Negative : A Critique of Contemporary Continental Theory*, Edinburgh: Edinburgh University Press, 2010.

② G. Deleuze and F. Guattari, *Anti-Oedipus*, London: Athlone, 1984, pp. 239 – 240.

③ J. -F. Lyotard, *Libidinal Economy*, London: Athlone, 1993, p. 111.

化的,而不是完全纳入资本主义的力比多经济结构之中。好莱坞告诉我们,我们可能从表面上看是技术迷,贪恋赛博空间,但在内心中,在我们真实的自我中,我们是与地球母亲有机联系的原始人,是军事工业综合体的受害者。詹姆斯·卡梅伦的《阿凡达》很重要,因为它突出显示了对晚期资本主义主体性建构的否定,即使它又显示了这种否定是如何被削弱的。只有通过电影 VR 技术,我们才能假装成内心中的原始人,但这些技术的存在是以破坏潘多拉星的原初田园生活为前提的。

如果没有人想回到过去(除非度过一个让人痛苦的廉价的好莱坞假期),那就正如利奥塔所说,如果原始社会根本不存在(是的,"终结者"始终在场,它向人们分发微型芯片以加速其出现),那么前进不就是唯一的方向吗?通过资本的屎溺,它的金属棒、聚苯乙烯、书籍、香肠酱,以及赛博空间矩阵?

我想提出以下三点:

1. 所有人都是加速主义者
2. 加速主义尚未发生
3. 如果没有加速主义,那么马克思主义将毫无用处

格兰特在总结中提到,70 年代的《力比多经济学》在某些方面与 90 年代的英国赛博理论有着至关重要的联系,不仅仅是内容,更主要的是《力比多经济学》的那种放纵的(intemperate)基调。我们在这里可以引用齐泽克对尼采的评价:在内容层面,尼采的哲学现在很容易被化用,但是他的风格、他的攻击性,我们无法想象会有一个当代的对应者,至少在今天严肃学院的体制范围内没有。伊恩·格兰特和本·诺伊斯都跟随着利奥塔将《力比多经济学》描述为肯定性的作品,但是,较之于尼采的文本,《力比多经济学》习惯性地推迟它的肯定,其大部分文字招致了(肤浅说明性质的)仇恨。《反俄狄浦斯》在很多方面仍然是 60 年代的文本,《力比多经济学》则预示了朋克音乐的 70 年代,并回溯性地投射着 60 年代。在利奥塔"陶醉欲望之肯定"(desire-drunk yes)之下没有任何仇恨、愤怒和沮丧:

没有满足，没有乐趣，没有未来。我相信，左派一定会再次提及这些消极性资源。但现在是时候颠倒德勒兹—加塔利/力比多经济学把政治看作是增强力比多强度的工具的观点，或者说，一个为政治目的而工具化力比多的问题。

如果拒斥《力比多经济学》（实际上是经常被忽视），那么格兰特的翻译对90年代的理论发展所作贡献就比现在更糟了。虽然他目前以思辨实在论（speculative realism）的奠基者而闻名，但他90年代最具煽动性言论的文章——将《银翼杀手》与康德、马克思、弗洛伊德进行赛博格式的结合——几乎已经无人问津。格兰特曾经的导师尼克·兰德的工作甚至没有引起人们嘲笑的评论。如同《力比多经济学》一样，他的作品几乎也没有得到什么批评性的回应——至少可以说，兰德没有马克思主义的朋友可以失去。对学术左派的憎恨实际上是兰德作品中的力比多驱力之一，正如他在《机器欲望》中所写的那样：

> 因此，机器革命必须朝向社会主义原则的相反的方向，推动放任的市场进程，以便对社会领域进行破坏，"解码、去辖域化和市场的运动"，"更进一步"以及"人们朝着去辖域化的方向走得永远都不够：你们现在什么都还没有看到"。①

兰德是我们时代的尼采——同样有着所谓的进步倾向，同样是保守派与未来派的奇特混合，他的写作风格不再采用19世纪的格言体，而是库德伍·艾顺（Kodwo Eshun）所说的"样本速率文本"（text at sample velocity）。速度——在抽象和化学意义上——在这里是至关重要的：电信技术朋克的颠覆取代了欧陆后结构主义者引人注目的沉思，后者意味着写作越费力痛苦，产出的思想也就越多。

无论兰德的其他理论攻击有什么优点（我暗示如今他的理论存在一

---

① N. Land, *Fanged Noumena : Collected Writings*, Falmouth and New York: Urbanomic/Sequence Press, 2010, pp. 341 - 342; embedded quotations from Deleuze and Guattari, *Anti-Oedipus*, p. 239, p. 321.

些严重的问题),他对学术左翼的猛烈攻击——学院化马克思主义——仍然很尖锐。对于"事业心极强的打工人"来说,一个不成文的规则是根本没有人真的愿意放弃自身的资产阶级主体性。通过美酒,我得到了一门可以用诡辩谋生的工作。因此,我们可以从中发现一种对小资产阶级趣味的保护,这种趣味被伪装成政治,在写完关于对抗性文章之后,他们就跑去酒吧了。而兰德则并非如此,他很是真诚地对待这一切,真诚地对待精神病,以及自创生的精神分裂——斯宾诺莎—尼采—马克思式命令:如果一个理论仍处于表述阶段,那它就不应该被认真对待。

那么,兰德的哲学是关于什么的呢?

简而言之:德勒兹和加塔利的欲望机器彻底地脱离了柏格森的生命论(Vitalism),而转向弗洛伊德的死亡驱力与叔本华的意志论,至于黑格尔—马克思的历史运动则被植入了运动着的虚无主义之中:愚蠢的自我意志不再就地运转,而是升级为一种驱力,并被一种虚假的伪目的论指引,将陆地上的历史变为一系列密集的门槛,这没有末世论的终结,只有在其物质性基质耗尽时才会抵达经验性的终结。而这正是黑格尔—马克思式历史唯物主义的颠倒:资本永远不会自我揭穿剥削劳动力的本性;而人类则是资本的肉身傀儡,他们的身份和自我认同不过是一种终将会脱落的伪装。

另外的两个文本叙述如下:

新兴的世俗的商业摧毁了神圣罗马帝国、拿破仑式的大陆体系、第二和第三帝国、苏维埃国际,通过收缩阶段加剧世界混乱。放松管制,继而国家间的军备竞赛进入网络空间。[①]

我们如何思考技术,这已经不再重要,如果原因仅仅在于技术逐渐思考自我,那么距离人工智能超越生物智能的范围,可能还需要几十年。但是,如果我们还想着人类文明在未来的几个世纪里仍然是主流,那这完全是一种迷信,更不用说是活在形而上学的永恒中了。

---

① N. Land, "Meltdown", in *Fanged Noumena : Collected Writings*, p. 441.

正确的思考方向不再是通过深化人类认知，而是生成一种非人认知，认知向新兴的行星技术认知库迁移，变为"去人类化的景观……空无一物的空间"，在这里人类文化将被消解。①

以上两段话是一种有意为之的赛博朋克理论：德勒兹与加塔利的那个虚拟的、难以命名的资本主义概念，出没于所有此前形成的低俗之作中，包括电影《终结者》：在人类看来，资本主义的历史是一个人工智能空间对未来的入侵，它必须完全从敌人的资源中集合起来，就像"机器欲望"一样。② 资本是一种终结者般的巨大的死亡驱力：无法与之商谈，无法与之争辩，也不会表现出任何同情、悔恨或恐惧，它是永远不会停止的存在。兰德挪用《终结者》《银翼杀手》和《铁血战士》等影片的资源，使它们汇集成他文本中的一部分——一种加速主义的赛博文化，其中的数字声音告诉我们：人类的未来是值得享受的，而不是令人憎恶的。兰德的机器理论——诗歌与90年代数字强度的丛林、技术和末日丧钟并行，它们来自完全相同的电影，也同样预测"人类的毁灭近在眼前"③。

这和左翼又有什么关系？当然，首先兰德是左派所需要的那种对手。如果说兰德的赛博未来主义过时了，那么同样技术和丛林已经变得过时了——这并不是因为它们已经被新的未来主义所取代，而是因为未来本身已经屈从于怀旧。真实的、即将到来的未来不是资本摘下硅胶皮套，露出下面的机械的死亡头颅，事实正好相反：新的真诚（苹果电脑的流行广告）。我们无法预知模仿、再现和超俄狄浦斯的个人主义将成为我们主导文化趋势的程度，但这并不是一个偶然的错误；它指出了对资本主义动向的一个根本性误判。但这并非意味着我们就必须要返回18世纪资产阶级革命时期的假发法官帽与羽毛笔，也不意味着我们要不断地强调1968年5月的错误逻辑，这两者都没有撼动我们今天深嵌其中的政治与力比多领域。

---

① N. Land, "Circuitries", in *Fanged Noumena : Collected Writings*, p. 293.

② N. Land, "Circuitries", *Fanged Noumena : Collected Writings*, p. 338.

③ N. Land, "Circuitries", *Fanged Noumena : Collected Writings*, p. 398.

虽然兰德对德勒兹和加塔利的赛博哥特式混合在很多方面都优于原创,但是他对资本主义的误解同样致命。兰德使资本主义的崩塌成为德勒兹与加塔利所谓的精神分裂,从而错失了对资本主义在解域化的同时也在补偿性地进行着再辖域化这个最为关键的见解。资本的人皮并不是最终可以搁置一旁的东西,而是一个可选的组件或护套,通过它,资本可以得到彻底释放。资本主义的抽象的解码过程,必须被即兴的拟古主义(archaisms)所容纳或控制,以免资本主义不再是资本主义。同样地,市场可能是也可能不是费尔南·布罗代尔(Fernand Braudel)和曼纽尔·德拉达(Manuel Delanda)所描述的自组织网络,但可以肯定的是,由微软和沃尔玛等准垄断企业主导的资本主义是反市场的。比尔·盖茨允诺以思考的速度做生意,但资本主义最终却是以商业的速度来思考的。对创新和新奇的假装,掩盖了惯性和停滞。

正因为这个原因,加速主义作为一种反资本主义策略——不仅是唯一的反资本主义策略,而且必须成为一切自称马克思主义者的政治计划的一部分。事实上,资本主义倾向于滞胀。这种增长在许多方面都是虚幻的,这也正是加速主义能够以亚历克斯·威廉姆斯所说的"恐怖主义"的方式发挥作用的主要原因。我们在这里没有言及的是,当援引加速主义的幽灵时,社会主义人道主义者可能本能地会想到的是一种剥削的加剧。正如利奥塔所暗示,左派对资本主义的道德批判是对反同一的未来主义(the anti-identitarian futurism)的无望的背叛,如果马克思主义有任何意义的话,马克思主义必须立足于这种未来主义。正如弗雷德里克·詹姆逊(Fredric Jameson)在《沃尔玛即乌托邦》(Wal-Mart as Utopia)中所说:我们现在需要的是一种超越善与恶的新举措,而这一点在《共产党宣言》中就能找到。詹姆逊说:"该宣言建议把资本主义既看作是历史上极具创造性的,同时也是最具破坏性的,并且提出了必须同时思考善与恶的问题,把它们看作是同一时代的不可分割的两个维度。因此,这是一种比尼采的犬儒主义和无法状态(lawlessness)更有成效的超越善恶的方式。"①资本主义已经放弃了未来,因为它无

---

① F. Jameson, *Valences of the Dialectic*, London and New York: Verso, 2010, p. 551.

法实现未来。然而，当代左派走向了克努特主义（Canutism）①，它的反抗性言辞与资本的反/元叙事相勾结，这是唯一剩下的故事。丢掉失败的反抗逻辑，重新思考的时候到了。

---

① 克努特主义（Canutism）主要是指一种顽固拒绝变革的保守态度。——译者注

左翼加速主义及其不满

——为什么加速主义不可能成为替代资本主义方案？

蓝　江①

（南京大学马克思主义社会理论研究中心暨哲学系）

在费舍尔、威廉姆斯、斯尔尼塞克等左翼加速主义者看来，马克思主义的真正内核在于生产力，即用生产力来突破资本主义生产关系的藩篱，从而摧毁资本主义的统治，用发达的大工业的生产力实现向未来社会主义的过渡。但左翼加速主义遇到的一个现实问题是，尽管技术已经得到了加速发展，但资本对新技术的渗透和控制的速度远远比技术本身的加速还要快，资本已经先定地决策好了如何控制未来的技术发展，技术的加速早已坠入了资本主义的彀中，并带来了更为严重的不平等现象。因此，需辩证看待左翼加速主义的政治策略，一方面，左翼加速主义的确是对的，共产主义或社会主义社会绝不是凭空制造出来的空中楼阁，唯有在资本主义条件下，通过工业和科技发展，才能创造出摧毁资本主义的社会生产力。另一方面，左翼加速主义的错误在于对无产阶级主体的忽视，仅仅将主体的地位赋予少数知识精英和技术专家，必将造成技术精英的专制主义。

---

① 作者简介：蓝江，南京大学哲学系教授、博士生导师，南京大学马克思主义社会理论研究中心研究员，主要研究方向为国外马克思主义、当代欧陆激进左翼思想。

2014 年,两位年轻学者,亚列克斯·威廉姆斯(Alex Williams)和尼克·斯尔尼塞克(Nick Srnicek)发表了一篇《加速主义宣言》,代表着左翼加速主义的成熟。实际上,在威廉姆斯和斯尔尼塞克之前,英国华威大学的教授马克·费舍尔就曾经提出了加速主义的概念,与之对应,在有着批判传统的法兰克福学派中,霍耐特的弟子哈特穆特·罗萨(Hartmut Rosa)也提出了"加速"的概念。但是,在加速主义的概念下,在今天带着各种迥异立场的思潮运动中,有类似于尼克·兰德(Nick Land)早期带有种族主义色彩的右翼加速主义,也有被某些霸权主义国家作为颠覆其他国家政权使用的意识形态性的"加速主义"。加速主义这个名称之下所代表的各种立场和思潮的复杂性,由此可见一斑。当然,从费舍尔到威廉姆斯和斯尔尼塞克,代表着从传统的马克思主义资源入手思考如何超越和克服资本主义,所以为了方便起见,在本文中,我们讨论的对象仅仅限于以费舍尔、威廉姆斯、斯尔尼塞克为代表的具有马克思主义色彩的"左翼加速主义",以及他们对当代资本主义社会的批判,对超越资本主义、走向社会主义的一系列思考。

一、用技术加速克服资本主义:左翼加速主义的基本主张

面对 2007—2008 年爆发的全球性金融危机,新自由主义的意识形态一方面不断推行资本主义的永恒性的价值观念,另一方面则利用各种信用、财政、金融手段来收割全世界的新兴国家和第三世界国家,其中部分发达国家也遭到了美国金融危机的影响。可以说,这次全球金融危机,是 2014 年威廉姆斯和斯尔尼塞克决定重新使用马克思主义思想来克服资本主义的主要动力之一。在他们看来,传统的西方马克思主义仅仅从批判和街头运动的角度去思考如何摧毁资本主义,以及如何实现向社会主义的过渡是远远不够的。因为他们缺少马克思的内核,在他们对一种机械的经济决定论和技术决定论的马克思主义进行批判的时候,他们犯下了和费尔巴哈一样的错误,即在倒洗澡水的时候,将小孩一起倒掉了。在费舍尔、威廉姆斯、斯尔尼塞克等左翼加速主义者看来,马克思主义的真正内核在于生产力,即用生产力来突破资本主义生产关系的

藩篱,从而摧毁资本主义的统治,用发达的大工业的生产力实现向未来社会主义的过渡。

所以,我们首先需要看看,马克思的原著是否能为左翼加速主义的说法提供佐证。例如,在马克思和恩格斯的《德意志意识形态》中,他们就十分明确地提出:

> 可是工业的运动并没有就此止步不前。有些资本家开始把珍妮纺纱机安装在大建筑物里面,并且用水力来发动。这就使他们有可能减少工人数量,并且把自己的纱卖得比仅仅用手摇动机器的个体纺工便宜。由于珍妮纺纱机不断改进,机器随时都会变成过时的,因此必须加以改造或者干脆弃置不用。资本家由于利用水力,即使机器已经过时,也还可以维持下去,而对于个体纺工来说,就难以为继了。如果说这样一来就为工厂制度奠定了基础,那么,由于翼锭纺纱机的出现,工厂制度又获得了进一步的扩展。这种机器是北兰开夏郡普雷斯顿的一个理发师理查·阿克莱在1767年发明的,在德国通常叫做经线织机,除了蒸汽机,它是18世纪最重要的机械发明。这种机器从一开始设计就考虑使用机械动力,而且是以全新的原理为根据的。菲尔伍德(兰开夏郡)的赛米尔·克朗普顿综合了珍妮纺纱机和经线织机的特点,于1785年发明了走锭精纺机。大约在同一时间,阿克莱又发明了梳棉机和粗纺机,于是工厂制度就成为棉纺业中唯一占统治地位的制度了。这些机器经过一些不大的改变,逐渐开始用来纺羊毛,以后(19世纪最初10年)又用来纺麻,于是在这里也排挤了手工劳动。但是事情还没有就此停止。在18世纪最后几年,乡村牧师卡特赖特博士发明了机械织机,大约在1804年,他把这种机器又改进得足以压倒手工织工。所有这些机器由于有了蒸汽机发动,就加倍重要了。蒸汽机是詹姆斯·瓦特在1764年发明的,从1785起用来发动纺纱机。由于这些发明(这些发明后来年年都有改进),机器劳动在英国工业的各主要部门战胜了手工劳动,从那时起,英国工业的全部历史所讲述的,只是手

工业者如何被机器驱逐出一个个阵地。①

在这段文字中,马克思十分突出地指出了科技革命带来的加速,他十分详细地列举了翼锭纺纱机、梳棉机、经线织机、机械织机到最后珍妮走锭精纺机的发展过程。一方面,马克思列举了各个时间进程,从中可以看到,资本主义大工业生产带来的技术革命是加速的,从 1764 年开始,到 19 世纪的最初 10 年,在纺织业的革命突飞猛进时,资本主义创造了巨大的生产力。这个不断加速的工业技术的改造过程,是近代资本主义崛起的一个重要动因。另一方面,马克思指出"机器劳动在英国工业的各主要部门战胜了手工劳动,从那时起,英国工业的全部历史所讲述的,只是手工业者如何被机器驱逐出一个个阵地"②,这句话的要点在于,正是由于工业化生产,资本主义才摧毁了封建生产方式,从而为市民社会奠定了良好基础。资本主义的诞生从来不是什么"启蒙"神话的玄学,在一定程度上,启蒙和自由的观念是这个过程的结果,唯有在物质生产力得到快速提升的时候,资本主义才能在封建制度的内部破茧而出,自由和启蒙等近代资本主义的观念,才能作为意识形态武器,彻底打破了封建和宗教的神学和王权神话。因此,马克思才会在后面继续写道:"只有在现实的世界中并使用现实的手段才能实现真正的解放;没有蒸汽机和珍妮走锭精纺机就不能消灭奴隶制;没有改良的农业就不能消灭农奴制;当人们还不能使自己的吃喝住穿在质和量方面得到充分保证的时候,人们就根本不能获得解放。'解放'是一种历史活动,不是思想活动,'解放'是由历史的关系,是由工业状况、商业状况、农业状况、交往状况促成的。"③

在这个意义上,威廉姆斯和斯尔尼塞克的《加速主义政治宣言》利用了马克思的这一结论,他们认为,资本主义本身是一种加速的结果,但是,一旦资本主义建立了自己的统治,就如同之前的封建和神学的统治一样,成为被这种技术力量摧毁的对象。在他们看来,这就是为什么马克思在

---

①②《马克思恩格斯选集》第一卷,北京:人民出版社 2012 年版,第 91—92 页。
③《马克思恩格斯选集》第一卷,北京:人民出版社 2012 年版,第 154 页。

《共产党宣言》中强调"随着大工业的发展,资产阶级赖以生产和占有产品的基础本身也就从它的脚下被挖掉了"①的原因所在。也就是说,当资本主义用加速发展的大工业,用狂飙猛进的生产力,摧毁掉封建的生产方式的时候,也意味着一旦资本主义成为统治性的力量,它同样也会被这种加速发展的工业和生产力的力量所吞噬。因此,消灭资本主义制度,摧毁资本主义生产关系,不仅仅在于无产阶级的历史使命,也在于奔腾向前的历史火车头。资产阶级并不天然地站在历史的一边,同样他们也不是天然地站在技术和生产力发展的一边,威廉姆斯和斯尔尼塞克十分明确地指出:"正如马克思所说,不能将资本主义视为真正加速的代表。同样,认为左翼政治就是反对技术加速,至少在部分意义上,这是一个误解。"②换言之,只要生产力和技术加速到了一定的限制,资本主义生产关系无法再容纳技术加速带来的巨大生产力的时候,资本主义制度本身便会随着技术加速的冲击而土崩瓦解。

那么,在左翼加速主义者看来,如果马克思主义的目标不是技术和生产力本身,而是资本主义制度和生产关系,那么西方马克思主义和左翼知识分子的基本策略就应该从纯粹的资本主义批判,走向推进技术加速,从而加速资本主义制度的死亡。威廉姆斯和斯尔尼塞克认为,由于资本主义已经意识到巨大的技术和生产力的加速,资本主义已经在法律和制度上设定了一些限制,来约束技术的盲目发展,从而将技术加速对资本主义制度的冲击和危害降到最低。他们指出:"资本主义开始限制技术的生产力,或者说,至少将技术生产力导向毫无用处的细小目标上。专利竞争和观念垄断就是当代的现象,表明资本需要超越竞争,资本也逐渐退化为技术。"③这样,左翼加速主义关于如何克服和超越资本主义的策略便一清二

①《马克思恩格斯选集》第一卷,北京:人民出版社 2012 年版,第 412 页。

② Alex Williams and Nick Srnicek, "Accelerate: Manifesto for an Accelerationist Politics", in Robin Mackay and Armen Avanessian eds., ♯Accelerate: The Accelerationist Reader, Falmouth: Urbanomic, 2014, p. 354.

③ Alex Williams and Nick Srnicek, "Accelerate: Manifesto for an Accelerationist Politics", in Robin Mackay and Armen Avanessian eds., ♯Accelerate: The Accelerationist Reader, Falmouth: Urbanomic, 2014, p. 355.

楚了。他们提出了一个与传统左翼和西方马克思主义不同的策略,以往的西方马克思主义会将技术看成被资本主义贯穿的领域,技术天生地蕴含着资产阶级对无产阶级的剥削和压迫,也包含着帝国主义国家对广大殖民地和第三世界的国家的掠夺和压迫。但是,左翼加速主义显然反其道而行之。威廉姆斯和斯尔尼塞克坚持认为:"加速主义希望解放潜在的生产力。在这个计划中,不需要摧毁新自由主义的物质平台。只需要重新将其导向公共目的。现存的基础设施并不属于需要摧毁的资本主义阶段,而是走向后资本主义的跳板。"①能够被资产阶级所利用的技术进步,同样可以成为无产阶级的力量,只有这种力量成为无产阶级的武装时,才有可能同资产阶级的利维坦进行搏斗。或许,今天的左翼加速主义就是一个试图重新让无产阶级装备技术加速的物质力量的先锋,在他们的耳边再次响起马克思的名言,"批判的武器当然不能代替武器的批判,物质力量只能用物质力量来摧毁"②。

二、左翼加速主义的现实症候

与 2014 年《加速主义政治宣言》发表引起一时轰动相对应的是,左翼加速主义的影响在随后几年里迅速消退。尤其在 2020 年之后,关于加速主义的讨论日趋减少。左翼加速主义这种昙花一现的热潮,实际上表明了它十分尴尬的地位:尽管在理论上,左翼加速主义提出了一个可能的路径,在传统西方马克思主义都在朝着批判性路径行进的时候,左翼加速主义转向了一条新道路,这条道路暂时让人们觉得耳目一新,所以很快在左翼和国外马克思主义学者中形成了一时风潮,但一旦结合到现实的资本主义形式,尤其在 2020 年以后,左翼加速主义的策略是否还能继续有效?

左翼加速主义遇到的一个现实问题是,在全球资本主义从金融资本

---

① Alex Williams and Nick Srnicek, "Accelerate: Manifesto for an Accelerationist Politics", in Robin Mackay and Armen Avanessian eds., ♯ *Accelerate: The Accelerationist Reader*, Falmouth: Urbanomic, 2014, p. 355.

②《马克思恩格斯选集》第一卷,北京:人民出版社 2012 年版,第 9 页。

主义走向数字资本主义的时候,技术的确经历了新一轮的加速,无论是大数据、人工智能、算法、物联网,还是人脸识别、5G 通信,这些技术在全球范围内都在迅速发展,人们的确感受到登上了一辆加速前进的数字化和智能化的高速列车,仿佛元宇宙和智能城市的愿望即将在不远的将来成为现实,成为我们生活的一部分。这一切都不再惊奇,资本主义仍然将其触手深入到技术发展的每一个领域,在元宇宙实现之前,扎克伯格、贝佐斯的资本已经高度介入。由此我们不禁发现,尽管技术已经得到了加速发展,但资本对新技术的渗透和控制的速度远远比技术本身的加速还要快,资本已经先定地决策如何控制未来的技术发展,技术的加速早已坠入了资本主义的彀中。那么,对于左翼加速主义来说,他们期望从技术加速来突破资本主义的限制,从而实现向未来社会主义过渡的愿望似乎在资本主义对技术的加强控制下,被捏成了齑粉。这或许是左翼加速主义在2014 年成为热点话题,但在 21 世纪的第三个十年中逐渐退烧的一个现实原因。不过,我们在褪去了左翼加速主义的狂热之后,仔细分辨一下他们的理论根基,或许可以思考左翼加速主义昙花一现的根本原因。

(一) 技术加速下的不平等

技术的加速真的能帮助我们走出资本主义的阴霾,走向一个更公平的世界吗?或者说,左翼加速主义是否能够让技术的发展减少在资本主义下广泛存在的不平等现象,以此建立一个左翼心目中的乌托邦?至少,威廉姆斯和斯尔尼塞克在《加速主义政治宣言》中是这样认为的,他们高亢地宣布:"只有最大程度地控制社会和环境的普罗米修斯式政治(Promethean politics),才能够面对全球问题,或战胜资本。"[1]但是,这种技术加速的乌托邦只是在浪漫主义的左翼思想下的幻象,在 2020 年的新冠疫情之后,互联网技术和通信技术随着资本的进一步介入,更加侵入到人们的日常生活之中。我们看到的是,在资本主义的消费和奢侈背后,是更为

---

[1] Alex Williams and Nick Srnicek, "Accelerate: Manifesto for an Accelerationist Politics", in Robin Mackay and Armen Avanessian eds., ♯Accelerate: The Accelerationist Reader, Falmouth: Urbanomic, 2014, p. 357.

不平等的现实世界。人们可以在网络上更便捷地下单,快递和外卖员更加精准地将我们所需要商品送到我们面前,预定的酒店似乎随时随地等着我们用房卡打开房门,里面自然是干净整洁的空间。我们忽略掉的是,在这些便捷和效率背后,却是另一个阶层的无穷深渊。

在 2021 年戛纳电影节上映的由爱玛努艾莱·卡雷尔执导,并由朱丽叶·比诺什主演的电影《乌斯特雷姆》(*Ouistreham*)为我们揭开了这层伤疤,朱丽叶·比诺什扮演的社会学家为了更清楚地理解底层清洁工的生活状况,她暗访了一家为高档酒店和豪华游轮承包并提供清洁服务的公司,在那里,处于中上层阶级的社会学家必须与那些底层的清洁女工一起做着高强度的劳动。关键在于,社会学家发现,数字预定和精准服务的来临并没有将清洁女工从繁重的基层劳动中解放出来,相反,她们需要干更多的活,需要在旅客到来之前,更快地打扫完房间、换洗好床单,这些工作量是她们在数字预订服务之前的数倍。更有甚者,由于监控和数字定位,顾客可以精准地投诉是哪一位清洁工负责哪一个房间,从而更精准地克扣她们绵薄的收入。社会学家最后无法再与这种生活方式为伍,因为她发现在这种环境下,清洁女工只有加速,加速,再加速,才能活得下去,稍微慢一点点,随时都有可能被抛入失业大军之中。坐在办公室的电脑前打字的社会学家和左翼加速主义理论家没有想到的是,所有的技术加速都存在一个为谁加速的问题,享受加速服务的人和被迫提供更加速服务的劳动底层之间实际上存在着一道不可跨越的鸿沟。我们更经常看到的场面是,一个享受着加速技术带来生活便利的顾客,可以用很细小的理由给一个在风雨中穿行了十多个小时的外卖员差评、谩骂和投诉,完全不顾对方经历着什么、承担着什么。当那些被顾客催单的信息催促着、被平板电脑上的监控凝视着的外卖员,不断加速,甚至连自己的生命都可以不顾的时候,我们看到的是技术加速实际上给真正的底层带来了深渊,而不是解放。不平等的裂痕只会随着技术加速越来越深,越来越无法弥合。

(二)技术加速带来的生产方式的解体

技术加速导致资本主义越来越不平等的另一个根本原因是,传统的资本主义生产关系,即雇佣劳动体制逐步解体,逐步让位于更适合数字技术和人工智能技术高度发展的生产关系体制,这就是零工经济和外包经济,美国左翼社会理论家约迪·迪恩(Jodi Dean)更是将其命名为"赢者通吃"(winner take off all)的生产关系。例如,在互联网社交媒体上(Facebook、Twitter、Instagram、Tik Tok 等),绝大多数上传的文章和视频是没有任何收益的,这里面的收入和广告分红,只能被少数最高流量的网红和顶流拿走,绝大多数人无法享受其中红利。迪恩说:"这个观念在社交媒体中出现,如二八开的规则,新经济带有赢家通吃或赢家拿走大多数的特点,这就是典型的'长尾理论'。"①迪恩在这里提到的长尾理论,是数字科技的代表性期刊《连线》(*Wired*)的主编克里斯·安德森(Chris Anderson)在 2004 年的《长尾》(*Long Tail*)一文中提出的理论,这个理论表明,在互联网数字经济下,市场分配模式不再是工业时代的正态分布,而是互联网经济中的幂律(powers laws)分布。简单来说,长尾理论关注的是互联网经济下的市场效应,根据亚马逊和 Netflix 等公司的效益考察,这些数字公司的绝大多数收益来自主要的头部客户,如 VIP 客户,那么这些互联网公司主要照顾好这些头部客户即可,其他的普通客户再多个几百人,对公司的盈利模式也没有太大影响。

但安德森的"长尾理论"讨论的是互联网和数字经济的市场效应,并不涉及数字生产方式的变革,迪恩的贡献在于,她看出了这种数字幂律对于传统资本主义生产方式的冲击。在马克思讨论的生产方式下,资本家雇佣工人和职员,他们按照定时发放的工资购买其劳动力的价值。在这个情形下,尽管各个工人和职员存在着层级差异,但总体上的工资差异水平,符合正态函数分布。加上有国家劳动法律的保障,有充分的休息日,有基本工资收入,资本家也不能随便解雇工人和职员。这就是正态分布的资本主义生产关系。但是,数字技术的加速改变了这一切,让正态分布变成幂律分布,即所谓的长尾理论。数字时代的销售不需要有自己的工厂,在接受了互联网上的订单之后,他们只需要在网络发布招工信息,让

① Jodi Dean, *The Communist Horizon*, London: Verso, 20212, p. 138.

全球各地的接单厂商接下这些订单。这种关系一般是临时性的,在这单做完之后,销售和工厂之间不存在长期联系,也不需要为对方提供任何保障。在这种情况下,互联网经济和数字技术导致了资本主义生产关系向极少数头部承包商集中,各个工厂和公司只需要面向互联网接单和下单,不需要在劳动法保障之下雇佣长期员工。而那些长期能接单的外包公司成为这个"长尾理论"的头部,他们以更低廉的价格雇用了第三世界的工人和员工,从而将更昂贵的西方工人抛入无情的失业大军里。

在这种情况下,技术加速没有为普遍的无产阶级带来解放,相反让他们变成了巴迪欧笔下的游牧无产者(nomadic proletariat),或者居伊·史坦丁(Guy Standing)所说的流众(precariat),数字技术越发达,处于底层的无产阶级越没有稳定的工作,越来越处于游牧和流浪的边缘。巴迪欧说:"事实上,在发达国家,潜在的无产阶级大众的数量已经枯竭了。农民实际上已经枯竭殆尽,没有人知道从哪里弄到新工人。他们实际上找到的工人来自很远很远的地方。"[①]当左翼加速主义认为新的数字技术和智能技术可以将无产阶级重新团结起来的时候,实际上,这些无产阶级已经被游牧化和无产化了,数字资本主义和技术加速已经彻底破坏了让他们重新团结起来的可能,让这些游牧无产者和流众成为被加速的无产阶级主体,他们不愿意加速,但是不加速,他们就活不下去。对于流众和游牧无产阶级来说,唯有将自己变成一个被加速的主体,他们才能成为一个为小资产阶级情调和大资产阶级的奢靡服务的加速齿轮,直到有一天他们的身体被耗尽枯竭,然后被数字资本主义的列车抛入历史的废土之下,化为一粒不再有人关注的尘埃。

(三) 技术精英与资本主义的合流

实际上,左翼加速主义并不是没有思考过主体问题,即由谁来超越资本主义,由谁带领广大无产者走向未来更加速的社会主义。在威廉姆斯和斯尔尼塞克的《加速主义政治宣言》中,他们谈到了一种可能性,即通过

---

① Alain Badiou, *Éloge de la politique*, Paris: Flammarion, 2017, p. 81.

控制论(cybernetics)来实现社会主义的过渡。

对于控制论,除了维纳提出的控制论方法,最有名的就是智利总统阿连德和英国控制论学者斯塔夫·比尔(Stanford Beer)于 20 世纪 70 年代在智利实行的一场国家形式的控制论实验,他们当时将这个项目称之为赛博协同(Cybersyn),阿连德和比尔等人对赛博协同的理解是:"赛博协同绝不是普通的科技项目。它的定位是一个实时控制系统,能够从各地采集经济数据,将数据传输到中央政府,并综合所有数据协助政府做出决策。……当时加入赛博协同项目的人们相信:控制论这门战后兴起的关于控制和通信的跨领域学科,能让他们利用智利现有的科技资源创造出时代前沿的系统。"①阿连德和比尔的赛博协同最终以失败而告终,而阿连德本人也因为后来的皮诺切特将军的政变而命丧黄泉。但是赛博协同实验却给左翼加速主义者带来了无限的遐想,相对于八十年代新自由主义观念,新自由主义认为赛博协同实验代表着一种不切实际的幻想,这种实验不应该由一个国家的政府来牵头,左翼加速主义则认为赛博协同实验的失败在于技术不够发达,搜集数据上的瑕疵以及算力不足等问题。随着数字技术的加速发展,这些在 70 年代智利的短板,逐渐在今天技术加速的背景下,变得可以实现。所以,威廉姆斯和斯尔尼塞克才大胆提出:"赛博协同就是这种实验态度的象征——将最先进的赛博控制技术,与复杂的经济模型,以及民主平台融合起来,它在技术基础设施建设上是示范性的。"②在这样的背景下,他们期望用更先进的算法技术来解决超越资本主义的问题,如他们提出的行为人建基模型(ABM,agent-based model),"大数据分析,不平衡经济模型中建立起来的工具,都是用来理解诸如现代社会这样复杂体系的认知中介"③。

因此,对于左翼加速主义来说,他们的主体是一种技术精英主义的主

---

① 伊登·梅迪纳,《控制论革命者:阿连德时代智利的技术与政治》,熊节译,上海:华东师范大学出版社 2020 年版,第 3 页。

②③ Alex Williams and Nick Srnicek, "Accelerate: Manifesto for an Accelerationist Politics", in Robin Mackay and Armen Avanessian eds., ♯Accelerate: The Accelerationist Reader, Falmouth: Urbanomic, 2014, p. 357.

体，威廉姆斯和斯尔尼塞克的原话是："左翼加速主义必须提出社会技术的领导权：既是观念领域的领导，也是物质平台上的领导。平台就是全球社会的基础设施。平台建立了参数，决定了在行为上和意识形态上，什么是可能的。在这个意义上，平台体现了社会的物质超越性：它们让行动、关系、权力的设置成为可能。如今大量的全球平台受到资本主义社会关系的摆布，这是不可避免的必然性。这些生产、金融、物流和消费的物质平台，可以按照后资本主义的目标来进行重组和重构。"①但是，这种左翼加速主义的主体，即懂得前沿大数据、通信、智能算法的主体，都是技术精英，与之前被法兰克福学派批判的专家统治（Technocracy）并无二致。最吊诡的是无论技术精英，还是技术底层的黑客组织，都很容易遭到资本主义的利益的腐蚀，最终与资本主义合流，成为凌驾在真正无产阶级头顶上的统治者。倘若左翼加速主义将超越资本主义的希望交给技术精英，那么更多的无产阶级将沦为技术铁蹄下的冤魂。

三、重塑无产阶级主体和社会主义的希望

左翼加速主义或许只是电脑旁中产知识精英的一次思维遐想，他们试图通过技术加速的方式重新思考超越资本主义制度的可能性，尽管严重脱离于现实的无产阶级状态，即那些随着数字技术、监控技术、通信技术和智能技术加速发展不断被催促着前进，变成高速列车的车轮一部分，并随时面临被这趟加速运行的列车所抛弃的无产阶级，并没有真正成为左翼加速主义关心的对象。但是，相对于日渐保守的传统西方马克思主义批判理论而言，我们必须看到，他们的理论畅想，的确为国外马克思主义的理论提供了一个思路，尽管这个思路并不代表真正超越资本主义的可能性，但我们必须辩证地看待他们的理论贡献。不能因为左翼加速主义无法解释在技术加速的情形下无产阶级变得更为糟糕的状况，而彻底

---

① Alex Williams and Nick Srnicek, "Accelerate: Manifesto for an Accelerationist Politics", in Robin Mackay and Armen Avanessian eds., ♯ *Accelerate: The Accelerationist Reader*, Falmouth: Urbanomic, 2014, p. 357.

否定了他们的思路。可以说,由费舍尔、威廉姆斯、斯尔尼塞克等人开创的左翼加速主义思潮,的确点出了传统西方马克思主义批判理论所忽视的一个重要的马克思主义原理,正如马克思在《哥达纲领批判》中指出的那样:"我们这里所说的是这样的共产主义社会,它不是在它自身基础上已经发展了的,恰好相反,是刚刚从资本主义社会中产生出来的,因此它在各方面,在经济、道德和精神方面都还带着它脱胎出来的那个旧社会的痕迹。"①换言之,左翼加速主义强调的是,共产主义或社会主义社会绝不是在彻底抛弃了资本主义的平台后凭空制造出来的空中楼阁,唯有在资本主义条件下通过工业和科技发展,才能创造出摧毁资本主义的社会生产力。因此马克思强调说:"我们决不会想到要重新恢复这种状态,因为随着社会生产力的发展,从这种状态中必然要产生阶级差别。只有在社会生产力发展到一定程度,发展到甚至对我们现代条件来说也是很高的程度,才有可能把生产提高到这样的水平,以致使得阶级差别的消除成为真正的进步,使得这种消除可以持续下去,并且不致在社会的生产方式中引起停滞甚至倒退。但是生产力只有在资产阶级手中才达到了这样的发展程度。可见,就是从这一方面说来,资产阶级正如无产阶级本身一样,也是社会主义革命的一个必要的先决条件。"②在这一点上,安东尼奥·奈格里对威廉姆斯和斯尔尼塞克的评价是公允的:"在这个意义上,左翼加速主义恢复了马克思列宁主义的发展趋势的概念,也就是说,他们驱除了'未来主义'式的幻想,因为不仅仅是阶级斗争决定着抵抗资产阶级的运动,我们要有能力将最高阶的抽象变成对抗资本主义的强大机器。《加速主义政治宣言》的基础就是这种能力,他们解放了认识劳动的生产力。我们绝不是回到福特制下劳动的幻象,我们最终将物质劳动的领导权变成非物质劳动的领导权。所以,对于资本对技术的控制而言,我们必须抨击资本主义逐渐让技术倒退的做法,即让生产力受制于资本的需要。那么,关键在于,左翼加速主义要将潜在的生产力解放出来,将其作为革命唯物

---

① 《马克思恩格斯选集》第三卷,北京:人民出版社 2012 年版,第 363 页。
② 同上书,第 323 页。

主义的力量,而现在,我们就需要依赖于这种'潜力'."①显然,对于左翼加速主义,奈格里寄予了希望,尽管奈格里本人不是加速主义者。但对于左翼加速主义,我们仍然需要思考如下问题,只有左翼加速主义解决如下问题之后,我们才能真正看到走出资本主义黑暗森林的路径。

(1)首先,我们需要理解的是,技术发展不仅要创造超越资本主义的历史条件,更需要塑造摧毁资本主义的历史主体。正如前文所述,左翼加速主义最大的短板就是主体问题。他们曾将主体的地位赋予知识精英和技术专家,但这样做的结果,会变成少数精英的专制,最终让这些技术精英和大资本合流。对于主体问题,我们仍然需要回到马克思在《共产党宣言》中的表述,"无产阶级将利用自己的政治统治,一步一步地夺取资产阶级的全部资本,把一切生产工具集中在国家即组织成为统治阶级的无产阶级手里,并且尽可能快地增加生产力的总量."②在马克思和恩格斯看来,无产阶级革命是在一定的生产力条件下的革命,技术发展和加速在一定程度上为实现无产阶级革命、实现摧毁资本主义制度、创立社会主义奠定了良好的物质基础,而且这种物质基础是历史必要的前提。但是,仅仅有生产力的前提不够,在生产力和技术发展的条件下,资本主义不会自动地退出历史舞台,正如列宁在《怎么办?》中提出的:"对社会主义思想体系的任何轻视和任何脱离,都意味着资产阶级思想体系的加强。人们经常谈论自发性。但工人运动的自发发展,恰恰导致运动受资产阶级思想体系的支配."③列宁的这句名言,或许可以在当代左翼加速主义的背景下重新加以理解,数字技术、通信技术、人工智能技术并不是天生地服务于社会主义,在这个方面,仅仅依赖于技术加速的自发性发展,并不会帮助我们实现对资本主义的超越和摧毁,如果放弃在当代数字技术、通信技术、人工智能技术上的领导权,势必

---

① Antonio Negri, "Some Reflections on Accelerate Manifesto", in Robin Mackay and Armen Avanessian eds., ♯ *Accelerate: The Accelerationist Reader*, Falmouth: Urbanomic, 2014, p. 368.

②《马克思恩格斯选集》第一卷,北京:人民出版社 2012 年版,第 421 页。

③《列宁选集》第一卷,北京:人民出版社 1995 年版,第 327 页。

会让这些技术领域成为资本主义统御的王国,最终成为奴役广大无产阶级的工具。这就是对列宁名言的改写:"技术加速任何自发的发展,都会导致资本主义对技术和生产力的支配的加强。"为了避免这种情况的出现,列宁强调需要塑造无产阶级的阶级意识,即通过灌输来塑造无产阶级的主体,"社会主义意识是一种从外部灌输到无产阶级的阶级斗争中去的东西,而不是这个斗争自发产生出来的东西"①。这势必意味着,如果我们对威廉姆斯和斯尔尼塞克的《加速主义政治宣言》加以改造,让左翼加速主义不仅仅停留在当代技术加速的自发性发展上,而是去积极塑造适宜于这些技术发展的主体,一切就变得更好理解了。譬如,无论是锁在算法里的外卖小哥,还是被数字平台监控的清洁女工,他们无一例外都是从前数字状态被强制性地拽入技术加速的进程之中,这种强制性,代表着他们进入数字平台和技术加速的过程必然是被资本所穿透的,他们不具有主体性,而是变成了被资本控制的数字平台的傀儡。这是一个自发的过程,我们不能依赖于少数技术精英创造的新平台来实现无产阶级的革命,更需要理解,有问题的不是数字平台,而是资本对数字平台的控制,不是数字平台或通信技术等让他们成为算法的提线木偶,而是背后的资本用其贯穿数字技术的权力操纵着无产阶级。

　　一旦了解了真正控制着无产阶级的并不是加速的技术本身,数字技术、监控技术、智能算法本身是中性的,它们只是贪婪的资本主义手中的工具。资本主义试图通过发展这些技术创造出更大的生产力,从而让它们永远在资本主义的铁王座上号令群雄。但是问题是,当资本主义创造出这种巨大的数字平台的时候,或许这些数字共享的力量,本身就超出了资产阶级利用金融、信用、数据等手段来控制的能力。那么,我们面对左翼加速主义思潮,需要补充的第二个事实是:(2)我们用来摧毁资本主义控制的技术,不是在资本主义之外生产出全新的技术,不是 Cybersyn,也不是 ABM,就是资本主义创造出来的数字神话本身。当谷歌用它掌控的卫星绘制出关于地球和宇宙的地形图绘时,我们当然可以说,这些技术成

_____

① 《列宁选集》第一卷,北京:人民出版社 1995 年版,第 326 页。

就可以服务于资本的谋利,但我们在这样说的时候,千万不要忘记,这样的图绘和成就,不可能只属于一家公司,它的成就本身就是共享的成就。我们不能说 Facebook、Twitter 创造了社交网络,这些公司只是提供了一个社交平台,真正创建社交网络的是每一个使用这些平台的用户,正是用户形成了以这些平台为基础的生态。但是,问题在于,资本将所有用户创造出的数字社交生态直接攫为己有,甚至产生了排他性的数字准入,如 Twitter 基于某种无法言说的标准,对一些用户的账号进行删号和禁言处理。在这个意义上,技术加速就被滥用了,因为这种被资本和权力控制的技术越发达,就意味着所有用户越成为其控制对象,人们在意识形态上越认同他们有权利去控制这样的社交平台。正如卢梭在《论人与人之间不平等的起因和基础》一书中所说:"谁第一个把一块土地圈起来,硬说'这块土地是我的'并找到一些头脑十分简单的人相信他所说的话,这个人就是文明社会的真正的缔造者。"①同样,我们在今天也可以说,"谁第一个将数字社交网络的空间圈起来,硬说'这个平台是我的',然后找到一些头脑十分简单的人相信他所说的话,这个人就是数字资本主义社会的真正的缔造者"。

因此,如果我们需要矫正左翼加速主义的道路,将他们拓展的思路重新引导到马克思主义的道路上,那么,我们就必须塑造出适应于技术发展、能够真正理解数字技术等新兴技术带来的社交网络和数字生态本质的无产阶级主体。这些数字空间和生态,本身就是所有参与者、所有用户创造的产物,但是资本控制了数字平台,控制了技术,并宣告这些是资本和权力专属的领域。这一切都是神话,一种意识形态的神话。一方面,左翼加速主义是对的,我们的确"在这个计划中,不需要摧毁新自由主义的物质平台。只需要重新将其导向公共目的"②。另一方面,左翼加速主义的错误在于,他们认为无产阶级可以自发地接手和应用这个平台,可以自

① 卢梭:《论人与人之间不平等的起因和基础》,李平沤译,北京:商务印书馆 2017 年版,第 87 页。
② Antonio Negri, "Some Reflections on Accelerate Manifesto", in Robin Mackay and Armen Avanessian eds., ♯ Accelerate: The Accelerationist Reader, Falmouth: Urbanomic, 2014, p. 367.

然而然地将这些技术生产的平台变成共享的公共目的。这是一个十分艰难的过程,需要在具体过程中锻造出适合于接收并将之应用于公共目的的无产阶级主体。或许,此时此刻,我们耳边再次响起了卢卡奇的呢喃:"无产阶级地位的特殊性的基础是,对直接性的超越这时具有一种不管从心理学上来说是自觉的,还是暂时是不自觉地朝着社会总体前进的意向;因此它根据它的气质(Sinn)必然不会停留在复归的直接性的相对更高级的阶段上,而是处于一种朝着这种总体前进的不断的运动之中,即处于一种直接性不断自我扬弃的辩证过程之中。"①

---

① 卢卡奇:《历史与阶级意识》,杜章智译,北京:商务印书馆 2017 年版,第 268 页。

数字主体、社会工厂与"猎心"政治学

——理解数字化生存方式的三个新视点

李　弦①

（电子科技大学马克思主义学院）

数字技术的创新性发展和创造性应用已经重塑了我们的生存方式，理解数字化时代生存方式的转变有三个新的视点：一是数字主体的建构，一方面，数字主体经过平台和算法的中介而转化为了纯粹的工具理性，另一方面，数字化的"本我"转化为了可视化的第三持存。二是社会工厂的布展，数字主体的产生消弭了生产与生活、生产与休闲、生产与消费的边界，导致我们的劳动方式也发生了本质性的更迭。三是"猎心"政治学的发凡，数字技术带来了治理范式的转换，即生命政治学向"猎心"政治学的转换。

习近平总书记在中共中央政治局第三十四次集体学习时指出："数字经济发展速度之快、辐射范围之广、影响程度之深前所未有，正在成为重组全球要素资源、重塑全球经济结构、改变全球竞争格局的关键力量。"②并强调我们"要加强数字经济发展的理论研究"③，数字技术和数字经济的极速发展，已经给我们的理论研究提出了新的要求，也迫切需要新的研究

---

① 作者简介：李弦，电子科技大学马克思主义学院副教授，主要从事马克思主义哲学研究。
②③《把握数字经济发展趋势和规律 推动我国数字经济健康发展》，《人民日报》2021年10月20日。

视点。本文选取了一个基础理论的研究视角,力图从三个视点来探究数字化时代生存方式的改变。

一、数字主体的建构

1992 年,斯蒂芬森出版了他的赛博朋克小说《雪崩》,首次提出了"Metaverse"概念,这一概念有时也被翻译为"超元域"或"虚拟实境"①,类比于现在的虚拟空间、赛博空间、全息游戏等。主人公"阿弘"(Hiro)在现实生活中是一名速递员,但同时也是一名黑客,在虚拟世界中有一个化身(Avatar,阿凡达),经常穿梭于现实世界与虚拟世界之间。现实世界与虚拟世界是一种平行空间,它也体现在了《阿凡达》《黑客帝国》《头号玩家》等科幻电影中。我们原本会认为这些科幻电影和小说所描述的虚拟空间离我们很遥远,但是如今,"Meta"却成为一家超大型互联网企业的名称。2021 年 10 月扎克伯格宣布"Facebook"改名为"Meta",由此"Metaverse"也有了一个新的翻译:"元宇宙"。"元宇宙"牵涉出了诸多重大的理论和实践问题,其中之一便是数字化时代人的存在方式和劳动方式问题。我们确实也像《雪崩》中的"阿弘"一样,在现实生活中,我们是"现实的个人",但我们同时也拥有诸多数字化身份,其具象化表达就是诸多"账号",我们在打游戏、购物和看视频时都是以"账号"方式登入的,这些"账号"构成了我们在虚拟世界中的"身份",于是,一种新的主体诞生了:数字主体(Digital Subject)。

"主体"概念是近代哲学的产物,它构成了近代以来主体性哲学的"阿基米德原点"。在近代以前的哲学中,人是在世界之中的存在,人与其他存在物并不构成严格的"对象性"关系,但从近代哲学产生之后,人的主体性地位得到了突出强调,人也从世界之中摆脱出来进而"凝视"这个世界,"凝视"的最初代表就是贝克莱的"存在即被感知"。这一观点认为对象的存在是由我的"感知"建构起来的,这种经验主义的"向内转向"把人放在

---

① 斯蒂芬森:《雪崩》,郭泽译,成都:四川科学技术出版社 2009 年版,第 19 页。

了"凝视"的一边,因此其他存在物也就变成了"对象性"的存在物,这种"我感知故我存在"或"我感知故对象存在"的观点,与笛卡尔的"我思故我在"具有高度一致性。在《第一哲学沉思录》中,笛卡尔通过六个反思和六组反驳,最后所确立起的就是"我思"的主体性地位,也由此开启了"理性主体"的先河。但把"理性主体"向纵深处推进的是康德,在《纯粹理性批判》中,最为典型的就是"人的知性为自然立法",那么人的认识是怎么具有客观性和普遍性的呢?康德的切入点是"先天综合判断如何可能",在先验分析论中,"我也把这种统一叫做自我意识的先验的统一,以表明从中产生出先天知识来的可能性"①。"在所有的判断中,'我'总是构成判断的那种关系中进行规定的主体。但是自我,这个'我思',在思维中永远必须被看作主词。"②"先验自我意识"就是康德意义上的"主体",在《实践理性批判》中则演变为了"理性自律"的"主体"(绝对命令)。

"主体"概念并不是单一和封闭的,"理性主体"后来也走向了各种"分裂",譬如马克思"行动主体"对于传统"理性主体"的分裂,尼采和叔本华也想用"意志主体"来走出传统"理性主体"的藩篱。精神分析中的"主体界分"也撕裂了"理性主体"的内在统一性,弗洛伊德的"本我""自我""超我"的主体界分对我们理解数字化时代的"数字主体"起到了关键性作用。传统的"理性主体"大致对应于弗洛伊德的"自我"概念,"自我就像一个骑在马背上的人,它得有控制马的较大力量。"③弗洛伊德把"自我"比作为骑手,而"本我"则是那匹马,"自我"是冰山上的一角,而"本我"则是冰山下的存在,"本我"像马一样,具有原始的冲力。但在弗洛伊德看来,"本我"的力比多总是处在"自我"的管辖范围之内(就像马被骑手所驾驭一样),而一旦"自我"的力量不够大,"本我"则会溢出,造成新的破坏,这种力比多的原欲冲动也被德勒兹和加塔里视作为"精神分裂",用以抵抗资本主

---

① 康德:《纯粹理性批判》,邓晓芒译,北京:人民出版社 2004 年版,第 89 页。
② 同上书,第 293 页。
③ 弗洛伊德:《自我与本我》,车文博译,长春:长春出版社 2004 年版,第 126 页。

义的各种"配置"①。

在精神分析的"主体"视野中，"本我"的原欲冲动还受制于"自我"和"超我"的驾驭，通常也只是发生流溢而已，而没有转化为固定化的"第三持存"。"第三持存"（Souvenir Tertiaire）是斯蒂格勒在胡塞尔的基础之上所提出的一个概念，"第三持存指的是在记忆机制中，对记忆的持存的物质性记录"②。第一持存对应于胡塞尔意义上的"感知意向性"，具有直接给予性的特点，第二持存是人的"事后回忆"，而第三持存则是对于前两大持存的"物质性记录"。简单而言，"我昨天看到了一只白天鹅"，我昨天在"凝视"这只白天鹅时，就发生了"感知意向"的第一持存，我今天再来回忆"我昨天看到了一只天鹅"时，则是第二持存，第二持存往往会对于第一持存进行"遴选"，其结果就是"'遴选'发生了异化，意识不会抓住所有一切"③。但第三持存是对于第一持存和第二持存的物质性记录和长久存留，譬如我昨天用摄像机拍下了我昨天看到天鹅的场景，即使第二持存发生了"遴选"层面的异化，第三持存仍然会保有它的"真理性"。

那么在"主体"裂变和第三持存的问题谱系中，"数字主体"究竟是一种什么样的存在？我们可以从两个层面来对其进行分析。第一个层面是"现实主体"或"理性主体"在虚拟空间中裂变为了"数字主体"，转化为了"工具理性"。"数字主体"是我们在虚拟空间中的"身份"，但这种"身份"是通过各种算法所建构起来的，我们原本会认为现实生活比虚拟生活更重要，或者更进一步，我们承认现实世界与虚拟世界是"平行空间"，现实的"我"（现实主体）要优于（或等于）虚拟世界中的"我"（数字主体）。但现实情况却是，数字主体可能要优先于现实主体，尤其是在新冠肺炎疫情肆虐全球的大背景下所推出的"健康码"，理想化的状态是，一个现实主体就对应于一个"健康码"（"健康码"就是我们的数字身份），两者是高度匹配

① 德勒兹、加塔里：《资本主义的精神分裂：千高原》，姜宇辉译，上海：上海书店出版社 2010 年版，第 737 页。

② 斯蒂格勒：《技术与时间 3：电影的时间与存在之痛的问题》，方尔平译，南京：译林出版社 2012 年版，第 4 页。译文有改动，原译为"第三持留"或者"第三回忆"，但结合近年来学界已有的研究成果来看，本文主要采用"第三持存"的翻译方式。

③ 同上书，第 20 页。

的，但现实情况却是，没有"健康码"（数字身份）就寸步难行，我们的数字身份反而优先于现实主体了，那么我们的数字身份是怎么确立的？它依赖于各种平台和算法，平台和算法会计算我们的行动轨迹，把我们的真实生活全部量化为可以计算的数据，而"可以量化的数据"就是自卢卡奇和法兰克福学派以来所批判的工具理性。当我们在购物、打游戏和浏览视频时，无不是以"账号"方式登入的，这些数字化身份经过算法计算之后，就成为数字主体，我们作为数字主体，原本是具有"理论理性"的，是"自我"的表征，"我"可以确定是"我"在购物、打游戏和浏览视频，而且可以随时退出平台，"我"可以高度肯定"我所购买的物是我想买的""我所浏览的视频是我想看的"，但我们在数字化平台中的"所思所想"真的就是康德意义上的"理性主体"吗？其实并不尽然，各种平台都会有各种各样的个性化推荐，而且所推荐的经常就是我们"想要"和"想看"的，在这种"想要"或"想看"的背后，就是被平台和算法建构起来的"数字主体"。譬如当我在"淘宝"里搜索"电饭煲"时，假若搜索结果的前四个都是低于300元以下，那么我很可能就已经被"淘宝"识别为"低收入群体"了，这就是数字平台给我们的"数字画像"。当然，"数字画像"有失真的时候，但通常也会很准确，它的本质其实只是被算法所建构起来的具有工具理性的"数字主体"而已。

思考数字主体的第二个层面："本我"的流溢转化为了可视化的第三持存。在弗洛伊德的理论视野中，"本我"的这匹马通常还受到"自我"的驾驭，在德勒兹等人看来，"本我"的游牧式流溢也构成了对于资本主义的抵抗，但在数字化时代，随着"数字主体"的建构，"本我"往往超出了"自我"的驾驭，而且并不是以游牧式的方式存在，而是转化为了数字化时代的第三持存。"自我"具有自我意识，"本我"则是一种原欲，当我们在打游戏时，我们原本只计划打十分钟（受自我意识的管控），但不经意之间就打了两个小时（本我的驱动），看视频、购物都是如此，"本我"的原欲超出了"自我"的限制，但它们不是以游牧式的方式存在的，我们打了多长时间的游戏、使用了哪些装备、在网上购买了哪些手办、在哪些视频上停留了多长时间等，这些都能够转化为各种数据，而这些数据就是平台和算法建构起关于我们的"数字主体"的基本依据，这些依据可以随时调取，能够进行各种复制、提取和分析,成为永久性的第三持存,因此生活在大数据时代,"本我"的流溢经过平台和算法的中介,转化为了可视化的"第三持存",各种平台和算法对于数字化"本我"的了解和掌握更甚于我们的"自我"。

二、"社会工厂"的布展

当"本我"的流溢被平台和算法转化为了可视化的第三持存,而且不受"自我"控制的时候,我们的生活方式就发生了本质性的更迭。在马克思的原始语境中,生活与生产还是两个不同的概念,在《德意志意识形态》中,生活包含了生产,"现实的人"的生活包含了从事物质生产、有着现实性需要、有意识等多重规定①,"从事物质生产"构成了生活的一个部分。但是在《资本论》及其手稿中,生活侧重于休闲时间的生活,所耗费的是生活资料,包括工人自己及其家庭所需要的生活资料②,但为了获得这些必备的生活资料,普通工人就必须"自由"地出卖劳动力,去从事社会必要劳动。工人在进行物质生产活动时必须要用到生产资料,"劳动资料和劳动对象二者表现为生产资料"③,而生产资料主要是归资本家所拥有。因此,从马克思中后期的思想发展来看,生活并不包含生产,生产与生活、生产与休闲、生产与消费代表了不同的领域,工人所消费的是生活资料,而工人所生产或借以生产的则是生产资料。但也有例外的时候,马克思区分开了两种消费,一种是个人消费,另一种是生产资料的消费④,对于后一种消费,马克思就把它定义为"生产性消费","生产行为本身就它的一切要素来说也是消费行为"⑤。而对于前一种消费,马克思认为生产与消费还是代表了两个不同的领域。

当现实主体拥有了"数字主体"的"分身"之后,就"个人消费"层面而

①《马克思恩格斯文集》第1卷,北京:人民出版社2009年版,第531页。
②《马克思恩格斯文集》第5卷,北京:人民出版社2009年版,第119—120页。
③ 同上书,第211页。
④《马克思恩格斯文集》第8卷,北京:人民出版社2009年版,第14页。
⑤ 同上书,第14页。

言,生产与消费、生产与生活、生产与休闲之间的边界好像也被打破了,在产生"数字主体"之前,我们在超市购买一件商品,然后把购买来的商品消费掉,消费与生产是分离的,消费构成了整个流通过程的完结。但是当"数字主体"产生之后,我们成为"产消者"(Prosumer)[1],也出现了"玩劳动"(Play-labor、Playbor)[2]。当我们在网上购买一件商品时,当我们消费掉这件商品之后,整个流通过程其实并没有完结,我们在购物时或购物之后,其实是在各种平台上留下了大量的数据,这些数据经过算法的提取和分析之后,成为"一般数据"[3],"一般数据"就是一种分析模型,它是建构我们"数字身份"的重要根据。但从其本质层面来看,我们普通人是没有办法接触到平台背后的算法和数据的,但这些数据又是我们普通用户所生产出来的,是我们消费行为的"结果",因此我们在互联网上的购物行为就成为"生产性消费",我们的消费直接就是一种生产性劳动,即数字劳动。除了网上购物,我们打游戏、浏览视频等都是如此,只要经过平台的中介,都会直接转化为"产消一体"的数字劳动,但普通互联网用户的数字劳动只是数字劳动的一种。另一种是互联网中专业劳动者的数字劳动,如程序员的劳动,它们是建构算法系统的主体性力量,他们与各种平台之间通常存在着某种形式上的雇佣关系,因此,现在商品价值的构成方式就发生了重大转变。在马克思的"工厂"叙事中,商品价值的总公式为 $W=C+V+M$,但现在的公式却演变为了 $W=C+V1+V2+M1+M2$,其中 V1 是互联网中专业劳动者(如程序员)的劳动,他们创造的剩余价值是 M1,对于这部分劳动和剩余价值的分析仍然可以适用于马克思的工厂叙事的总公式,但普通互联网用户的数字劳动 V2 及其所创造的剩余价值 M2,却是数字化时代的崭新要素,这部分内容主要表现为普通互联网用户在各种平台中所留下的各种数据,这些数据经过算法计算之后就具有了价值和

---

[1] Christian Fuchs, *Digital Labour and Karl Marx*, New York and London: Routledge, 2014, p. 74.

[2] Trebor Scholz, "Why Does Digital Labor Matter Now", in Trebor Scholz ed., *Digital Labor: The Internet as Playground and Factory*, New York and London: Routledge, 2013, p. 36.

[3] 蓝江:《数字资本、一般数据与数字异化——数字资本的政治经济学批判导引》,《华中科技大学学报(社会科学版)》2018 年第 4 期。

使用价值,但这一部分的剩余价值却全部被平台背后的资本家所无偿占有了,而且是全部占有,这也是一种彻底的"剥夺性积累"。

随着"数字主体"的算法建构和互联网用户的指数级增加,我们逐渐步入了"社会工厂"时代。马克思的政治经济学研究,其时代背景经过了"工场手工业"向"机器大工业"的转变,在工场手工业阶段,人的"活劳动"还具有本体论的地位,但在机器大工业时代,机器成为"自动机","自动机本身是主体"[1],这就是马克思所论述的"工厂社会"。但步入了数字化时代,当我们普通互联网用户的日常生活都脱离不开各种数字平台之后,也意味着我们的生产与消费、生产与休闲、生产与生活都已经没有了明显的边界,我们正在进入"社会工厂"时代,正如奈格里所言:"所有涉及生产过程中的一切在这里就构成了那从手工业到大工业再到社会工厂的过渡的基础。"[2]那么在"社会工厂"时代,与马克思意义上的"工厂社会"有什么样的差异呢?"劳动过程的简单要素是:有目的的活动或劳动本身,劳动对象和劳动资料。"[3]在马克思政治经济学的研究中,一般的劳动过程包含了劳动者、劳动对象、劳动资料三个要素,数字化时代的数字劳动在三个层面都发生了本质性的更迭。

在劳动者层面,广大的产业后备军裂变为了"数字工人"(Digital Worker)。"资本有机构成的不断提高必然造成过剩人口,形成庞大的产业后备军"[4],在马克思政治经济学的研究中,产业后备军包括了童工、妇女等,这些产业后备军在一年里有一部分时间被迫从事劳动,但另一部分时间里则没有工作[5],这也类似于现在的"零工"。在数字化时代,互联网中专业劳动者的劳动也发生了变化,很多程序员与各种平台之间并不具有严格意义上的雇佣关系,他们是以"绩效"(而不是"工资")的方式参与到平台劳动,他们的工作方式更加灵活,不局限于固定的工厂,他们也可

① 《马克思恩格斯文集》第 5 卷,北京:人民出版社 2009 年版,第 483 页。
② Antonio Negri, *Marx Beyond Marx*, London: Pluto Press, 1991, p. 114.
③ 《马克思恩格斯文集》第 5 卷,第 208 页。
④ 同上书,第 4 页。
⑤ 同上书,第 550 页。

以在咖啡馆、在家里工作,因此他们的劳动也具有了"零工"性质,他们把"工厂"真正带入了社会。但在数字化时代,真正发生本质性更迭的是普通互联网用户的数字劳动,这是劳动者层面的质变。一般的普通互联网用户其实就是马克思意义上的产业后备军,但当这些产业后备军的日常生活都必须经过数字平台的中介之后,他们的生活、休闲和娱乐就具有了"生产性",创造了一般数据的使用价值和价值,因此他们也成为"数字工人"(数字主体)。这种"数字工人"就成为数字化时代的"社会工人"(Social Worker),正如奈格里所言:"这涉及'社会工人',即'大众工人'向资本的社会再生产领域的延伸。"①"大众工人"主要是指在工厂里面的工人阶级,他们所进行的是直接生产,而"社会工人"则主要是把整个社会隐喻为了工厂,即社会工厂,他们所进行的是社会再生产,正如广大互联网用户所做的那样。这种数字化时代的数字工人或社会工人,他们不同于传统工人阶级的一点在于他们没有组织性的基础,缺乏身份性的认同,奈格里要建构这种认同,因此提出了"诸众"(The Multitude)联合的革命策略,"诸众的生命政治生产倾向于动员其共同的东西和共同生产的东西来对抗全球资本的帝国力量"②。

在劳动对象层面,普通互联网用户的数字劳动结果构成了互联网专业劳动者的数字劳动对象,一般数据的生产构成了数字化时代在劳动对象层面的本质更迭。普通互联网用户在各种平台上的留痕,产生了海量数据,这些数据是具有使用价值的,使用价值要向价值进行转换,那么就必须经过数字劳动的中介,这就依赖于互联网专业劳动者的数字劳动,他们给算法赋权,对于数据进行搜集、分类、提取和分析,最后提取出了"有用"数据。当把这些"有用"数据作为商品卖给广告公司之后,广告公司就能根据这些"有用"数据对普通互联网用户进行数字画像,并进而进行个性化的精准推荐,由此,数据才完成了商品化过程。很明显,这种数据商品它不同于传统的物质产品,数字产品具有海量性、可复制性、非稀缺性、

---

① Antonio Negri, *Marx Beyond Marx*, London: Pluto Press, 1991, p. XII.

② Michael Hard, Antonio Negri, *Multitude: war and democracy in the Age of Empire*, New York: The Penguin Press, 2004, p. 101.

易逝性等特点。

在劳动资料层面,数字化时代劳动资料的显著改变就是平台经济的快速崛起,也有学者把它命名为"平台资本主义"(Platform Capitalism)[1]。尤其是普通的互联网用户,当手机和网络建构了我们的生活方式之后,我们的日常生活就离不开各种平台了,这就包括了购物平台、游戏平台、社交平台、视频平台等,原本工厂的生产平台独立于我们的生活,但现在我们的生活也被平台化了,平台直接融入或者建构了我们的日常生活,让我们每一个"联网"的人都成为数字工人或社会工人,而陷入数字鸿沟并被排除在数字工人之外的那部分人,则被还原为了史坦丁意义上的"流众"(The Precariat)[2]。

三、"猎心"政治学的发凡

随着"数字主体"的建构,整个社会演变为了"社会工厂",与之相耦合的治理模式或治理技术也发生了深层次更迭,主要体现为生命政治学向"猎心"政治学的转变。

生命政治学发凡于福柯,后来经过阿甘本、奈格里等人的改铸,现在逐渐成为一门显学。福柯在晚年的法兰西课程中提出了生命政治学(Biopolitics)和生命权力(Bio-power)的概念。在 1974—1975 年的演讲中,福柯分析了"不正常的人"的谱系,主要包含了畸形人、同性恋者、残疾人、精神病人等[3],但福柯关注的并不是"不正常"的病理学结构,而是判定"正常"与"不正常"的社会化标准。那么西方社会是怎么治理"不正常的人"的呢?福柯在 1976 年的演讲中论述了治理方式的转变,即"统治权"向"生命权力"的转变,传统的君王拥有"使人死和让人活"的统治权,对于"不正常的人"的"肉体"进行规训与惩罚,也被称之为"肉体人的解剖政治

---

[1] Nick Srnicek, *Platform Capitalism*, Cambridge: Polity Press, 2017, p. 36.

[2] Guy Standing, *The Precariat*, London: Bloomsbury Academic, 2011, p. 2.

[3] 福柯:《不正常的人》,钱翰译,上海:上海人民出版社 2018 年版,第 6 页。

学"①,而在 19 世纪之后,治理技术的一大改变就是"使人活和让人死"②,死亡的权力归还给了普通民众,生命权力的治理重点变成了"使人活",而且是使多数人活得更好,但"使人活"的方式并不是针对个体,毋宁说是针对"类别的人"③,这就是"生命政治学"的原初内涵。它是指一种新的权力技术或治理技术,它所治理的对象是作为类别的"人口",它所干预的是出生率、死亡率等"人口"现象,是使群体的人活得更好。在 1977—1978 年的演讲中,福柯进一步区分了生命政治学的三个阶段,第一个阶段就是传统的统治权力,它以允许和禁止为二元法则。第二个阶段是针对个体肉体的规训政治学和解剖政治学;第三个阶段是新自由主义产生之后,对于整体"人口"的治理(它不是针对某个人),这个阶段的生命政治学构成了福柯的研究重点。④ 在其后的《生命政治学的诞生》中,福柯就直接把生命政治学等同于新自由主义的治理术。

阿甘本和奈格里从不同的方向发展了生命政治学。阿甘本在《神圣人》系列中,重点论述了生命政治学所产生的赤裸生命和例外状态。阿甘本借用了古希腊语中的两个概念:"bios"和"zoē","bios"是指城邦当中"有质量的生命"⑤,即政治生命或社会生命,而"zoē"则是指"纯粹的生物性生命"或"简单的自然生命"⑥,赤裸生命或例外状态就处在"bios"和"zoē"中间的灰色之"槛"(Threshold)上,当一个人的政治生命或社会生命被"至高权力"(Sovereign Power)所取消(被放逐),那么他就成为"神圣人"(Homo Sacer),从其结果层面来看,"神圣人"与"zoē"无异,但实际上还处在"至高权力"的支配之中,由此可见,阿甘本所关注的主要是生命政治学的消极一面。奈格里虽然也看到了例外状态和赤裸生命"构成了新的帝国权力的坚实内核和它的核心成分"⑦,但奈格里是想要建构起一种"新范

① 福柯:《必须保卫社会》,钱翰译,上海:上海人民出版社 2018 年版,第 266 页。
② 同上书,第 264 页。
③ 同上书,第 266 页。
④ 福柯:《安全、领土与人口》,钱翰、陈晓经译,上海:上海人民出版社 2018 年版,第 9 页。
⑤ 阿甘本:《神圣人:至高权力与赤裸生命》,吴冠军译,北京:中央编译出版社 2016 年版,第 3 页。
⑥ 同上书,第 3 页。
⑦ 哈特、奈格里:《帝国——全球化的政治秩序》,杨建国、范一亭译,南京:江苏人民出版社 2008 年版,第 65 页。

式的生命政治"来反抗"帝国"。①

在生命政治学的谱系中,包含了几对基本关系:权力与民众、正常与例外、治理与反抗。但是在数字化时代,随着数字主体的建构和社会工厂的布展,这几对关系都发生了重大改变,治理权力的主体已经让渡给了平台和算法(及其背后的资本力量),"民众"也不再是"无产阶级"的联合,而成为"诸众",被排除在数字化平台之外的人则成为"例外状态"的"流众",而且这些"诸众"与"流众"根本没有办法反抗平台和算法对于他们的治理。但数字化时代的一个更深层次改变在于,由传统的"身体"治理转向了现在的"猎心"政治学。无论是传统的规训政治学还是生命政治学,他们关注的重点都是个人或群体的"身体",对于人的身体进行规训和配置,但在大数据时代,更多地转向了对于个人或群体"心灵"的猎取。

韩炳哲认为肇始于福柯的生命政治学已经不能解释数字化时代的新自由主义了,必须转向"数字化的精神政治学"分析,"新自由主义精神政治学是一种治理技术,它通过设定心理上的程序,开展心理上的操控,来维持统治系统的稳定运行"②。"大数据是十分有效的精神政治的工具,它可以全面地获知关于社会交际的动态。这种认识是一种统治认知,可以介入人的精神,对精神在前反思层面施加影响。"③"精神政治学"的表述有着精神分析的理论支撑,对于一般的中国学者而言,还具有比较强的疏离感,一个更好的中国式表述就是"猎心"政治学,传统的规训政治学和生命政治学更多的是一种"猎身"政治学,着重于对于人的身体(个人的肉体或群体性的人口)进行捕获和猎取,而随着"数字主体"的诞生,人的"本我"在各种数字平台中到处流溢并转化为了可视化的第三持存,从而陷入了所谓的"监视资本主义"(Surveillance Capitalism)④之中,这也是一种新的"数字化的全景敞视监控"。从普通互联网用户的角度而言,我们的心灵

① 哈特、奈格里:《帝国——全球化的政治秩序》,杨建国、范一亭译,南京:江苏人民出版社2008年版,第27—28页。

② 韩炳哲:《精神政治学》,关玉红译,北京:中信出版社2019年版,第107页。

③ 同上书,第16页。

④ Shoshana Zuboff, *The Age of Surveillance Capitalism: The Fight for a Human Future at the New Frontier of Power*, New York: Public Affairs, 2019, p. 14.

被猎取既包含了被动层面,也包含了主动层面。被动层面是指我们在互联网中的各种"前意识"或"潜意识"行为都被数据化了,譬如我们在网络中的购物、打游戏、浏览网页等,这些行为产生了诸多数据(很多人并没有意识到这一点),并经过算法的中介转化为了一般数据,并进而成为互联网企业对于我们普通互联网用户进行精准数字画像的基本依据,因此,在数字化时代,互联网平台能够技术性地通过我们的被动留痕而实现对于我们心灵的猎取。但当普通的互联网用户在各种平台上表现得更加活跃(而不是被动留痕),进而成为韩炳哲意义上的"优绩主体"①时,那么我们就是主动地留痕了(譬如我们主动发朋友圈),从而各种平台对于我们心灵的捕获和猎取就达到了一个新的高度,转换为了对于"自我意识"层面的捕获和猎取。

四、检视与前瞻

(一)研究检视

"我们开始要谈的前提不是任意提出的,不是教条,而是一些只有在臆想中才能撇开的现实前提。这是一些现实的个人"②,"现实的个人"构成了历史唯物主义的理论前提,当"现实的个人"与周遭的电子设备处于"上手之物"的关系时,实际上也改变了"现实的个人"的存在境遇。

其一,数字主体的诞生。近代以来主体概念的演变实际上经历了否定之否定的辩证发展过程,首先是单一的理性主体概念得以确立,以笛卡尔、康德、黑格尔等人为代表。其次是多元主体对于理性主体的否定和反抗,以尼采、弗洛伊德、德勒兹等人为代表。最后是数字主体的诞生,实际上是对于传统主体概念的再次否定,这主要表现在两个方面:一方面,传统的"现实主体"或"理性主体"在虚拟空间中裂变为了"数字主体",转化

---

① 韩炳哲:《倦怠社会》,王一力译,北京:中信出版社 2019 年版,第 17 页。
② 《马克思恩格斯文集》第 1 卷,北京:人民出版社 2009 年版,第 516—519 页。

为了"工具理性",另一方面,被弗洛伊德、德勒兹等人视为"原欲冲动"的"本我"概念,原是用来对抗资本逻辑的一种可能性手段,但现在却转化为了齐一化和可视化的第三持存,各种平台和算法对于数字化"本我"的了解和掌控更甚于我们的"自我"。

其二,社会工厂和社会工人的演变。在工场手工业时期,劳动者还居于主体地位,而在机器大工业时期,"自动机"成为真正意义上的主体,人与机器的关系发生了颠倒。进入到数字化时代,"现实的个人"成为"产消者"和"玩劳动者",生产与生活的界限被进一步打破,整个社会裂变为了社会工厂,广大的产业后备军裂变为了数字工人。数字工人被各种数字化平台充分吸纳,成为平台资本主义的"内部",而处于平台资本主义"外部"的人则被还原为了"流众"或新型"神圣人"。

其三,治理术的更迭。对于新自由主义治理术的批判发凡于福柯。"生命政治"与"生命权力"是其具有标识度的核心概念,后经过阿甘本、奈格里等人的发展和改铸,现如今已经成为一门"显学",但数字化时代的治理术已经发生了重大变化,即由生命政治学向"猎心"政治学的转换。生命政治学的治理对象主要是人的身体,但"猎心"政治学的治理对象主要是人的心理、潜意识、欲望等。生命政治学仍然保有了"使人活"的权力,但数字化时代的"猎心"政治学鼓励人们自己成为主动的"优绩主体",实现了真正意义上的"全景敞视监控"。

"现实的个人"在数字化时代的生存方式已经发生了本质性的更迭,我们已经离不开各种各样的电子设备和平台,而且我们与这些电子设备和平台通常是处于"上手之物"的关系,而缺乏"现成在手"的对象性反思。本文所做的就是类似于对象性反思的工作,把数字化的生存方式作为了我们的"对象"来"批判",从而也好像把我们自己再次放在了主体的位置,但这又会进一步造成"虚假主体性"的问题。当我们对自己的研究工作进行这种检视时,都会发现这种背反逻辑:一方面,我们是站在主体位置来批判外在的对象,好像与外在对象处于一种彼此疏离和陌生的关系,另一方面,从其实然层面来看,我们与这种外在对象又恰好是融为一体的(构成了一种"上手之物"的关系),质言之,从其存在论层面来看,我们都只是这种数字化生存方式中的一粒尘埃而已,理论层面的批判并不会改变其存在论的基本事实。

(二)研究前瞻

在阿尔都塞、齐泽克等人看来,主体概念其实只是意识形态"质询"和"建构"的结果,齐泽克甚至把"主体"概念理解为一种意识形态操控的"客体"或"对象",从而解构了主体概念的原初含义,但本文所提出的"数字主体"概念,仍然保有了一种人文主义的诉求,即使"现实的个人"拥有了数字化的分身,并发生了关系的错置,但我们仍然把它定义为一种"主体"(而非"客体"),毋宁说,也是渴求用来突破数字化困境的一种可能性方案。

其一,生产力层面的改变。在马克思政治经济学的研究视域中,资本的有机构成(C/V)是不断提高的,生产力的发展水平也会越来越高,以至于有一些学者认为资本主义生产力的加速发展(加速主义),也可能会走向它的反面,即"资本主义必然灭亡",如罗萨、斯尔尼塞克等人就持有这种观点。但这种"加速主义的宣言"带有明显的"异托邦"想象特质。按照本文所析出的"数字主体"概念来看,C/V的资本有机构成公式其实可以改变为 C/(V1+V2),V1 是平台经济中雇佣劳动者的数字劳动,V2 是普通互联网用户的"产消劳动"和"玩劳动",而恢复和重视 V2 部分劳动者的主体性地位,便成为一项重要任务。从其生产力层面来看,区块链的底层技术有可能构成一种突破平台资本主义逻辑的有效手段(元宇宙的构想就是以区块链为底层技术的),区块链的底层技术强调"去中心化"(Decentralization),它依赖于加密算法,其本质是一种链式数据结构,数据的存储、流通和验证,都具有高度可溯性,而且具有不可篡改性,区块链技术保证了数据结构的独立性,避免了主观人为的数据变更,尤其是在已经缔结智能合约的情况下,数据的节点具有了不可篡改性。同时,NFT(Non-Fungible Token,即非同质化代币或非同质化通证)技术构成了区块链的物权逻辑,其典型特征在于"非同质性",NFT 技术不需要中心化的认证机构、发行机构和背书机构,当个人作品被 NFT 技术印证时,就成为独特性的标识,其归属权和用益权已经得到了确证,在这种技术场景中来看,区块链技术有可能保护普通互联网用户的劳动者主体地位,但也有可能只是资本逻辑创造出来的一种幻象而已。

其二,生产关系层面的改变。从生产力角度来看,马克思肯定了"资本的伟大的文明作用"①,认为"资产阶级在它的不到一百年的阶级统治中所创造的生产力,比过去一切世代创造的全部生产力还要多,还要大"②,但从生产关系角度来看,"资本来到世间,从头到脚,每个毛孔都滴着血和肮脏的东西"③。马克思认为资本主义私有制是造成罪恶的根源。进入到数字化时代,各种平台和算法对于普通互联网用户的剥削也是依赖于平台背后根深蒂固的私有制,平台对于民众的充分吸纳也被称之为"数字圈地运动",那么按照马克思的分析框架,改变平台经济背后的私有制关系就成为破解数字化困局的一把钥匙,我们可以从生产关系角度来改变一般数据的占有方式,如有学者提出我们要建构"数字公地",要向"数字工人主义"(Digital Workerism)、"数字社会主义"(Digital Socialism)和"数字共产主义"(Digital Communism)迈进,打造互联网时代的"后稀缺性""后匮乏性""后市场性""后交换性"等,以用来突破数字资本逻辑的统治。④

---

① 《马克思恩格斯文集》第 8 卷,北京:人民出版社 2009 年版,第 90 页。
② 《马克思恩格斯文集》第 2 卷,北京:人民出版社 2009 年版,第 36 页。
③ 《马克思恩格斯文集》第 5 卷,北京:人民出版社 2009 年版,第 871 页。
④ Christian Fuchs, "The Utopian Internet, Computing, Communication, and Concrete Utopias", *TripleC: Communication, Capitalism & Critique*, 2020, pp. 146 - 186.

数字资本主义时代的加速与批判

雷　禹　唐艺洋①

（华中师范大学马克思主义学院）

在数字资本主义时代，加速成为时代的基本特征。20 世纪社会批判理论的历史叙事经历了从时间、空间到加速的转向过程，并产生了复杂的理论效应和社会后果。加速批判理论通过对数字资本主义时代加速的诊断和批判，不仅解剖了新的时代条件下资本主义发展的现实状况，而且提出了新的理论主张和政治诉求，由此成为左翼批判新的立足点。作为一种独特的理论动向，加速理论无论对马克思历史唯物主义的理解和解释，还是对其本身都提出了质疑和挑战，因此，认真审理这一转向的理论逻辑并测度其政治潜能都势在必行。数字资本主义时代的加速批判只有立足于马克思的政治经济学批判，揭示资本主义生产关系下加速拜物教的社会后果，并探究加速的条件、界限和目的，才能使左翼的批判具有更大的理论效应，并让马克思的历史唯物主义和政治经济学批判实现其当代性。

马克思在《共产党宣言》中提出"一切坚固的东西都烟消云散了"，后来的鲍曼在《流动的现代性》中以"液态"的方式重新表达了资本主义现代

---

① 作者简介：雷禹，华中师范大学马克思主义学院讲师，硕士研究生导师，研究方向为国外马克思主义；唐艺洋，华中师范大学马克思主义学院硕士研究生，研究方向为国外马克思主义。

性不断加速的状况。在数字资本主义时代,加速已经成为当今时代的典型特征。无论是从社会历史变迁的客观事实,还是从人们的日常生活经验来看,加速都已经成为时代状况的征兆和主体内心的别样体验,由此而成为理论家们关注的焦点,并促成了社会理论的加速转向。如何诊断数字资本主义时代的加速征兆,审视加速理论及其政治效应,并从马克思主义的方法和视角予以回应,就成了急需解决的任务。本文主要试图完成以下三项任务:第一,考察数字资本主义时代的加速特征。第二,审理加速转向的逻辑意蕴及其元理论建构。第三,立足马克思的政治经济学批判,阐明数字资本主义时代的加速拜物教批判。

一、加速:数字资本主义时代的基本特征

从世纪之交美国学者丹·席勒发表《数字资本主义》①一书,到最近日本学者森健和日户浩之的《数字资本主义》②出版,相隔二十年,两本同名著作的前后面世无疑表明我们今天的时代已经进入了数字资本主义时代。这两本书的出版代表了过去近半个世纪数字资本主义从兴起发展到最新阶段的历程,即从以网络化、信息化为代表的数字资本主义发展到了今天的大数据时代。大数据、云计算、数字平台等成为今天数字资本主义的典型形式。不过,试图以"数字资本主义"来命名时代这一做法并非没有争议。相反,任何试图界定一个时代的做法,不仅检验着理论家们对这个时代和社会变迁机制的把握和界定,而且凸显出对时代命名的解释权和理论方法之争,其背后的复杂性在于这种竞争往往表征着意识形态的对抗与立场的对立。因此,"数字资本主义"的合法性有待进一步澄清。然而,这并非本文的任务。在这里只是试图表明,"数字资本主义"的命名在一般意义上体现了唯物主义的基本张力,即试图以理论诊断现实。然而,根本任务就在于在对资本主义本质和规律的把握基础之上去探寻资

---

① 丹·席勒:《数字资本主义》,杨立平译,南昌:江西人民出版社 2001 年版。
② 森健、日户浩之:《数字资本主义》,此木臣吾主编,野村综研(大连)科技有限公司译,上海:复旦大学出版社 2020 年版。

本主义发展的最新形式及其变迁机制。因此,"加速"这一视角便是透视数字资本主义时代的一个新的入口。

哈特穆特·罗萨首先较为明确和全面地将数字资本主义时代诊断为加速的时代,并提出了他的社会加速批判理论大纲。罗萨作为法兰克福学派第四代的代表人物,他的社会加速理论备受关注。罗萨将速度的结构作为社会科学的时间诊断和确定现代化对象的要求,由此提出了他对数字资本主义时代的本质界定,即"现代化的经历就是加速的经历"①。罗萨认为加速不仅是速度结构变化的中心特征,而且是现代社会基础的结构形成与文化塑造的力量。在这一界定和判断之上,罗萨认为社会加速体现在三个领域。首先,技术领域的加速。运输、通信和产品、服务的生产过程是技术领域加速的代表。在资本主义的经济体系中,技术,包括管理方面的技术加速,造成了生产的加速,进而提高了销售和消费的速度。其次,社会变化的加速。即指导行为的经验和期待的失效的速度的提高,以及在功能、价值和行为领域对"现在"的缩短。第三,生活节奏的加速。既包括行动速度的加快,也包括日常生活的时间体验结构上的变化。那么,如何理解加速的动力?罗萨认为这是社会自我驱动的循环过程,即由经济特性、文化特性和社会结构特性所驱动的过程。

罗萨较为全面地概括了数字资本主义时代加速的领域,在罗萨之前并对他有重要影响的当属法国学者保罗·维希留。在维希留看来,现代性的本质就是不断加速的过程,而这一过程集中体现在军事工业领域中。"事实上,历史发展的速度就是其武器系统的速度。"②维希留通过对战争的历史变迁的梳理,指出了速度在其中的绝对重要性,从而认为整个现代性就是军事的后勤。战争的胜利与否,取决于速度,包括武器的速度、运输的速度、信息传递的速度。因而,维希留提出,没有战略,只有竞速术。"事实上,从来就没有'工业革命',有的只是'竞速政治的

---

① 哈特穆特·罗萨:《加速:现代社会中时间结构的改变》,董璐译,北京:北京大学出版社 2015 年版,第 28 页。

② Paul Virilio, *Speed and Politics*, trans. Marc Polizzotti, Los Angeles: Semiotext(e), 2007, p. 90.

革命',从来就没有'民主政体',有的只是'竞速政体',从来就没有'战略',有的只是'竞速学'(Dromology)"。[1] 维希留通过将数字资本主义时代的实质界定为军事工业复合体,指出以竞速(加速)为内在要求的现代性对技术、信息、传播、通信、流通等其他领域产生了至关重要的影响。维希留的判断也极大影响了罗萨的研究,因而罗萨也特别强调了民族国家和军事的加速过程。

马克思主义地理学家戴维·哈维则从文化角度考察了数字资本主义时代的加速变迁。哈维的研究由于试图从空间的维度升级马克思的历史唯物主义角度,从而凸显了较强的学术特色和理论个性,并在对后现代主义的加速变迁的实质把握中别具一格。在哈维看来,从现代性走向后现代的变迁之路使得文化领域掀起一场前所的变革,"无深度的平面""无意义表象""转瞬即逝的时间""加速的体验"等成为数字资本主义时代的文化表征。数字资本主义时代的新数字传播、通信技术无疑让这一变迁显得更为激烈。不过,哈维并非仅仅停留于文化层面来对后现代主义文化进行阐释,相反,他推进了詹姆逊对后现代主义是晚期资本主义的文化逻辑的判断,使得其内在变迁机制得到深化。随着资本主义发展,弹性积累作为资本积累的一种最新形式,时空压缩造成越来越加速化的趋势。"加速在生产中是通过有组织地向着垂直分解——转包、外购等——的转变来达到的。"[2]也就是意味着,加快生产中的周转时间,加快交换与消费是适应于资本积累的需要。正是这一内在机制决定了数字资本主义时代的文化越来越呈现出一种加速化变迁的现象。

21世纪以来兴起的加速主义思潮指出了数字资本主义时代加速的最新形式和变革,而其后果就表现在试图引发政治诉求的加速。以尼克·兰德、尼克·斯尔尼塞克与亚历克斯·威廉姆斯等为代表的加速主义理论家,通过对数字资本主义时代下以最新的数字技术为内核的资本主义

---

① Paul Virilio, *Speed and Politics*, trans. Marc Polizzotti, Los Angeles: Semiotext(e), 2007, p. 69.

② 戴维·哈维:《后现代的状况——对文化变迁之缘起的探究》,阎嘉译,北京:商务印书馆2003年版,第335页。

生产形式的考察,呼吁唯有进一步的加速才能实现政治上的变革。① 在数字资本主义时代,资本主义的发展已经取得了巨大的进展,尤其是技术领域的变革带来前所未有的突破,其最新形式就是以各种平台(谷歌、脸书、亚马逊等)为基础的大数据、云计算、万物互联的实现。斯尔尼塞克指出:"在思辨的边缘,当今资本主义的计算基础设施间接地接近物理学的极限,高频交易的速度战迫使决策进入纳秒级。更为平凡的发展是将收集个人的海量数据(购买习惯、旅行模式、浏览历史等)与复杂的数学分析相结合,为营销人员提供预测。"②这是数字资本主义时代之前所不曾出现的,而恰恰就是在数字资本主义时代它们却成为资本主义发展的最新形式。大数据+平台使得资本积累和增殖的速度越来越快。为了应对资本主义新的变化,加速主义理论家们认为应该进一步加速资本主义的发展,以寻求政治上的加速突围。

在数字资本主义时代,无论是政治、经济、文化,还是军事、技术、生活等诸多领域的加速,都表明了数字资本主义时代全方位的加速。这种加速不仅表明了客观的社会变迁加速,也反映了人们的主观体验。由此,"加速"无疑成了数字资本主义时代新的基本特征,新的"征兆"。通过数字资本主义时代"加速"这一路径,不仅要观测数字资本主义时代生产方式、社会矛盾、发展动力的变迁,更要测度左派加速理论的内在逻辑及其政治意蕴,从而探究马克思主义在数字资本主义时代的地位。

二、速度转向:加速的逻辑意蕴与元理论建构

就社会批判理论的历史叙事变迁来看,20 世纪轰轰烈烈的"空间转向"一度作为新历史叙事方式试图改变和替代传统左派历史叙事的"时间

① Alex Williams and Nick Srnicek, "♯Accelerate: Manifesto for an Accelerationist Politics", in ♯*Accelerate: The Accelerationist Reader*, eds. Armen Avanessian and Robin Mackay, Falmouth: Urbanomic, 2014.

② Nick Srnicek, "Computational Infrastructures and Aesthetics", in *Realism Materialism Art*, eds. C. Cox, J. Jaskey and S. Malik, Hudson: Sternberg Press, 2015, p. 308.

优先于空间的偏好",由此不仅促成了诸多新的激进批判理论并引发人文社会科学的空间转向,进而打开了对资本主义批判的许多增长点和可能性空间,而且对于传统马克思主义来说,无论是试图"更新"或者"升级"历史唯物主义,都对马克思主义的当代出场路径有了诸多的阐释。就实质来看,"空间转向"试图逆转传统的时间(历史)偏好的叙事,从而走向空间(地理)叙事。然而,从 20 世纪 70 年代后到 21 世纪,社会批判理论的历史叙事以速度或加速逆转了空间叙事。尤其是在数字资本主义时代的今天,这种动向及其后果表现得尤为激烈。因此,总体来看,社会批判理论的历史叙事经历了从时间(历史)、空间(地理)到速度(加速)的变迁过程。无论是从逻辑路径,还是从历史变迁,抑或是从实践之维来诊断这种叙事的变迁实质及其效应,不仅有助于我们理解和把握社会批判理论家和左派的诸多理论诉求,厘清对历史唯物主义的质疑和挑战,更能深刻测度今天资本主义时代变化的本质,由此才能恰当地判断这种叙事动向的理论实质、批判之维和政治价值。

罗萨在总结性地审理加速转向理论史的时候,以其恢宏的理论气势吸收并总结了以往的诸多理论。不过,当他试图把加速锚定为现代性本质的时候,他一方面以一种社会学的方式意图以时间为矢拆解加速之逻辑,另一方面又以法兰克福学派的批判理论为其注入新的批判性资源,在后果上便是不仅以加速理论重构法兰克福学派的批判理论从而凸显自身的当代性,而且试图既借助马克思的历史唯物主义又不断实现"超越"。

就加速问题来看,罗萨以现代社会经验分析为出发点不断突出加速问题,是因为现实不仅溢出了他所属的法兰克福学派批判传统,更是越出了原理化的马克思主义。保罗·维希留更是作为一个非马克思主义的左派,以"竞速学"打开新的历史视野来构建新的现代性,其基础就在于军事工业领域的不断加速带来的权力的集中加速,只不过这一点在资本主义尤其是数字资本主义时代更为激烈罢了。无论是罗萨、维希留、哈维,还是其他的加速理论家们,理论逻辑的规划和建构都是围绕这一个核心问题展开的:加速是历史的建构及其产物,资本主义的权力及其意识形态则牢牢占据了话语权,然而主流马克思主义缺失了对这一主题和视角的把握。因此,要理解罗萨、维希留等加速理论家对整个社会批判理论的实质性贡献,首先必须澄清以下重大问题:其一,传统马克思主义解释为何忽视加速问题? 其二,为什么在数字资本主义时代加速问题在理论上凸显出来并成为解剖时代的理论之匙?

当马克思和恩格斯在《德意志意识形态》中清理青年黑格尔派的意识形态从而鲜明地提出他们的历史科学的时候,他们以一种全新的姿态表明了自己的唯物史观。这一历史观由于与德国古典哲学(尤其是与黑格尔哲学的辩证法)有着千丝万缕的联系,从而表现出来了异常强劲的时间性(历时性)偏好,这可以从后来的理论家对马克思主义所谓的经济决定论和历史决定论展开了相当强劲的批判中管窥一斑。当然,我们承认,在马克思和恩格斯创立历史科学之后,组织工人阶级斗争的需要以及第二国际理论家们的理解差异,造成了后来纷繁复杂的历史。借用德里达的话来说,马克思主义的发展史就是不断延异(意义增殖)的历史。当然重点在于,如何把握马克思和恩格斯唯物史观的历时性问题。在马克思和恩格斯看来,基于对辩证法的把握,这种历时性的实质和核心就在于过程的绝对性和暂时性。这可以从《资本论》第二版跋及其论述内容中看出来:"辩证法在对现存事物的肯定的理解中同时包含对现存事物的否定的理解,即对现存事物的必然灭亡的理解;辩证法对每一种既成的形式都是从不断的运动中,因而也是从它的暂时性方面去理解。"①唯物史观强调社会历史变迁的过程之绝对性和暂时性,不仅反对资产阶级的历史观,更是要批判那种线性进化论和经济决定论。空间问题的出场,借助于结构主义,打开了传统马克思主义之时间性偏好的反击号角,并直接促成了 20 世纪宏大的空间化转向。既有的研究已经充分表明了这一点。我们想说明的是,无论是揭示人类社会发展一般规律的广义历史唯物主义(生产力与生产关系的内在矛盾),还是聚焦特定资本主义的狭义历史唯物主义(经济关系颠倒为统治人的物化力量),《共产党宣言》和《资本论》等著作都已经充分显示出马克思和恩格斯的空间化分析和运用。

---

① 《马克思恩格斯全集》第 44 卷,北京:人民出版社 2001 年版,第 22 页。

然而,我们需要关注的是,加速为何走向新的理论地平线,而这恰恰是与历史叙事的时间偏好和空间转向密不可分的。马克思和恩格斯的唯物史观一方面强调了社会历史变迁之过程的绝对性和暂时性,由此防止了对社会历史观形而上学的理解,正如《哲学的贫困》中马克思对蒲鲁东批评的那样。另一方面又揭示了社会历史变迁之特殊形式,即特定历史、特定阶段下社会形式展开的基本形式和变化的动力。历史叙事的速度转向尤其与后一方面有着密切的关联。时间、空间和速度本就是人的生活的综合体验形式。速度向度尤其体现了时空中社会历史发展变迁的状态和张力。因而历史叙事的速度转向尤其是加速的转向,就内在地意味着历史变迁不仅具有变化,而且具有方向,更有着强度。尽管社会历史变迁依赖时间,并在时空中展开,而速度或加速这一视角直接表明这种展开形式的具体状态和强度。以加速作为历史叙事的新维度恰恰就表明这种展开并非均质的绵延,而是带有着不同条件下强弱的差别。罗萨在以时间性为基础来考察加速的实质的时候无非也是表达了社会历史变迁的状态和强度。马克思认为社会历史变迁的动力就在于生产力与生产关系之间的内在矛盾,这种内在矛盾的展开的形式恰恰就是特定社会历史条件下矛盾的形式、方向和强度,而速度就是这一矛盾展开形式的具体体现。"政治经济学作为一门独立的科学,是在工场手工业时期才产生的,它只是从工场手工业分工的观点把社会一般看成是用同量劳动生产更多商品,从而使商品便宜和加速资本积累的手段。"①马克思的《资本论》就是考察资本主义条件下资本积累的过程及其对工人阶级的影响,加速的过程无非是适应了资本积累的内在要求。在《资本论》的很多地方可以看到,马克思不仅论述了从工场手工业到大机器生产的加速发展给工人的影响,也论述了资本增殖的本性使之必须要不断加速这一过程,其目的都是为了剥削剩余价值以实现自身增殖。

尽管加速转向有着叙事逻辑上的变迁,揭示出这一变迁的实质和逻辑有助于理解当代的加速转向。不过,仅从历史叙事的角度来说明这一

①《马克思恩格斯全集》第44卷,北京:人民出版社2001年版,第422页。

变迁是一方面,更重要的一方面在于加速在传统马克思主义叙事中被压抑的维度。在马克思和恩格斯的时代,资本主义仍然处于上升阶段,资本增殖似乎有序进行着,19世纪70年代以后发达资本主义国家在世界范围内的扩张达到高潮,从而使得空间问题在马克思主义领域中凸显。而到了20世纪70年代到90年代,随着全球化逐渐形成并实现在全球空间的布局,资本增殖和扩张就更加注重速度了。借助信息、传输、网络、交通等先进技术,全球空间在实质上的"缩小"(地球村就是典型的形式)从而要求资本以更快的速度实现增殖。因而,不仅资本积累要求加速发展以加快资本增殖(网络信息化和交通运输的加快),而且资本主义国家在政治上要求实现对全世界范围内的掌控(美国对其他国家的快速精准打击)。前一方面新的数字技术是数字资本主义时代的典型代表,而后一方面维希留通过对军事工业的阐释深刻地表明了现代资本主义国家的本质。

不过,可以观察到的是,当代的加速理论家们在进行历史认识论即元理论建构时,罗萨的社会加速理论具有独树一帜的代表性。罗萨在加速的历史认识论的建构、社会批判和干预策略方面提出了比较完整的框架,因而可以说率先使得加速这一主题具有了理论化的结构和意义。不过需要指出的是,即使罗萨提出了较为完整的加速理论框架,不过他的理论策略和出发点是基于一般的社会学理论和法兰克福学派的批判理论,这就使得他的理论建构在综合了诸多理论资源的同时,自身的理论独创性路径却稍显不足①。罗萨一方面以社会学的视野和方法对加速的时间结构进行了精细的研究,另一方面又从马克思和法兰克福学派那里借用了批判资源并试图超越它们,最终使得罗萨的理论建构在试图把加速本体论化的同时并未真正揭示出加速的内在矛盾及其动力。同样,维希留的"竞速学"也试图使加速具有本体论的意义,因为他意图将加速作为现代性的本质。当然,他从非马克思主义的角度除了对资本主义进行批判,自然无

---

① 参看哈特穆特·罗萨《加速:现代社会中时间结构的改变》,董璐译,北京:北京大学出版社2015年版。

法提出有效的政治诉求。正如韩炳哲对加速理论家们所批判的那样,"加速的诸多理论是成问题的,它们把加速解释成为现代性的主要推动力"①。作为马克思主义地理学家的哈维尽管着力于资本主义的空间批判,但是他在对时空压缩的阐述中,揭示了加速的马克思主义旨趣,从而将加速的内在动力奠基在资本积累的要求之上,使其具有了马克思主义批判性意义。后来的加速主义理论家们试图从政治上寻求对资本主义的替代方案从而带来政治上的加速突围,除了对左派政治策略的失望,他们主张直面当代数字资本主义从而采取直接的批判形式,然而在加速理论建构环节却显得比较薄弱。

三、加速拜物教批判:数字资本主义时代的批判理论

尽管前文已经就历史叙事变迁的逻辑角度阐明了加速理论变迁的逻辑,并揭示了这一主题在马克思主义那里被忽视和压抑的状况,我们仍然需要从社会历史变迁的角度来阐释其实质内涵。正如康德将先验时空作为人的先天综合判断的前提,作为马克思主义者的列斐伏尔以"空间是历史的产物"引发了马克思主义空间化的思考。由此,我们可以认为,速度或加速不仅是人的存在的先验形式,更是历史的产物,其根本意蕴就在于加速的变迁是与社会历史的发展状况紧密相关联的。

提出加速的变迁是由社会历史的发展状况决定的,不仅意味着加速产生的基本前提,而且也表明了加速在每个时代的不同状况及其具体的特殊性。那么,问题的关键就是要考察加速在具体时代条件下的具体形式。坚持这一路径其实就是表明了如何看待加速的社会历史变迁,而马克思的历史唯物主义将是一种行之有效的方法。

可以看到,无论是罗萨提出的数字资本主义时代加速所包括的科技、社会变迁和生活步调的加速三个方面的内容,还是维希留揭示加速的暴政由此从技术路径来阐释其竞速学从而阐明人类社会不断加速的状况,

---

① 韩炳哲:《时间的味道》,包向飞、徐基太译,重庆:重庆大学出版社 2017 年版,第 56 页。

抑或是加速主义理论家们以对数字资本主义时代最新的大数据和数字平台等的考察来实现新的政治想象,他们的共同之处就在于以技术的发展为内核表达了社会不断加速的事实及其效应。因此,我们认为,加速是生产力发展状况的客观表现形式,其具体形式和状况是由生产力的发展水平决定的,然而在资本主义条件下加速造成的社会后果则是生产关系的产物。在这一意义上,马克思从生产力和生产关系之间的关系出发,揭示了加速及其社会后果对社会制度的决定性作用,从而摆脱了在加速崇拜(加速主义)和反对加速(乡愁派)之间的摇摆,从社会历史变迁的角度提供了反思加速的别样视角和开放性空间。

那么首要的问题是阐明加速为何是生产力发展状况的客观表现。当代的加速理论家尤其凸显了技术在加速理论中的核心作用。在马克思那里,生产力条件的三种呈现形式分别是自然条件、技术条件(工具、机器等)和社会组织条件(协作、分工、管理)。自然条件作为生产力的前提和基础本身就表达了生产力即人与自然能动关系的旨趣。那么在人类社会发展早期,自然条件的实质效应是等同于技术条件和社会组织条件的,同样这种自然条件也是随着社会历史发展而不断变化的。因而可以看到马克思在《资本论》中并没有一开始谈到自然条件,反而在大部分的篇幅中论述的是技术条件和社会组织条件。技术条件和社会组织条件在后来资本主义的发展中越来越占据重要的地位。从 19 世纪晚期到 20 世纪早期逐渐兴起的管理革命和公司革命极大地改善了资本主义的状况并促进了其发展。到了 20 世纪 70 年代,尤其是 21 世纪的数字资本主义时代,技术条件在其中占据的地位越发重要,其实也表明了技术条件对生产力发展的独特作用。因而,由技术变革带来的生产力的发展是加速的客观基础和条件。社会加速不仅反映了人们的主观感受层面,同时它更是有着这种主观感受的客观基础。就这一点而言,加速代表了社会生产力发展的客观状况,是生产力水平的表现形式。

因此,加速不仅是由特定社会历史阶段的生产力水平和状况所决定的,而且还积累了过去时代的速度,由此而表现出一个逐渐加速的趋势。这样的加速是世世代代所不断累积起来的,体现了社会历史发展的客观趋势。然而,正如马克思在谈到生产力的时候所说的那样,"生产力在其发展的过程中达到这样的阶段,在这个阶段上产生出来的生产力和交往手段在现存关系下只能造成灾难,这种生产力已经不是生产的力量,而是破坏的力量(机器和货币)"①。可以说,在数字资本主义时代,社会的加速发展已经达到这样的阶段,这种加速带来的不是进步的力量,而是破坏的力量。尽管马克思将由生产力决定的社会历史变迁的速度看成是自然必然性的维度或者客观的物质前提,但是他并非对加速高唱赞歌或者一味反对加速,而是表明加速的变迁始终是社会关系的产物。也正是在这一点上,在马克思那里并没有专门对加速进行批判,也没有发展出独立的加速批判理论,相反,他对加速问题的探讨始终是与资本主义的具体解剖联系在一起的。在这一意义上,可以说马克思提出了对加速批判的极具深度的方法和理论。

尽管在马克思看来,人们在一定的生产力水平之下按照物质生产方式建立相应的社会形式,但这绝非自发形成的,资本主义生产方式极大推动了生产力的加速发展,然而却造成了人类社会发展的桎梏和障碍,并把人类抛到越来越快的轨道上无法停下来,且让人类自身在其中遭受越来越深层次的奴役。因而,马克思的政治经济学批判亦可以成为对数字资本主义时代资本主义生产关系的批判,以及对这种生产关系造成了生产力的扭曲、束缚和奴役的社会效果即加速拜物教的批判。因此,我们认为,资本主义尤其是数字资本主义时代条件下带来的加速乃是由资本生产推动的,并且始终体现了资本的目的和取向。至此,我们可以提出,数字资本主义时代的加速批判需立足于马克思的政治经济学批判,揭示资本主义生产关系下加速拜物教的社会后果,并探究加速的条件、界限和目的。

立足于马克思政治经济学批判基础的加速拜物教批判,才能更好地阐明数字资本主义时代的加速批判理论。这种加速批判理论认为,加速本身代表着社会生产力发展的状态,是人类创造自身物质资料生产方式的表现,然而在资本主义尤其是数字资本主义时代条件下,这种加速为资

---

① 《马克思恩格斯文集》第1卷,北京:人民出版社2009年版,第542页。

本主义生产关系所奴役并最终成为加速拜物教。这种加速拜物教一方面表现在资本家的行为旨在追求加速本身,目的则是追求剩余价值服从于资本的本性,另一方面造成了人处于一种被束缚、被奴役的异化状态。正如鲍曼所言:"从沉重的资本主义过渡到轻灵的资本主义,从固态的现代性转变到液态的现代性,结果也可能是一次比资本主义和现代性本身的来临更为激进、更具深远影响的新的起点。"①当资本主义进入数字资本主义时代,这种流动性变得越来越快,由此才能满足资本积累和扩张的需求,从而也使得资本主义本身更为激进,因为它能以最快的速度摧毁一切阻碍资本积累的东西。同样,也是这种不断加速的速度让资本主义不能停下资本积累的脚步,否则将会陷入危机。因而,在资本主义尤其是数字资本主义条件下,社会变迁的这种加速只能是实现了资本主义发展的加速(资本主义意义上),而非是社会历史发展变迁的速度(人类历史意义上)。两者差别的关键和核心就在于,社会形态的根本性质没有改变,资本主义生产关系仍然占据统治地位。

罗萨一方面立足于时间社会学努力建构加速的元理论,另一方面借用了马克思和法兰克福学派的批判理论资源,建构了数字资本主义时代的加速批判理论。这种加速批判理论的焦点则瞄准了数字资本主义时代的异化,他称之为"新异化的诞生"。当罗萨提出"加速界定了现代社会的动力、发展与改变逻辑,以及推动力"②的时候,不仅认为加速构成了一个自动驱动的循环系统,而且将加速的核心驱动力瞄准到文化层面上,即使他看到了资本逻辑的因素,也没有朝这一方面去深化。"通过资本变现的逻辑,加速似乎变成了嵌入在现代社会的物质结构中的实质性强迫,它确定了资本主义生产管理的发展和变化,例如从早期资本主义到福特主义,以及最终的弹性的积累。"③当然究其原因在于,历史认识的建构偏向时间

---

① 齐格蒙特·鲍曼:《流动的现代性》,欧阳景根译,上海:上海三联书店2002年版,第198页。
② 哈特穆特·罗萨:《新异化的诞生:社会加速批判理论大纲》,郑作彧译,上海:上海人民出版社2018年版,第71页。
③ 哈特穆特·罗萨:《加速:现代社会中时间结构的改变》,董璐译,北京:北京大学出版社2015年版,第359页。

社会学从而表现出经验化的倾向,而隶属法兰克福学派的传统越来越走向规范性的建构。因而,罗萨最终以主体与客体在既有资本主义体制下寻求"共鸣"的妥协方式进一步传承了法兰克福学派的当代效应。维希留颠倒了马克思的生产方式,从而将速度置于社会历史变迁的基础之上,满足于从技术的角度揭示资本主义现代性。维希留以加速的暴政来批判资本主义现代性,由于宣称无产阶级的终结而缺乏有效的政治立场,他的批判流于形式上的伸张和诉求。加速主义理论家对数字资本主义的当代最新诊断是非常有现实意义的,然而他们试图以"过河拆桥"式的政治策略来要求资本主义进一步加速,最后实现全面接管以此达到后资本主义社会。即使加速有着生产力和社会历史变迁方面的客观要求,然而如果不把焦点锚定在资本主义生产关系上,那么加速主义策略的有效性将会大打折扣。因此,以政治策略上的加速应对数字资本主义的加速,左翼是在声东击西地突围,还是成为资本主义的共谋,这就需要去认真评估了。

正如鲍德里亚所说的那样,"这种模仿只是假装沿着同一方向继续加速前进,而实际上完全只是在一个空洞之中加速。因为,所有解放的目标都已落到我们身后,纠缠和困扰我们的东西都因此跑到了结果之前"①。鲍德里亚认为数字资本主义时代的不断加速使得资本主义的发展已经远远走到了时代的前面,而人类的解放目标和诉求还远远地落在后面。这正是维希留一本著作的标题"解放的速度"②中的应有之义。在资本主义尤其是数字资本主义时代的条件下,资本积累的本性、资本追求剩余价值驱动、资本主义生产关系对人的压迫和束缚,这都使得随着生产力的客观变迁积累起来的速度成为统治人的状况。加速也因此成为一种加速拜物教。因此,在资本主义条件下,生产力和社会历史变迁的加速发展并没有满足人类的物质文化需要,也就意味着在这二者之间存在着脱节和不平衡。脱节,意味着资本主义社会以越来越加速的节奏走到了人类前面,而将人类远远地抛到了后面,不平衡,是因为资本主义生产关系对人的关系

---

① Jean Baudrillard, *The Transparency of Evil: Essays on Extreme Phenomena*, London: Verso, 1993, p. 3.

② 保罗·维利里奥:《解放的速度》,陆元昶译,南京:江苏人民出版社 2004 年版。

是一种压迫、剥削和统治的关系。因此,要改变这种脱节和不平等的关系,必须彻底变革资本主义生产关系,使社会历史的发展与人类主体保持一种相一致的速度,从而使得生产力发展带来的成果满足人类主体的需要,而非让人类主体成为资本无限追逐剩余价值的工具。

立足马克思的历史唯物主义和政治经济学批判,我们才能有效地审视数字资本主义时代的加速转向,并恰当地澄清加速理论的各种理论主张和政治诉求,从而阐述这一理论动向的理论内涵和实质意义。总的看来,数字资本主义时代的加速作为生产力发展的表现形式,具有社会历史变迁的客观性,它只是在资本主义条件下为了资本无限增殖和积累而成为奴役人的现象,使得人在这一目的的推动下被抛到高速的轨道上无法停下,加速则成为加速拜物教。马克思的政治经济学批判仍然是今天穿透数字资本主义时代加速拜物教的有效利器。这就是数字资本主义时代加速转向带给我们的思考和启示。

加速主义的历史变迁、理论更替及其政治意蕴：一项思想史考察

彭钰美　雷　禹①
（南开大学马克思主义学院、华中师范大学马克思主义学院）

　　加速主义是在主要资本主义国家生长出来的一种社会思潮，自诞生之日起就引发了广泛关注和巨大争议。作为一种激进的理论思潮，加速主义在理论上表现出异常明显的含糊性：一方面，由于它企图超越资本主义而表现出来的立场之争导致了内部难以沟通的对立。另一方面，出于对马克思主义的误解和滥用，它在政治策略上与资本主义意识形态产生了复杂的共谋。因而，厘清加速主义的理论谱系及其历史变迁就显得尤为必要。本文基于思想史的角度，试图从加速主义思潮与资本主义现实之间的关系来把握它的历史变迁、理论更替和内在张力，由此摆脱外在的立场评判，从而真正揭示加速主义的内在逻辑、理论缺陷和基本教训。

　　自 2013 年尼克·斯尔尼塞克和亚列克斯·威廉姆斯发表《加速主义政治宣言》一文，"加速主义"成为一个备受争议的学术事件。无论是从狭义的学术流派还是从广义的社会思潮来进行理解，"加速主义"都代表着西方马克思主义终结之后独立寻求突围资本主义的理论路径和政治冲

---

① 作者简介：彭钰美，南开大学马克思主义学院博士研究生，研究方向为马克思主义理论；雷禹，华中师范大学马克思主义学院讲师，硕士研究生导师，研究方向为国外马克思主义。

动。然而,在这一动向中,马克思主义处于尤为尴尬的境地:一方面,加速主义总是援引马克思主义的理论资源并将其打扮成自己的同时代人,由此获得天然的合法性。另一方面,在加速主义的理论实质和干预策略方面,马克思主义要么缺席,要么格格不入而处于一种"空场"的状态。无论如何,作为一种激进的理论思潮,加速主义是对资本主义的理论反应。在社会现实和思想处于急剧变迁的条件下,我们需要及时更新自身的历史和理论叙事,深化对现实本身和诸多思潮的把握和定位,从而占据主动地位。因此,基于社会历史和理论变革之内在张力的视角,思想史的研究需要把握自身的逻辑变迁。基于这一立场,本文试图从思想史的角度考察加速主义思潮的历史变迁、理论更替及其政治意蕴,从而真正厘清这一思潮的理论实质。

一、加速主义的内在底蕴:从尼采的未来哲学到意大利的未来主义和德国的技术世界观

"加速主义"这一术语自 2010 年之后得到广泛使用,尤其是《加速主义政治宣言》的发表使其成为一股蔚为大观的社会思潮和学术动向,离不开加速主义批判的集大成者本雅明·诺伊斯(Benjamin Noys)对这一术语和思潮持久而深入的探讨。对于这一术语的来源,一方面,一部分学者认为是由诺伊斯在其著作《否定的持存》(*The Persistence of the Negative*)①中创造的,另一方面,也有一部分学者将其追溯到 1967 年美国作家罗杰·泽拉兹尼(Roger Zelazny)的科幻小说《光之王》(*Lord of Light*)②中。我们认为,正是诺伊斯对这一术语的率先界定使其成为一个知识学上的事件从而获得了丰富的内涵,简言之,正是他首先用这一术语指代了特定的哲学和政治概念,最终催生了这一思潮的流行。尽管如此,泽拉兹尼的界定仍然分享了这一术语后来的含义,因而他的使用成为后来学者

---

① Benjamin Noys, *The Persistence of the Negative: A Critique of Contemporary Continental Theory*, Edinburgh: Edinburgh University Press, 2010.
② Roger Zelazny: *Lord of Light*, New York: Doubleday, 1967.

反复回到的出发点。

虽然"加速主义"概念的使用是一个晚近的事件——无论是在诺伊斯还是在泽拉兹尼那里,然而,纵观整个思想史可以发现,这一概念背后所反映的思想却是更为古老。"加速主义"这一概念 20 世纪 60 年代才开始使用,而其内在底蕴早在 19 世纪的尼采那里就存在了。从尼采的未来哲学到意大利的未来主义和德国的技术世界观构成了加速主义思潮的"前史"。追溯它的"前史"并非以一种目的论的叙事来反身寻求它的源头,而毋宁是一方面澄清后来的加速主义思潮反复引用的思想资源,另一方面探寻这一逻辑变迁背后反映的社会历史背景,从而为理解其今天的最新形态厘清必要的战场并提供必要的理论和逻辑的支撑。

在谈到尼采之前,值得先提一下英国小说家玛丽·雪莱。她于 1818 年出版的小说《弗兰肯斯坦》①被誉为文学史上第一部科幻小说。这篇小说创作于启蒙运动后期,正值科学技术快速发展时期。《弗兰肯斯坦》冠以副标题"现代普罗米修斯",主角弗兰肯斯坦是一位藐视启蒙运动机械世界观的科学家。在浪漫主义和科学研究蓬勃发展的背景下,弗兰肯斯坦既跳出了科学的限制,又摆脱了文明的规范,最终取代上帝而成为新的造物者。这种造物者是智慧生命的创造者,即弗兰肯斯坦的怪物。

弗兰肯斯坦被玛丽·雪莱作为"现代普罗米修斯",这种气质可以说构成了后来加速主义的底蕴。至为关键的是,她将弗兰肯斯坦作为现代人类意志的表达,并将这种人类意志提升到无与伦比的地位,这充分契合了现代资本主义发展到工业革命前后的社会状况。对人类意志的肯定和赞扬同样是尼采哲学的核心主题,也使得尼采成为加速主义思潮所反复追寻的起点和源头。尽管加速主义概念的提出是相当晚近的事情,然而其内在底蕴早已经充分彰显于尼采的哲学之中。

尼采的宣言"上帝死了"正是他对基督教批判的独特表达,也是他对

---

① Mary Wollstonecraft Shelley, *Frankenstein, Or, the Modern Prometheus*, New York: Penguin, 2002.

基督教虚无主义批判的集中体现。尼采认为,在上帝面前人人平等的理念,恰恰是基督教虚无主义的核心体现。通过这一理念,基督教颠覆了古希腊和罗马的古典价值观,使人类走上了平庸和颓废的道路。在这一意义上,尼采开启了重估一切价值的尝试。在批判基督教之前,尼采以倡导生命的"权力意志"为评判好坏的标准,从而展开了一场虚无主义运动。现代人普遍认为走出了基督教占主导的黑暗的中世纪,终于达到文明的欧洲。然而,尼采认为,今天的欧洲人正变得越来越相似和平庸,这种所谓的"进步"不过是一种虚假的幻象,是占据统治地位的人们进行美化和合理化的策略而已。正是为了反对现代人这种进步观,尼采预言了加速主义思想的一个关键特征:只有通过彻底的危机和人类的绝对堕落才能在真正意义上实现根本的进步,而非一种虚幻的理念。因此,以"颓废"的面貌呈现出来的现代性的根本逻辑需要被重新激化,从而从废墟中诞生真正的新事物,而这一过程需要被不断加速,而不是阻碍。

尼采不仅关注了关于加速的问题,也看到了缓慢和减速的倾向。在《权力意志》的"未来之强者"的一个片段里,尼采认为:"欧洲人的均衡乃是一个不可阻挡的伟大进程:人们本应进一步加速这个进程。一种撕裂、间距、等级制的必然性因此已经出现了:而不是延缓上述进程的必然性。"[1]同样,在《论道德的谱系》中,尼采想象了一个"自由思想家",对其描绘的加速的图景作了回应。"这次贯穿全人类整个肉身的毒化过程,看起来是无法停止的,其节奏和步伐从现在起甚至可以放得越来越缓慢、精细、悄无声息、审慎周详——人们有的是时间……在这个图谋里,今日的教会还负有什么必然的使命,从根本上说还有什么存在的理由吗?Quaeritur[有此一问]。看来,教会倒是在阻碍和抑制那个进程,而不是加快推进它?如今倒是这个才可能是它的用处……"[2]正是在这里,我们看到了尼采的加速主义的最充分表达,其目的就在于反对教会希望减缓事情的发展速度。尼采的"加速这个过程"成为后来加速主义所不断援引的

---

① 尼采:《权力意志》(上卷),孙周兴译,北京:商务印书馆 2017 年版,第 486 页。
② 尼采:《论道德的谱系》,赵千帆译、孙周兴校,北京:商务印书馆 2016 年版,第 29—30 页。

初始表达。

尼采的未来哲学激励了整个 20 世纪的思想家，同时其理论底蕴催生了后来加速主义思潮的诞生。尽管并非所有人都直接采用"未来主义"这一表达，但他们出于对日益加剧的资本主义工业化和全球冲突的反应，无论是在哲学、政治、美学等方面都反对资本主义现代性并试图与之彻底决裂。在这一意义上，他们共同预见了 20 世纪末的加速主义，并且成为通向加速主义的直接纽带和桥梁。

在意大利，未来主义的旗手是菲利波·托马索·马里内蒂（Filippo Tommaso Marinetti），也是未来主义的创始人。马里内蒂和他的追随者们表达了对速度、科技和暴力等元素的狂热喜爱，预示着今天科学技术话语中普遍存在的那种技术迷恋。汽车、飞机、工业化的城镇等在未来主义者的眼中充满魅力，因为这些象征着人类依靠技术的进步征服了自然。马里内蒂的这一观点毫不隐讳地在其《未来主义宣言》中表达了出来。在他看来，"宏伟的世界获得了一种新的美——速度之美，从而变得丰富多彩。一辆赛车的外壳上装饰着粗大的管子，像恶狠狠地张嘴哈气的蛇……一辆汽车吼叫着，就像踏在机关枪上奔跑，它们比萨色雷斯的胜利女神塑像更美"①。与尼采一样，马里内蒂的观念也是严格的且非道德的。在他看来，没有任何普遍的人文主义精神，只有政治的崇高化、审美化。然而，这种对速度、对技术赞美的未来主义宣言也引发了对战争的热爱，因为在其中人类的尤其是男性的统治意志得到了最为充分的展示，随之也与法西斯主义建立了亲密的联系。

在德国，恩斯特·荣格尔（Ernst Jünger）和奥斯瓦尔德·斯宾格勒（Oswald Spengler）延续了这一思路。对于荣格尔来说，他呼吁将生活的所有领域军事化，从而使他的战争经历变得绝对化，并主张采取暴力镇压和建立国家专政。荣格尔拒绝人道主义、和平主义的理想，以及所有资产阶级的秩序和文明的普遍观念，取而代之的是宣传一种不怕痛苦和牺牲的人的形象，并且更加重视纪律和等级制度。在这一点上，荣格尔强调拥

---

① Filippo Tommaso Marinett, *Manifesti futurist*, New York：Rizzol, 2013, p. 40.

有庞大工人军团的现代经济。在社会领域中,保留下来的是战争的风气和无处不在的非道德主义,人们关注的是战争,并将自己变成现代战争的人类主体。荣格尔将自由资本主义转变为一种威权形式:"国家把自己变成了巨大的工厂,在流水线上生产军队,日夜把军队送到战场上,在那里,同样机械化的血淋淋的嘴巴取代了消费者的角色。"[1]荣格尔对技术创新的呼吁脱离了人本身,在追求速度和效率的过程中,将人的维度抛之脑后。荣格尔这种理念背后蕴藏的是其鲜明的意志主义,即一种对不受约束的自由意志的信仰。这种强力意志的重要特征在于不为人类平等的普遍规范所束缚,而且必须突破这些规范。荣格尔对这种强力意志的呼吁和赞赏可以说是有着尼采权力意志的影子。对这种意志主义的强调,体现了荣格尔的技术征服世界的思想。

在另一位德国思想家斯宾格勒看来,这种权力意志为科学技术的发展奠定了基础。在《人与技术》中,斯宾格勒认为,科学是一种神话创造,是一种自由的、创造性的追求。科学技术是在不断的斗争中形成的,这种斗争恰恰是与生命本身紧密联系在一起的。任何工具、技术手段都是权力意志为自己铸造的武器,以便在斗争中取得对自然或他人的胜利。在斯宾格勒看来:"所有伟大的发明和事业均出自强人对胜利的喜悦。它们是有个性的人的表现,而非群众的功力思想的表现,群众只是旁观者,但是不得不忍受发明的后果,不管它们是怎样的。"[2]对于斯宾格勒来说,日耳曼的浮士德文化即是坚持自己的意志创造,坚定地拥抱自己的创造性,这就是最有可能的英雄主义。"自己建立一个世界,自己做上帝,这就是浮士德式的发明者梦想,从那时起,从发明者的梦想中产生了各种各样的有关机器的构思,它们尽可能地接近永动机的无法实现的目标。"[3]在这一意义上,斯宾格勒提出了"科学是神话"的观

---

[1] Ernst Jünger, "Total Mobilization", in *The Heidegger Controversy: A Critical Reader*, ed. Richard Wolin, Cambridge, MA: MIT Press, 1993, p.129.

[2] 奥斯瓦尔德·斯宾格勒:《西方的没落:斯宾格勒精粹》,洪天富译,南京:译林出版社 2015 年版,第 231 页。

[3] 同上书,第 230 页。

念,科学并非建立在对客观世界的探索之上,而是基于权力意志而为了斗争的创造。斯宾格勒的这种观念可以说对后来的加速主义观点产生极大的影响,而后来的"超信"(hyperstition)这一概念就是最为直接的呈现。这一概念意指虚构的或人为的想法可以产生重大的影响,而此想法的重点不在于是否与事实或现实相符,易言之,它与竞争的力量和立场有关。在这种情况下,斯宾格勒的技术世界观隐晦地表明了一种政治专制主义,这亦是其科学技术的权力意志体现,这也最终促成了斯宾格勒右翼未来主义的立场。

对加速主义思潮从尼采的未来哲学到意大利的未来主义和德国的技术世界观这一"前史"的谱系梳理,可以看出,尼采的权力意志哲学为后来整个 20 世纪思想尤其是加速主义的发展奠定了理论基调。在其影响下,马里内蒂对机器、技术和速度表达了至高无上的赞美;对于荣格尔来说,他肯定了个人对这种技术的认同;对斯宾格勒而言,尽管他认为作为浮士德式的技术携带着权力意志的力量,亦表达了对这种技术的深深忧虑,然而只能将其作为西方的不可逃避的宿命来加以看待。尽管这一谱系的理论家并非后来直接的加速主义者,但不可忽视的是他们的思想理论已经牢牢地为今天的加速主义打上了底色。

二、加速主义在法国的出场:欲望哲学及其对资本主义现代性的后马克思主义式激进诊断

在法国,吉尔·德勒兹、加塔利、让—弗朗索瓦·利奥塔和让·鲍德里亚将尼采的未来哲学和未来主义的政治影响带到了 20 世纪后半叶。在名义上,他们属于激进的左翼,使用了未来主义的主题来对资本主义及其现代性进行激进诊断。1968 年"五月风暴"的失败,使左翼的事业和力量遭受到严重的打击和削弱,同时也影响了整体的革命氛围,无疑也让左翼的革命策略不得不有所调整。总的来说,他们借鉴了马克思关于"资本主义的真正限制是资本本身"这一论断,从而强调对资本主义的反抗必须让资本主义本身变得更加激进,企图冲破其自身的界限。正是在这一背

景下,本雅明·诺伊斯将他们的理论倾向首次称为加速主义①。这一时期加速主义三个主要的代表性文本分别是:德勒兹和加塔利的《反俄狄浦斯》(1972 年)、利奥塔的《力比多经济学》(1974 年)和鲍德里亚的《象征交换与死亡》(1976 年)。

德勒兹和加塔利在《反俄狄浦斯》中的一段简要表达成为加速主义在法国的早期出场形式,亦构成了加速主义思想发展的决定性事件。在《反俄狄浦斯》中,德勒兹和加塔利指出:"但哪条是革命的道路呢?是否有一条?像萨米尔—阿明建议第三世界国家做的那样,退出世界市场,这是法西斯主义'经济解决方案'的一种奇怪的复兴?或者是朝相反的方向走?更进一步,即在市场的运动中,解码化和解辖域化?因为从一个高度精神分裂的理论和实践的角度来看,也许流动还不够解辖域化,还不够解码化。不是退出这个过程,而是更进一步,'加速这个过程',正如尼采所说:在这个问题上,事实是我们还没有看到什么。"②

德勒兹和加塔利的这段话被反复引用,后人尤其将这段话看作是他们作为法国加速主义者代表的"圣经"式段落。在其中,尤为重要的是德勒兹和加塔利勾连了尼采的思想,使得尼采这个本身并非那么明显的开端构成了加速主义思潮源头的初始表达。可以说,加速主义作为一场知识学的运动,是在不断地建构自身的过程中形成的,而这种形成是通过当代的加速主义逆反地追溯过去的历史思想和事件而不断成型的。

与尼采强调以一种权力意志来预言欧洲人应当加速堕落并进入彻底的危机从而实现根本进步这一伟大进程一样,德勒兹和加塔利以一种加速主义式异端的精神分裂分析为对策,试图来回应资本主义在世界范围内的蔓延。受到马克思恩格斯对于资本主义革命化力量赞美的启示,德勒兹和加塔利认为资本主义一方面是解辖域化的运动,另一方面又是再辖域化的运动。"资本主义机器越是对流(flux)进行解域化、解码和公理

---

① Benjamin Noys, *The Persistence of the Negative : A Critique of Contemporary Continental Theory*, Edinburgh: Edinburgh University Press, 2010, p. 5.

② Gilles Deleuze and Felix Guattari, *Anti-Oedipus : Capitalism and Schizophrenia*, Minneapolis: University of Minnesota Press, 1983, pp. 239 - 240.

化,以便从中榨取剩余价值,它的附属机构,如政府官僚机构与法律和秩序的力量,就越是竭尽全力地再解辖域化,在这个过程中吸收越来越大的剩余价值份额。"①德勒兹和加塔利借助于马克思和弗洛伊德,诊断资本主义的矛盾之处在于解码所造成的解辖域化释放的欲望与公理化的逻辑之间的矛盾,进而表明资本主义的生产是由欲望生产推动的。最终,在面对解放的革命道路之时,德勒兹和加塔利谴责了以阿明为代表的第三世界退出市场的路线主张,反而是采取了尼采式的表达,即进一步"加速这一进程",达到资本主义本身的极限。正是在这一意义上,德勒兹和加塔利认为,资本主义分裂本体论的革命性加速,产生了突破资本主义价值和人类主体遏制的审美经验。

然而,在利奥塔看来,德勒兹和加塔利走得还不够远,认为他们仍然保留了一些在资本主义"外部"的概念,换言之,德勒兹和加塔利对欲望的推崇意味着欲望是某种突破资本主义的外部力量。为了反对这一点,利奥塔在《力比多经济学》中认为,只有一种欲望,即资本主义本身的欲望,也只有一种经济学,即资本主义本身的力比多经济学。一方面,利奥塔把工人阶级拥抱自己的毁灭想象成一种快乐的重生过程,他认为工人阶级与剥削和压迫他们的机器融为一体。另一方面,他又把生产的欢爽想象为一种逃避生产本身的合理性的感觉,一种毫无意义的过度。于是,利奥塔既否定了资本主义的逻辑,又试图开辟一条超越资本主义的道路。如果说德勒兹和加塔利试图以欲望生产取代马克思的物质生产,那么利奥塔则进一步从欲望生产走向贸易和交换。在他看来,资本主义的特殊之处在于"交换价值不可触及的公理"②,它使生产和消费成为可能。同时,加速交换关系将会大大超越生产的限制。由此,利奥塔试图强调资本主义的欲望本身以加速交换关系的推进带来的重要后果,也因此而强调了信贷和投机以推动贸易顺差。

① Gilles Deleuze and Felix Guattari, *Anti-Oedipus: Capitalism and Schizophrenia*, Minneapolis: University of Minnesota Press, 1983, pp. 34 - 35.

② Jean-Francois Lyotard, "Energumen Capitalism", in ♯*Accelerate: The Accelerationist Reader*, eds. Armen Avanessian and Robin Mackay, Falmouth: Urbanomic, 2014, p. 188.

鲍德里亚在《象征交换与死亡》中矛头直指德勒兹、加塔利和利奥塔对欲望和力比多深深的眷恋。在鲍德里亚看来,只有"死亡"是推翻资本主义的唯一形式。"对我们而言,它在各处都是毁灭和死亡的形式。"①因为鲍德里亚在死亡中发现了一种象征性的挑战,即象征交换。借助人类学家莫斯的"礼物的馈赠",鲍德里亚试图回归前资本主义经济时代从而把焦点锁定在摧毁价值本身之上,以此来超越资本主义。鲍德里亚对德勒兹、加塔利和利奥塔以生产的形而上学为根据的倾向着重提出了批评,这就是《生产之镜》中所言的"没有约束的生产浪漫主义"②。鲍德里亚否定关于欲望的加速主义,从而肯定了灾难性的、破坏性的加速主义,即关于加速通货膨胀的形而上学。这种加速通货膨胀的形而上学,不仅仅是由于货币本身导致的资本主义的膨胀,而且是在象征交换中加速资本主义的变化,最终导致资本主义自身的价值崩溃。然而,利奥塔反问鲍德里亚:"资本主义交换的力比多强度与所谓的'象征性'交换的力比多强度相同。"③在利奥塔看来,鲍德里亚的任何措施都是无效的,因为一切都会被资本主义所吸纳,象征交换也不例外。无论如何,鲍德里亚的矛盾和奇异之处就在于企图通过加速资本主义的体系来反对体系、用死亡来反对死亡,从而形成一种诱惑的、致命的策略。

当鲍德里亚所说的"消费社会"来临之时,资本主义进一步加深了其统治地位,也作为对 1968 年"五月风暴"失败的理论上的反应,早期的法国加速主义思想无疑是在理论和现实的双重背景之下试图找寻突围道路的过程中应运而生的。德勒兹(和加塔利)、利奥塔和鲍德里亚在建构自身的理论过程中,分别抓住欲望、力比多和死亡,从而分别围绕资本的特定时刻,即生产、信贷和通货膨胀,建构了自身关于加速的理论,从而定位了加速战略与资本主义力量之间的关系。在这个过程中,他们都极大地借助了马克思的思想资源以对资本主义现代性进行激进诊断,结果都溢

---

① 让·鲍德里亚:《象征交换与死亡》,车槿山译,南京:译林出版社 2009 年版,第 3 页。

② 让·鲍德里亚:《生产之镜》,仰海峰译,北京:中央编译出版社 2005 年版,第 1 页。

③ Jean-François Lyotard, *Libidinal Economy*, trans. Iain Hamilton Grant, London: Athlone, 1993, p. 214.

出了马克思的基本观点和立场,从而呈现出一种异常激进的后马克思主义姿态。总的来看,德勒兹和加塔利肯定了资本主义本身的强度、速度的重要性。利奥塔强调了被异化的工人应当在肯定资本主义本身的欲望中得到最大的快感。鲍德里亚试图以致命的加速策略推动资本主义走向毁灭的同时意图回到前现代的事物。

三、加速主义的右翼转向:兰德的非理性哲学及其加速主义神话

如果说加速主义作为一项广泛的知识学运动,那么前述两阶段的发展,即从尼采到鲍德里亚整个漫长的阶段可以作为当代加速主义的"前史"。亦可以说,从尼采到鲍德里亚的这段历史是被逆向地不断建构出来的思想史。因为,如果不是当代加速主义作为更为明显的运动呈现出来,那么这段"前史"是不会以这样的面貌出现的。正是尼克·兰德(Nick Land)真正开启了一个被称为加速主义的思潮,才使得后来的加速主义者不断去追寻它的历史,从而寻求它的合法性,也才能为今天提供合理的策略。加速主义在20世纪90年代和21世纪初的科技热潮中崭露头角,是在对柏林墙倒塌、法国批判理论和80年代赛博朋克技术的回应之下逐渐产生的。

兰德不仅正式开启了加速主义,并为其贡献了带有个人色彩和风格的思想资源。兰德作为加速主义的核心人物,也是众多加速主义者的老师,包括马克·费舍尔(Mark Fisher)、罗宾·麦凯(Robin Mackay)、雷·布拉西耶(Ray Brazzier)和伊恩·汉密尔顿—格兰特(Iain Hamilton-Grant),也间接地影响了雷扎·尼加雷斯塔尼(Reza Negarestani),同时也深刻地影响了在他之后华威大学的一代哲学家,包括阿尔贝托·托斯卡诺(Alberto Toscano)和卢西亚娜·帕里西(Luciana Parisi)等人。兰德试图将自己的思想和生活都融入他所要推进的事业中,以活生生的模拟方式来表达和实现其思想,这使得他给人一种非同寻常的亲切感和鼓舞人心的魄力,并让自己的作品具有一种真正的哲学新方法。所有这些都促使他成为加速主义的核心人物。1995年,以兰德为代表的理论家将华威

大学作为大本营建立了"控制论文化研究所"（Cybernetic Culture Research Unit，CCRU），试图将其作为宣传理论的阵地。

兰德之所以能够成为加速主义的核心和领军人物，最重要的莫过于他开创了加速主义的元理论，并奠定了加速主义的基本风格。对于德勒兹和加塔利来说，人类的理性思维受到利益的制约和限制，人类利益超越并试图控制宇宙的物质能动性。然而，如果人类以感觉或经验为中心，那么便可以实现超越人类理性及其有限性的力量。资本主义本身由精神分裂的力量所驱动，其革命性的加速产生了能够突破资本主义价值的审美经验。因此，在兰德看来，艺术是资本主义走向可能的后资本主义阶段的加速器，因为它能创造出非人的感觉。从兰德的思想轨迹来看，他从早期对康德、尼采和叔本华的研究，逐渐走向以人工智能和"奇点"概念为核心的赛博朋克资本主义，尔后放弃了通常的哲学形式，选择了几乎无法阅读的虚构文本和印刷实验。

正是在这一意义上，早期兰德充分发扬了一种美学。在这种美学中，资本主义是一种机制，通过这种机制，欲望能够欣喜地反对人类的理性主体性。兰德设想了一个通过资本主义释放其人道主义束缚的激进的革命计划。这就是德勒兹和加塔利在《反俄狄浦斯》中的彻底分裂的资本主义。兰德效仿尼采，主张哲学上的生命主义。兰德认为，真实的经验现在被电子技术强化了，这必然意味着对人类的克服。

在这里，兰德给加速主义提供了最为重要的元理论资源，即一种反逻各斯计划的非理性主义，其进一步的结果就是作为整个加速主义的实质和核心——超信（hyperstition）概念。兰德试图以非理性主义反对理性主义的形而上学，这种"反对"并非基于理性主义本身的论证，相反，他采取了经验主义的方式和策略。于是，兰德以量子力学、时间旅行、虚拟货币和控制论等前沿科学技术来破坏有序的和可理解的宇宙观。

兰德在文章《卡巴拉 101》（Qabbala 101）中表达了他的观点："由于卡巴拉主义是一个实际的纲领，而不是任何形式的教条，它的形式错误——误解——仅仅是计算上的不规范，而纠正这些错误实际上是它继续发展的程序要求（而不是反对）。对卡巴拉主义事业的理性否定被迫采取形而上学的立场：以所谓的原则为由排除事实上不过是指导性的'经验'假设。"①在兰德那里，卡巴拉是一种装置，这种装置可以将外部世界的信息输入进来并将其转换为可理解的形式。通过这种装置，我们可以理解复杂的外部世界。在这里，可以清晰地看到兰德的非理性主义哲学。因为在他那里，卡巴拉是一种纯粹实践的追求，它是自我调节和自我纠正的，对外部世界的理解并非在于外部世界本身，而与对其的理解有关。这就是兰德的非理性主义所主张的世界观。当然，他要批判的对象是理性主义者，因为他们企图为宇宙制定长期的规则，从而表现出教条的、傲慢的姿态。

正是在这一点上，兰德为加速主义提供了内在的哲学底蕴。兰德的加速主义倡导一种非理性主义的超经验主义，即对外部世界理解的落脚点需要归结于自身，而世界的客观实在和真理本身就显得无关紧要了。结果是，理性主义者追求的真理、客观世界的真知都被悬置了。相反，既然世界的真理本身不具有合法性，那么作为指导人们实践的理论只能是由自己建构出来了。因此，对真理和客观标准的怀疑催生了"超信"这一加速主义核心表达。超信的实质就是人类的知识建构可以产生巨大的影响，而不涉及是否真实地再现了世界的客观状况。换言之，问题并非在于是否真正理解外部世界，而在于这种自我的建构或虚构是否能够产生影响。在这种主张下，人们可以自由地创造，自由地选择。

因而，在兰德那里，加速主义就是一种自我意志的创造性呈现。它并非真正地反映了客观世界的真理，而是基于主体的认知，以一种实用主义的方式进行建构。加速主义企图让人们相信这样一种观念，即资本主义本身发展得还不充分，它必须加速发展，随着市场化的道路进一步推进。然而，兰德赋予了加速主义一种异常挑衅性的反社会主义和反社会民主的形式。在他看来，"机械革命必须朝着与社会主义监管相反的方向前进；推动正在撕裂社会领域的过程走向更加不受限制的市场化，随着市场

---

① Nick Land, *Fanged Noumena：Collected Writings 1987 - 2007*, eds. Ray Brassier and Robin Mackay, Falmouth：Urbanomic, 2012, p. 591.

的运动、解码和解域化，以及在解域化的方向上永远不会走得足够远：你还没有看到任何东西"①。在这一导向上，兰德的加速主义批判资本主义，但是也放弃社会主义，而真正的策略是必须进一步加速推进资本主义的发展以达到某些可能。由此，兰德认为："生命正在被逐步淘汰，进入一些新的领域，如果我们认为这是可以阻止的，那我们就比看起来的还要愚蠢了。"②

兰德的加速主义支持一种亲市场的反资本主义立场，然而，这一立场的模棱两可很容易就从对市场的肯定走向反动的资本主义，从而将资本主义作为卓越的加速器。可以说，兰德的加速主义后来与新反动主义（Neoreaction）汇合到了一起，因为它将解域化的理论与资本主义本身进行了密切的勾连。第一，兰德在《黑暗启蒙》中既批判了民主资本主义的失败，也指出了左翼所提倡的社会平等阻碍了技术的发展和人类的进步。因而，自启蒙运动以来，社会已经走在了错误的弯路之上。"实质上的平等与现实没有任何关系，除非是对它的系统性否定。甚至为了接近一个实际的平等主义方案，也需要有种族灭绝规模的暴力，如果试图做任何不那么雄心勃勃的事情，人们会绕过它（有些人比其他人更有能力）。"③在夏维罗看来："兰德对资本发展出一种斯德哥尔摩综合征。他把它绝对的、暴力的破坏性速度看作是一种应该被欢迎和赞美的外来力量。"④第二，兰德创造了目的螺旋（teleoplexy）这一术语，旨在表明数字机器、算法和人工智能等数字技术在维持、促进和加速资本主义过程中的作用，其复杂性、连接性和操作能力有助于加速事物的发展。兰德认为："只有目的螺旋式的东西存在，也就是说资本化是一种自然——历史的现实，加速主义才会

---

① Nick Land, *A Nick Land Reader：Selected Writings*, in *Anonymous*, eds. Robin Mackay and Mark Fisher, 2017, p. 29.

② Nick Land, *Fanged Noumena：Collected Writings 1987－2007*, eds. Ray Brassier and Robin Mackay, Falmouth：Urbanomic, 2012, pp. 317－318.

③ Nick Land, *A Nick Land Reader：Selected Writings*, in *Anonymous*, eds. Robin Mackay and Mark Fisher, 2017, p. 208.

④ Steven Shaviro, *No Speed Limit：Three Essays on Accelerationism*, Minneapolis：University of Minnesota Press, 2015, p. 12.

有一个真实的对象物。"①在这一点上,兰德的加速主义旨在描述数字技术与资本主义之间的连续性和亲缘性。然而,第三,兰德也表明能够拥有这些数字技术的人,在资本主义经济体系中只是一小部分人,这无疑掩饰不了其潜在的精英主义立场。

或许,问题的重点不仅仅在于这种加速主义持有何种主张,更关键的是加速主义本身代表了什么。兰德不仅将加速主义作为一种与客观世界之真理无涉的自由意志的创造,同时在政治上作为一种新的霸权,即用一种新的、有统治力的神话来取代今天的无论左翼还是右翼的霸权主义。然而,遵循这样一种神话,则是以加速主义重塑我们所面对和生活于其中的现实,并为信奉这一主张的人提供一种思想和行动的来源,而最终兰德的加速主义也为后来美国的新保守主义的兴起给予了思想支持。

四、加速主义的左翼转向:斯尔尼塞克和威廉姆斯的新理性主义与后资本主义政治规划

不同于兰德的右翼加速主义,在 2010 年后出现的加速主义试图扭转这一导向,将加速主义作为一种左翼的政治策略并使其合法化。加速主义的左翼转向不仅试图改变 20 世纪 70 年代法国后马克思主义式加速主义堕入自由主义的危险境地,而且亦反拨兰德对资本主义变革力量的反人类拥护。如果说,就马克思主义来看的话,法国加速主义是一种"明修栈道,暗度陈仓"的方式,即它尽管在表面上借用了诸多马克思主义的思想资源,但在实质上已经大大溢出了马克思主义的立场,而兰德的加速主义直言不讳地将马克思主义作为了批判的矛头并直接地走向右翼阵营,那么当前的加速主义则将马克思归入普罗米修斯主义的传统,由此使加速主义左翼化。因而,当代的左翼加速主义直接是在对前两波加速主义潮流的反思、批判和再定向的过程中产生出来的。在阿尔曼·阿瓦内森(Armen Avanessian)和罗

---

① Nick Land, "Teleoplexy: Notes on Acceleration", in ♯*Accelerate: The Accelerationist Reader*, eds. Armen Avanessian and Robin Mackay, Falmouth: Urbanomic, 2014, p. 514.

宾·麦凯(Robin Mackay)看来,"然而,如果从表面上看与先驱者狂热的虚无主义不一致,那么今天的加速主义可以被看作是一种改进,并通过跨越 20 世纪末和 21 世纪诞生的几十年的棱镜对它们进行重新思考。"①当代的左翼加速主义真正使得加速主义本身既成为理论上的思想运动,又作为现实中左翼的政治策略。左翼加速主义的代表人物是加拿大的尼克·斯尔尼塞克与英国的亚历克斯·威廉姆斯,他们发表的《加速主义政治宣言》构成了其理论宣言和政治主张,成功地重新激发了加速主义的活力,同时在政治议程上为左翼的激进策略打开了极大的空间。

可以说,斯尔尼塞克和威廉姆斯的《加速主义政治宣言》是阐述左翼加速主义的最清晰和最详细的尝试,也是一个富有挑衅性和论战性的宣言,因为它试图宣告和划定左翼新的战略。在该宣言的开始,斯尔尼塞克和威廉姆斯一上来就着重阐述了当前的困难和危机。第一,21 世纪的第二个十年,全球文明面临新的灾难,如气候环境灾难、金融危机。第二,从 1979 年全球主流政治意识形态变成新自由主义开始,到 2008 年金融危机之后推行新自由主义 2.0 版,鼓励私人重新扩张到社会民主体制和服务之中,亦产生了诸多消极影响,并使得社会和经济发展长期停滞不前。第三,一方面,左翼局限于各种民间政治、地方主义等范围较小的激进主义意识形态,关注眼前的、局部的、临时的行动,而非长期的、深入的、广泛的制度变革,另一方面,左翼无法有效应对新自由主义意识形态,无法提出任何有效的替代方案和政治规划。在威廉姆斯和斯尔尼塞克看来,摆在当今左翼面临的局面就在于,"相比于不断加速的灾难,今天的政治难题则是,我们无法形成新的观念和新的组织,不仅无法变革我们的社会,而且不能面对和解决即将到来的灾难。当危机日益增加并逐渐加速的时候,政治却逐渐萎缩退却。政治想象力日益贫乏,未来已经化为泡影"②。

---

① Armen Avanessian and Robin Mackay, "Introduction", in #*Accelerate: The Accelerationist Reader*, eds. Armen Avanessian and Robin Mackay, Falmouth: Urbanomic, 2014, p. 23.

② Alex Williams and Nick Srnicek, "#Accelerate: Manifesto for an Accelerationist Politics", in #*Accelerate: The Accelerationist Reader*, eds. Armen Avanessian and Robin Mackay, Falmouth: Urbanomic, 2014, p. 349.

正是在这些理论和现实的背景之下,斯尔尼塞克和威廉姆斯提出了他们的主张——加速主义。当然,其加速主义的提出并非个人的创造,相反,这是在吸取前面加速主义的基础上进行了新的改变。在斯尔尼塞克和威廉姆斯看来,首先,作为加速主义之父的尼克·兰德提出,仅仅依靠资本主义本身发展的速度,就能够引发全球变革,并达到技术上的飞跃。在他们看来,兰德的加速主义不仅将人类视为发展的阻力,而且只能在资本主义严格限定的范围内进行变革。其次,德勒兹和加塔利指出,资本主义的速度一边在解域化,另一边又再辖域化,进步被限制在资本的框架之下。再次,马克思是最典型的加速主义思想家,因为他承认资本主义是迄今为止最为先进的经济体制,问题不在于反对资本主义,而是加速超越资本主义价值形式的限制。基于这种共识,斯尔尼塞克和威廉姆斯主张我们只能采取加速主义的策略,这种加速主义并非兰德的右翼加速主义,而是服务于左翼的加速主义。

斯尔尼塞克和威廉姆斯的加速主义的核心旨趣和内容在于:第一,加速主义旨在解放被资本主义所束缚和限制的生产力。资本主义将技术生产力导向毫无用处的细小目标以及制造消费主义,完全浪费了人类的加速发展。"加速主义的基本信念是,通过超越资本主义社会所强加的限制,这些技术能力能够且应当得到释放。"①第二,加速解放资本主义潜在的生产力并不需要摧毁新自由主义的物质平台,而只需要将其导向公共目的,便能改变其根本性质。第三,加速技术的发展并非主张技术乌托邦,而是为了赢得社会斗争,达到后资本主义,建立新的社会经济体系。作为左翼的政治策略,斯尔尼塞克和威廉姆斯还提出了较为实际的措施和目标:第一,建立左翼的知识基础、意识形态和政治经济模型。第二,实施大范围的包括新媒体和传统媒体的改革。第三,重组各种阶级权力,凝聚无产阶级身份。

可以看到,正是在传统左翼面临诸多困境,从而无法想象行之有效的

---

① Alex Williams and Nick Srnicek, "♯Accelerate: Manifesto for an Accelerationist Politics", in ♯*Accelerate: The Accelerationist Reader*, eds. Armen Avanessian and Robin Mackay, Falmouth: Urbanomic, 2014, p. 361.

替代方案和策略以对抗新自由主义意识形态的情况下,斯尔尼塞克和威廉姆斯倡导一种新的加速主义以更新左翼陈旧的政治主张和策略,并提出诸多卓有成效的斗争策略和可供实施的措施。正因为如此,当他们提出加速主义之时,不仅在理论上,而且在现实中都产生了极为重要的影响。尽管斯尔尼塞克和威廉姆斯对当前左翼的处境进行了严肃的反思,企图提出一种新的左翼政治策略以适应当前的政治氛围并扭转不利的局面。在这意义上,加速主义作为一种理论和政治战略,充当了左翼试图突围的前沿阵地。在他们看来,"现代左派既不能继续维持现有的制度,也不能回到理想化的过去,而是必须面对建设新的未来的任务"①。然而,就其实质来看,这一理论自身充满了诸多风险。斯尔尼塞克和威廉姆斯在《加速主义政治宣言》中已经点出了其主张的内在实质,即"我们宣布,只有最大程度地控制社会和环境的普罗米修斯式政治,才能够面对全球问题或战胜资本"②。就这一点来看,可以将他们的理论称为普罗米修斯主义的加速主义,而马克思顺理成章地被他们打扮为加速主义的同时代人。③

如何真正把握这种加速主义的实质,有几点是值得注意的。首先,斯尔尼塞克和威廉姆斯主张的加速主义,不仅反对法国的欲望式的加速主义,而且也不赞成兰德的右翼加速主义,而是表征了一种带有普罗米修斯气质的新理性主义的加速主义。这种新理性主义自后现代主义以来试图重新确立理性主义的合法地位,重构启蒙时代以来的理性概念,它旨在强调创新的认识论和思辨的理性模式,将全面改造自然和社会作为自身的目标。其次,在这种新理性主义的影响下,加速主义策略的前提在于应用科学理性和技术力量,沿着理性的路线去创造新的物质基础设施和平台,

① Nick Srnicek and Alex Williams, *Inventing the Future: Postcapitalism and a World Without Work*, London: Verso, 2015, p. 23.
② Alex Williams and Nick Srnicek, "♯Accelerate: Manifesto for an Accelerationist Politics", in ♯*Accelerate: The Accelerationist Reader*, eds. Armen Avanessian and Robin Mackay, Falmouth: Urbanomic, 2014, p. 360.
③ 关于加速主义和马克思主义之间的内在关联,以及从马克思主义的视角和立场看待加速主义的实质和缺陷,请参见雷禹、蓝江《马克思主义与加速主义——兼论马克思〈政治经济学批判大纲〉"机器论片段"的当代价值》,《国外理论动态》,2019 年第 11 期。

并且在政治上提供对于未来社会的真实想象。再次,这种新理性主义的加速主义与兰德式"超信"概念有着千丝万缕的联系,尽管二者有着截然对立的左与右之分,然而就其逻辑和底蕴上来看却有着一致的联系。对于斯尔尼塞克和威廉姆斯来说,出于对左翼当前困境的理论反拨,加速主义无疑是一种"矫枉过正"的无奈之举。因为,无法真正地基于资本主义的现实来探索可行的路径,那就必须在理论上进行大胆地创造,并将自身的意志注入其中,以引起关注和支持。正如布拉西耶表达的那样,"我们可以尝试重新审视马克思所隐含的普罗米修斯规划的哲学基础,从而在更理性的基础上重新设计我们自身和我们的世界的计划"①。最后,尽管斯尔尼塞克和威廉姆斯表达了一种通往后资本主义的企图,然而这种"过河拆桥"式的方式,即既要过资本主义的河又要拆掉它的桥的做法,不仅在当前的政治想象中带有过度乐观的乌托邦想象,而且也难以撇清其与资本主义的意识形态产生的复杂共谋。

五、加速主义的理论得失:一种初步的评价

加速主义思想史是一项不断被当代建构出来的历史,正是这种回溯性的建构本身蕴藏了其内在逻辑和理论气质。从尼采和未来主义到今天的左翼加速主义,尽管具有漫长的理论"前史",但通过对它的整个历程的观测,亦可以捕捉到内在的脉络。无论如何,作为一种理论和政治策略,加速主义始终是对其所面临的资本主义的一种反应,而问题就恰恰在于如何把握这种"反应"。基于马克思主义的立场和方法论,特别是历史唯物主义和政治经济学批判,我们可以较好地审视这场理论思潮的实质。因为,马克思要么被作为加速主义所不断援引的理论资源,要么直接被指认为最明显的加速主义者。

首先,从在理论方面来看,即元理论建构方面,加速主义尽管内部呈

---

① Ray Brassier, "Prometheanism and its Critics", in ♯*Accelerate：The Accelerationist Reader*, eds. Armen Avanessian and Robin Mackay, Falmouth：Urbanomic, 2014, p. 487.

现诸多对立,但从总体上来说,加速主义植根于启蒙理性主义对于建构一种普罗米修斯主义的新理性主义的尝试,实质上充分表征了意志的绝对自由。换言之,加速主义代表了一种试图重构现实和重新想象未来的知识运动。然而,从马克思主义的角度来看,加速主义有着极容易滑入主观主义的危险,因为它并非或者不愿意从资本主义根本的现实出发,而只是强调改变当下处境的迫切性。因此,就元理论方面来看,加速主义并没有多大实质性的贡献,它至多是在后结构主义和后现代主义的泥潭里重新建构起了理性的地基。对马克思主义来说,加速主义没有给马克思主义提供理论上的创见或发展,相反,它极力把马克思加速主义化,试图将其打扮成自己的同时代人,以获得合法性的支持。

其次,从现实方面来看,即资本主义批判方面,囿于自身在基本的元理论方面的不足,加速主义难以诊断或把握资本主义的根本矛盾,尽管作为一项政治战略,它本身表达了对资本主义现实的批判态度。然而,因为无力在根本上把握资本主义内在运动的实质,加速主义仅仅从外在的方面看到了资本主义呈现出来的诸多弊端。因此,可以说,加速主义是资本主义在理论上的一种"被动"或"消极"反应的理论呈现。在这一点上,加速主义没有像马克思那样以政治经济学批判诊断资本主义的内在矛盾,相反只是将其重心放在了理论建构和政治策略方面,而无力深入资本主义内部从而找到合理干预的现实依据。这在结果上导致了加速主义内部复杂的立场竞争,最终使得它们在资本主义内部左右摇摆,并沦为一种意识形态。

最后,从策略方面来看,即未来社会建构方面,加速主义重在试图建构未来的行动策略,以实现其作为一项政治战略的基本内容。无论是对其他的民间政治、社会运动等反抗资本主义的地方运动,抑或是加速主义内部不同立场之间的竞争,在试图改变现状以通向后资本主义这一焦点问题上,干预的具体措施和政治策略本身构成了加速主义的中心问题。然而,"后资本主义"这一命名本身就表征了加速主义试图通过霸权斗争获得理论上的合法性。尽管以"后资本主义"为名来反对资本主义表明了加速主义的激进姿态,但是出于对资本主义本身真正把握的欠缺导致其干预的能力大打折扣,虽然加速主义也提出了诸多实际的干预措施和目标,但问题在于如何通向后资本主义,由于加速主义抛弃了马克思主义的基本旨趣,在这一点上,加速主义的激进姿态便淹没在兑现自身承诺的困境和潜在的风险之中。

在《法兰西内战》中,马克思指出:"为了谋求自己的解放,并同时创造出现代社会本身经济因素作用下不可遏制地向其趋归的那种更高形式,他们必须经过长期的斗争,必须经过一系列将环境和人都加以改造的历史过程。工人阶级不是要实现什么理想,而只是要解放那些由旧的正在崩溃的资产阶级社会本身孕育着的新社会因素。"[1]在马克思看来,我们的任务必须始终是历史地改变自身及其环境的物质条件,而这种改变也必须是以对抗性的形式,而非仅仅通过围绕霸权而进行的立场之争,这正是马克思主义解放旨趣的题中应有之义。在加速主义不断"回到马克思"的时候,我们更应该警惕这种"回到"本身的真正含义。在理解我们的时代,在试图阐述我们的理论与时代的关系的时候,马克思的历史唯物主义仍旧是我们不可超越的地平线。

---

①《马克思恩格斯文集》第 3 卷,北京:人民出版社 2009 年版,第 159 页。

加速还是解放

——数字资本主义时代的加速主义主体思考

陈　朦①
（南京大学哲学系）

　　作为回应传统左翼政治无能的理论产物，加速主义形成了批判—加速—宣言的三线逻辑，即在指出资本无限自我增殖原则限制了社会生产力发展的同时，提出加速资本主义自我恶化的发展趋势，以期在资本主义社会结构内部找到一种重新利用社会生产力的最佳方式，进而实现向后资本主义社会的历史飞跃。但是，与资本加速的事实相反，主体的行为实践却陷入了一种极为惰性的状态，由科技加速所允诺的解放，在当下与其说是面向未来的潜能，倒不如说是压抑一切潜能的统治力量。这种惰性的主体状态作为具体历史的结果，既服膺于外在的技术规训，同时也服膺于内在的时间规训。就此而言，加速主义不仅低估了资本与速度合谋的内在本质，同时也忽视了塑造革命主体的政治任务。因此，在当今数字资本主义时代，塑造共产主义前景下的集体性政治主体，首先需要重回阶级范式，其次是重建政党政治，最后是回归政治经济学批判，即以更具体的方式把握资本主义生产方式的内在矛盾，并将掌握社会发展的客观规律与无产阶级革命的主体力量有机地结合起来。

---

① 作者简介：陈朦（1997—），女，南京大学马克思主义社会理论研究中心暨哲学系博士研究生，研究方向为国外马克思主义。

　　加速主义作为一种"超越"的政治策略，旨在回应当前社会的"停滞"①状态，这种"停滞"作为加速的对立面，以异在的方式辐射于各个层面，既有社会结构层面，也有主体经验层面，同时还辐射于所有关于当前现状的思考中。关于最后一点的论述，更为直接地体现在加速论者对于传统左翼的尖锐评论当中，加速论者认为，"相对于不断加速的灾难，今天的政治难题在于，我们无法形成新的观念和新的组织，去变革我们的社会，去面对和解决即将来临的灾难。当危机日益增加，逐渐加速的时候，政治却逐渐萎缩退却。政治想象力日渐贫乏，未来已经化为泡影"②。因此，在面对革命力量日益式微而资本却高歌猛进的现状时，加速主义学派形成了批判—加速—宣言的三线逻辑，在指出资本无限自我增殖原则限制了社会生产力发展的同时，提出加速资本主义自我恶化的发展趋势，以期在资本主义社会结构内部找到一种重新利用社会生产力的最佳方式，进而实现向后资本主义社会③的历史飞跃。

　　就批判而言，加速主义毫无疑问为我们提供了一种关于当下我们如何被困住的强烈意识，但是就其自身的超越主张而言，加速主义也暴露出将加速实体化、非历史化的理论倾向。虽然加速论者也关注到马克思对于资本主义批判的辩证态度，但是他们忽视了马克思对于历史进程的客观分析，以及对于阶级主体的理论关怀，这也就使得他们对于未来的构想

---

① 对于停滞状态的理解，恩斯特·布洛赫(Ernst Bloch)曾作过如下描述，对他而言，停滞、静止与绝对偶然表现为：社会"处于一种完全无目的的无限性(sheer aimless infinity)和不断变化的状态中，在这种状态下，一切都应该是不断更新的，但一切又都保持原样"。在这种偶然中，既不发生创新，也不发生飞跃，更不发生对迄今形成过的东西的富有成效的超越。因而，停滞状态又可表达为那种坚持认为资本主义制度是一切历史完成式的观点，即资本主义作为"永恒的现在"将一直存在着。参见 Ernst Bloch, *The Principle of Hope*. Trans. Neville Plaice, Stephen Plaice, and Paul Knight, Cambridge：MIT Press, 1986, p. 140.

② Alex Williams and Nick Srnicek, "Accelerate：Manifesto for an Accelerationist Politics", in ♯ *Accelerate：The Accelerationist Reader*, ed. Robin Mackay and Armen Avanessian, Falmouth：Urbanomic, 2014, p. 349.

③ 后资本主义社会是威廉姆斯和斯尔尼塞克在《创造未来：后资本主义与无工作世界》(*Inventing the Future：Postcapitalism and a World Without Work*)一书中提出的核心概念，二人主张以经济全自动化、缩短工作周、实现全民基本收入等政治措施来构建一种全新的工作伦理。

呈现出强烈的乌托邦色彩与技术决定论嫌疑。因此,本文旨在以主体向度来检视加速主义理论的内在缺陷,同时回归马克思的历史唯物主义理论基底,强调应在遵循历史辩证法的主客观前提下,主动推动社会变革的科学进向。

一、超越停滞:左翼加速主义的三个主张

加速主义对于日益嵌入实际社会与技术状况中的"未来主义"趋势的关注,在 1968 年的法国哲学中与经典马克思主义著作中同时找到关键性的理论支援。在五月风暴消退之后,一种希冀打破所有传统性束缚的哲学思潮开始出现,其中有三部重要的作品是这一思潮的突出表达,它们分别是德勒兹、加塔利的《反俄狄浦斯》(*Anti-Oedipus*),利奥塔的《力比多经济》(*Libidinal Economy*),以及鲍德里亚的《象征交换与死亡》(*Symbolic Exchange and Death*)。德勒兹与加塔利将处于全球化扩张趋势下的资本主义革命力量阐述为一种关于"解域化"(deterritorialization)与"再域化"(reterritorialization)的双重运动,在其看来,资本构成其自身发展的界限,资本主义在其自身的发展过程中也孕育着摧毁自身的解体力量,因而"要更进一步……在市场运动中,解码和去领域化……因为从一个高度精神分裂角色的理论和实践观点来看,也许这种流动性还没有足够的被去领域化和解码。不是要退出这个过程,而是要走得更远,要'加速这个过程',正如尼采所说:在这个问题上,事实是我们还没有看到任何东西"①。利奥塔相较于德勒兹、加塔利走得要更远一些,如果说德勒兹与加塔利二人还寄希望于通过精神分裂症打开一个关于外部的希望空间的话,那么利奥塔则指出,资本主义的扩张已将交换价值的公理熔铸于世界的各个角落,所有的东西都可以被消耗、被生产,所有的社会形势与规范都可以被消除、被超越,直至最后只剩下价格的标

---

① Steven Shaviro, *No Speed Limit: Three Essays on Accelerationism*, Minneapolis: University of Minnesota Press, 2015, p. 4.

签。至于无产阶级,利奥塔在一段备受争议的话①中更是毫不隐讳地指出,资本主义的压迫对于那些被迫卷入资本主义变化与加速过程中的人来说,更像是一种"享受"。即便是死亡,在鲍德里亚看来,"资本主义也不会遇到任何障碍,并将彻底根除其价值"②。

　　加速论者在其法国前辈的激进论调中预见了资本主义将囊括一切的发展前景,与此同时,他们也将法国哲学的激进表达投射于对马克思、恩格斯经典著作的另类解读上。其中被关注的文段集中于《德意志意识形态》《共产党宣言》《政治经济学批判大纲》等著作中,在这些文段中,马克思被解读为现代性的追随者、激进的加速者:一方面,资本主义构成了当代历史的前提,"没有蒸汽机和珍妮走锭精纺机就不能消灭奴隶制;没有改良的农业就不能消灭农奴制;当人们还不能使自己的吃喝住穿在质和量方面得到充分保证的时候,人们就根本不能获得解放"③。另一方面,资本主义的革命性力量在于不断的变动之中,"生产中经常不断的变革,一切社会关系的接连不断的震荡,恒久的不安定和变动,——这就是资产阶级时代不同于过去各个时代的地方。一切陈旧生锈的关系以及与之相适应的素被尊崇的见解和观点,都垮了;而一切新产生的关系,也都等不到固定下来就变为陈旧了"④。因而,当马克思预言现代机器体系的发展达到一定程度,"以交换价值为基础的生产便会崩溃"⑤时,加速论者牢牢抓住了"崩溃论"的预设前提——即加速释放科学技术的发展潜力,推动资本主义恶化到无以复加的地步。因此,在一种极为怪异的、发生于经典与当代的理论拼贴中,在经历了各种革命斗争的挫败与政治策略的失落之

---

① "英国的失业者不必成为工人才能生存,他们——紧抓我,唾弃我——享受着歇斯底里,以及受虐,不管在矿井、铸造厂、工厂、地狱里被折腾得多么疲惫,他们依然享受着,他们享受着强加给他们身体的疯狂破坏,享受着小农传统所建构起的个人身份的解体,他们享受着家庭和村庄的解体,他们享受着新城郊怪异的陌生和全天营业的酒吧。"引文参见 Jean-François Lyotard, *Libidinal Economy*, trans. Iain Hamilton Grant, London: Athlone, 1993, p. 111.

② Jean Baudrillard, *Symbolic Exchange and Death*, trans. Iain Hamilton Grant, London: Sage, 1993, p. 4.

③《马克思恩格斯选集》第1卷,北京:人民出版社2012年版,第154页。

④《马克思恩格斯全集》第4卷(第1版),北京:人民出版社1958年版,第469页。

⑤《马克思恩格斯全集》第31卷(第2版),北京:人民出版社1998年版,第101页。

后,21 世纪的加速主义发出了"加速！加速！再加速！"的理论诉求。

英国哲学家尼克·兰德(Nick Land)将资本主义绝对的、暴力的破坏性速度视为一种不相容的力量,与那种试图减缓发展与变化速度的观点相反,兰德认为在加速资本主义的同时加速非人性的机器暴力是我们必须付出的代价,"整个疯狂的过程,不可能也不可以停下来。即便人类主体消失了——这个过程也得进行下去！"①因此,在兰德看来,加速主义与资本主义实际上走的是同一条道路,加速实现的超越必须建立在资本主义的基础之上。而兰德本人,也因其对资本主义的拥抱与赞美、将资本主义看作是通向未来的唯一道路,而被认为暴露了其右翼保守主义的立场倾向。对此,马克·费舍尔(Mark Fisher)评价兰德的右翼加速策略是一种对资本主义技术体系的简单肯定,他忽视了资本主义所表现出的回应性的一面,从而也错失了德勒兹等人所强调的"资本主义在解域化的同时也在补偿性地进行着再域化这个最为关键的见解"②。而这一点倒是在左翼加速主义的观点中得到了重申。在加速主义右翼派成员沉迷于迷幻药和电子音乐等种种赛博体验,以及将加速主义策略构筑为一种赛博未来主义的奇特混合时,2013 年的一份政治宣言再次将加速主义的议题重新拉入了马克思主义的理论轨道。亚列克斯·威廉姆斯(Alex Williams)与尼克·斯尔尼塞克(Nick Srnicek)在《加速主义政治宣言》(以下简称《宣言》)中指出,兰德的问题在于混淆了速度与加速的概念区别,资本主义的速度仅仅是一种在严格限定的参数集合之内的快速运动,"而不是在宇宙可能的空间中航行、发现实验中的加速运动。我们认为后一种加速模式才是最根本的加速"③。因而,资本主义结构应当被看作是实现向后资本主义飞跃的跳板,也就是说,当资本主义制度成为阻碍技术发展的限制

---

① Nick Land, "Circuitries", in ♯Accelerate：The Accelerationist Reader, ed. Robin Mackay and Armen Avanessian, Falmouth：Urbanomic, 2014, p. 261.

② Mark Fisher, "Terminator vs Avatar", in ♯Accelerate：The Accelerationist Reader, ed. Armen Avanessian and Robin Mackay, Falmouth：Urbanomic, 2014, p. 345.

③ Alex Williams and Nick Srnicek, "Accelerate：Manifesto for an Accelerationist Politics", in ♯Accelerate：The Accelerationist Reader, ed. Robin Mackay and Armen Avanessian, Falmouth：Urbanomic, 2014, p. 352.

时,加速主义的任务应当是重新改造现有的经济基础,以此引导技术发展的普世化方向。在此基础之上,左翼加速主义提出了一系列关于经济、政治、文化、知识基础与传播媒介的制度设计蓝图。

诚然,左翼加速主义因其面向未来的蓬勃姿态而比其右翼要走得更远一些。《宣言》从反思现状到加速过渡,再到畅想未来的三级结构,也预示着左翼加速主义试图以更蓬勃的野心布展超越当代资本主义的加速逻辑。对此,可以从批判、加速与宣言的三个维度概括左翼加速主义的三大主张,即放弃否定策略的资本主义批判,加速释放技术的可能性空间,以及积极建构后资本主义社会的未来想象。首先是左翼加速主义对于资本主义的当代解读。在左翼加速论者看来,既然不存在一个可以让时光倒流的过去,而当前资本主义的发展又因其放弃了未来而无法实现对未来的承诺,那么唯一的途径就是继续前进! 也即是说,"推动加速主义,是希望我们在充分表现资本主义潜能的同时,能够耗尽它,从而打通超越它的途径"[1]。针对当前新自由主义资本主义将一切社会生活货币化与金融化的发展趋势,加速论者主张从"坏的事物"出发,辩证看待资本主义的善恶两级,抛弃那种极端否定的道德主义评价,以肯定的态度在资本主义的内部实现新的爆破,即"不去抗议、不去破坏、不去批判,更不要等待资本主义在自己的矛盾运动中的死亡,而是加速让其断根、异化、解码、抽象的发展趋势"[2]。其次是左翼加速主义对于技术发展的态度。左翼加速论者既反对技术中立的观点,同时也反对那种认为技术不可避免地带有资本主义色彩的观点,他们认为技术的发明并未提前预设技术的可能性空间,当前技术的发展与应用环境不是促成社会生产力的进一步发展,而是催生出维持与限制自身发展的力量。因此问题在于,如何将"社会异化的技术"转化为"探索革命的手段",在加速技术发展的进程中寻找到超越资本主义现状的潜在生产力。最后是左翼加速主义对于未来的想象。在超越

---

[1] Steven Shaviro, *No Speed Limit : Three Essays on Accelerationism*, Minneapolis : University of Minnesota Press, 2015, p. 8.

[2] Armen Avanessian and Robin Mackay, "Introduction," in ♯ *Accelerate : The Accelerationist Reader*, ed. Armen Avanessian and Robin Mackay, Falmouth : Urbanomic, 2014, p. 4.

停滞与技术加速的革命之后,左翼加速论者对于未来的建设采取了一种"无工作世界"的目标导向,主张在新自由主义的物质平台之上,夺取技术霸权(hegemony),通过建立类似于智利赛博协同工程①的智识基础设施,推动媒体改革,重组阶级权力,以此实现向后资本主义社会的跨越。

毫无疑问,相较于传统左翼的暧昧妥协,加速主义的左翼化转向的确提出了很多振奋人心的理论主张,但是在受到火热追捧的同时也不乏批判的声音。对于加速主义的批评,除去那种"加速崩溃"所带来的反人道主义的不安感以外,更为重要的是加速论者在唯"加速"是瞻的背后逐渐背离了马克思历史唯物主义的批判视野,甚至抛弃了推动加速革命的主体力量,后者在马克思的资本主义批判中曾被确切地书写为无产阶级的联合力量。就此而言,无论是兰德所说的,当机器时代真正来临之时,"人类将像令人憎恶的噩梦一般消退"②,还是斯尔尼塞克与威廉姆斯试探性提出的"集体自治"的未来,主体形态的政治维度都在不同程度上被放弃与牺牲了。

二、惰性革命:缺失的主体之维

具体而言,加速主义视域下主体维度的丧失,一方面是因为加速论者在理解当代资本主义发展趋势的时候便事先预设了一种关于资本主义统治的实体理论,相较于那种吞噬一切的巨型的资本形态而言,主体显得是如此微不可言。另一方面,更重要的一层原因在于在当代资本主义的新

---

① 20世纪70年代初,当选的萨尔瓦多·阿连德政府试图通过现有的经济和政治机构,通过渐进式的变革,将智利转变为一个社会主义国家。这个过程的一个关键部分就是赛博协同(Cybersyn)的发展,这是一个分散经济规划的创新尝试,试图将全国的公司与政府和官僚机构的职能联系起来。该项目涉及将控制论从经常被指责的控制系统转变为民主社会主义的基础设施。它的目的是让工人在计划过程中拥有发言权,让工厂能够自我管理,同时为国家经济提供一个合理的方向。为了实现这些目标,赛博协同包括一个连接工厂的原始互联网、一个测试政策的经济模拟器、一个预测问题的统计预测器,以及一个直接来自科幻小说的操作室。但在1973年,阿连德政权还是被无情地推翻了,人们通常将这场赛博试验的失败归结于当时计算机算力的局限,以及来自美国当局势力的干涉。

② Nick Land, "Circuitries", in #*Accelerate: The Accelerationist Reader*, ed. Robin Mackay and Armen Avanessian, Falmouth: Urbanomic, 2014, p. 261.

自由主义叙事中,主体形态弥散于各种流动的劳动组织方式与生活体验之中,由此使得加速论者对于现代主体产生了极端的怀疑与不信任。当德勒兹对福柯的规训社会进行谱系学意义上的拓展,即提出一种关于控制社会的历史性生成的时候,德勒兹也提到,"人们不再面对整体—个体这一偶对,个体变成'分体'(dividual),整体变成了样品、数据、市场或'银行'"①,分体对于主体而言,实际上反映的是资本主义由全球化层面的解域与再域过程转向为微观视域下发生于主体自身的解构与重构过程。也即是说,当代资本主义在加快资本流动速度的同时,它也加快了主体不断失去与重新获得自身的速度,曾经基于稳固的时空结构的主体意识在当前的信息技术下不得不与片段式的符号、影像发生不受自我控制的同频共振。这种孤立的、隔断的、非连续的自我体验恰恰就是德勒兹与加塔利指认资本主义与精神分裂症的重要环节。对他们而言,精神分裂既是资本主义发展的历史产物,同时也是颠覆后现代政治的激进潜能,激进的政治运动应当"学习精神分裂者如何摆脱恋母情结的束缚和权力的影响,以便发起一种摆脱所有信仰的激进的欲望政治(politics of desire)"②。

虽然德勒兹等人作为加速主义的先驱,由加速资本主义分裂、解域、变化的趋势而关注到主体身份分裂、解构的政治潜能,在主体内部进一步延续了加速崩溃的速度逻辑,但这种激进的精神分裂情感在现实的政治实践中却也暴露出固有的局限,关于谁是精神分裂者的问题并没有得到更明朗的解释。在具体的社会现实中,与其说精神分裂构成了现代政治主体的存在样态,倒不如说每一个人其实都只不过是"事业心极强的打工人",新自由主义资本主义在主体维度所强化的不过是一种"资本—主体"的身份认同,它使得劳动者变得像资本一样"锱铢必较、分秒必争、多多益善"③。由此,自我剥削(Selbstausbeutung)实际上构成了当代资本主义实现主体控制的技术手段。正如福柯所说的一样,每个人现在都被迫成为

---

① 吉尔·德勒兹:《在哲学与艺术之间》,刘汉全译,上海:上海出版社 2020 年版,第 244 页。
② Gilles Deleuze and Félix Guattari, *Anti-Oedipus: Capitalism and Schizophrenia*, Minneapolis, University of Minnesota Press, 1983, p. xxi.
③ 夏莹、牛子牛:《主体性过剩:当代新资本形态的结构性特征》,《探索与争鸣》2021 年第 9 期。

自己的企业家,只不过这种加速的逻辑在主体层面不是表现为前进,而是表现为相对静止——"我们跑得尽可能快,以便能够待在同样的地方"①,我们陷入无尽的内卷之中,却又好像原地未动。如果说那种强调资本将"吞噬一切"的加速主义观点正在将资本描述为一种怪异的、形而上学式的实体范畴,那么韩炳哲关于自我剥削的看法则揭示出资本自动化增殖的主体能力。从他者剥削到自我剥削,新自由主义不仅作为一种意识形态随着全球化的浪潮势必要席卷每一寸土地,更重要的是它也关涉一整套具体的制度体系与行为准则,"今天,已经表现出泛滥迹象的个体自由,最终将无异于过剩的资本"②,在寻求释放的空间的同时也在寻求套现的机会。因而,资本真正的吞并过程势必要求对一切事物进行具体的估值。

就此而言,与资本加速的事实相反,主体的行为实践陷入了一种极为惰性的状态,由科技加速所允诺的解放,在当下与其说是面向未来的潜能,倒不如说是压抑一切潜能的统治力量。这种惰性的主体状态作为具体历史的结果,既服膺于外在的技术规训,同时也服膺于内在的时间规训,既使人丧失了一切行动的力量,同时也掏空了一切能思(noesis)的空间。法国哲学家保罗·维利里奥(Paul Virilio)面对当前无线电技术与遥感技术的发展,描述了一种受惰性控制的远程在线者,在他看来,"人由于自愿地限制他的身体对于某些动作、某些冲动——就像这种常换频道的冲动——的影响范围,他便由可动的(mobile)人,变为自动(automobile)人,并最终变为机械的(motile)人"③。当这种机械化的进程由外向内,当虚拟现实技术不断混淆了真实感与现实感之间的差别时,人类便不得不直接面对真实世界与再现世界的两重维度,并且由于没有更好的选择,而自动归顺于与之对话的对象性机器。于是结果便是,"人类在成功地跨越过声音的墙与热的墙之后,最终在真空这堵真实时间之墙这里,达到了行为的惰性,它使人类丧失其天使品性、丧失其'翅膀',为的是使人类坠入

① 哈特穆特·罗萨:《加速:现代社会中时间结构的改变》,董璐译,北京:北京大学出版社2015年版,第140页。
② 韩炳哲:《精神政治学》,关玉红译,北京:中信出版社2019年版,第5页。
③ 保罗·维利里奥:《解放的速度》,陆元昶译,南京:江苏人民出版社2003年版,第23页。

(退到)一种死尸般的固定性之中,这种固定性当然是相对的,而就它与物理经验的世界的关系而言,则是决定性的"①。在此,维利里奥所强调的"真实之失"不仅构成了重新思考主体性的维度,同时也构成了重新思考世界政治的维度。与维利里奥的技术视野不同,德国社会批判理论家哈特穆特·罗萨(Hartmut Roas)阐述了加速社会下所形成的时间规范如何实现对行为主体的自动规训,又如何与现代资本主义社会的"系统性需求"实现了协调与兼容。罗萨划分了从科技加速到社会加速再到生活加速的三重加速结构,并指出科技加速的结果落实在生活之中本应该带来更深度地体验与更丰富的自我实现,但现实却是生活的加速与科技的加速只是以相反的形式相互联结在了一起:人不是感到自由,而是感到压迫。时间规范近乎采取了一种无可争辩的自然形式,在各种日程安排与截止期限当中使每一个人都不得不学着"推迟欲望,遵循进度规划与步调,节制,甚至忽略身体的需求与冲动,直到'正确的时刻'到来,然后一鼓作气勇往直前"②。这就是新异化的现代性诞生,这种异化不再是人与其类本质的疏离,而是人在感受自由的同时自动地走向自由的反面,"我们并不是与我们的真实内在本质产生异化,而是与我们吸收世界的能力产生异化"③。

因此,当面对维利里奥所谓的"真实之失"与罗萨所谓的"新异化的诞生"时,对于加速论者最直接的质疑就在于,加速究竟是发生于社会内部的加速,还是社会本身的加速? 由加速所带来的社会驱动力是否外在于资本主义经济体系的发展需求,进而能够导向一种关于未来的想象呢? 对此,加速主义并未做出一种确切的答复,因为加速论者自身对于加速的途径常常语焉不详,对于加速的后果也是持有一种不确定性的态度。唯一的确定之处在于,传统左翼在政治、经济与文化上的全面瘫痪,原本作为一种新自由主义资本主义普遍加速的结果,现在却被左翼加速主义当

---

① 保罗·维利里奥:《解放的速度》,陆元昶译,南京:江苏人民出版社 2003 年版,第 87 页。
② 哈特穆特·罗萨:《新异化的诞生:社会加速批判理论大纲》,郑作彧译,上海:上海人民出版社,2018 年版,第 104 页。
③ 同上书,第 145 页。

作了加速超越资本主义的起点,资本主义的非人性特征不再是作为批判理论的焦点,而是作为必须忍受的代价要求批判家们继续推进与等待资本蔓延至系统性熔断的时刻的到来。因此,当资本的狂飙突进与主体的惰性失落形成鲜明对比之时,兰德对于放弃革命的主体做出了最激进的表达,在他看来,"人类将会成为这个星球上智能发展的阻力,而遭到抛弃,智能可以在之前文明的现成碎片中来构建自身"①,而所谓的革命实践也被转义为科幻视野中的行星越狱,超越资本主义束缚的强烈意识将远远大于革命本身所拥有的实践意义。与兰德漫无目的的星际航行不同,威廉姆斯与斯尔尼塞克为后资本主义的建设绘制了更为具体的蓝图,二人的《创造未来:后资本主义与无工作世界》一书也由此被认为是一本将否定与阶级斗争重新缝合的后加速主义著作。无论是重夺资本主义物质平台的领导权力,还是重塑后资本主义的意识形态特征,二人试图在纠正早期加速主义忽视阶级斗争的基础之上,提出一种关于重构各种各样阶级权力形式的组织生态学(ecology of organisations),主张让"各种力量的多元主义,在他们互相比较的力量上产生共鸣和反馈平衡"②。

综上可知,放弃阶级斗争,过度强调技术的革命效益,毫无疑问是加速主义在被当作一种批判理论认真对待之前都会受到攻讦的常见议题。当代资本主义对于革命主体的实质吸纳,不仅构成了加速论者如何看待资本自我增殖与革命主体失落的基本事实,另一方面也警示我们在重新思考斗争的同时,那种全然放弃与简单组合的观点,很有可能会再次强化资本主义的生产关系,进而使得加速的策略沦为资本自我更新的同谋。为此,迈克尔·R. 劳伦斯(Michael R. Laurence)评价加速主义,"若是将斗争的力量与未来性相脱钩,那么左派必定会被资本主义所吸纳"③,因

---

① Alex Williams and Nick Srnicek, "Accelerate: Manifesto for an Accelerationist Politics", in # *Accelerate: The Accelerationist Reader*, ed. Robin Mackay and Armen Avanessian, Falmouth: Urbanomic, 2014, p. 352.

② Alex Williams and Nick Srnicek, "Accelerate: Manifesto for an Accelerationist Politics", in # *Accelerate: The Accelerationist Reader*, ed. Robin Mackay and Armen Avanessian, Falmouth: Urbanomic, 2014, p. 359.

③ 迈克尔·R. 劳伦斯、蓝江:《加速崩溃? 用马克思来重新思考加速主义政治学》,《郑州轻工业大学学报(社会科学版)》2021年第2期。

此,问题在于,要重新回归马克思的对立与阶级斗争理论,在重建集体的理论地平上重新描绘加速主义的革命方向。

三、重塑集体:构建一种关于"我们"的未来

但是,在全球信息化与生产自动化不断实现广度与深度发展的今天,重塑集体的当代政治叙事遭遇到了一个两难的困境:一方面,随着福特制的式微与不同主体身份的扩散,传统阶级概念的内涵在不断被瓦解与离析,以至于今天很难再有一个确定性的概念能够一劳永逸地概括所有集体性的政治遭遇。无论是朗西埃的"非派别的派别"(part of non-part),还是阿甘本包含性排斥的赤裸生命(bare life)概念,斯尔尼塞克与威廉姆斯更为直白地认为不稳定经济状态的结果终将是不断扩大的剩余人口(surplus population),基本的无产阶级状况将成为更多人的生存特征,因此,如果"如果非工业化(制造业的自动化)是通向后资本主义社会的一个必要阶段,那么工业无产阶级就不可能成为变革的推动者……工人阶级将在这个过程中不可避免地失去力量……"①而另一方面,阶级斗争的复归之势又在21世纪头几十年的各种反叛运动中得以重申,如阿拉伯之春、占领运动以及由大量劳工组织的罢工与抗议行动等,对此,不少学者指出阶级政治并未消亡,重提无产阶级与资产阶级的对立趋势不仅没有过时,而且还呈现出1%对99%的极端特征。因而,真正的问题似乎不在于如何界定当前的无产阶级状况,更为关键的是如何寻找到一种重新组织与部署反抗资本主义动员力量的方式。

左翼加速论者在由技术导向的反霸权战略的基础之上提出了组织生态学的观点,在其看来,与其寻求一种特定的群体来普遍地代表社会反映其利益诉求,不如寻求在各种离心力的作用下建立一种共同的语言与方案。因此,就革命的主体而言,左翼加速论者强调的是在承认各种身份差

① Alex Williams and Nick Srnicek, *Inventing the Future: Postcapitalism and a World Without Work*, Verso, London, 2015, p. 101.

异与需求差异的基础之上谋求一种基本的共识,以此将一个新的集体性的"我们"编织在一起,无论是产业工人还是脑力劳动者,无论是大学生还是单身母亲,所有积极的与变革性的力量都应被有组织地聚集起来。就此而言,在左翼加速论者的政治实践中,既没有统一的阶级概念,也没有作为组织领导的政党概念,集体内部的对立与差异并没有受到应有的重视,而横亘在资产阶级与无产阶级之间的矛盾对立也被集体自治的方式溶解为不同利益杠杆之间的平衡诉求。在斯尔尼塞克与威廉姆斯看来,"每一个成功的运动都不是单一组织形式的结果,而是广泛的组织生态的结果,这些组织以一种或多或少的协调方式运作,以进行政治变革所需要的分工。在变革中会出现领袖,但没有先锋政党——只有流动的先锋功能。组织生态意味着力量的多元化,能够积极反馈其相对优势。它要求在一种关于替代性世界的共同视野之下实现动员(mobilisation),而不是松散的、格式化的联盟,它要求建立一系列的广泛且彼此兼容的组织"①。为此,二人提出了一系列详细的任务分工,以期从建立集体共识、夺取媒体霸权、利用知识分子组织、重建工会机构等各个方面来实现网络式的群体动员。然而,即便左翼加速论者如此事无巨细地阐述了如何打开后资本主义未来的政治构想,他们却很难回答这种集体组织如何在加速资本崩溃的斗争之中发挥作用。事实上,组织生态学的提出更多地关涉在进入后资本主义社会之后如何建设新霸权的问题,而非实际地回应加速政治与主体革命的联合关系。正如劳伦斯一针见血地指出,"加速主义需要将这种自我超越的过程看作是反资本的政治集体任务,而不是在设计或技术能力上的一种后政治实践"②。的确,在超越资本主义的加速趋势中,技术无疑是关键性的物质力量,但也无法否认这种趋势依旧需要依靠阶级主体的力量来加以激活,依旧需要将推动趋势前进的物质力量看作是主体能力的创造过程。

---

① Alex Williams and Nick Srnicek, *Inventing the Future : Postcapitalism and a World Without Work*, Verso, London, 2015, p. 105.

② 迈克尔·R. 劳伦斯、蓝江:《加速崩溃? 用马克思来重新思考加速主义政治学》,《郑州轻工业大学学报(社会科学版)》2021 年第 2 期。

因此,以马克思主义的理论地平来重新检视加速主义政治革命的理论缺失,无论是加速论者对于激进左派的现状反思,还是加速论者对于超越资本主义停滞的加速策略,加速主义在主体革命领域的裂口终将导致革命的策略沦为乌托邦式的政治美学,而错失资本主义主要矛盾的理论分析也将导致革命的结局掉入不确定性未来的泥淖之中。虽然加速论者对于加速资本崩溃的理论渊源直接追溯至马克思《1857—1858 年经济学手稿》中的"机器论片段",在他们看来自动化机器体系的社会应用将带来普遍性的劳动力解放,"生产过程—包括'智力劳动'—逐渐变得自动化,这恰恰是世界资本主义危机的证据"①。但是,他们却忽视了马克思在机器论片段中论述的两层维度:其一是放任机器技术发展将会带来的社会后果。其二是资本主义生产关系付诸机器体系之上的矛盾维度,即"一方面,资本唤起科学和自然界的一切力量,同样也唤起社会结合和社会交往的一切力量,以便使财富的创造不取决于(相对地)耗费在这种创造上的劳动时间。另一方面,资本想用劳动时间去衡量这样造出来的巨大的社会力量,并把这些力量限制在为了把已经创造的价值作为价值来保存所需要的限度内"②。正是后者决定了劳动资料发展为机器体系绝非偶然事件,而是适应于资本要求的历史性变革,也正是后者决定了现实中的机器体系也绝非纯粹的技术手段,而是浸透着资本主义生产关系的固定资本范畴,在其中资本对于剩余价值的剥削不再以直接的形式表现出来,而是以资本逻辑的形式表现出来。对此,加速论者虽然提出解放技术生产力,破除资本主义生产关系的束缚,以制度设计的方式重新利用已有的科技成果,并将其交还至由"事物自身"所主导的共产主义事业,但是他们却极大地偏离了马克思关于揭露资本剥削的科学维度,以及强调"一切阶级斗争都是政治的斗争"③的思想高度。

---

① Alex Williams and Nick Srnicek, "Accelerate: Manifesto for an Accelerationist Politics", in #Accelerate: The Accelerationist Reader, ed. Robin Mackay and Armen Avanessian, Falmouth: Urbanomic, 2014, p. 349.
②《马克思恩格斯全集》第 31 卷(第 2 版),北京:人民出版社 1998 年版,第 101 页。
③《马克思恩格斯全集》第 4 卷(第 1 版),北京:人民出版社 1958 年版,第 475 页。

就此而言,马克思主义对于我们今天如何思考社会批判理论的重建议题,以及如何回应当代资本主义新形态的发展趋势问题,都依旧有强烈的启示意蕴。首先是重回阶级范式,其次是重建政党政治,最后是回归政治经济学批判,即以更具体的方式把握资本主义生产方式的内在矛盾,并将掌握社会发展的客观规律与无产阶级革命的主体力量有机地结合起来。基于此,当代激进左翼思想家约迪·迪恩(Jodi Dean)卓有创见地提出如何在数字资本主义时代重建主体政治的理论问题。在数字资本主义时代,生产性社会的信息化与技术化已然成为一个全球性的事实,而自动化生产又按照新分工标准和社会管理的新等级制度,重新组织了社会运作的新型模式。对此,迪恩认为,宣称阶级斗争的消失不过是资产阶级意识形态所营造出来的幻象,借由互联网与信息传媒体系所宣扬的"创造性、合作性和民主特征并不能消除等级制度,相反,它利用我们自身的选择来对抗我们,从而进一步巩固了等级制度"①。与此同时,在当前技术文化的背景下,数字资本主义在数据获取、存储与分析方面的进步,越来越呈现出马克思在《共产党宣言》中所描述的"两个阶级之间的冲突特征"②,网络节点的幂律分布③不仅创造出"一与多"之间的对抗状态,而且还将大多数人归于幂函数的"长尾"部分,使得处于顶端与底端的人们之间分裂出一道不可逾越的数字鸿沟。因此,数字资本主义时代的剥削事实表明,它不仅创造出依靠网络交往进行盘剥与积累的资产阶级新贵(或曰数字平台),而且也创造出一个不断增长、始终处于不稳定生存状态的无产阶层,反对压迫与剥削的无产阶级运动依旧是不变的时代议题。

但是,迪恩在反思当前无产阶级运动的同时也指出,基于通信网络而

---

① 约迪·迪恩、张可旺:《数字资本主义与政治主体》,《国外理论动态》2021年第1期。
② 幂律分布是指具有分布性质的变量呈现出幂函数的分布特征,一般也被称为"帕累托分布",其图例特征表现为一个不断下降的曲线,从最高的峰值开始极速下降,后面拖了一个长长的尾巴。经济学领域的"20—80"定律就是幂律分布规律的一个经典运用,意指世界上20%的人掌握着80%的财富,也即是说富者更富、穷者更穷。而此处约迪·迪恩强调的则是网络节点中的幂律分布规律,即只有少数的网络中心如谷歌、亚马逊等聚集了上百万的连接节点,进而形成了庞大的网络集聚效应。
③《马克思恩格斯全集》第4卷(第1版),北京:人民出版社1958年版,第475页。

集结起来的群众(crowds)仍只是一个暂时的异质统一体,他们或许可以基于相同的利益诉求而聚集于同一的数字空间之中,但由于身份的交织性,利益诉求之间的细小差异乃至对立冲突,又使得他们很难形成一种坚固的联盟。对此,迪恩强调"必须依靠先锋党的力量,依靠具有共同纲领、策略的政治组织来团结在一起,而不是沉溺于个人政治的分裂之中,政党政治在今天仍然能够成为一种新的集体性政治主体"①。因此,与奈格里、斯尔尼塞克等人对于政党的怀疑态度不同,迪恩重申了《共产党宣言》的重要性,并认为政党政治的重建应当将重点放置于资本主义生产方式基础之上的无产阶级与资产阶级之间的对立,政治变革的契机应锚定于对资本主义经济生产与流通的全球化与历史性的理解之上。

最后,回归 21 世纪政治经济学批判理论的重建,既是对把握当代资本主义发展特质的理论诉求,同时也是为指明无产阶级斗争方向的题中之义。加速主义面向未来的乌托邦叙事,诚然提出了关于后资本主义社会的美好构想,即要求将发展的目的还原至人类本身,而加速论者自身也坦然承认,关于未来的建设必然意味着要接受意外后果和不完美解决方案的风险。但这并不意味着加速论者关于加速资本崩溃的理论逻辑准确把握住了当代资本主义内在运行机制的深层矛盾。事实上,历史唯物主义主张,如果不从生产力与生产关系的矛盾维度去理解现实物质生产活动的矛盾性,如果不现实地改变资本主义生产关系的局限性,也就无法准确认识社会历史发展的规律性特征,也就无法科学指导革命的运动方向。因此,构建共产主义前景中的集体性未来,既要求我们重申社会批判理论的无产阶级立场,同时也要求马克思科学方法论的全面回归,要求我们在历史唯物主义的理论基地上洞察加速逻辑与资本逻辑的内在合谋,进一步思考如何构建集体性实践的政治议题。

---

① 张可旺:《后政治状态与集体性政治主体——基于约迪·迪安的交往资本主义批判》,《黑龙江社会科学》,2022 年第 1 期。

加速主义的社会加速批判理论的历史唯物主义反思

程　萌①

（武汉大学哲学学院）

作为一种对资本主义斗争失败之后的妥协产物，加速主义是当代社会批判理论的新研究方向。它自诞生起就表现出试图超越马克思主义"阶级政治"的强烈倾向。其中，右翼加速主义主张放弃对现有资产阶级自由民主制度进行改革的斗争方案，号召进一步解除对技术发展的种种限制来推动社会的加速前进。左翼加速主义则强调资本主义体系无法掌控技术本身带来的变革性力量，因而能够通过加速技术进步以达到埋葬资本主义制度的最终目的。显然，在这里，"速度"已经超出原本的物理学含义，并成为与政治"共谋"的革命武器。首先，以马克思的历史唯物主义观点观之，加速主义的贡献在于准确洞察到速度内生于资本主义的生产力与生产关系的矛盾运动之中，真实捕捉了当前在资本逻辑的驱动下使社会从"生产加速"到"政治加速"的运行图景。但它低估了资产阶级越来越深入地运用技术来为自己的"竞速政治"服务的现实状况，又在主体维度回避无产阶级的革命主体的历史地位问题，进而彰显出浓厚的乌托邦色彩。

---

① 作者简介：程萌（1993—），男，河南汝南人，武汉大学哲学学院讲师，研究方向为马克思（接下页）

21世纪以来,随着互联网、人工智能、移动通信等在社会生活各领域的广泛推广应用,当代资本主义正逐渐步入不断强化速度逻辑的"加速社会"。显然,在这个全新的技术时代,速度已经不再简单是物理意义上描述物体运动快慢和运动方向的矢量,而是介入到人类社会的方方面面,成为重新定义人们的存在方式的科学革命的内在动力机制。对此,保罗·维利里奥(Paul Virilio)直接将速度作为科技造就的改变人类生活的核心原则,开创了对社会加速现象进行批判研究的"竞速学"。哈特穆特·罗萨(Hartmut Rosa)以人们对于越来越快的生活节奏感到困扰为切入点,剖析了当代人并没有因为科学技术进步节省的时间得以缓解生活压力,相反整个身体和灵魂都不得不追随社会的高速运转而持久保持着疲惫不堪状态的"新异化"形式。亚列克斯·威廉姆斯(Alex Williams)和尼克·斯尔尼塞克(Nick Srnicek)则在2013年共同发表的《加速主义政治宣言》(*Accelerate: Manifesto for an Accelerationist Politics*)中将左翼加速主义的激进政治话语推到了国际学术前沿,强调应当充分利用科学技术的潜能来加速冲破、击垮乃至埋葬当前不公正不合理的资本主义制度。

从其理论渊源上看,这些加速主义者们在审视速度问题对当代社会发展带来的影响冲击时,虽然坚持的主要观点呈现出形形色色的迥异特征,但他们在一定程度上都借鉴了马克思立足于速度与政治"共谋"的历史唯物主义路向,来分析如今资本主义生产方式的数字化趋势所引发的一系列社会矛盾和可能性的社会变革。然而,问题在于,作为一种对资本主义斗争失败之后的妥协产物,加速主义自诞生起就以左翼和右翼的路线之争表现出试图超越马克思主义的强烈倾向。特别是,近年来左翼加速主义片面地理解马克思《1857—1858年经济学手稿》中的"机器论片段",在理论构建和革命策略的制定等方面一直带有诸多先天困境,并面临着被右翼加速主义反超、转化和吸收的风险。因此,从马克思历史唯物

(接上页)主义哲学基础理论、马克思主义政治哲学。本文系国家社会科学基金青年项目"基于《资本论》视阈的人工智能哲学问题研究"的阶段性成果。

主义的角度深刻反思加速主义的发展谱系、理论观点及其实践价值,不仅能够全面澄清这一社会思潮低估了资产阶级愈加隐蔽、愈加深入地利用科学技术来为自身的"竞速政治"统治状况服务的内在缺陷,更有助于我们科学把握马克思反复重申的超越资本主义的解放过程始终遵循着"两个必然"和"两个决不会"的历史发展规律的真理性意义。

一、加速主义的兴起、发展谱系以及理论特质

作为一股对 20 世纪 70 年代法国"五月风暴"失败的政治回应的社会思潮,"加速主义"的思想起源通常有三种常见的说法。其一,马克思主义。其主要理论依据是马克思在 1848 年《关于自由贸易问题的演说》中提出:在资本主义社会条件下,自由贸易是"资本的自由",是资本享有的压榨工人劳动力价值的自由。它正在瓦解世界范围内的各个民族,从而使资产阶级和无产阶级之间的对立达到了历史顶点。"总而言之,自由贸易制度加速了社会革命。"[1]其二,尼采。吉尔·德勒兹(Gilles Deleuze)和菲历克斯·迦塔利(Felix Guattari)在"五月风暴"之后,一方面认为资本主义是与以往奴隶社会、封建社会中一切社会状况的根本断裂,革命性地印证了马克思的《共产党宣言》强调的"它按照自己的面貌为自己创造出一个世界"[2]。一方面又主张应当否定社会矛盾会不可避免地使资本主义体系崩溃的马克思主义提法。按照他们的看法,危机是资产阶级调整重塑资本主义生产方式的固有契机。这一"加速命令"可追溯到尼采在《权力意志》阐述的"欧洲人的协调乃是不可阻挡的伟大过程……应当加速而不是质疑这一过程"[3]。其三,20 世纪初菲利波·托马索·马里内蒂(Filippo Tommaso Marinetti)等掀起的"未来主义运动"。尽管这是一场宣扬当代艺术家应表现出人们的真实生活体验的艺术运动,却又将"速度"从显而易见的物理现象提升为聚焦当代人生活体验的社会文化范畴来加以探讨。"这个世界因为一种美而更加壮阔

---

① 《马克思恩格斯文集》第 1 卷,北京:人民出版社 2009 年版,第 759 页。
② 《马克思恩格斯文集》第 2 卷,北京:人民出版社 2009 年版,第 36 页。
③ 弗里德里希·尼采:《权力意志》(下),吴崇庆译,北京:台海出版社 2016 年版,第 575 页。

了:一种速度之美。"①因此,它表现出的高度崇拜科学技术的倾向,也涵盖着加速主义萌芽的多项基本特征。

加速主义思想渊源的纷争情况凸显了加速主义流派的分化谱系。总体来看,在近现代资本主义社会高速发展的前提下,各类加速主义均包含"技术决定论"的思想倾向。不过,此时的它们并不带有鲜明的政治立场,更不必说其社会性影响意义了。比如德勒兹和迦塔利在其合著的《反俄狄浦斯:资本主义与精神分裂症》中把精神分裂症视为当代资本主义发展的主要障碍,宣称从"欲望本能"转向"欲望机器"的反俄狄浦斯化的自由主体才能够真正帮助人们摆脱资本主义铁笼的外在或内在束缚。弗朗索瓦·利奥塔(Jean-Francois Lyotard)针锋相对地批评二人的革命策略走得还不够长远。在他看来,资本主义是主体的欲望流本能驱动的"力比多经济学"。

严格意义上,加速主义是在 20 世纪 90 年代末开始体现态度分明的政治倾向,并在 2010 年前后成为受到国际学界密切关注且颇有深远影响力的理论热潮。在这一演化的过程中,加速主义逐步划分为"右翼加速主义"和"左翼加速主义"两大派别。前者把技术和资本主义的结合看作是合乎自然的、公平正义的存在关系,号召持续不断地解除对技术发展的种种限制来推动社会的加速前进。后者指明资本主义体系无法掌控技术本身带来的变革性力量,因而能够通过加速技术进步以达到埋葬资本主义制度的最终目的。20 世纪末上述众多思想激进的知识分子均聚集在被誉为加速主义"策源地"的英国华威大学(University of Warwick),里面就有后来成长为"右翼加速主义之父"的尼克·兰德(Nick Land)与"左翼加速主义先驱"的马克·费舍尔(Mark Fisher)。

兰德是右翼加速主义的主要奠基人。他认为技术本质上是客观中立性的生产工具。它本身对其任何社会用途都漠不关心,只要这些机械操作仍然在技术所能处理的范围之内。但技术并不能完全独立于对它的政治使用

---

① Filippo Tommaso Marinetti, *Grndung und Manifest des Futurismus*. Apollonio: Umbro, 1972, pp. 30 - 36.

方式。尤其是,20 世纪后期里根和撒切尔在全球范围内大力推行的新自由主义意识形态往往阻碍了技术的健康发展。所以,"政治已经过时"①。人们必须废除这种长期困扰技术发展的政治体制。史蒂夫·夏维罗(Steven Shaviro)也建议"要更加全面地推进社会领域的市场化进程"②。可是,兰德并没有像传统激进左翼倡导的那样,要求彻底推翻资本主义社会。相反,他重申了德勒兹和迦塔利的关键主张,即在资本主义的结构中继续加速前进,并在此基础上构建一种崭新的实用主义政治秩序,进而放弃暴力反抗的革命斗争方针。对他们而言,技术的发展没有肉眼可见的终点,更无法终结当前的资本主义制度体系。这样,社会资源就不应当浪费到自由、平等和民主等传统左翼追求的无意义的目标。恰恰相反,它应该聚焦经由技术和资本的"联姻"来营造公平竞争的社会环境,乃至走向根本改进人类生存条件的"超人类主义"(transhumanism)。

同样,作为法兰克福学派新一代的代表人物,罗萨同右翼加速主义在理论倾向上存在很大的共通性。在《加速:现代社会中时间结构的改变》《新异化的诞生:社会加速批判理论大纲》等著作中,他继承了霍克海默、马尔库塞、霍耐特等着眼于从社会理论和文化批判之间的关系来剖析资本主义现实社会的学术传统,并进一步由"加速社会"中时间结构的改变的特定维度分析导致"新异化"形式出现的本质原因。"社会加速已经又跨过了一些临界值,使得与人类相异化开来的不只是他们的行动、他们在劳动与生活时所使用的物、自然、社会世界和他们自身而已,而且还与他们的时间和空间相异化开来了。"③正像在马克思所处的工业资本主义时期劳动者与劳动产品、劳动活动、类本质以及他人的关系等都产生了异化一样,当前数字资本主义下越来越快的生活节奏不仅意味着极大地便利

① Nick Land, "Circuitries", in ♯*Accelerate：The Accelerationist Reader*, ed. Robin Mackay and Armen Avanessian, Falmouth：Urbanomic, 2014, p. 274.

② Steven Shaviro, *No Speed Limit：Three Essays on Accelerationism*, Minneapolis, MN：University of Minnesota Press, 2015, p. 15,16.

③ 哈特穆特·罗萨:《新异化的诞生:社会加速批判理论大纲》,郑作彧译,上海:上海人民出版社 2018 年版,第 117 页。

人们的生产劳动、沟通交流、日常出行，拓展了人类活动的空间场景内容，而且也随之将人们从原本稳定熟悉的社会环境中剥离出来，让疏离感和陌生感成为人与人之间交往联系的固定常态。这即是"自我与世界之间的沉默、冷淡、漠然、憎恶"所清楚表明的"一种最外显、最深层的异化形式"①。为什么呢？比起过去人们多数主张唯有珍惜生命的每一分每一秒才能拥有"美好生活"，当今社会的加速致使人们过于忙碌于某些不是内心愿意做的事情而没有闲暇时间过自己憧憬的生活。以此为根基，罗萨区分出人与世界关系的两种类型：一种是人与世界之间彼此相互回应的正面的"共鸣"关系，一种是人与世界之间毫不顾及对方的负面的"异化"关系。

左翼加速主义事实上是从右翼加速主义中脱胎出来的。费舍尔和兰德的加速主义思想都被认为起源于英国的华威大学时期。但在察觉到技术发展同资本主义社会体制之间存在不可调和的严重矛盾后，费舍尔毅然与兰德的右翼立场相决裂，并开启了加速主义的向左转向。继之而来，威廉姆斯与斯尔尼塞克等同费舍尔观点相似的志同道合者都络绎加入这一思想阵营，彰显着左翼加速主义已经达到相对成熟的地步。与传统左翼全盘否定技术在人类社会生产生活中的文明进步作用不同，他们发现技术本身内蕴了变革社会形态的非凡力量，因而并不需要为化解加速社会不断挤压生活时间而妨碍人们过上美好生活的现代性困境舍弃资本主义如今取得的物质财富和精神成就。关键之处在于，要将技术从资本主义使用的狭隘形式中解放出来，积极主动地同资产阶级争夺"技术领导权"，不断解放和发展当代信息社会中的生产力，进而为加速不公正、不合理的资本主义制度的崩溃创造优势条件。为此，在《加速主义政治宣言》中，威廉姆斯与斯尔尼塞克总结道："相对于不断加速的灾难，今天的政治难题在于，我们无法形成新观念和新组织，去变革我们的社会，去面对和解决即将来临的灾难。当危机日益加剧并逐渐加速的时候，政治却逐渐

---

① 哈特穆特·罗萨：《新异化的诞生：社会加速批判理论大纲》，郑作彧译，上海：上海人民出版社2018年版，第147、148页。

萎缩退却。政治想象力日渐贫乏，未来已经化为泡影。"①而为了构建一种从现有的资本主义社会结构迈向后资本主义的有效跳板，威廉姆斯与斯尔尼塞克设想了三项具体措施：一是重构新的经济模式、社会模式与意识形态。二是对媒体进行大规模的改革，让人民掌握主流媒体的话语权。三是重建后福特制中的劳动形式，给予无产阶级一种新的身份地位。

除此，威廉姆斯和斯尔尼塞克在《加速主义政治宣言》中还援引马克思、列宁的相关论述作为左翼加速主义的重要理论支撑。在他们眼中，"和兰德一样，马克思也是最典型的加速主义思想家……他承认资本主义仍然是迄今为止世界上最先进的经济体制，所以其目标不是逆转资本主义的增长，而是通过加速来超越资本主义价值形式的限制"②。即像加速主义者一样，马克思也充分肯定了资本主义比以往的任何时代都缔造了更为强大的生产力。这样，革命的政治宗旨就并非浪漫主义地倒退到所谓田园牧歌式的原始社会，相反是要加速推动资本主义达到其所能容纳生产力发展的极限，从而使资产阶级的统治秩序土崩瓦解。与此同时，威廉姆斯和斯尔尼塞克又从列宁的《论"左派"幼稚性和小资产阶级性》一文中寻求何以突破资本主义生产关系限制的思想资源。他们强调，在列宁的视域中，超越资本主义的前提要素在于建立以现代科学技术为坚实基础的有计划的国家组织。针对《加速主义政治宣言》中的这些政治主张，奈格里在《评"加速主义宣言"：如何挪用资本主义的技术生产资料》中赞赏"宣言"继承了马克思主义倡议的工人阶级运动必须"从内部反对"（within-and-against）的解放口号。因为只有通过技术革命加速资本主义自身各方面条件的发展，才能造成其与生产力相阻塞的反向运动，进而方可在资本主义内部演化出对阶级关系的颠覆。然而，令人遗憾的是，随着费舍尔在2017年的自杀身亡，仅靠威廉姆斯、斯尔尼塞克等苦苦支撑的

---

① Alex Williams and Nick Srnicek, "Accelerate: Manifesto for an Accelerationist Politics", in #Accelerate: The Accelerationist Reader, ed. Robin Mackay and Armen Avanessian, Falmouth: Urbanomic, 2014, p. 349.

② Alex Williams and Nick Srnicek, "Accelerate: Manifesto for an Accelerationist Politics", in #Accelerate: The Accelerationist Reader, ed. Robin Mackay and Armen Avanessian, Falmouth: Urbanomic, 2014, p. 353.

左翼加速主义在国内外学界的影响力直线下降,以致一度到了阵营崩溃的危险边缘。

由此看来,加速主义本身存在的理论问题和实践困境,远远比其内部右翼加速主义和左翼加速主义的派别分歧催生的争议更为严重。究其根源,这绝不仅仅是因为加速主义作为一种新的批判资本主义的社会思潮,在所难免地带有发展时间较短、参与人数偏少、革命斗争经验不足、缺乏科学的指导思想等先天缺陷条件。更重要的是,它在诸多方面都溢出甚至是歪曲了其所极力推崇的马克思主义在对资本主义的批判中曾科学归纳的研究方法、解放策略和斗争目标。"对于今天的新马克思主义的加速主义来说,那个曾经被传统左翼所抛弃的阵地,恰恰是问题的症结所在。然而,问题不仅仅如此,在数字资本主义的今天,资本主义已经感受到了数字技术加速带来的一种不可控制的力量。"①因而,我们有必要回到马克思历史唯物主义剖析的速度与政治"共谋"的批判路向,认真理清加速主义在当代社会昭示出的思想价值及其内生的错误主张。这意味着速度逻辑不仅在当前加速主义者们所指认的"平台资本主义""数字资本主义"等新型资本主义形态中,而且早在工业资本主义、金融资本主义时期就已经被嵌入到由资本逻辑主导的生产方式和政治结构中。具体而言,一方面,这是速度日益成为资本增殖的重要手段,成为资产阶级政治统治工具,另一方面,这又是资产阶级所谓的自由民主政治日益借助速度力量的辐射作用,"使未开化和半开化的国家从属于文明的国家,使农民的民族从属于资产阶级的民族,使东方从属于西方"②。

二、速度与资本的隐性"共谋":资本主义社会加速的核心逻辑

早在《共产党宣言》中,马克思就明确指出资本主义的产生和发展是一个典型的社会加速进程。"生产的不断变革,一切社会状况不停地动

---

① 蓝江:《当代资本主义下的加速主义策略———一种新马克思主义的思考》,《山东社会科学》2019年第6期。
②《马克思恩格斯文集》第2卷,北京:人民出版社2009年版,第36页。

荡,永远的不安定和变动,这就是资产阶级时代不同于过去一切时代的地方。"①与之前的奴隶社会、封建社会以宗法血缘关系为基础所形成的奴隶对主人、农奴对地主、臣子对君王等自然等级秩序不同,资产阶级推翻封建王权和宗教神权的残酷剥削统治,继而加速瓦解了传统的人身依附关系。但其政治解放成果只限定于拥有私有财产的资产阶级。广大无产阶级则在资本主义这种特定的社会形态中"自由得一无所有,没有任何实现自己的劳动力所必需的东西"②。在《资本论》中,马克思进一步一针见血地强调劳动者遭受的剥削虽然不再像古典时期一样昭然若揭但却是真实存在的,并与资本家"加速""加快"采用机器大工业取代工场手工业的技术革新,以此最大限度地攫取工人必要劳动时间内生产的剩余价值有关。"资本竭尽全力一心一意加快发展机器体系来生产相对剩余价值","只要还有一块肉、一根筋、一滴血可供榨取"③就决不罢休。借用维利里奥以速度为标准对人类社会不同发展阶段的经典区分,这里对应的是超越"农业社会—'自然速度'"的"工业社会—'相对速度'"阶段。

与其相应,当代数字资本主义已经进入速度史上的第三个历史阶段——"绝对速度"。在这一时期,人们通过移动通信、互联网、人工智能等以达到极致的光速来传递信息。这样,人们即使待在原有的位置一动不动,亦可以像亲临现场般获得所要交流的讯息。所以说,当前数字资本主义的"绝对速度"不仅同马克思所处的产业资本主义时期的"相对速度"相似,消解了"这里"与"那里"的地理空间差异。它还更大幅度地抹除"过去""现在"和"未来"的时间差异,使人类远距离面对的事件都好比是在"当下"实时地发生。"这是外部世界的终结,整个世界突然变得顺从(endotique)了,这样一个终结既包含着对于空间的外在性的遗忘,也包含着对于时间的外在性(现在将来)的遗忘,仅仅为了'当前'瞬间,为了即时远

①《马克思恩格斯文集》第2卷,北京:人民出版社2009年版,第34页。
② 马克思:《资本论》第1卷,北京:人民出版社2004年版,第197页。
③ 同上书,第349、471页。

程通信的这个真实瞬间。"①就此而言,加速发展的科学技术以"压缩时空"的方式直接摧毁了人的身体动能。当代数字资本主义甚至"因为没有空间扩展,没有时间延续,是一个强烈地各处在场的社会,换句话说,就是在全世界都远程在场的社会"②。这实际暗含着维利里奥关于"人类生活世界被加速科技殖民化"的矛盾情结。一边是科技改变了人类的生活生产方式,具有不可替代的重大影响性价值,一边却是任何加速科技都必然蕴藏了相应的灾难性后果。例如,当前"绝对速度"时代的来临,同样会使"绝对意外"的事情频繁发生。有鉴于此,维利里奥极富见识地把外表披着文明进步外衣的速度所影响的政治状况称作"竞速政治"(dromocracy)。

根据罗萨的描述,当代资本主义社会的这种"竞速政治"已然改变人类社会的时空体制,并上升为新的"集权主义"形式。在他看来,人们无时无刻不犹如"滚轮中的仓鼠",承受着来自凌驾于人的主体性力量之上的社会加速逻辑的强制催逼。"(a)它对主体的意志与行动施加了压力;(b)它无可挣脱,所有主体都会受其影响;(c)它无处不在,亦即它的影响不局限在社会生活当中某个或某些领域,而是社会生活的所有面向;(d)人们很难或几乎不可能去批评或反抗它。"③据此,这就造成了每个个体的生命体验同外在世界关系的陌生疏离,成为当代人非但没有享受到科技承诺的更轻松、更惬意的"美好生活",反而感到生活内容被工作填满、累得喘不过气来的痛苦根源。于是,罗萨总结说,当前的社会加速进程包括"技术的加速""社会变迁的加速"以及"生活节奏的加速"等三重维度。三者之间在逻辑上环环相扣、互为因果,构成了当前资产阶级对个人的生活行为轨迹进行监视和修正的"加速循环"。具体而言,技术加速推动社会变迁的加速,社会变迁加速促使生活节奏的加速,生活节奏加速又反过来增进技术的加速。也可以说,正是这样一种循环往复的加速形态结构形成了当前资本主义社会发展的"内在

---

① 维利里奥:《解放的速度》,陆元昶译,南京:江苏人民出版社2003年版,第34页。

② 同上书,第35页。

③ 哈特穆特·罗萨:《新异化的诞生:社会加速批判理论大纲》,郑作彧译,上海:上海人民出版社2018年版,第84页。

驱动力"。

当速度成为当代资本主义"自然化"的社会规范,罗萨又敏锐地捕捉到由资本诱发的竞争原则不只存在于经济领域。人们的身份认同、物的消费、心理体验等无不完全被置入到这种竞争逻辑的支配范围。"个人的梦想、目标、欲望和人生规划,都必须用于喂养加速机器。"[1]而为了在竞争激烈的加速社会可以不被残忍淘汰,人们就必然要抓住一切尽可能多的机会来保持乃至提升自身的社会竞争力。在此意义上,借助速度将人们推向越来越忙碌的生活状态,资本主义尽管创造维持了"丰裕社会"的繁荣表象,在其背后却悄悄地加深了根深蒂固的社会危机,造成人与世界关系的五种异化情景。

第一,空间异化。人类作为生物性的存在首先是以身体的方式占有社会空间。然而,在加速社会的时代背景下,不断迁居的生活会导致人们无法在短期内建立对一个特定地点的熟悉感。第二,物的异化。人们与生产的、消费的物的关系在某种程度上构成了身份认同,但随着更换物品速度的加快,原本作为物的创造者的人反而沦为笨拙的消费主义追随者。第三,行动异化。在空间异化、物的异化的牵引下,人们常常感到自身的行动不再是专注于"真正想做的事情",而是不得不去从事"必须做的事情"。第四,时间异化。在当前的数字媒介世界中,人们依赖视觉器官或听觉器官进行上网、看电视等活动的时候,"经验"多数流于表面,无法内在转化为同生命历程紧密关联的"体验"。"我们的体验时刻越来越丰富,但是生命经验却越来越贫乏……我们也没有让我们所体验到的时间变成'我们自己的'时间。我们体验到的时间,以及花费在体验上的时间,都相异于我们。"[2]第五,自我异化。当人们与空间、物、行动以及时间的关系都异化了,也就无法确切形成自己的人生坐标。因为我们是谁、我们是如何感觉的,都有赖于我们在生活中与外界事物的互动关系。由此观之,资本逻辑依然是当代资本主义社会实现从"空间异化"到"自我异化"、从"生产

---

① 哈特穆特·罗萨:《新异化的诞生:社会加速批判理论大纲》,郑作彧译,上海:上海人民出版社2018年版,第111页。
② 同上书,第139页。

加速"到"需求加速"的转向的主要根源。而且,在这一持续强化速度力量对社会的政治结构等的变革影响时,"加速的力量不再是一种解放的力量,而是成为一种奴役人们的压力"①。

但吊诡的是,罗萨为克服这些异化关系设想的建立人与世界之间"共鸣"状态的方案显现出浓厚的乌托邦色彩。无论是指向人际关系的"水平共鸣轴"、指向自然宇宙的"垂直共鸣轴",还是指向物质世界的"对角共鸣轴",都漠视了资本对当代人的精神意识的规训维度,更否定了加速的主体其实是资本逻辑本身的生产和再生产。而立足于马克思的历史唯物主义观点,转向加速社会只是当前资产阶级修复人们对于生活节奏加快但感到生活质量下降的困扰的更高政治策略。"这些日益加速互相排挤的发明和发现,这种以前所未有的幅度日益提高的人类劳动的生产率,最终必将造成一种使当代资本主义经济走向灭亡的冲突。一方面是不可计量的财富和购买者无法对付的产品过剩,另一方面是社会上绝大多数人口无产阶级化,变成雇佣工人,因而无力获得这些过剩的产品。"②同物质生产领域中财富分配不平等的基本事实相比而言,工人和资本家有机会共享相同的物质产品仿佛可以使整个社会趋于民主平等。然而,需求本身也已经被加速主义的交换价值原则建构成区分不同阶层的"系列等级"。"消费是用某种编码及某种与此编码相适应的竞争性合作的无意识纪律来驯化人们;这不是通过取消便利,而是相反让人们进入游戏规则。这样消费才能只身替代一切意识形态,并同时只身担负其整个社会的一体化。"③这样,资本与速度的"共谋"就隐性塑造了无产阶级"去革命化"的深层心理意识,不断消解着传统的马克思主义的阶级政治观点所宣扬的暴力反抗资本主义社会的革命主张。

不过,速度呈现的这种消费主义的"内部吸收"方式,对缓解固定资本与流动资本、资本过剩与劳动力过剩等之间的紧张矛盾所发挥的作用却

---

① 哈特穆特·罗萨:《新异化的诞生:社会加速批判理论大纲》,郑作彧译,上海:上海人民出版社2018年版,第110页。

② 《马克思恩格斯文集》第1卷,北京:人民出版社2009年版,第709页。

③ 让·鲍德里亚:《消费社会》,刘成富、全志钢译,南京:南京大学出版社2019年版,第78页。

是极其有限的。为了更彻底地为资本逻辑特有的活跃、繁忙、危机乃至停滞等周期性发展变换阶段创造出随时可供使用的原材料和商品倾销市场，资本主义在世界范围内还加速推行"外部输出"的全球性扩张。在德勒兹和迦塔利的视角中，资本主义社会的这两种"再辖域化"(reterritorialize)和"解辖域化"(deterritorialize)的趋势是密切地联系在一起的，即人们无法把欲望生产的边界同打破生产既定边界的冲动清晰地区分开。但值得深思之处在于，凭借"生产工具的迅速改进""交通的极其便利""商品的低廉价格"①等"速度文明"体现的强大优势性力量，当前资产阶级国家把非资本主义国家甚至是最野蛮的民族都卷入到资本的同质化逻辑。这意味着，通过广泛利用世界各地发展程度并不一致的地理环境，资产阶级在系统重塑全球范围内由资本权力主导的帝国主义体系。总之，速度政治化和政治速度化是资本主义社会中资本逻辑驱动下的加速主义问题的双重实质。

三、技术加速能否自行超越资本主义：左翼加速主义新的革命解放策略

以斯尔尼塞克等为代表的左翼加速主义者声称，当前被资本逻辑所操控的技术的加速将会释放出更多潜在的社会生产力，进而必然加速推进资本主义的衰退和灭亡的过程。即速度不仅能够被资产阶级用来巩固其统治地位，还具有催化超越资本主义社会的革命力量的潜力。表面看来，这与马克思历史唯物主义勘定的"批判的武器当然不能代替武器的批判，物质力量只能用物质力量来摧毁"②等经典观点恰好不谋而合。在《德意志意识形态》《哲学的贫困》《资本论》等文本中，马克思均承认物质生活资料的生产是整个人类社会赖以存在和发展的现实前提，并强调生产力发展到一定水平就会冲破束缚其成长空间的资本主义制度。但左翼加速

①《马克思恩格斯文集》第2卷，北京：人民出版社2009年版，第35页。
②《马克思恩格斯文集》第1卷，北京：人民出版社2009年版，第11页。

主义幻想技术加速能自行上升为超越资本主义的社会变革的终极力量的思路,同产业资本主义初期工人阶级试图大规模地暴力捣毁机器来挽回被破坏的生存条件的做法在性质上一样是"开历史的倒车"。

诚然,技术和机器可以充当资产阶级剥削性政治统治的手段,也同样能够为无产阶级创造更加公平正义的社会形态所服务。然而,在左翼加速主义较之马克思而言重新绘制的摆脱资产阶级对速度的垄断操控的革命路线中,速度本身并不完全代表着资本主义社会的基本矛盾,引领速度发展的新方向亦难以会彻底击溃资本主义。换句话说,斯尔尼塞克等人虽然既从资产阶级为牟取最大化的利润而不断提升生产速度来论证以速度为核心的社会革命的"必要性",又从摆脱对速度的资本主义使用方式将建立一种与新自由主义承诺的截然不同的光明世界来探求以速度为核心的社会革命的"可能性",但他们在对社会的主要矛盾、对铲除社会主要矛盾所需充分具备的多项主客观条件等方面的科学认识仍较为孱弱。譬如混淆了技术同作为社会基本矛盾的生产力和生产关系之间的差异性,低估了资产阶级愈加运用技术来为自身"竞速政治"服务的隐蔽性,放弃了亟须在革命主体维度历史生成的无产阶级的阶级斗争的必要性。

首先,加速主义混淆了技术同作为社会基本矛盾的生产力和生产关系之间的差异性。在《德意志意识形态》阐释其历史唯物主义的"新世界观"时,马克思旗帜鲜明地指出:"历史的每一阶段都遇到一定的物质结果,一定的生产力总和,人对自然以及个人之间历史地形成的关系,都遇到前一代传给后一代的大量生产力、资金和环境,尽管一方面这些生产力、资金和环境为新的一代所改变,但另一方面,它们也预先规定新的一代本身的生活条件,使它得到一定的发展和具有特殊的性质。"[1]这表明,生产力的发展总是表现为不以人们的主观意志为转移的客观历史活动。而左翼加速主义企图挖掘技术潜在的生产力以从资本主义过渡到后资本主义的核心主张,显然犯了妄图任意加快整个社会的发展进程的唯心主义错误。它可能会以技术为基底促进资本主义内部的繁荣或没落,但无

---

[1]《马克思恩格斯文集》第1卷,北京:人民出版社2009年版,第544、545页。

法克服制约人类社会由低级向高级演进的生产力和生产关系之间的基本矛盾,从而更难以直接促使社会形态的彻底转型。

在马克思看来,资本主义生产力发展的主要困境固然是社会化生产和生产资料的私人占有之间的矛盾,但生产关系既决定于又可以反作用于生产力的发展状况。"资产阶级用什么办法来克服这种危机呢?一方面不得不消灭大量生产力,另一方面夺取新的市场,更加彻底地利用旧的市场。"①然而,在这里,加速主义似乎是在进化论的层面上探析自发前进到后资本主义社会的解放路径,并未积极着手准备变革资本主义生产关系。这即是说,纯粹的技术变革无法必然引起生产关系的革命性变化,除非从生产资料所有制的角度改变技术的领导权。

其次,加速主义低估了资产阶级愈加运用技术来为自身"竞速政治"服务的隐蔽性。斯尔尼塞克认为,一旦资本主义遭遇自身不易克服的政治经济危机,就趋于经由新的市场、新的技术、新的组织模式、新的就业机会等来重构资本逻辑的剥削性统治方式。就像 20 世纪 70 年代滞胀危机后全球工业体系由"福特制"转向"后福特制",搭建市场结构中生产计划和消费需求之间的沟通渠道,今天应运而生的"平台资本主义"(Platform capitalism)是 2008 年金融危机后保持资本主义经济高速增长的新希望。作为将不同群体聚集在一起进行交流互动的数字化基础设施,数字平台相较传统的商业运行模式在数据收集、信息提取以及服务用户等方面都具有无与伦比的显著优势。"数据已经为一些关键的资本主义功能提供服务:它们训练和赋予计算程序竞争优势;能够协调和外包给工人;它们允许生产过程的优化和灵活性;可以将低利润的货物转化为高利润的货物服务;而数据分析本身又生成数据,形成一个良性循环。"②

可是,对于如何创建不受制于资本操纵、由人民群众牢牢掌握在手中的"公共平台",斯尔尼塞克却是语焉不详的。他没有给出击败资产阶级来夺取广告平台、云平台、工业平台、产品平台、公益平台等数字技术的领

---

① 《马克思恩格斯文集》第 1 卷,北京:人民出版社 2009 年版,第 37 页。
② 斯尔尼塞克:《平台资本主义》,程水英译,广州:广东人民出版社 2018 年版,第 48 页。

导权的可操作性的革命方案。更关键的是,今天的数字资本主义已经以指数级的发展速度,在制造、金融、交通、教育、健康等人类社会的各个领域"全面赋能"。与之相应,占据统治地位的资产阶级则越来越隐蔽、越来越深入地应用科学技术,使生活在其中的被统治者们即无产阶级陷入席勒描绘的"信息商品的持续加速"中的"数字鸿沟"(digital gap)①、德里达忧虑的"无可决断(the undecidable)的决断"甚至斯蒂格勒谴责的"系统性愚蠢"(systemic stupidity)的危险境地。

最后,加速主义放弃了亟须在革命主体维度历史生成的无产阶级的阶级斗争的必要性。当数字资本主义时代全面来临,无产阶级被智能装置打造成追求速度效率的"企业主"。"新自由主义作为资本主义的变种,将工人塑造成企业主。被他人剥削(fremdausbeutung)的工人阶级因此并非由共产主义革命,而是由新自由主义消除的。如今,每个人都是自己企业的自我剥削者(selbstausbeutung)。主人和奴仆寄生于同一人,就连阶级斗争都变成了与自我进行的内部斗争。"②在这种情景下,劳动者为了谋取高业绩就自愿积极主动地献身工作,无须再采用工业资本主义时期延长劳动时间、提高劳动强度等得不到其内心认可的强迫性手段。所以,剥削方式好像由原来"显性"的"他人剥削"转化为今天"隐性"的"自我剥削"。

但本质上,"自我剥削"仅仅是资本将其自身增殖的欲望和劳动者主体的欲望融为一体,精巧地冲淡了资产阶级对无产阶级残暴剥削的隐匿过程。"归根到底,它源于资本的逻辑。更多的交流也就意味着更多的资本。加速交流和信息的循环也就是加速资本的循环。"③譬如,数字设备以一种效率和业绩的语言将每一段时间都变成工作时间,将每一个地点都变成一个工位,使可移动性的自由变成了更可怕的强制。而每个人都如

---

① 丹·席勒:《信息拜物教:批判与解构》,邢立军、方军祥等译,北京:社会科学文献出版社 2008年版,第 51、76 页。

② 韩炳哲:《精神政治学》,关玉红译,北京:中信出版社 2019 年版,第 7 页。

③ 韩炳哲:《在群中:数字媒体时代的大众心理学》,程巍译,北京:中信出版社 2019 年版,第 52 页。

同新的奴隶,随时随地都必须主动地进行为资本的增殖要求服务的数字化劳动。

故而,马克思主义发人深省总结的"一切政治斗争都是阶级斗争"①"一切阶级斗争都是政治斗争"②的两个看似矛盾的"阶级政治"的重要原则,事实上是从政治的经济性和经济的政治性的双重侧面触及了资本主义的经济形态已成为政治压迫的新场域。这样,对资本主义经济剥削所要进行的政治反抗,就必须把被剥削的无产者锻造成一个具有共同被奴役的阶级意识的群体。显然,这种无产阶级的集体反抗逻辑,不同于资产阶级的自由主义学说将个人视为权利主体的政治原则。它也正是马克思超越资本主义政治理论的地方,即提出了一种以无产阶级为阶级斗争的革命主体所竭力要实现的高于"政治解放"的"人类解放"。"现在已经达到这样一个阶段,即被剥削被压迫的阶级(无产阶级),如果不同时使整个社会一劳永逸地摆脱一切剥削、压迫以及阶级差别和阶级斗争,就不使自己从进行剥削和统治的那个阶级(资产阶级)的奴役下解放出来。"③可惜的是,加速主义拒绝马克思主义倡导的这种与资产阶级进行政治经济对抗的阶级斗争思想,妄想只凭借加快生产力发展就从当前资本主义社会制度过渡到新的社会形态,因而在实现社会变革的革命主体问题上存在重大缺陷。如果是那样的话,这一所谓的新社会也只不过是建立在资产阶级社会秩序基础上的另一个"变种",资本主义社会的根本矛盾不会消失,阶级对抗的关系亦无法克服。

四、社会形态变革中的"两个必然"和"两个决不会":重审作为加速主义"圣经式"文本的"机器论片段"

20 世纪 70 年代以来,马克思的《1857—1858 年经济学手稿》中有关"固定资本和社会生产力的发展"的部分引发西方学界的持续关注,并被

---

① 《马克思恩格斯文集》第 4 卷,北京:人民出版社 2009 年版,第 306 页。
② 《马克思恩格斯文集》第 2 卷,北京:人民出版社 2009 年版,第 40 页。
③ 同上书,第 14 页。

认知资本主义(Cognitive Capitalism)、加速主义等流派誉为"机器论片段"(Fragment Machines)。在这一章节中,马克思预测随着机器在资本主义生产关系中的广泛推广和使用,一种"普遍智能"(general intellect)的社会就会加速到来。而伴随当代社会将模拟甚至超越人类智能的人工智能大规模地引入人们的生产生活,马克思之前的这种判断已顺利成为现实。也正是根据这些现实背景,奈格里、哈特、维尔诺等认为,越来越具有自主性的机器体系使当前社会生产形式实现了从"物质劳动"到"非物质劳动"(immaterial labor)的转变。在他们的视域中,尽管农业劳动、工业劳动等物质劳动在全球经济活动中的数量上仍占据压倒性优势,但创造信息、知识、情感反应或人际关系等非物质产品的非物质劳动在质的方面决定了其他劳动形态的发展趋势,并且越来越处于主导地位。这样,我们就必须改变经典马克思主义依照工业劳动对政治主体进行界定的传统标准,否则那些在当代社会从事金融业、服务业等非物质劳动的人就会被排斥在工人阶级之外。"时至今日,那个阶级已从我们的视线中彻底消失了。它其实并未消亡,只不过它在资本主义经济中的特殊位置及它在无产阶级构成中的霸权地位已被取代。"[①]对他们而言,代之而来的新的革命主体,是那些"无视社会秩序或财产、内嵌在社会生产中的广泛的杂多性"[②]的"诸众"(multitude)。

无独有偶,左翼加速主义者同样将马克思的"机器论片段"奉为"圣经式的文本"。他们甚至比认知资本主义学派走得更远,认为自动化机器体系的出现和全面采用将使生产过程变得愈发智能化,从而会使工人在劳动时间减少的过程中直接获得解放。"生产过程——包括'智力劳动'——逐渐变得自动化,而这恰恰是世界资本主义危机的证据。"[③]因为

---

① 迈克尔·哈特、安东尼奥·奈格里:《帝国——全球化的政治秩序》,杨建国、范一亭译,南京:江苏人民出版社 2003 年版,第 58 页。

② 迈克尔·哈特、安东尼奥·奈格里:《大同世界》,王行坤译,北京:中国人民大学出版社 2016 年版,第 25 页。

③ Alex Williams and Nick Srnicek, "Accelerate: Manifesto for an Accelerationist Politics", in ♯ Accelerate: The Accelerationist Reader, ed. Robin Mackay and Armen Avanessian, Falmouth: Urbanomic, 2014, p. 349.

当前的以价值增殖为根本目的的资本逻辑,虽然表面限制了机器技术的发展潜力,但又总是力图缩短"工作日"而增加个人自主支配的"自由时间"。即它在创造自身进步条件的同时,亦奠定了其不可避免地走向灭亡的坚实基础。在一定程度上,这可视为加速主义基于目睹二战后资本主义"福利国家"的繁荣发展景象,对马克思在《1857—1858 年经济学手稿》中的"一旦直接形式的劳动不再是财富的巨大源泉,劳动时间就不再是,而且必然不再是财富的尺度,因而交换价值也不再是使用价值的尺度……于是,以交换价值为基础的生产便会崩溃,直接的物质生产过程本身也就摆脱了贫困和对立的形式"①的重要论断的生动诠释。比方说,在《创造未来:后资本主义与无工作的世界》中,威廉姆斯和斯尔尼塞克就曾明确将"生产自动化"和"劳动时间的减少"等当作超越资本主义时代的主要标志。不过,他们最后得出的结论却过于理想化了。他们认为目前人们亟须做的不是去暴力阻挠资本主义,而是释放科学技术的革命潜能、尽可能地提高社会整体生产力,这样就可以加速过渡到后资本主义社会。

对于这种幻想由技术变革推动实现社会形态变革的"技术决定论",马克思早就严厉批判其是"极其荒谬的资产阶级滥调"。"决不能从机器体系是固定资本的使用价值的最适合的形式这一点得出结论说:从属于资本的社会关系,对于机器体系的应用来说,是最适合的和最好的社会生产关系。"②众所周知,自动化机器体系是满足资本主义生产的有效的技术形式。但它所节省的自由时间服务于资本衡量经济效益的成本核算,标志着工人的"活劳动"对资本的"死劳动"的绝对服从,因而最终表现为资产阶级不支付等价物便非法占有工人阶级劳动成果的"无产者的巴士底狱"。所以,如果不彻底改变资本主义雇佣劳动制度等前提条件,机器化生产带来的劳动时间的减少,非但不能让工人从为获得满足生存的基本物质生活资料而必须从事的沉重的生产任务中解放出来,还会使资本对劳动者的自然生命、财富创造等的钳制更加隐秘加深。诚如阿伦特所言,

①《马克思恩格斯文集》第 8 卷,北京:人民出版社 2009 年版,第 196、197 页。
② 同上书,第 188 页。

"现代劳动解放的危险是,它不仅不能把所有人都带入一个自由的时代,而且相反,它第一次迫使全体人类都处于必然性之轭下。当马克思坚信革命的目标不应当停留于劳动阶级业已实现的解放,而必须最终让人从劳动中解放出来时,他就已经清楚地察觉到了这个危险"①。她极富见识地指出,马克思对现代劳动理论的重大创见就是把它从基于"肉体压迫的必然性"的"社会问题"提升为被掌握国家暴力机器的资产阶级所剥削的"政治问题"的思想高度。

另外,加速主义同认知资本主义学派一样,尽管意识到随着在当前机器大工业生产中"脑力劳动"比传统的"体力劳动"发挥更紧要的作用,资本主义的生产关系不再局限于工厂而是倾向于占领整个社会生活领域,然而却未正确识别出这一劳动过程依然无法有效逃脱资本逻辑的剥削性统治。作为一种具体劳动,体力劳动或脑力劳动都不是价值创造的主要来源,它们只能与自然生产要素相结合,形成物质财富即使用价值。这样,二者在劳动过程中的比重升降多少,并不影响作为创造价值的根本来源的"无差别的人类劳动的单纯凝结"②的抽象劳动的存在状况。因此,当前所谓的"知识价值论"没有改变劳动者在数字资本主义时代仍旧作为劳动力商品而被掠夺剩余价值的客观属性。"科学根本不费资本家'分文',但这丝毫不妨碍他们去利用科学。资本像吞并他人的劳动一样,吞并'他人的'科学。但是,对科学或物质财富的'资本主义的'占有和'个人的'占有,是截然不同的两件事。"③就此来说,在这种生产和生活、劳动时间和自由时间之间界限渐趋模糊的加速社会中,无产阶级的智力化和智力的无产阶级化是在赤裸裸地巩固劳动和资本对立的资产阶级生产关系的剥削本质。变动的只是无产阶级的构成主体从原来的"体力劳动无产阶级"转变为如今的"脑力劳动无产阶级"的存在事实。

整体而言,重视"机器论片段"的加速主义"在一定意义上延续了马克思批判的社会理论传统,也注意到了马克思学说特别是其唯物史观对资

① 汉娜·阿伦特:《人的境况》,王寅丽译,上海:上海人民出版社 2017 年版,第 93 页。
② 马克思:《资本论》第 1 卷,北京:人民出版社 2004 年版,第 51 页。
③ 同上书,第 444 页。

本主义社会的剖析与批判的价值"①。可以说,它真实捕捉到速度逻辑为当代资本主义社会带来的诸多新发展新变化,也测绘了在数字技术深入推进的情境下资产阶级意识形态性构筑的从"生产加速"到"政治加速"的运行图景。但需要指出的是,加速主义又完全偏离了马克思曾历史唯物主义地剖析资本主义速度引擎背后的生产力和生产关系、经济基础和上层建筑之间的辩证矛盾运动的科学路向,将被马克思寄予厚望的无产阶级的革命行动片面地肢解为资本主义社会自我批判的伦理诉求。而立足于这种丧失革命主体而妄图改造资产阶级社会的"速度革命",加速主义向往的和平掌控新自由主义的技术平台等的政治方案不啻是倒退到前马克思主义的"革命的想象"和"想象的革命",彰显出浓厚的向资产阶级妥协的乌托邦色彩。在这种情况下,罗斯·阿比奈特(Ross Abbinnett)提纲挈领地提出的技术变革时代的四条"阶级政治"条款,既是对加速主义弱化甚至消解马克思阶级斗争方略的修复,更是向马克思对资本主义的社会批判理论的无产阶级立场和科学方法的全面回归。"归纳起来,这些条款包括:(1)阶级斗争在资本主义全球技术变革中的最终恢复;(2)通过马克思主义理论的策略性干预,重新确定无产阶级的团结;(3)祈求历史作为阶级的革命辩证法的丧失与恢复;(4)将政治动力指向决定生产方式中力量关系的结构性对立。"②

因此,尽管今天的数字资本主义社会结构较之马克思所在的产业资本主义时期发生了很多重大变化,但资本主义固有的内在矛盾和剥削实质并没有从根本上加以克服。世界性的经济危机、帝国主义的殖民扩张、虚假需求驱动的消费困境等问题的频繁发生就是明确的例证。这样,时至今日,马克思在《〈政治经济学批判〉序言》中预估到的取代资本主义的社会形态变革将是一个长期的历史发展过程的关键论断依然具有不可替代的真理性价值。"无论哪一个社会形态,在它所能容纳的全部生产力发挥出来以前,是决不会灭亡的;而新的更高的生产关系,在它存在的物质

---

① 邹诗鹏:《马克思对现代性社会的发现、批判与重构》,《中国社会科学》2009 年第 4 期。
② 罗斯·阿比奈特:《现代性之后的马克思主义——政治、技术与社会变革》,王维先等译,南京:江苏人民出版社 2011 年版,第 235 页。

条件在旧社会的胞胎里成熟以前,是决不会出现的。"①而另一方面,马克思在《共产党宣言》揭示的随着资本主义大工业的发展,资产阶级"首先生产的是它自身的掘墓人",即资产阶级必然灭亡和无产阶级必然胜利②的"两个必然"的时代趋势破解了人类历史发展规律和资本主义社会的特殊运动规律,仍然能够为指导我们改造当前不合理的资本主义社会现实提供不可或缺的革命主体。

总之,马克思科学揭示的社会形态变革中的"两个决不会"和"两个必然"的历史规律,廓清了加速主义指出的超越资本主义的速度政治化和政治速度化的双重进程中的理性迷障,更开辟了人类解放与人的全面发展相统一的新征程。"这个学说既是表达了人类解放的旨趣,即对人的全面发展的价值理想的承诺,又是表达了人类解放的历程,即对人的全面发展的实现过程的揭示,也是表达了人类解放的尺度,即以人的全面发展的价值标准观照人类全部的历史活动和整个的历史过程。"③这就是 21 世纪对加速主义的社会加速批判理论进行历史唯物主义反思的重要原因,也是马克思主义在数字资本主义阶段依旧作为新的社会形态的"助产婆"所继续开拓出的建构人类文明新形态的"希望的空间"!

①《马克思恩格斯文集》第 2 卷,北京:人民出版社 2009 年版,第 592 页。
② 同上书,第 43 页。
③ 孙正聿:《马克思主义哲学智慧》,北京:现代出版社 2019 年版,第 24 页。

网络平台中数字资本的政治经济学批判

王利利①
（南京师范大学公共管理学院）

网络平台的发展使得资本主义的社会财富在数字化时代表现为"庞大的数据堆积"。这种数据产品在资本逻辑的驱动下,连同数字技术、网络平台被转化为数字资本。与一般资本的本质属性相同,数字资本作为资本的特殊性存在样态,它仍然呈现出资本积累的属性,并具有过程维度和关系维度。但与一般资本相比,数字资本在网络平台中以无偿占有网络用户的劳动产品为前提扩大了资本剥削的范围,延长了剥削时间,拓宽了剥削场域,建构了一种新型的剥削机制。面对这一新的资本形式需要回到马克思政治经济学批判中分析数字资本的演变逻辑及其剥削机制,并反思数字资本的本质。对数字资本的政治经济学批判有助于理解当代资本主义社会更深层次的危机与矛盾,对把握未来中国数字时代的平台经济的发展具有积极的现实意义。

20世纪末,互联网技术的出现将大众的注意力从原有的媒体轨道(例如纸媒)中脱离出来引向信息轨道,信息爆炸从一开始单纯的"量"的累积逐渐发展为"质"的变革。在信息处理中,最初作为信息量过多的"大数据"已经演变为有价值的"大数据"。数据从"一般数据"的预测功能延伸

---

① 王利利(1996—),南京师范大学公共管理学院哲学系博士研究生,研究方向:马克思主义哲学。

为"数据商品",成为创造价值的源泉,它已经成为这个时代的矿产和石油,表现为"庞大的数据堆积"。在数字化时代的生产方式中,以网络平台为生产场域,通过有偿或无偿占有用户数据,利用云计算对数据进行分析、预测和整合,使之成为生产过程中创造价值的源泉,这已经成为数字化时代资本生产和资本积累的主要方式。面对逐渐被网络平台形塑的新的生产空间,资本剥削的方式发生了变革,针对数字资本这一新的资本形态及其造成的社会后果,我们需要运用马克思政治经济学批判的逻辑进行深入探究:数据是如何从数据产品发展为数字商品甚至数字资本的?处在数字资本逻辑下的数字劳工和平台用户又是如何被纳入资本的剥削范围之中的?

一、数据的演变:从数据产品到数字商品

作为《资本论》开篇的"商品",不仅仅是资本主义社会中财富的表现,而且是对资本主义社会生产过程的描述和概括。马克思在《资本论》开篇研究了作为劳动者劳动结果的劳动产品如何成为商品,以及拓展而来的对资本主义生产方式下商品的量(价值)的关系是如何取代并且支配了质(使用价值)的关系的探讨,由此说明资本主义生产的实质是量的积累而非质的满足。对劳动产品成为商品的分析是马克思进入资本主义生产过程的钥匙。正如卢卡奇所言,马克思对商品问题的分析实际上表现为"资本主义社会生活各个方面的核心的、结构的问题"[①]。在数字化时代,分析数据何以从"数据产品"成为"数字商品"是分析数字资本的前提。

当下由互联网所建构的全球化正在将一切事物裹挟到资本主义商品化的进程中,其中就包括数据。在《资本论》中,马克思论述了商品的两种构成:劳动产品和劳动力。劳动产品和商品的关系在于商品是用于交换的劳动产品,我们通常认为商品之为商品就在于它是凝结了人类劳动的

---

① 卢卡奇:《历史与阶级意识》,杜章智、任立、燕宏远译,北京:商务印书馆 1999 年版,第 115 页。

用以满足他人需要的劳动产品。而劳动产品只是代表了商品的物的方面即使用价值，具有满足自身或他人的需要的潜能，当劳动产品进入流通过程进行交换时就成为商品。网络平台中的数据的生成是由用户在浏览、搜索、发布内容时所留下的个人记录，它是用户的劳动——体力劳动和脑力劳动——的耗费，属于劳动产品的范围。单个的或独立的数据本身是没有意义的，数据意义和数据价值的建构是依赖于对数据的收集、分析和预测，利用云计算、物联网的技术手段收集有效数据，建构数据之间的联系，寻求数据相关性，从而挖掘数据的隐藏价值。因此单个的或独立的数据对于他人而言是没有价值的，但挖掘数据的隐藏价值所形成的由数据建构的信息是具有价值的。当信息进入交换关系中来满足他人的需要时，数据从数字产品转化为数字商品，数字商品是指商品的数字化形态，数据"以流动的数据流或是动态的数据群的非物质形态进入市场，并遵循相应的市场原则，在市场深层发展、机制不断健全中商品关系得以加强，这个过程就是数据商品化的过程"①。

作为商品，数据具有使用价值和价值。数据的价值在于数据本身所蕴含的凝结在数据上的无差别的劳动，一方面是指生成数据时的劳动即源数据本身所凝结的劳动，另一方面是指加工数据时的劳动即对数据提取、整合和分析所凝结的劳动。马克思对使用价值的论述经历了从"不是政治经济学的事情"到"属于政治经济学的范围"的转变。从一般意义上而言，处于一切社会中的"具有有用性"的使用价值的属性是一切社会形态中共有的，马克思明确指出这并不在他的政治经济学的研究范围之内。马克思随后指出："使用价值一旦由于现代生产关系而发生形态变化，或者它本身影响现代生产关系并使之发生形态变化，它就属于政治经济学的范围了。"②例如机器，它是资本主义生产关系下生产出的使用价值，本身它是作为劳动者和劳动对象之间的媒介即劳动工具而存在。但在资本主义生产方式下，它的应用改变了资本主义的劳动组织方式、生产过程以

---

① 刘璐璐：《数字经济时代的数字劳动与数据资本化——以马克思的资本逻辑为线索》，《东北大学学报（社会科学版）》2019年第4期。
② 《马克思恩格斯全集》第31卷，北京：人民出版社1998年版，第293页。

及剩余价值的生产方式等,这对于塑造资本主义生产关系具有一定的变革意义。当机器的应用影响了资本主义的生产关系并导致其发生形态变化时,这就不再仅仅表现为使用价值的物质方面,而是完全属于政治经济学的研究范围了。同机器相同,数据的使用价值是指数据能满足他人的需要。与个体用户相比,网络平台能够最大程度地挖掘数据的使用价值,平台通过对数据的提取、整合和分析能够预测趋势、预测生产中的供给和需求关系等,从而实现精准定位和精准匹配等。同机器、劳动力本质一样,当数据被用于生产过程中,它为资本积累以及资本的生产带来了一系列的变革,正是数据本身包含的这一使用价值,使之被纳入商品的行列中,成为在市场上所流通的对象,同时又被资本裹挟,从数字商品演变为数字资本。

二、从数字商品到数字资本的逻辑进程

在数字化时代,数据、数据平台、数字技术等已经成为一种新型的生产要素,伴随着数据商品市场各要素的不断完善,数据商品,连同数据商品生产和交换的空间场域——数字平台和数字技术一道成为数字化时代服务于资本积累的数字资本。数字资本同产业资本、金融资本相同,它是资本发展到数字化时代的新的存在形态,数字资本不仅包含数据要素,同时包含着数字化平台即互联网平台和数字技术等,所有这些都被裹挟在资本的范围之中,成为为资本服务的"工具"。数字资本积累的前提是平台用户与平台和数字技术的分离,这一分离造成了后者对前者的劳动产品的占有,而数字资本作为资本的特殊存在形态,具有资本的一般性质即作为过程的资本和作为关系的资本。

劳动者和劳动资料的分离是数字资本形成的前提。这里主要表现在平台用户和掌握数字技术、互联网平台以及对用户数据的所有权的平台资本家的对立。资本主义生产方式并不是永恒存在的,它是历史地从封建社会的经济结构中发展而来的,圈地运动构成了资本主义的第一个立足点。资产阶级对农民土地的使用价值的占有,将农民与生产资料分离

开来,导致农民向城镇的迁移,进而带来制造业的兴起,农民成为无产者。数字资本,如同货币和商品,它们并不是一开始就是资本,而是被转化为资本。这种转化需要一定的前提条件,"两种极不相同的商品占有者必须互相对立和发生接触;一方面是货币、生产资料和生活资料的所有者,他们要购买他人的劳动力来增殖自己所占有的价值总额;另一方面是自由劳动者,自己劳动力的出卖者,也就是劳动的出卖者"①。这既创造了资本主义生产的条件,同时塑造了资本的原始积累的过程。同生产资本一样,数字资本的积累依赖于网络用户与平台的分离。在数字化时代,尽管技术的发展形塑了一个逐渐自由和自主的空间,用户群体可以在社交平台上创造内容、发布信息以及与他人互动等,可以在搜索引擎中查询资料,可以在购物软件下单购物,但从本质而言,网络平台以及平台技术如同机器大工业时期的生产资料,其所有权是归资本家所有,对于用户而言仅仅是使用权,用户借助于平台所创造的数据是属于平台背后的资本家,而非属于用户。这就为资本家无偿占有数据提供了前提条件。资本家运用数字技术对用户在平台上创造的数据提取、整合、分析,进行数据的二次使用以带来更多的商业价值。以谷歌浏览器为例,作为最大的搜索引擎,它是免费面向互联网用户的,但谷歌自身的技术使其能够收集用户数据从而产生新的价值,例如它将收集到的用户数据,用以完善自身的搜索时的拼音检查、相关推荐服务、创建谷歌地图等,同时将数据授权给第三方,带来附加价值。当个人信息从纸媒的记载和传播,进入到以网络平台为媒介的记载和传播,平台的排他性和资本性的特征使用户数据异于用户自身而存在,进而成为市场化的资本。

数字资本是作为过程的资本。马克思分析了资本主义社会中两种不同的流通形式,作为货币的货币的流通(W-G-W)和作为资本的货币的流通(G-W-G)。资本主义生产关系下一般性和根本性的流通形式是作为资本的货币的流通。在作为资本的货币的流通过程中,前后的货币存在量的差距,这本身反映了资本主义流通形式立足于一种不平等,因为资本家

―――――――――――――――

① 《马克思恩格斯全集》第 44 卷,北京:人民出版社 2001 年版,第 821 页。

的生产动机要求"在流通的终点所得到的货币要多于在起点所拥有的货币"①。除此,这一流通过程反映了资本的过程维度。"资本绝不是简单的关系,而是一种过程,资本在这个过程的各种不同要素上始终是资本。"②只有当价值从商品形态转化为货币形态时,货币形式的价值才得以实现,马克思将这一过程称之为"价值实现"。只有当价值实现过程完成,资本积累的过程才能够完成,并作为新的生产资本进入新的生产过程。但价值从商品形态到货币形态的转变即从价值生产到价值实现的过程并不会顺利进行,这一过程受到市场因素、消费者需求的影响,换言之,生产存在盲目性的缺陷。数字资本凭借着数字技术、数字平台以及数据信息等,弥补了这一缺陷,通过对网络平台用户浏览、搜索、发布及交易的相关数据的分析,能够对消费者的消费需求、消费趋势以及消费偏向进行精准定位,形成个性化的广告投放,一方面实现了生产的精准化,避免了生产的盲目性,另一方面缩短了从作为商品形态的资本到作为货币形态的资本的周转时间,加快了资本的流通速度。数字技术的发展带来了资本流通速度的加快,并且通过对个人数据的分析,为资本流通提供了新的路径,即在生产和消费、生产者和消费者之间建构更为精确的路径。

数字资本是作为关系的资本。"资本不是物,而是一定的、社会的、属于一定历史社会形态的生产关系,后者体现在一个物上,并赋予这个物以独特的性质。"③在马克思对资本主义生产方式的研究中,他基于自身的分析逻辑,从抽象上升到具体,从最简单的商品入手,然后进入到货币、资本,最后在一系列的社会现象之下揭示出资本主义的剥削关系。资本的关系维度即资本以物的形态存在但本身承载着资本家和劳动者之间的剥削与被剥削的社会关系。这种劳资关系建立的前提是劳动力作为一种商品出现在劳动市场上,并被资本家所购买,接受资本家的剥削。资本主义社会使农民从封建社会中的人身依附关系解放出来成为独立且自由的工人,但陷入到了资本家的剥削之中。正如前面所述的这一场景,在数字资

---

① 大卫·哈维:《资本的限度》,张寅译,北京:中信出版社 2017 年版,第 60 页。
② 付文军:《数字资本主义的政治经济学批判》,《江汉论坛》2021 年第 8 期。
③ 马克思:《资本论》第 3 卷,北京:人民出版社 2004 年版,第 922 页。

本主义时代,数字化技术的发展使工人从被监督的工厂中解放出来,成为时间、空间自由的劳动者,但陷入福柯所讲的"全景敞开监狱"中。因此,数字资本本身仍然是遵从资本逻辑的控制,延续着资本的剥削关系,并将这一关系在数字技术、互联网平台下转化为一种全景式、隐匿化的形式存在。

数字资本作为"资本一般",它本身仍然具有资本的过程维度和关系维度的本质属性,但数字资本作为资本的数字化的特殊存在形态,在资本逻辑的控制下,必然具有其内在的特殊性。但这种特殊性并没有超脱出资本的本质属性,而是在其本质属性之内的特殊。数字资本在资本逻辑之下仍然是一种社会关系的体现,但在数字时代的今天,这种剥削关系摆脱了传统剥削的强制性和在场性,相反是建立在网络平台之上而形成的一种隐匿化、制造同意的剥削形式。

三、数字资本的剥削机制

上述的分析表明,数据从数据商品发展到数字资本,处在资本逻辑统摄下的数字资本建立了新型的资本生产模式,同时产生了新型的剥削机制。布若威揭示了在垄断资本主义下作为游戏的劳动过程当中,通过制造同意形成了对工人的剥削机制,与此相对应,那么网络平台下资本家又是如何依托数字技术建构新的剥削机制的呢?通过对网络平台下的用户和数字劳工的观察,显然会发现这种新的剥削机制与马克思的机器大工业时代的"强制奴役"不同,数字资本借助于数字技术、数字平台以一种更加隐匿的方式扩展剥削范围、延长剥削时间、延展剥削场所,从而实现了资本的"全社会"生产、"全天化"生产和"全场域"生产。

第一,扩大了剥削范围,资本正在被"全社会"生产。数字资本主义下,数字资本将剥削范围从雇佣劳动的"有酬劳动"延伸到非雇佣劳动的"无酬劳动"领域。马克思明确注意到资本主义机器大工业中,受益于机器对人的体力劳动的代替,生产过程不再依赖于人的体力,由此资本将剥削范围扩大到女性劳动者和童工之中,但此时女性劳动者与童工仍然与资本家存在劳资关系的合同，资本家需要支付前者群体的劳动力价值即可变资本。但在数字时代网络平台下，数字资本将全社会吸纳到平台之中，其中包括从事数字劳动的数字劳工即"有酬劳动者"和使用平台的平台用户即"无酬劳动者"。数字化目前已经发展并融入人们生产生活的各个维度之中，我们平时的娱乐、阅读、购物、出行等方面已经完全依赖于网络平台的使用，人类生活开始转向技术媒介化，网络平台等数字产品的应用使用户成为中心，获得了表达和交流的主体性自由，但同时用户的信息、行为经由云计算、算法等数据技术转化为供资本家牟利的数据流和信息网。因此人们虽然获得了主体性的自由，但陷入了时时刻刻遭遇数字监控的剥削的困境中。数字技术为资本剥削平台使用者提供了网络空间场域，网络平台的发展目标在于将更多的无酬劳动者引诱进网络空间中，让用户能够更加充分地利用平台、生成数据，从而促进资本家进行更大范围的剥削。

第二，延长了剥削时间，资本正在被"全天化"生产。数字化时代，网络平台中资本的剥削从资本的生产过程剥削转变为资本的时刻占有。工业经济时代，受制于生产过程中机器和生产资料的影响，必须要求工人以时刻在场的方式处于"生产车间"中，剩余价值的剥削依赖于延长工人处于劳动场所中的时间和提升工人的劳动强度，剥削以一种更加强制性的方式表现出来。在数字经济时代，网络平台中劳资关系以一种绵软的、隐秘化的剥削和被剥削形式表现出来。在数字技术下，资本依赖于数字化的劳动资料模糊了人们的劳动时间，这种劳动时间的模糊在于人们的生产时间和生活时间、劳动和生命的界限的模糊。依赖于数字技术所形塑的劳动时间的自由化并没有实现劳动者的时间自由，反而实现了资本家压榨劳动者的时间自由，资本主义意识形态所建构、宣扬的"闲暇是精英人士的苛求"逐渐深入劳动者的工作意识中，他们为自己的经营身份而时刻劳动，而这也正是资本家所渴望看到的工作现象，在数字劳动统治之下，无论是处于时间自由的幻象，还是由于资本主义所宣扬的工作意识形态，人们都沦为数字资本所统治的对象。除此之外，正如马克思而言，资本主义正在极力地缩短必要劳动时间，延展自由时间,并将自由时间转变为可供资本家支配的时间,从而无偿占有工人的剩余劳动。目前生产力的提高使得必要劳动时间不断被压缩,空闲时间越来越多,这无疑为人的全面发展提供了前提条件。但创造空闲时间更重要的在于挖掘人们日常生活的剩余价值。无处不在的购物、出行、社交软件等网络平台填补了人们的日常生活的空闲时间,人们处于网络平台、第三方数据机构等的全面监控中,用户的闲暇时间的互联网行为转变为资本积累的工具。

第三,拓展了剥削空间,资本正在被"全场域"生产。依赖于劳动资料特别是生产工具从简单工具到机器体系的变革,资本的剥削空间实现了从"工场"到"工厂"的转移,机器大工厂的形成意味着资本剥削的强度的提升和范围的扩大。同样依赖于生产工具的变革即数字化时代的人工智能、云计算、物联网等数字化技术的发展,资本的剥削空间延展到"平台"场域中。平台本身所具有的不受时间、空间限制的优势,满足了数字资本主义生产方式资本积累的内在要求。尤其是受新冠疫情的影响,"居家办公"成为一种新的工作模式,这种工作模式不受时间、地点的约束,不再依赖于厂房中沉重、笨拙的机器,只需要一台笔记本和网络信号就能够操作生产过程。一方面,资本的生产场所跳脱出传统工厂的空间限制,从传统工厂进入到家庭空间甚至进入到社会的公共空间之中。除此之外,资本统治所实现的空间扩张既包括物理空间,也包括虚拟空间。依赖于数字化的劳动资料所形塑的空间自由在实现工人无论在哪里都可以工作的同时,也扩大了资本统治的空间范围。数字化技术的扩展,不断将资本统治和剥削的空间由物理空间推向虚拟空间,处于社交平台上的数字化技术的使用者都成为被资本剥削剩余价值的无偿数字工人。另一方面,劳动场所侵入个人空间中,使得资本家不变资本的耗费在不断减少,例如电、网络等费用的支出逐渐由劳动者自身承担,这无疑是资本家所希望的局面,即在不耗费不变资本的情况下最大限度地创造剩余价值。

正如马克思所揭示的资本一般的特性,作为资本的特殊形态的数字资本,仍然具有资本积累的本质属性,数字资本借助于网络平台正在重新建构资本主义的生产方式,并构建资本主义新型剥削机制。由此,不仅人们的生产行为,甚至人们的日常生活行为都处在资本的行列之中,成为资本积累的新的要素。资本利用数字化的劳动资料,通过时间和空间的更大范围的扩展,实现了资本增殖的最大化,不再受传统的时间和空间的限制,建立了一种基于"自由自主"的劳动模式的资本时刻占有和全面侵袭的资本统治模式。网络平台在资本逻辑控制下成为"资本的场域、剥削劳工的场域,也是社会的场域、阶级形成和对抗的场域"①。

四、对数字资本的本质性反思

至此,网络平台下数字资本的生产逻辑以及剥削机制已经厘清。那么数字资本是不是资本主义社会中出现的另一种资本?它的出现是否会使得资本主义社会站在一个新的基点上并摆脱资本主义的经济危机?更为重要的是,数字资本是不是专属于资本主义社会,面对数字化时代的发展,社会主义市场经济如何站在这一发展潮流之上,既顺应数字时代的发展,同时规避资本主义社会中数字资本应用带来的弊端?这都需要我们从本质上对数字资本进行政治经济学的反思,才能够揭开掩盖在数字资本之上的层层迷雾。

首先,从马克思对资本的分类来看,数字资本仍然是属于不变资本。与古典主义政治经济学不同,马克思从资本中区分出不变资本和可变资本,揭示出了剩余价值的真正来源。资本家总是以利润来说明盈利,并以总资本掩盖了资本的剥削,而马克思揭示出可变资本即劳动力是剩余价值的来源,才真正揭开了被利润所掩盖的剩余价值。那么数字资本是否会带来剩余价值?数字资本是属于可变资本还是不变资本?数字资本本身是数字技术、数据、数字产品等的结合,我们仔细分析这些要素就会发现,它们要么作为劳动工具而存在,要么作为劳动对象或劳动产品而存在。数字技术作为劳动工具,如同机器,仅仅是劳动过程中的媒介,在生

---

① 邱林川:《告别 i 奴:富士康、数字资本主义与网络劳工抵抗》,《社会》2014 年第 4 期。

产过程中仅仅是转移价值,它的出现提高了劳动生产效率,加快了资本的周转,但并不创造新的价值;数据本身是用户或者称之为数据生成者的劳动成果,它本身作为劳动产品而存在,然后进入下一个生产环节中作为劳动资料而存在,即它本身是价值的凝结。数字技术、搭载数字技术的设备和平台以及数据都是属于不变资本,仅仅是在生产过程中转移价值,剩余价值仍然是来自数据生成者(这一部分大多被资本家无偿占有)以及从事数字劳动的劳动者。因此不包含劳动力的数字资本仍然是属于不变资本,从根本上并没有动摇马克思的劳动价值论。

其次,数字资本仅仅是资本的形态变化,它仍然无法克服资本主义的内在根本矛盾。受制于资本主义生产关系内在的根本矛盾,资本主义社会的经济危机总是以周期性的方式不断出现。新自由主义的盛行,使得资本主义的经济危机正在向系统性危机蔓延。资本主义的经济危机表现为周期性危机与结构性危机相互交织,从而导致生产过剩与有效需求不足,引发绝对过剩和相对过剩、消费泡沫、虚拟经济对实体经济的消极影响,进而导致劳资矛盾加剧,社会不稳定日渐突出,等等。因此当代资本主义试图转换劳动范式,创造一种新的劳动模式,建立一种新的生产关系来改变资本主义的危机,但数字资本并不能克服资本主义的内在根本矛盾。一方面,数字资本仍然是以攫取剩余价值为手段来维系资本主义生产关系的。资本是能够带来剩余价值的价值,追逐利润最大化是它的本性。当代资本主义试图建立一种"自由乌托邦"的劳动环境来鼓吹劳动自由、机会平等,来掩盖资本剥削、缓解劳资矛盾,但数字资本的实质是通过技术与资本的"联姻"以不断强化资本权力,增强对工人剥削的强度。"在资本主义制度下,新机器的发明和使用更多地构成了经济危机演变的逻辑起点。"[1]根据上文的分析,数字资本的前提仍然是劳动者和劳动资料的分离,它仍然遵从资本逻辑,因此从本质而言它作为资本,无法改变资本主义社会中资本剥削以及劳资矛盾持续性恶化的危机。另一方面,数字资本尽管利用个性化数据来实现生产的精准化,加快资本的流通速度,但

---

[1] 徐志向:《论当代资本主义经济危机的演变逻辑》,《当代经济研究》2021 年第 5 期。

仍然无法解决资本主义生产过剩的危机。资本利用数据信息对生产、对生产—消费环节的调控仅仅是从表面上对资本的生产和资本的实现的调节,但未触动资本主义的根本危机,即资本的竞争逐利性必将持续性地带来生产的社会化与生产资料私人占有之间的矛盾,这一资本主义生产关系的内在矛盾在生产关系内部仅仅靠调节市场供需关系是无法解决的,其有效路径在于变革资本主义生产关系。

最后,社会主义市场经济的发展需要顺应全球的发展,因此应大力发展数字经济,但要规避数字的资本主义应用。在上海合作组织数字经济产业论坛中,习近平指出,世界正进入数字经济快速发展的时期,5G、人工智能、智慧城市等新技术、新业态、新平台蓬勃兴起,深刻影响全球科技创新、产业结构调整、经济社会发展。近年来,中国正积极推进数字产业化、产业数字化,推动数字技术同经济社会发展深度融合。毫无疑问,数字经济的发展是全球化的趋势。"资本的文明面之一,更有利于生产力的发展,有利于社会关系的发展,有利于更高级的新形态的各种要素的创造。"①从资本的生产功能而言,我们需要认清数字资本并非资本主义的专属,目前中国处于社会主义初级阶段中,借助于资本发展经济是我国目前发展生产力的重要途径。但在利用数字资本发展数字经济时应规避数字资本的资本主义应用,即一方面应将数字经济限制在社会主义制度下,规避数字经济的私人垄断,另一方面应制定相关的规章制度规范新兴经济业态的发展,避免带来社会不平等、贫富差距扩大等问题。

数字技术驱动下的数字资本只是资本的形态变化,由此带来的劳动范式的转变并无法改变资本主义的生产方式以及资本的剥削关系。网络平台下的数字资本仍然是"资本一般"的特殊形态,它没有为劳动者创造一个更自由、更平等的劳动场所,相反网络平台在强大的政治力量和经济利益的驱动下强化了资本权力,创造了一个更加不平等的、利于资本积累的生产关系。因此,无论资本发展到什么形态,在没有触动资本主义根本

---

① 《马克思恩格斯全集》第 7 卷,北京:人民出版社 2009 年版,第 927—928 页。

矛盾的基础之上，它既无法改变资本主义社会中劳资关系的现状，也无法使资本主义社会摆脱危机。面对数字资本逻辑下平台经济、平台劳动发展的浪潮，我们更需要回到马克思政治经济学的批判立场和方法中，厘清数字资本的发展逻辑，揭示出数字资本主义下数字资本的剥削机制，方能对数字资本有更加清晰的认知。

科西克专题

科西克的日常生活批判与海德格尔
——基于对"平日与历史"的讨论

彭麒蒙①

（南京大学哲学系）

  科西克对海德格尔概念的使用主要集中在他对资本主义日常生活的批判中，通过分析不难发现，其理论中的"平日"和海德格尔的"常人"是相关联的。"平日"在很大程度上就是此在的在世，对应的是海德格尔的常人化，常人的共在便是平日的本质，而对平日的揭露实际上是科西克对沉沦于社会生活中的个人的麻木性的批判。基于此，科西克的理论努力在于，他试图发展海德格尔的"烦""操持"等概念在经济学方面的内涵，将之延伸为对资本主义的经济现实的一种批判，进而弥补他所认为的马克思主义哲学在批判资本主义现实经济过程方面的不足，即个人日常生活维度的缺失。尽管科西克对现实的批判有其深刻之处，但是这种基于人本主义立场所实现的对海德格尔哲学和马克思主义哲学的嫁接的理论合法性却有待进一步思考。

  "平日与历史"一节出现在科西克《具体的辩证法》一书的第二章"经济与哲学"的第一节"日常形而上学"中。在这一节，科西克使用了非常多的海德格尔的概念以及同海德格尔在《存在与时间》中相类似的表述，从而实现对资本主义经济生活过程的批判。那么，科西克为何会选择在此

---

① 作者简介：彭麒蒙，女，南京大学哲学系博士研究生，研究方向为马克思主义哲学史。

处如此集中地使用海德格尔的概念,他又是在什么意义上对这些概念加以使用的,他对海德格尔概念的这种运用是否还是基于海德格尔存在主义本来的意义,以及这些概念和表述在其思想中发挥了何种理论意义等问题,便成为值得我们去关注并且加以分析的地方。从这些讨论出发,我们或许能够更为充分地理解科西克对资本主义日常生活展开的这种海德格尔式的马克思主义批判所具有的洞见性与片面性。

一、海德格尔为何成为科西克的思想背景

关于缘何科西克会在其理论中大量使用海德格尔概念的问题,一方面或许可以从科西克自身的学术谱系入手。有研究者指出,科西克师从捷克斯洛伐克哲学家巴托奇卡,而巴托奇卡是马萨利克的学生。马萨利克早年曾同胡塞尔一起到维也纳听布伦塔诺讲课,共同研究过现象学,后转向海德格尔的存在论。① 因此,这种理论背景或许在一定程度上影响了科西克的批判视野。

另一方面,我们也可以从科西克当时所处的理论环境入手来理解这一问题。卢卡奇曾在《历史与阶级意识》1967 年新版序言中再次提及了"异化问题",并特别地指出这一问题在该书出版的几年后,"随着海德格尔《存在与时间》的问世,它成了哲学争论的中心"②。并且,卢卡奇还强调,马克思主义和海德格尔主义这两种思想的混合在第二次世界大战之后变得相当流行。同时,我们也不能忽视科西克所处的东欧新马克思主义、实践哲学的大背景,其基本立场是人本主义的马克思主义,并以此为基础实现对异化的社会力量的批判。另外,科西克身处的社会背景也极其特殊。同南斯拉夫、波兰和匈牙利相比,捷克斯洛伐克的"斯大林化"进程最为彻底,并且一度陷入对苏联的偶像崇拜之中。随着斯大林主义统治的不断强化,以及从 20 世纪 60 年代初起经济状况的日趋恶化,人们开

① 李宝文:《具体辩证法与现代性批判——科西克哲学思想研究》,哈尔滨:黑龙江大学出版社2011 版,第 33 页。
② 卢卡奇:《历史与阶级意识》,杜章智、任立、燕宏远译,北京:商务印书馆 1999 年版,第 17 页。

始攻击"计划迷信",捷共中央开始了以完善国民经济计划管理为目的的经济改革,但未能直接度过社会的经济政治危机,最后爆发了持续八个月的"布拉格之春"。这场变革最大的特点在于,"这场变革不是表现为社会民主力量对党和政府的反抗,而是转变为以杜布切克为首的党内改革派所领导的自上而下的民主改革运动。而且在这一变革浪潮中,民主的和人道的社会主义已不单纯是思想家的呼吁,而是转变为党的具体行动纲领"①。在科西克发表《具体的辩证法》时,他还是仅仅在理论上建立人本主义哲学立场,随着"布拉格之春"的爆发,他和其他人道主义马克思主义者或新马克思主义者逐渐将自己的哲学人本主义立场同捷克的社会主义实践结合起来,对斯大林主义和现存社会主义的弊端进行批判。科西克在这一时期发表的文章中强调,捷克的危机以具体实例表明了当代人的危机和现代社会基础的危机,人的存在,或者说人的生存问题是居于首位的。

除去现实背景的影响,这一问题也要同科西克自身的理论建构的需要相联系。我认为,这其实同科西克在第一章中强调的"具体"是相关的。"具体总体"一定程度上指向的是对人的存在方式的关注,与其相对的是单纯对世界本质的抽象思辨。而海德格尔的生存论对人的此在的沉沦的、非本真状态的具体处境展开了分析,彰显出此在的实际生存。从某种程度上可以说,海德格尔的哲学呈现出具体哲学的某种初始形态。而科西克在第一章阐释了"具体总体的辩证法",第二章的主要内容则是在这种"具体总体的辩证法"的视野下,面向资本主义的具体经济现象、生活现象和文化现象,并对这些现象加以批判。科西克对异化的、物像化的"平日"、日常的阐释非常接近于他在前面所揭示的"伪具体的世界""恶的总体",即虚假的总体化。因此,科西克从"烦"切入对日常生活的批判是有其理论上的需要的。

但不可否认的是,海德格尔对此在的生存论建构中缺乏现实的物质

---

① 衣俊卿:《人道主义批判理论——东欧新马克思主义述评》,北京:人民大学出版社2005年版,第205页。

内容,还不是科西克想要阐释的真正的"具体"。这或许可以从一个侧面解释科西克为何将"烦"作为经济活动的本质特征,又为何直接将"操持"和经济学、人的实践相关联。然而,科西克所强调的"具体"虽然面向的是社会现实,但这种"具体"同时蕴含着其本真性或者说本体论的维度,进而并非马克思指出的历史唯物主义的具体,而是同他所讲的那种抽象(即非人化)相对的"具体"。

最后,我想额外借鉴一下马尔库塞关于海德格尔哲学的看法,或许对于理解这一问题能够提供一定的帮助。马尔库塞曾在《历史唯物主义现象学论稿》中特别强调,关于海德格尔的理论尽管有很多的反驳,但"即使它犯了重大错误,此工作仍然保持为'真的'",这些阐释带来了"新的哲学冲击","通过认可此在的历史被抛境况以及它在共同体的'天命'中的历史规定性和根植性,海德格尔将其彻底研究推进到了资产阶级哲学所曾达到和能达到的最高点。他揭露出人的行为的理论模式是'派生的',是奠基于实践的'操劳'的,从而说明了抉择的领域是实践"①。或许可以说,海德格尔关注的问题和青年马克思的批判视域具有一定的相通之处。对人的生存的关注、对人所处的现实世界的具体分析似乎构成了存在主义和马克思主义之间的关联。海德格尔的思想在某种意义上揭示出人自身实践的力量,其理论本身并非全然是思辨的。

二、科西克所使用的海德格尔概念的原初语境

在具体讨论科西克是如何使用海德格尔的概念这一问题之前,首先概要地梳理一下海德格尔对"烦(操心)""操持""平日""沉沦"等概念的使用状况,这或许可以为我们理解科西克对这些概念的使用情况提供一定的理论基础。

---

① 马尔库塞、李扬:《历史唯物主义现象学论稿》,《当代国外马克思主义评论(09)》,北京:人民出版社 2011 年版,第 382—383 页。

海德格尔在《存在与时间》中，将"此在的一般存在被规定为操心"①，而"操心（烦）"的规定是，"先行于自身的—已经在……中的—作为寓于……的存在"②。在世存在的本质就是"操心（烦）"，"寓于上手事物的存在可以被把握为操劳，而与他人的在世内照面的共同此在共在可以被把握为操持"③。可以说，"操劳"和"操持"是"操心（烦）"的两个结构环节，前者是与物打交道，即"上手"状态，后者则是同人打交道。但这两种此在的存在方式派生于操心。关于科西克尤其强调的"操持"概念，海德格尔指出，"互相怂恿、互相反对、互不需要、陌如路人、互不关己，都是操持的可能方式"④。然而值得注意的是，"操持"在海德格尔的理论中并不全然是否定性的。这表现在"操持"有两种极端的可能性：一种是将他人有待操劳的事情揽过去，他人在这一状态下可能变成"依附者和被控制者"⑤。另一种则是"为他人生存的能在做出表率"，把"操心"还给他人，这一层面关涉的是他人的生存、本真的操心。在海德格尔的语境中，"操心（烦）"仍然蕴含着此在把握自己的存在以及摆脱非本真存在进入本真存在的可能性。在决断中，此在可以将自身召回到自己的本真存在。

此在的存在本身是"操心（烦）"，但"这一存在者作为被抛的存在者沉沦地生存着"⑥。"闲言、好奇和两可标画着此在日常借以在'此'、借以开展出在世的方式"，海德格尔称这种基本方式为"此在之沉沦"。⑦ 然而，"沉沦"这一概念在海德格尔的理论中并不代表任何消极的评价，这种"沉沦"指出了此在寓于它所操劳的世界，此在在这里消散在共处之中，是此在的非本真状态，而此在在这里以存在状态"跌落"于日常生活的虚无之中。而"常人"正是日常生活中的主体。

日常生活中的此在，便是"常人"，因为在这里"此在的本己性和可能

---

① 马丁·海德格尔：《存在与时间》，陈嘉映、王庆节译，北京：生活·读书·新知三联书店 2014 年版，第 140 页。
② 同上书，第 226 页。
③ 同上书，第 222—223 页。
④⑤ 同上书，第 141 页。
⑥ 同上书，第 465 页。
⑦ 同上书，第 203—204 页。

的本真性被掩盖了"①。"常人"是一种没有转向自身、没有反思的存在状态,并且将自身的此在完全消解于他人的存在方式中。常人沉沦在共同在世之中,与他人共在,而非本真的共在使"我"消失在他人之中而成为"常人"。他人是所有的人,又不是任何一个人,在这里,"常人展开了他的真正独裁"②。特别的是,海德格尔指出,"常人能够最容易地负一切责任,因为他绝不是需要对事情担保的人。常人一直'曾是'担保的人,但又可以说'从无其人'。在此在的日常生活中,大多数事情都是由我们不能不说是'不曾有其人'者造成的"③。并且,海德格尔强调,"这个常人却是无此人,而一切此在在共处中又已经听任这个无此人摆布了"④。也就是说,常人总是以非自立状态与非本真状态的方式而存在。在常人中看不到我,看到的总是以常人方式出现的他人。

在《存在与时间》中,海德格尔似乎并没有直接使用"平日"这一概念,而是在相近的意义上使用了"日常性""日常状态"的概念。关于"平日"这一概念的直接讨论,出现在《存在论(实际性的解释学)》中。海德格尔在文中指出,"本己性的此在"是在其"当下中的'此'(Da)"。"当下性的一个规定就是今日(Heute)——当前中的每一逗留(Je-Verweilen),每一本己的当前(Gegenwart)。(此在作为历史性的、它自己当前,在世界中存在,从世界而来的生命存在;当前的平日)。"⑤存在论意义上的"今日"的含义是,"最切近的当前(Gegenwart des Zunächst)、常人、共处同在(Miteinander-sein)——'我们的时代'"。今日所表达的并不是具体发生了什么,而是"在我们的日子中,即日常状态、融入世界中,根据这个世界而言说、操劳(Besorgen)"。在这里,海德格尔还没有对操劳和操持作出严格的区分。"今日"造成了"公众状态""平均状态",身处其中的每个人都很容易

---

① 马丁·海德格尔:《存在论(实际性的解释学)》,何卫平译,北京:商务印书馆 2016 年版,第 98 页。
② 马丁·海德格尔:《存在与时间》,陈嘉映、王庆节译,北京:生活·读书·新知三联书店 2014 年版,第 147 页。
③ 同上书,第 148 页。
④ 同上书,第 149 页。
⑤ 马丁·海德格尔:《存在论(实际性的解释学)》,何卫平译,北京:商务印书馆 2016 年版,第 40 页。

跟随并陷入其中，每一此在都无法幸免。这一状态就是"常人"（Man）的存在方式，即"人们都说……人们都听到……人们都讲述……人们都认为……人们都期待……人们都赞同……"①而这种"常人"实际上就是"无人"。"今日"和"平日"都是流俗的时间，是常人的非本真的时间性。在《存在与时间》中，海德格尔指出，"流俗的时间领会以敉平的方式遮蔽世界时间"②。也就是说，"今日"和"平日"都是已经被敉平的时间，它"属于人人，亦不属于任何人"③。常人沉沦在共同在世之中。海德格尔指出，"时代的教化意识""现代的'教养'"，正是"公众化和平均化的精神先验"，便是"今日"的典型例子。

与此同时，此在的"沉沦在世是起引诱作用和安定作用的，同时也就是异化着的"④。常人自以为过着真实的、充实的生活，但正是"这种自以为是把一种安定带入此在"，在这种安定的情绪中，常人认为自己的一切都是最好的安排。与此同时，这种"安定"也相应地逐渐加深了"沉沦"，而此在也就"趋向一种异化"⑤，"这种异化把此在杜绝于其本真性及其可能性之外"⑥，将此在彻底推向非本真性之中。海德格尔在这里的"异化"，指向的是人类生存同其本真性的一种偏离、对自由的一种丧失。

三、科西克对海德格尔概念的使用

科西克对海德格尔概念的使用主要集中在他对资本主义日常生活的批判上，科西克首先用"烦"来解读日常生活的第一个方面。从前面的分析可以发现，"烦"在海德格尔那里，指向的并非直接的经济活动，而是此在的在世存在之本质。而在科西克的解读中，"烦"是一种客观关系状态，是个人在

① 马丁·海德格尔：《存在论（实际性的解释学）》，何卫平译，北京：商务印书馆2016年版，第43页。
② 马丁·海德格尔：《存在与时间》，陈嘉映、王庆节译，北京：生活·读书·新知三联书店2014年版，第476页。
③ 同上书，第481页。
④ 同上书，第206页。
⑤ 同上书，第206页。
⑥ 同上书，第207页。

面向"实践—功利世界"之时,其生存所陷入的"境况与关系"的恢恢之网,是其难以摆脱的存在。在"烦"之中的人被包缠在社会关系之中,在科西克看来,现在的人类世界是功利世界,是个"社会世界"。"烦"在这里其实是一种否定性的存在,因为真正的人类世界应该是实践世界。在功利主义的实践中,客观关系又是"作为一个操持的世界,作为手段、目的、计划、障碍和成功的世界"①,而"烦"是人"在这缠结中的实际参与",个人不仅被客观经济关系体系所决定,同时也参与这一关系的形成。但是,个人主体却将其创造的"操持的世界"当作是自在存在的"超主体的世界"。

科西克解读日常生活的第二个层面是"操持",指出"操持是抽象劳动的现象方面"②。科西克在这里用"操持"这一概念直接取代了"劳动"概念,从而指明现实中劳动的被分裂及其非人格化。并且,科西克强调,这种哲学观念的转化,根源于"客观实在本身的变化",反映出"人类关系的加剧拜物教化"③。个人只是在"装置和装具的现成体系中运行",人在操持器械和装具的同时,也在被它们所操持。海德格尔曾指出用具向来属于一个用具整体,但其原本意义旨在说明用具只有在用具整体中才能成其所是。科西克在这里提出的"装置和装具的现成体系",虽然在表述上非常接近海德格尔,但是这一表述似乎指向的是现实资本主义的生产过程,并且在科西克自己看来,他是基于现代机器体系的视域对这一理论所做的发展。结合后面提及的现代分工所导致的劳作的片段化,我们可以发现,科西克借助海德格尔的概念,揭示的是现实劳动实践的异化、物化现象,即"实践的物像化性质"④。可以说,"操持"是在同"创造性劳作"相对立的意义上进行使用的。作为操持的结果,人们创造出一个同样抽象的效用世界。

可以说,科西克在对日常生活的批判中非常明显地且频繁地使用了海德格尔的概念,然而他的深层逻辑似乎同海德格尔并不相同,反而是马

---

① 卡莱尔·科西克:《具体的辩证法——关于人与世界问题的研究》,傅小平译,北京:社会科学文献出版社 1989 年版,第 46 页。
②③ 同上书,第 48 页。
④ 同上书,第 49 页。

克思的理论在这一方面奠定了主要的基调。因为科西克借助海德格尔的概念描述的是资本主义社会的物像化、异化现象，而非这些概念在海德格尔那里所实现的一种存在论的建构。相比于海德格尔的理论本身，科西克更为看重的或许是海德格尔对西方现代性社会的批判话语。

在此基础上，科西克将这种对日常生活的解读放到历史过程中，提出了"平日"和"历史"的对立。科西克认为，人类的每一种在世存在都有其"平日"。相较于封建社会，工业和资本主义的出现也引入了"新的平日生活方式"。"平日"类似于一种"自然氛围"，"在平日中，活动与生活方式都变为本能的、下意识的、无意识的和不假思索的机械过程"①。这里科西克的表述非常接近海德格尔所揭示的此在的沉沦、此在作为共在的存在方式以及日常生活中的"常人"。"平日"表现为"熟知的世界"，平日里的一切都"在手边"，是"一个可信、熟识和惯常行为的世界"②，因而是每一个人都深陷其中的"平均状态"。而生活在"平日"中的主体，"都可以任意换为别的主体，平日的主体是可以互换的"③。到这里所描述的"平日"，我认为并没有隐含任何价值判断。然而，在科西克所说的"烦"之中，"平日"却成为"工作日宗教"，是异化了的平日、物像化了的平日。尽管科西克在这一部分并没有对"平日"和"异化的平日"进行严格的区分，但显然"平日"也有其应然性的维度。

并且，科西克同样指出，"平日表现为非个人力量的无名和强制。……平日的无名代表其主体的无名，即表现在'某人/非任何人'这一名称中"④。可以说，几乎同样的思想也出现在海德格尔那里。作为日常生活主体的"常人"，在与他人的共在中，消散于他人之中，因而在常人之中是看不到"我"的，看到的总是作为他人的常人。这也就是科西克所说的，"个人的首要身份是无名"⑤。与此同时，"熟知是认知的绊脚石"⑥，个

---

① 卡莱尔·科西克：《具体的辩证法——关于人与世界问题的研究》，傅小平译，北京：社会科学文献出版社1989年版，第53页。
② 同上书，第54页。
③ 同上书，第55页。
④⑤ 同上书，第57页。
⑥ 同上书，第58页。

人越是对他所操控的世界了如指掌，他越是不能认清这一世界的本质，也因而越是趋向于同自己的生存和对生存的理解相异化，"沉沦"状态也是随之加深。

通过上面的分析不难发现，科西克理论中的"平日"和海德格尔那里的"常人"是相关联的。"平日"在很大程度上就是此在的在世，对应的是海德格尔的常人化，常人的共在是平日的本质，对平日的批判实际上是对生活在社会中的个人的麻木性的批判，平日其实就是一种苟生的状态。科西克通过"平日"想要揭露的是伪具体世界的合理化，试图让生活在平日中的"常人"进行自我反思，努力使自己不是常人，从无主体的从众中重新找到自己的主体。可以发现，这种对平日的超出依靠的是自我的内省，也就是从个人的角度出发的；而在马克思的批判视域中，出场的总是作为"经济范畴的人格化"和"一定的阶级关系和利益的承担者"①的工人和资本家。

在同"平日"世界相反的意义上，科西克提出了另一个世界——历史世界。历史和平日其实是相互渗透的，"平日生活只有被打断时才成了问题，才暴露自己为平日"②。平日是为人所熟知的，而历史则表现为对平日生活的一种打断，是一种陌生。平日和历史二者是不可分的，孤立存在的平日或历史都是一种拜物教③，会导致平日被"抽空"，而历史本身也同样被"神秘化"。科西克在这里以战争作为例子说明了平日和历史之间的关系，这或许同他所处的社会历史背景密切相关。捷克斯洛伐克曾在短短70余年的历史中，由于特殊的地理位置和政治原因，经历了近代诸多重大世界性历史事件：在 1938 年被纳粹德国占领，于 1945 年在苏联的帮助下获得解放，捷克斯洛伐克共产党在 1848 年开始执政，而在天鹅绒革命后，捷克斯洛伐克联邦共和国解体，并在 1993 年成为捷克及斯洛伐克两个独立的国家。可以说，捷克斯洛伐克是 20 世纪议会民主、法西斯社会主义、

---

① 《马克思恩格斯全集》第 42 卷，北京：人民出版社 2016 年版，第 16 页。
② 卡莱尔·科西克：《具体的辩证法——关于人与世界问题的研究》，傅小平译，北京：社会科学文献出版社 1989 年版，第 55 页。
③ 马克思的拜物教主要是指一种人们无意识发生的对社会存在物、对社会关系的崇拜，并且这种社会关系是一种颠倒的物像。我认为，科西克此处使用的拜物教批判的对象是资本主义社会中形成的现实抽象。

共产党社会主义等各种政治形态的试验场,在法西斯主义和苏联社会主义的夹缝中艰难向前发展,而科西克本人更是亲身经历着这一系列的动荡。或许在这种意义上,我们可以更好地理解科西克为什么说,"战争是历史。在(历史的)战争对平日的打击中,平日被征服了。对千百万人来说,习惯的生活节律完结了"①。

关于对异化了的平日世界的伪具体的摧毁,科西克提到了"间离""存在主义的更改""革命的变革"这三种方式。"间离"是为了取消我们对日常生活的熟识,使其再度陌生化,从而实现对异化现实的批判,这是当代艺术所实现的对伪具体的摧毁。而第二种方式"存在主义的更改",指向的便是海德格尔的存在主义。在科西克看来,传统的存在主义的更改并不是对世界的革命性改造,即"他改变的不是世界,而是他对世界的态度"②。这里指的便是海德格尔所提出的在生存意义上领会死亡,即"向死存在"。海德格尔认为,此在只要生存着,就已经被抛入了死亡的可能性之中,而众人却沉沦于日常生活中逃避死亡。在"畏"的情态中,被抛入死亡的状态对此在绽露得更原始,畏令此在先行到死,使此在从沉沦状态中解放出来,从而回到其最本己的能在之中。科西克认为这种存在主义的更改的主体只是"个人",并且是对自己活动本身的否定,而"只有当千百万人受到震撼而脱离这一节律时,平日生活才被打断"③。在科西克看来,海德格尔并没有认识到实践是人的根本决定要素,而只有将人的现实的一切活动都视为实践性的历史活动,才能在实践中消除平日拜物教和历史拜物教,从而摧毁物像化实在,恢复人的主体性,使人能够实现其生存。因此,科西克认为只有"现代唯物主义第一次消除了平日和历史之间的矛盾",才"填平了非历史的平日与历史性的历史之间的鸿沟"④。

---

① 卡莱尔·科西克:《具体的辩证法——关于人与世界问题的研究》,傅小平译,北京:社会科学文献出版社 1989 年版,第 54 页。
② 同上书,第 61 页。
③ 同上书,第 54 页。
④ 同上书,第 109 页。

四、结语

　　科西克的理论无疑是有其洞见的,但同时也是盲目的。在本文的论述之中,既存在着科西克同存在主义(海德格尔)的关系,也存在着科西克同马克思主义的关系,因而也同时存在着存在主义与马克思主义之间的关系。显而易见的是,科西克在其著作中运用了很多海德格尔存在主义的哲学概念,但这些概念在很多时候都只是作为科西克表达自己观点的理论工具,而并非在言说海德格尔的哲学,其中有的概念甚至已经完全偏离了海德格尔的原初语境。或许可以说,这些概念是被科西克加以“唯物主义”改造之后的海德格尔的概念。因为在科西克看来,不管是海德格尔的概念,或者说存在主义的术语都“往往是革命唯物主义概念的唯心浪漫主义复制品,亦即掩蔽性的和戏剧化的复制品”①。正像科西克在注释中所说的那样,“海德格尔所描述的是 20 世纪资本主义世界的问题。但他用铁匠和锻造为例来说明这个世界,在很大程度上以浪漫主义精神将其伪装和掩盖起来。这一节不是对海德格尔哲学的分析,而是对‘烦’的分析。它与‘经济因素’和‘经济人’一样表现为实践的物像化要素”②。

　　另外,科西克在这里对存在主义既有肯定,同时也有批判。肯定之处在于,存在主义对异化的平日世界的伪具体的摧毁曾发挥过积极作用。但同时科西克也非常明确地批判了“存在主义的更改”,在他看来,海德格尔的存在主义是一种主观唯心主义。与此同时,科西克显然不会从存在主义出发去建构具体辩证法,因为海德格尔存在论中的“具体”并不完全等同于科西克真正想要阐明的“具体”,海德格尔那里的“具体”仍然具有其抽象性的层面。而科西克对海德格尔概念的使用,很大程度上是基于存在主义的概念是革命唯物主义概念的“复制品”,这种借用的目标是为了实现他对马克思主义的解读。同时,在这种借用中,科西克完成了对海

---

① 卡莱尔·科西克:《具体的辩证法——关于人与世界问题的研究》,傅小平译,北京:社会科学文献出版社 1989 年版,第 109 页。
② 同上书,第 108 页。

德格尔概念的"唯物主义"改造,以去除其原有的神秘性。

　　而如果从海德格尔哲学的角度出发,海德格尔在《关于人道主义的书信》中强调自己并不是人道主义,但也并没有主张非人道的东西,他想要揭示的是"存在",而人道主义把人之道放得不够高,人被存在本身抛入存在之真理中。也就是说,海德格尔的理论的关键恰恰不在于人,不在于仅仅作为人的人。在海德格尔那里,人实际上具有任何形式的人道主义都不具有的尊严。人并不是仅仅作为主体而存在,相反人的本质是处于主体和客体的关系之中。而科西克这里具有非常明显的人本主义立场,并意在恢复人的主体性,所以,科西克与海德格尔并不站在相同的理论立场上,他们对具体的理解也并不一致,尽管在很大程度上他们思考的是同一件事。

　　另一个需要进一步思考的问题是,科西克借助海德格尔的概念来展开对资本主义经济过程的批判是否具有理论上的合法性? 实际上,海德格尔在其理论中并没有直接面对资本主义的经济关系,并且从海德格尔的存在主义出发也不可能建构出对资本主义经济过程的全面的、系统的批判。当科西克在对"平日"提出批判的时候,他试图融合马克思的经济学批判和海德格尔的存在主义,侧重于从人们日常生活的感受性的角度去揭示人们在商品经济、市场经济中遭遇到的伪具体世界、非总体性的世界。科西克理论的启发性在于此,而他的问题也在于此。当科西克借助于海德格尔的概念,即用"操持"去表达马克思的具体劳动概念时,他的确相当深刻地揭示出人们日常实践的异化形式,但同时也使得这种劳动具有了人本学、存在论的内涵。人本学的立场决定了科西克并不能达到历史唯物主义的深度,所以他只能达到对实践的一定认识,而无法继续深入到现实资本主义生产过程之中。这也同样导致科西克对人的实践活动作了二分的理解,即将实践区分为日常功利主义的实践与革命的实践,将实践也本体化了,进而取消了实践活动的历史性。另外,科西克所生活的年代处于战争的动乱之中,战争对于他的哲学思考起到了重要的影响,给他所处的日常生活带来了巨大的断裂感,即"平日"和"历史"的断裂。但是如果将战争作为一种特殊状况加以排除的话,人们实际上很难在和平年代的日常生活中感受到历史的断裂,这便导致处于平日之中的常人形成对历史和自身主体性的反思是极其困难的,这也从另一个侧面反映出从人本学出发所带来的理论困境。

社会历史的具体总体与认识论

周　满①

（南京大学哲学系）

哲学史上传统的认识论范式是直观的"反映论"，这是一种把客体向度摆在首位，弱化主体向度的理解范式。科西克在 1961 年出版的《具体的辩证法》站在前人的肩膀上，在"具体总体"概念的基础上，拉入"实践"这一维度对认识论问题作了非常重要的探讨。在科西克这里，认识只是人类对世界的一种占有方式，社会历史主体的实践活动决定着人类认识世界的方式。本文试图从认识的本质、认识的客体、认识的主体及认识的方式几个方面来回顾科西克在《具体的辩证法》中对认识论的具体探讨。

哲学史上传统的认识论范式是直观的"反映论"，认识主体和客体普遍地被认为是反映与被反映的关系，这是一种把客体向度摆在首位并弱化主体向度的理解范式。这一范式没有解释认识何以可能的问题，没有为认识的合法性提供合理的、有效的现实基础，在休谟"怀疑论"的冲击下溃不成军。在康德开启"哥白尼式"的认识论革命后，认识论在主体向度的维度上有了十分重要的转向与发展。捷克新马克思主义哲学家科西克在 1961 年出版的《具体的辩证法》中站在前人的肩膀上，在"具体总体"概

---

① 作者简介：周满，女，南京大学哲学系博士研究生，研究方向为马克思主义哲学史、国外马克思主义研究。

念的基础上,拉入"实践"这一维度,对认识论问题作了非常重要的探讨。尽管该著作在苏联东欧学界遭到了尖锐的批评,科西克本人也因此被指斥为背离马克思主义的修正主义者,但我们依然可以肯定科西克将实践拉入认识论问题讨论所作出的努力,这为认识论的发展提供了新的理论视角。本文试图就科西克在《具体的辩证法》中对认识论所作的有益尝试做一些简单的回顾。

一、认识不是直观的反映,也不是纯粹理性的沉思

在传统的直观"反映论"范式下,对外部客观世界反映的"逼真性"是检验认识真理性的唯一法则。但是,这一范式悬置了一个前提,即思维和存在的统一性。直观"反映论"对这一前提是不加思索地予以默认的,直到休谟以"怀疑论"打破了这种直观反映的独断性,认识主体的边界才进入认识论的视野。而后康德试图用"先天综合判断"来为认识的合法性提供理论依据,但非常遗憾的是,康德并没有解释"先天综合判断"从何而来,其"先天综合判断"依旧是缺乏现实根基的。在正式讨论科西克对认识论的探讨之前,笔者先简单梳理一下康德以后的认识论线索,并给出科西克对认识本质的判断。

(一)认识主体向度的显现:从康德到马克思

如前所说,传统的直观"反映论"讲的是认识主体对外部客观世界反映的"逼真性",而当认识从外部客观世界转入社会生活历史领域时,认识中会有"评价"这一维度,而"评价"并不属于纯粹的"反映",而是属于社会关系性维度的,是非常具体地发生在社会现实生活中的。哪怕是在面对客观的自然时,我们也无法保证所有主体在面对客体时所得到的认识都是一致的,因为主体在面对客体时不可避免地带有自身的价值取向,因而,认识是非常具体地发生在每个人身上活生生的遭遇。那么,知识的必然性和经验世界必然会发生割裂,我们如何为认识的合法性找到依据?

康德做了尝试,他在《纯粹理性批判》中首先要解决的就是这个问题,

"他认为先验的自我意识是一切认识的主体，本身就具备了认识的能力，先验意识通过先天综合判断，将理论理性和经验具体统一了起来"①。在康德这里，"先天综合判断"是认识主体本身就具备的认识能力，而只有通过理性思维的综合判断从感性认识阶段跃迁至知性和理性阶段才能建立起真正的认识。认识论在康德这里发生了一个重要的主体向度转向，认识不再像过去直观"反映论"那样是主体的认识符合认识的对象，而是颠倒过来，变成了认识的对象符合主体的认识。也就是说，康德"把主体与客体的观念作了一个颠倒，不是主体符合客体，而是主体建立起客体，客体符合主体，这就为科学知识找到了新的基础。这个基础不在于客观物质世界，也不在于上帝赋予人的天赋观念，也不是所谓的彼岸世界的理念，而在于人的主体能动地建立起来的一种普遍必然性"②。张一兵教授认为："康德实际上是在解释经验的可靠性当中来提出一种理性构架对人的个体经验形成的建构理论，在这个意义上所谓的'先验'范畴是成立的，只是康德没有认识到这种'先验'的基础是什么"③，其哲学认识论"第一次解构了欧洲理性主义主体立场，形成了现代认识论革命的奠基性和创新性"④。笔者认为张一兵教授对康德认识论贡献的判断是非常深刻的，同时需要注意的是，在康德这里，存在着认识主体永远不可能认识到的"物自体"的本体世界，我们只能认识到"物自体"的现象，真正的"物自体"永远不会向我们敞开。康德虽然尝试着弥合理性认识和经验世界的割裂，却使主体滑向了对"物自体"的不可知。对此，张一兵教授也一针见血地指出："康德的认识论反思，为我们留下了一种无解的矛盾，即我们作用于外部世界，却在认知活动中只获得了现象界，而在现象界背后会有一个不断离我们而去的'自在之物'。"⑤

张一兵教授指出："康德的认识论在黑格尔那里有一个重要的转变，

---

① 张梅艳：《试论认识论的变革与超越——从康德、黑格尔到马克思》，《武汉理工大学学报》（社会科学版）2019 年第 3 期。
② 邓晓芒：《康德哲学讲演录》，桂林：广西师范大学出版社 2005 年版，第 15 页。
③④⑤ 张一兵：《走向批判认识论前沿》，《马克思主义与现实》2019 年第 6 期。

只有通过这个转变,之后再经过费尔巴哈才能最终过渡到马克思。"①那么,这个转变是如何发生的呢?黑格尔不满于康德先验主体的空洞性,为了保证认识的有效性和一致性,黑格尔把康德主观的先验主体转变为客观的绝对精神,他指出:"一切问题关键在于:不仅把真实的东西或真理理解和表述为实体,而且同样理解和表述为主体。同时还必须注意到,实体性自身既包含着共相(或普遍性)或知识自身的直接性,也包含着存在或作为知识之对象的那种直接性。"②因此,在黑格尔这里,认识的过程实际上是绝对精神自我认识的过程。认识的主体是精神,认识的客体实际上也是精神,是精神的自我外化。绝对精神通过对客体的自我扬弃复归于自身,在这个过程中,认识的主体与客体就在绝对精神的运动中实现了统一。就这样,黑格尔把绝对精神视为认识至高的主体,把现实的客观世界、现实的人、现实的社会及其历史过程都看作是绝对精神自我外化和发展的环节,抽象地把认识中的主体向度发展到了极致,忽视了客体向度,从根本上脱离了现实的世界,他的认识论只是绝对精神自我演绎的独秀,剧场里只有绝对精神这一位演员在孤独地起舞。

黑格尔认识论中的辩证法内核被马克思批判性地继承了,尽管马克思没有哪一部著作系统地讨论过认识论,但"马克思在批判地吸收了康德和黑格尔的认识论成果后,从生产的角度形成了一种全新的唯物史观认识论方法"③。马克思在不同思想时期对认识论的表述是不一样的,由于篇幅原因,笔者在此对这一点不再进行阐述,而只从主体向度的维度上讲述马克思对黑格尔认识论主体的批判性改造。经过费尔巴哈唯物主义的洗礼,马克思自然是不同意黑格尔用绝对精神囊括现实世界的做法的,在马克思这里,认识的主体只能是扎根现实大地上活生生的个人,他指出:"始终站在现实历史的基础上,不是从观念出发来解释实践,而是从物质

---

① 张一兵:《走向批判认识论前沿》,《马克思主义与现实》2019年第6期。
② 黑格尔:《精神现象学》(上卷),贺麟、王玖兴译,北京:商务印书馆1979年版,第10页。
③ 孔伟宇:《哲学认识论研究的前沿动向——第七届广涉松哲学国际学术研讨会综述》,《广西大学学报》(哲学社会科学版),2020年第1期。

实践出发来解释观念的东西。"①要理解这句话,有两个非常重要的关键点,一是认识的主体是现实历史中的人,二是要从主体的实践活动出发来解释观念。那么,在马克思这里,认识就是社会历史中现实的人通过实践活动这一中介实现对客体的把握。在这一认识过程中,主体向度得以凸显,是从主体向度出发形成的认识论,当然,这个"主体"不是黑格尔客观唯心主义的绝对精神,而是社会历史现实中的人。在这个意义上,认识论中的主体向度实际上被马克思合理地唯物主义化了。因此,张一兵教授指出:"历史唯物主义已经实现了一种历史认识论的革命。"②在历史认识论的视野中,认识的主体是历史过程中的人,认识的中介是历史过程中的实践活动,认识的客体也是在历史过程中不断变化发展的,如此,当然不能脱离现实的历史发展去抽象地讨论认识论。"认识的本质和历史过程绝不能抽象地描述主体与客体的认识关系,或者抽象地强调客观反映,或者历史地突出主观创造,认识的本质只能历史地确认。"③

(二) 科西克的认识论本质

科西克对认识论的正面探讨主要集中在《具体的辩证法》的第一章,他的探讨从一开始便带着明显的海德格尔的痕迹。《具体的辩证法》的副标题为"关于人与世界问题的研究",科西克对人与世界关系的理解是一种存在主义式的理解,他在批判唯社会学主义时明确地指出人不是"环境的记录仪"④,他进一步说,"人以自己的'全部官能'来感知并占有实在,但再现人类实在的官能本身也是社会历史的产物"⑤。科西克在这里提到了他对实在的两种划分,即外部自然的实在和社会—人类实在,这两种实在的区别就在于后者是人类的活动产生的,而在科西克看来,实践就是人类特有的活动,是人类特有的存在方式。

①《马克思恩格斯全集》第 3 卷,北京:人民出版社 2002 年版,第 43 页。

② 张一兵:《走向批判认识论前沿》,《马克思主义与现实》2019 年第 6 期。

③ 张一兵:《给予与创造:认识本质的历史把握——解读施米特的〈马克思的自然概念〉》,《江汉论坛》2001 年第 3 期。

④ 卡莱尔·科西克:《具体的辩证法》,傅小平译,北京:社会科学文献出版社 1989 年版,第 94 页。

⑤ 同上书,第 94 页。

　　科西克认为,"物自体"并不能直接地呈现在人面前,要把握"物自体"必然要经历一番曲折。"物的结构(即物自身)既不能直接把握,也不能通过沉思或单纯反映来把握,只能通过特定的活动来把握。"①这一项"特定的活动"便是人类实践活动。换言之,人是在实践活动的过程中实现认识的,因此,在科西克这里,"认识不是沉思。对世界的沉思要以人类实践为基础。人构造着人类实在,从根本上说,他是作为实践性存在行动着,只有在这一限度内,人才能对实在有所认识"②。由此,我们可以看到,科西克对认识本质的判断是不同于传统的直观"反映论"的,在他这里,直观的反映和纯粹思维上的沉思都不能让人类把握"物自体"。实践活动"为人打开了通向'物自体'的门径。这些活动是人以不同方式对世界的占有(appropriation)"③。在科西克看来,认识只是人类占有世界的其中一种方式,而"人类认识的任何水平(感性的和理性的)以及占有实在的任何方式,都是以人类客观实践为基础的活动"④。

　　那么,从科西克的表述中,我们可以简单地认为全部的认识内容都是人类实践活动构造出来的吗? 答案当然是否定的。在科西克这里,实践"还表现为客观转化为主观、主观转化为客观的舞台","在实践的基础上,人的意识实现着两种不可分离的基本功能:记录功能和投射功能,发现事实的功能和作出规划的功能。意识既是反映又是投射"⑤。张一兵教授指出科西克是使用了海德格尔的用语来表现认识主体的能动性,"被抛性与规划是海德格尔的用语,被抛性意味着人只能面对和反映特定的事实,规划则是主体的能动投射。科西克对此运用得很好"⑥。因此,在科西克这里,认识既不是单纯直观的反映也不是纯粹的构造,而是意识反映和投射的统一,同时意识的反映和投射又必须建基于人类实践活动之上。笔者

---

① 卡莱尔·科西克:《具体的辩证法》,傅小平译,北京:社会科学文献出版社 1989 年版,第 12 页。

② 同上书,第 11 页。

③ 同上书,第 12 页。

④ 同上书,第 12—13 页。

⑤ 同上书,第 89 页。

⑥ 张一兵:《人如何认识真实的实在世界——评科西克〈具体的辩证法〉的认识论》,《新视野》2000年第 6 期。

认为,科西克实际上继承了马克思从主体向度出发来理解认识的理论逻辑。张一兵教授在其文章中是这样表述科西克对马克思认识论的继承的:"科西克的认识论本质上被规定为人的能动性对外在自然性的扬弃与克服。这是用形而上的方式表述马克思的认识论基础。"①

二、"总体"及科西克的"具体总体"

科西克对认识论问题的探讨是从"总体"切入的,按照科西克的逻辑,讨论认识论问题首先要理解"总体"的概念。他对"总体"的讨论是非常具体的,十分强调总体规定的具体性,可以说,对"具体总体"的理解构成了科西克认识论的关键所在。

科西克对哲学史上出现过的总体观作了简要的概括:"在哲学思维的历史中,曾出现过三个关于整体或总体的基本概念。每一个概念都以一种特殊的实在概念为基础,并以一些相应的认识论原则为出发点。"②科西克的这句话不仅表明了他接下来将要对哲学史上出现过的三种总体性思想进行概括,也体现着他对总体性思想最基本的理解,即总体性思想必须首先建立在对实在的理解基础之上。其次,对实在的理解要以相应的认识论原则为出发点,"在唯物主义哲学中,具体总体的范畴首先要回答什么是实在的问题"③。

(一)"总体"范畴:黑格尔—马克思—卢卡奇

科西克在《具体的辩证法》第一章第三节"具体总体"的开篇就对总体性思想的起源作了历史性的分析,他指出:"近代思维,特别是在斯宾诺莎的'能动的自然'和'被动的自然'中,就已包含了总体范畴。德国古典哲学对它作了详细的阐述,并把它当作在论辩中区别辩证法与形而上学的

---

① 张一兵:《人如何认识真实的实在世界——评科西克〈具体的辩证法〉的认识论》,《新视野》2000年第6期。
② 卡莱尔·科西克:《具体的辩证法》,傅小平译,北京:社会科学文献出版社1989年版,第29页。
③ 同上书,第22页。

中心概念。……马克思采用了这个辩证法概念,清除了它的意识形态的神秘化,赋予它新的形式,将它纳入唯物辩证法,成为中心概念之一。"①张一兵教授在其著作《文本的深度耕犁》中肯定了科西克的这一概括,并补充了总体性思想在肇始于青年卢卡奇的西方马克思主义中的发展:"其后,卢卡奇在《历史与阶级意识》一书中对总体观作了详细的阐述,并将其看作马克思的哲学方法论原则;戈德曼则在《隐蔽的上帝》一书中进一步发挥了卢卡奇的观点。"②

青年卢卡奇在《历史与阶级意识》中写道:"我们重说一遍:总体的范畴绝不是把它的各个环节归结为无差别的统一性。"③这就告诉我们,总体绝不等于一般的集合,青年卢卡奇对"总体"的界定十分接近黑格尔的"绝对"。在黑格尔的哲学逻辑中,总体是具有本体规定的绝对,即作为世界真实存在的主体——"绝对观念","相对于绝对观念总体,现实世界中一切具体存在的运动都不过是这一绝对主体的有限定在而已。在黑格尔眼中,总体不是一般的部分之和,而主要是一种走向绝对的能动的创化力量"④。黑格尔以此对抗古典经济学语境中资产阶级原子化的市民社会和自发的市场经济总体,但是,黑格尔强调的是概念以及绝对精神的神秘运动,张一兵教授指出:"黑格尔哲学的本质主要是唯心主义抽象了的人类总体认知结构及其历史辩证演进。"⑤而在青年卢卡奇看来,马克思的总体性观点强调的是理论和实践的统一,是"认识的总体性和被认识的总体性"的统一。也就意味着,马克思在把现实的社会历史生活统合进总体性时,认识的主体本身也是一个总体,"只有当进行设定的主体本身是一个总体时,对象的总体才能加以设定。这是主体与客体在总体关系中的地位:主体与对象。主体是总体时,我们才可能总体性地设定对象"⑥。只有在这种主体性和历史真正的统一中,历史的总体性才能实现。

① 卡莱尔·科西克:《具体的辩证法》,傅小平译,北京:社会科学文献出版社1989年版,第21页。
② 张一兵:《文本的深度耕犁》,北京:中国人民大学出版社2019年版,第225页。
③ 卢卡奇:《历史与阶级意识》,杜章智译,北京:商务印书馆1999年版,第63页。
④ 张一兵:《文本的深度耕犁》,北京:中国人民大学出版社2019年版,第62页。
⑤ 同上书,第204页。
⑥ 同上书,第70页。

张一兵教授指出,青年卢卡奇的总体性具有"双重限定":第一种限定是"共时性视角中相对于部分的结构性整体"①,在这一点上,总体不是碎片化的总和,而是结构化的整体,而真正的现实也不是直观呈现在我们眼前的生活碎片,而是经过总体建构的"具体的总体性"。在这个意义上,张一兵教授说青年卢卡奇的逻辑是"黑格尔的《精神现象学》和《逻辑学》的逻辑,而不是马克思《资本论》的逻辑"②,因为这个对"现实"的规定显然是黑格尔而非马克思意义上的。在这一点上,青年卢卡奇强调了总体的统治地位,认为部分与部分之间是普遍联系的,整体与局部也是有联系的,那么,这实际上也就是普遍联系的观点。第二种限定是"历时性视角中相对于有限历史存在的全程总体,这使得社会生活的具体发展显示其特殊的定在性"。在肯定了总体性的原则,把世界当成一个整体来把握之后,青年卢卡奇进一步强调了过程,特别是社会历史的过程。从历时性的角度来看,这个社会历史过程强调的是历史性原则上的总体。

(二)"实在"——理解科西克"具体总体"的关键

可以肯定的是,科西克是自觉地把"具体总体"放在唯物主义哲学的框架中理解的,这一点从他首先提及在斯宾诺莎那里便已包含总体范畴可以体现,关键是,在科西克这里,理解"具体总体"必须结合实在概念,可以说,对"实在"的理解构成了科西克"具体总体"理解的前见。"实在是一个具体的总体,是一个结构性的、进化着的、自我形成的整体。"③在本体论层面,"实在"和"具体总体"在科西克这里具有同等的地位,他进一步指出,"实际上,总体并不意味着一切事实。总体意味着实在是一个有结构的辩证的整体,在这个整体中并通过这个整体,任何特殊的事实(或事实的组合、系列)都可以得到合理的理解。全部事实的堆积并不等于对实在的认识,堆砌起来的全部事实也不等于总体。事实只有被当作一个辩证整体中的事实和结构性部分来理解,才构成关于实在的认识"④。

---

① ② 张一兵:《文本的深度耕犁》,北京:中国人民大学出版社 2019 年版,第 68 页。
③ ④ 卡莱尔·科西克:《具体的辩证法》,傅小平译,北京:社会科学文献出版社 1989 年版,第 23 页。

　　科西克对"实在"的理解延续了德国古典哲学对"物自体"探讨的思路，但同时又吸收了马克思将"物自体"纳入社会历史现实的具体化进程的思想，他在《具体的辩证法》开篇就明确指出："辩证法探求物自体"。"物自体"的问题自康德提出以来，历经费希特、黑格尔的发展，到了马克思这里已不再使用"物自体"这一明显有着德国古典哲学抽象色彩的概念，而是将之具体化为"社会历史存在"。

　　在康德这里，物自体是认识的界限，是"超验的"。人是无法直接认识"物自体"的，康德用"物自体"的概念将人类所处的现象界和"物自体"所处的本体界区分开来。费希特和黑格尔并不认同康德的观点，他们认为"物自体"的概念是一个虚构物，实际上根本不存在。黑格尔虽然赞同康德在事物现象之外还存在本质的观点，但他认为事物的现象和本质实际上是一体的，本质并不独立于现象而存在，在黑格尔看来，"物自体"不过是一种"抽象的对象"。黑格尔把康德客观上的"物自体"换成了自己的"实体"概念，他宣称"实体即主体"，进而构建起庞大的绝对精神的客观唯心主义体系。而作为新康德主义者的叔本华，则重新回到康德的立场对"物自体"作了新的解读。在叔本华这里，主体自身内部存在一条通往"物自体"的途径，这条途径就是"意志"，"意志"对于我们来说就是"物自体"。世界既是意志也是表象，整个世界就是意志自身进行不同等级的客体化的结果。如此，站在唯意志主义的立场上，叔本华将康德的"物自体"拉回现象界，将之与人类现实生活联系起来，可以说，叔本华的"意志"实际上开辟了理解"物自体"的新方向。马克思沿着这一新方向对"物自体"继续探索，当然，在马克思这里并不存在"物自体"的概念，马克思站在历史唯物主义实践观的立场，打开的是通往理解"物自体"的现实道路。人的意志在马克思这里不是被抽象地、孤立地讨论的，而是体现在实践过程中的，马克思指出："为了进行生产，人们相互之间便发生一定的联系和关系；只有在这些社会联系和社会关系的范围内，才会有他们对自然界的影响，才会有生产。"[1]在马克思这里，人的意志外化借助现实的对象表现出

---

[1]《马克思恩格斯选集》第 1 卷，北京：人民出版社 1995 年版，第 340 页。

来,生产活动的背后是人的意志,即人对生存生活的需要。但是,人的生存生活意志的具体展开并不是无条件的,它的实现受一定的生产关系制约,要符合一定的社会生产方式,正如马克思所指出的那样:"黑人就是黑人,只有在一定的关系下,他才成为奴隶。纺纱机就是纺棉花的机器,只有在一定的关系下,它才成为资本。"①因此,到了马克思这里,"物自体"不过就是从事现实的、感性的物质生产活动的人类总体所创造的社会历史现实。

(三)科西克"具体总体"的内涵

科西克将总体性思想分为三种类型:第一种是从笛卡尔到维特根斯坦的唯理主义原子论意义上的"总体",这种总体观认为"实在是最简单的要素和事实的总体"。第二种是有机论和有机动力学规定中的"总体",在这一规定中,整体是形式化的,强调的是"整体对它的部分的支配作用和优先地位"。第三种是从赫拉克利特到黑格尔再到马克思的辩证的"总体",这种总体观"把实在当作有结构的、进化着的、自我形成的整体来把握"②。科西克并不同意前两种总体性思想对"总体"的规定,他对"总体"的理解属于第三种,认为总体意味着实在是一种结构,具有辩证性。

科西克是把"总体"放在本体论意义上进行规定的,强调的是"总体"规定的具体性。"具体总体首先是一个本体的质性概念"③,是对"实在"的内在规定。具体说来,科西克的"具体总体"有三重内涵:第一重是从本体论意义上规定的"具体总体",它本身就构成一种实体性的存在。但这种实体性的存在并不是经验常识意义上所说的事实的总和,科西克的"具体总体"描述的是现实的本质。这一现实指的是社会历史的具体现实,所以科西克的"具体总体"对"实在"的规定内蕴着对社会实在的理解。第二重是科西克所说的总体是一个整体性的背景,也是"总体的创生——动力性质",它表现为一种"意义结构"。"在精神——实践地占有世界的过程中(它

① 《马克思恩格斯选集》第 1 卷,北京:人民出版社 1995 年版,第 340 页。
② 卡莱尔·科西克:《具体的辩证法》,傅小平译,北京:社会科学文献出版社 1989 年版,第 30 页。
③ 张一兵:《科西克的具体总体观探析》,《唯实》2000 年第 7 期。

是理论、艺术等其他占有方式的基础），实在作为实存和意义的无差别整体被知觉"①，在科西克这里，总体不是各部分、各要素的简单相加，而是在一个整体的背景之下，所看到的一切都是这个整体背景下的东西。也就是说，存在着一个无法被人直接感知到的整体，而这个整体决定着各要素的属性和本质。科西克认为，马克思所指认的"普照的光"就是这样的整体性的背景、意义结构。"在资本主义时代，资本成了一种意义结构，它决定它的要素具有与前资本主义时期不同的本质内容和客观意义。"②第三重是科西克的"具体总体"是处在社会历史现实的发展过程中的，并在过程中具体化。前面我们提到，科西克的"具体总体"对"实在"的规定内蕴着对社会实在的理解，"以他之见，面对世界的主体总是社会主体，即使是面对自然实在，也不存在纯客观的神目观主体。'社会—人类实在'的特殊性在于，它不是一个在人之外存在的客体，而是人类活动的结果。"③因此，"社会实在就不是一种客观的现成对象，它本身是被具体地历史地现实地建构成的！"④正是因为社会实在本身是在社会历史现实的具体过程中不断生成着的，所以对社会实在的认识过程也是一个具体化的过程，科西克指出："对实在的具体认识……即从整体到它的部分、从部分再到整体，从现象到本质、从本质到现象，从总体到矛盾、从矛盾到总体的演进过程。认识就在这个总体化的螺旋式过程中达到具体。"⑤

三、认识"具体总体"的主体——社会历史现实中的"人"

前面的分析已经清楚地表明，"具体的总体"构成的是科西克哲学体系中的认识论基础。张一兵教授认为，科西克的认识论已经不是传统解释框架中那种反映式的"关于认识活动本质与规律的学说"，实际上是"人

---

① 卡莱尔·科西克：《具体的辩证法》，傅小平译，北京：社会科学文献出版社1989年版，第13页。
② 同上书，第36页。
③④ 张一兵：《科西克的具体总体观探析》，《唯实》2000年第7期。
⑤ 卡莱尔·科西克：《具体的辩证法》，傅小平译，北京：社会科学文献出版社1989年版，第28页。

的存在意义的质性认识论"。① 在科西克这里,认识既要放在唯物主义的框架内,又要强调人作为主体在认识活动中的特殊能动性,"唯物主义认识论,作为对社会的精神再现,抓住了实证主义和唯心主义未看到的意识两重性。人类意识既是一种'反映'又是一种'投射'。它记录着,同时也建构着和谋划着。它既是反映着又是预期,既是受动的,又是能动的。既要让'物自体'表现自身,又不附加任何东西,让事物保持自己的本原面目,这需要一种特殊的能动性。"②

"在以总体作为理解社会现象的概念手段时,我们必须强调总体是基础和上层建筑的总体,是它们的内部关系、彼此的运动和发展的总体,其中基础起着决定作用,否则,总体就是抽象的。最后,我们还要说明人是真正的历史主体(实践的主体),在社会生产和再生产过程中,他既建造基础又建造上层建筑。他把社会实在构造成社会关系、制度和观念的总体。在构造客观社会实在的过程中,他还把自己塑造成具有人类本性和潜能的历史社会存在,从而实现着'人的人化'的无限过程。"③沿着科西克的这一思路,我们继续分析科西克认识论中由谁来认识"具体总体"的问题。

科西克是从历史和社会现实的角度来理解作为认识主体的人的,从历史和现实的角度,他批评了以康德、黑格尔为代表的德国古典哲学的主体的抽象性和思辨性,他认为"在对实在作最初的直接探究时,人不是一个抽象的认识主体,不是一个思辨地对待实在的沉思着的头脑,而是一个客观地实际行动着的存在,一个历史性个体,亦即在与自然和他人的关系中进行着实践活动,并在一个特殊的社会关系综合体中实现着自己目的和利益的个人"④。

康德"先验认识论"所探讨的认识主体,是一个具有理性能力的认识结构,他在《纯粹理性批判》探讨的"先验的自我"是一切认识的主体,本身就具备了认识的能力。在康德这里,作为认识主体的"先验自我"拥有先

---

① 张一兵:《文本的深度耕犁》,北京:中国人民大学出版社 2019 年版,第 219 页。
② 卡莱尔·科西克:《具体的辩证法》,傅小平译,北京:社会科学文献出版社 1989 年版,第 15 页。
③ 同上书,第 37 页。
④ 同上书,第 1 页。

天统觉之能,而这种先天统觉便是认识形成的关键,它以自身的先天性保证了认识的普遍性和必然性。但是,康德认为主体的认识能力是有界限的。感性认识所接触的是物自体的现象,而不是真正的本体世界,物自体本身是不可认知的。总之,在康德哲学中,认识的主体是普遍理性的结构,是形而上学的理性主体,并不具有历史性和经验特殊性。

黑格尔力图克服康德的主体的空洞性,他把康德主观的先验主体变为客观的绝对主体(即绝对精神),在他这里,认识的主体是精神,认识的客体也是精神,认识不是静止的、固定不变的,而是主体和客体互动的认识过程。主体对客体的认识,实际上是主体对自身的"自我认识",认识要回到自身。

黑格尔用绝对精神作为认识的主体和起点,抽象地把认识中的主体向度发展到了极致,忽视了客体向度,从根本上脱离了现实的世界。马克思对此进行了批判性的改造,在马克思这里,认识的主体一定是现实的个人,他强调,真正的认识是以现实的从事物质生产劳动的人为主体,是从实践中来又在实践中得以检验的,认识的主体和客体的统一是在现实的具体的人的实践活动过程中完成的。科西克实际上沿袭了马克思的这一思路,将认识的主体定义为从事感性实践活动的、历史的、现实的个体,"认识世界的主体总是社会的主体……按照唯物主义的看法,社会实在是在其具体性(总体性)中被认识的。只有把社会实在的本性揭示出来,只有把伪具体清除掉,只有把社会实在当作基础和上层建筑的统一,把人看作它的客观社会——历史主体时,社会实在才能被认识"①。

四、科学把握"具体总体"的方式——社会历史主体的实践活动

认识论的问题在科西克这里不是表现为意识对"实在"的直观反映,作为社会历史主体的人对现实的"具体总体"的科学把握必须通过革命的批判的实践活动。"人类认识的任何水平(感性的和理性的)以及占有实

---

① 卡莱尔·科西克:《具体的辩证法》,傅小平译,北京:社会科学文献出版社 1989 年版,第 30 页。

在的任何方式,都是以人类客观实践为基础的活动。"①科西克认为,作为认识主体的、处在社会历史中的人得以科学把握"具体总体"的可能性就在于人作为社会历史主体具有辩证的思维,且从事着革命的批判的实践活动。

社会历史的主体拥有辩证的思维方法。马克思认为,现实的、具体从事感性活动的有限人类是社会历史的主体,科西克继承了这一基本思路,认为历史的主体是具有积极能动性的从事生产劳动的主体。生产活动的主体,必须是具有辩证思维的主体,生产活动必须是革命的批判的实践活动。只有这样,"具体总体"的生成以及对世界的正确认识才得以可能。

同时,社会历史活动中的人对"具体总体"的认识需要以实践活动作为中介,那么,实践活动的不同就影响着人对具体对象的认识,因此科西克区分了两种实践,即批判的、革命的实践和功利主义的或拜物教的实践。在他看来,社会历史主体从事的实践活动必须是批判的、革命的实践。他认为功利主义的或拜物教的实践是人之自在的、自发的活动或片面的、残缺不全的、异化的活动,这种低层次的实践活动只能带来"伪具体"或"虚假的总体"。而只有在批判的、革命的实践中形成辩证思维,才能打破伪具体,最终实现对社会历史现实的科学把握,揭示作为现实本质结构的"具体总体"。在马克思那里并不存在科西克对"实践"的这样的区分,但科西克通过对现代性社会的微观体察,发现了实践是有不同层次的。

对科西克来说,"伪具体"的世界和"具体总体"的世界都是人对现实进行建构的结果,只有后者才在科学的基础上把握了现实的本质。但是,同为认识发展的环节,"伪具体"是通往"具体总体"必要的中间环节,二者并非毫无关联,实际上,打破"伪具体"的过程亦是实现"具体总体"的过程。科西克对"具体总体"的实现过程的描述一定程度上有着黑格尔主义的色彩。

① 卡莱尔·科西克:《具体的辩证法》,傅小平译,北京:社会科学文献出版社 1989 年版,第 12—13 页。

总之，社会历史主体从事的批判的、革命的实践活动，是科西克具体辩证法把握"具体总体"的历史唯物主义基础。但是，当前社会历史实践的资本主义性质，限制了社会历史主体的批判的、革命的实践活动的展开，他们正在丧失辩证思维，并且不断地在资本主义的功利主义实践中形成"日常思维"。他们由此得到的对现实的认识是"伪具体"的，而非对现实的本质的科学认识。如果要科学地把握社会历史现实的本质，达到对具体总体的认识，从根本上说，就是必须以批判的、革命的实践打破由功利主义实践和日常思维所造就的伪具体世界。

科西克在其"具体总体"概念的理解上讨论了认识论问题，尽管在其讨论过程中，我们不难发现科西克在嫁接各种不同理论时的生硬之处，用语常常是混淆的，逻辑也不甚清晰，但他确实提供了一些新的理论视角。在面对资本主义社会普遍异化的历史现状时，科西克试图批判资本主义社会的异化现状，从主体向度的实践出发，揭示了我们认识的不是单纯的外部客观之物而同时也是我们实践的结果，这一点是非常具有理论价值的。

具体总体何以扬弃伪具体
——以认识论为前提

陈敬芝①

（南京大学哲学系）

在《具体的辩证法》中，具体总体扬弃伪具体这一论断似乎是自明的。但是，通过对概念内涵的解读、剥离，可以发现伪具体是多维的，是在认识论的前提下、在认识过程中生成的，以本体论的形式表现出来。科西克将扬弃伪具体的方式聚焦至总体概念。面对 20 世纪总体概念被窄化的境地，他认为总体概念不应该仅仅是方法论原则，并力图恢复具体总体的丰富内涵。但是，以扬弃伪具体面貌出现的总体概念却无法在实践中扬弃伪具体，否则便是对人的生存状态的否定。尽管如此，科西克仍基于认识论的前提视角，指明本体论与认识论相统一，在方法论原则的讨论中赋予总体概念多重意义。在《具体的辩证法》中，认识论前提式的研究方式是科西克研究的切入点，这种视角也将给予马克思主义哲学有益理解。

在《具体的辩证法》中，科西克批判了充斥日常生活的"伪具体"现象，并追问社会现实是如何形成的，确立了具体的辩证法。在他的逻辑体系中，具体总体是扬弃伪具体的路径。那么，具体总体如何成为扬弃伪具体的路径？该论断何以成立？基于上述问题的追问，笔者将从庞杂的概念

---

① 作者简介：陈敬芝，女，南京大学哲学系博士研究生，研究方向为马克思主义哲学史。

体系中梳理出具体的辩证法的生成过程,并试图以该视角深化对马克思主义哲学的理解,这一方式是研读《具体的辩证法》、激发其理论生命力的有益方式。

具体总体得以扬弃伪具体的前提是两者处于同一个概念体系之中,否则根本无法产生"扬弃"这一联系。天然地认为伪具体和具体总体同属一个理论体系,由此出发继而阐释具体总体扬弃伪具体的方式是无法立足的。实际上,无论是伪具体还是具体总体,两者都蕴含着丰富的内涵。阐明两者的多重内涵便成为追问"具体总体何以扬弃伪具体"的起点。

一、构建双重视角中的伪具体概念

在《具体的辩证法》中,科西克从双重维度上探究、揭发了伪具体概念。基于"物自体"这一哲学命题,追问现实与本质之间的关系是科西克进入伪具体概念的切入点。

科西克就以下三种情况分别讨论了现象与本质之间的关系,在此过程中,伪具体概念逐渐浮出水面:其一,本质不在现象中呈现。此时,现实世界之于现象世界是彼岸世界,现象与现实之间存在无法跨越的鸿沟,本质永远无法被把握。其二,本质在现象中呈现。现实便是现象与本质的统一。其三,本质在现象中呈现,现象也揭示本质。被揭示出来的部分本质却被当作全部的本质并构成现象世界,现象与本质的差别消失了,现象即本质。该现象世界绝非实的世界,现象世界遮蔽现实,并被认定为真,由此所形成的世界便是伪具体世界。此外,科西克指出伪具体世界并非从概念范畴中揭示出来的。相反,伪具体的世界是真实存在的,其虚伪性体现在这个世界掩盖了真实的本质,并将暴露出来的现象世界当作真实。在该逻辑中,若缺少作为应然状态的真实本质,那么伪具体概念将始终无法出场。也就是说,伪具体概念建立在"何者为真"的价值悬设之上。

随后,科西克从认识论视角出发再次使伪具体概念出场,探究其生成过程。当然,在科西克以认识论视角分离伪具体的概念之前,他必须承认并进入认识之中——介入世界。之所以这样说，是因为现象与本质之间存在距离，现实无法一下子被把握，在这之中存在可讨论的余地。面对这个不直接呈现的世界，神秘主义一劳永逸地直接宣告世界是不可知的，拒绝介入其中。在哲学史上，中世纪哲学便采用拒绝介入的方式，现实在他们的视野之外。当然，除了宣告世界是不可知的、坦然接受彼岸世界，还有另一种方式——试图介入现实、探寻本质。面对这样一个不直接呈现的物自体，人"既不能直接把握，也不能通过沉思或单凭反映来把握，而只能通过某些活动来把握"①。于是，人便通过某些活动介入物自体。要知道人所把握的不仅是当下的、直接的形式，还包括以往从社会中所获得的知识、文化等。基于此，把握世界的方式便被要求具有双重内涵，即"精神地—实践地占有世界"。"在以这种方式占有世界的过程中，现实被理解为存在和意义无差别的整体，并在事实与价值陈述的统一中得到间接的把握。"②那么，无论哪种占有世界的活动都包含着两种要素：主观观念和客观意义。因为人们把握世界的观念本身就是历史的产物，能够发展出恰当的观念本身便意味着把握了事物的客观意义，在主观观念与客观意义的统一之中，世界成为人们所认识的世界。

作为诸多占有世界的方式，认识在主体能动性的发挥中迂回地把握世界，在"前论断性的整体直觉"和"理论—论断"的形式中，体现主观观念和客观意义。理论作为客观意义的主要呈现形式虽然不一定包含着真理，也不必然具备效果，仅仅作为对事物再生产性的理解，但是该形式恰恰是必要的，因为如果缺乏理论思维，将会导致各种各样的非理性主义和"植物性思维"。

面对主观观念和客观意义相统一的认识活动，科西克沿袭伪具体概念价值悬设式的出场逻辑，先验预设了"认识应该如何"。唯物主义的认识方式便是他的先验预设。这种认识抓住人类意识的二重性，认为"人类意识既是一种'反映'，也是一种'投射'，它既进行登记与注册，也进行建

①卡莱尔·科西克：《具体的辩证法》，傅小平译，北京：社会科学文献出版社1989年版，第13页。
②同上书，第15页。

构与计划,它既进行反映也进行预期,既是受动的也是能动的"①。要知道,唯物主义基础上的认识绝不是某种还原主义,世界的丰富性绝不会被还原为某些实体,也无法成为任何形式的决定论,因为决定论在本质上还是一种还原主义。这样看来,科西克所认定的认识物自体的过程似乎是一个线性循环的过程,遵循着"因为 A 所以 B,因为 B 所以 A"的形式。在具体分析该认识过程时,科西克指出看似循环式的认识实际上是迂回的,"在物质的自身中发现否定性的物质概念"②,"在对其运动的各个阶段和方面的呈现和阐释中让它自己解释自己"③。但是,"实证主义者的物理主义用某一现实图景代替现实本身,把某种占有世界的方式提升为唯一正确的方式"④。现象世界以人的历史实践为中介,在人们的头脑中形成日常思维。当人们带着实用—功利主义的认识方式去认识现实时,世界对他们来说便是自明的,现象世界被当作是客观的。此时,现象世界对人来说便是客观的、本质的。人在重复的、同一的认识中强化了既有的认识。在该精神氛围之下,伪具体世界诞生。

这样看来,本体论意义上的伪具体和认识论意义上的伪具体有着不同的内涵。前者揭示的是伪具体的性质,而后者揭示的则是伪具体的生成过程。说到底,本体论的维度和认识论的维度还是研究视角的差异,恰恰是研究视角的差异赋予了伪具体概念双重所指。科西克从两个维度解释了伪具体的内涵,而这两个维度并非毫无干系。现象与本质的差别正是建立在人的认识前提之上,也就是说,任何对现象与本质的把握都是在范畴形式的意义上加以把握的。在分析、揭示物自体问题中所包含的现象与本质的关系问题时,对现象与本质的认识已经包含在内。如果说从本体论上揭示现象与本质之间的矛盾,呈现了伪具体的内涵,那么,认识论则揭开了伪具体的神秘面纱。正是在认识中,伪具体世界才得以呈现,这也是本体论中的伪具体概念的前提。

---

① 卡莱尔·科西克:《具体的辩证法》,傅小平译,北京:社会科学文献出版社 1989 年版,第 17 页。
②③ 同上书,第 19 页。
④ 同上书,第 15 页。

二、反对被窄化的总体概念

在将扬弃伪具体的手段聚焦至具体总体时,科西克也注意到总体概念在 20 世纪存在被窄化的命运,成为诸如"每个事物都与任何其他事物相联系,整体大于部分之和"①此类的老生常谈。于是,驳斥被窄化为方法论原则的总体概念便成为科西克扬弃伪具体的第一步——恢复内涵丰富的总体概念。

原初作为唯物主义辩证法核心范畴的总体概念仅被卢卡奇当作是马克思的方法论原则,这是总体概念在 20 世纪遭遇的第一轮窄化。卢卡奇使用总体概念有着双重目的,既是为了驳斥第二国际的庸俗马克思主义,力图回答什么是正统的马克思主义,又试图探究西欧工人运动失败的原因,找寻摆脱资本主义物化境地的路径。卢卡奇认为马克思主义的正统性"不是对这个或那个论点的'信仰'……而仅仅是指方法"②。马克思主义的方法便是唯物主义辩证法,而在这之中,总体性的范畴又是唯物辩证法的核心。卢卡奇的总体概念历经德国古典哲学的洗礼,抓住了黑格尔哲学的精髓——实体即主体的内在辩证法。在此过程中,所生成的总体概念力图消除主客之间的二元对立。在康德哲学中,人们只能认识现象世界而无法把握自在之物,人始终外在地把握对象世界,主体与客体之间横亘着物自体。黑格尔则不同意康德的这种认识方式,他将康德哲学中外在于事物的先验的综合规定看作是事物逻辑的自我规定,认为逻辑不是外在于事物的规定,而是事物内在的自我规定。这种反思式的自我否定,不断地对暂时假定的环节作出扬弃、作出否定,然后又走向新的规定。这个规定就是自我否定,不断地、无情地否定之前假定的那个环节并无限扬弃自身的过程,是通过自我否定达到一个更加充实的规定,改变了康德那种将外部世界纳入到自我意识之中,作为自我意识所有物的哲学。这里的主体便不是康德、笛卡尔那种恒定的主

---

① 卡莱尔·科西克:《具体的辩证法》,傅小平译,北京:社会科学文献出版社 1989 年版,第 24 页。
② 卢卡奇:《历史与阶级意识》,杜章智、任立、燕宏远译,北京:商务印书馆 2017 年版,第 45 页。

体,即自然人的自我意识,而是一种永无休止地自我虚无化、自我否定化、自我异化的绝对观念,这就是黑格尔的辩证逻辑,而不是康德的先验知性逻辑。黑格尔逻辑学的开端是纯粹的有,该纯有又是纯无。作为出发点的纯有什么都包括,但绝非某个具体物,是无固定的"有",这种"有"存在无限可能,是没有任何依托的、无处不在的、大全的有,是没有前提的有。在这个意义上,纯有即是纯无,因为它没有任何的规定,是彻底的无。那么,"主体与客体之间的一成不变的形式的僵硬对立溶化了"①。令人不解的是,在走过漫长的主客体同一的哲学之后,卢卡奇却又返回到主客二元的囚笼之中。他认为绝对精神作为形而上学发展的最高阶段,黑格尔在某种意义上终结了形而上学,但这并未面对社会现实问题,无法突破资产阶级社会存在的基础。卢卡奇受到黑格尔哲学的启发并致力于在现实中寻找主客同一体。"这个阶级有能力从自己的生活基础出发,在自己身上找到同一的主体—客体,行为的主体。"②其中,真正具有这个能力的阶级也就只有无产阶级,"自我认识和对总体的认识是一致的,因此无产阶级同时既是自己认识的主体,也是自己认识的客体"③。无产阶级包含着全部的革命的力量,无产阶级发现革命也就是发现其自身的秘密。因此,在卢卡奇这里,主体与客体的对立在无产阶级的实践中实现了统一,无产阶级成为构成总体性的核心概念,以无产阶级为现实载体的总体性概念再次堕入主客对立的矛盾之中。

戈德曼深化了卢卡奇的总体概念,形成结构主义的总体概念。这是总体概念在 20 世纪遭遇的第二轮窄化,至此,总体概念全然成为方法论原则。戈德曼认为"有关人类的事实总是形成重要的总体结构,这些结构同时具有实践性、理论性和情感性,这些结构可以以科学的方式进行研究,也就是说,它们既可以被解释,也可以被理解"④。在戈德曼这里,总体概念中蕴含着的德国古典哲学的味道已完全消逝。虽然马克思的辩证

---

① 卢卡奇:《历史与阶级意识》,杜章智、任立、燕宏远译,北京:商务印书馆 2017 年版,第 197 页。

② 同上书,第 205 页。

③ 同上书,第 65 页。

④ Goldmann, *The Hidden God : A Study of Tragic Vision in the Pensées of Pascal and the Tragedies of Racine*, London: Routledge, 2013, p. IX.

法、德国古典哲学、卢卡奇的总体性的原则受其推崇,但是戈德曼究竟是否把握到辩证法的精髓、运用马克思主义意义上的总体概念是值得商榷的。相比之下,在戈德曼的理论中,皮亚杰的发生心理学权重更大,这是其总体方法的另一个思想资源。戈德曼借助皮亚杰对同化与适应循环的描述——"有机体对周围物体的作用,取决于先前的行为对同一物或类似物的影响"[①],突出了结构在个人与社会环境、个人与个人之间的作用。受此影响,戈德曼认为同化过程便是个体适应环境的过程。只有人类在其所属的环境之中,主体寻求与其环境的一致平衡时,也就是说人被置于更为广泛的总体中时,人的行为可以看作是人及人类对其所处环境的反应。任何人类行为,当插入到一个更广泛的总体中时,其功能的必要性才得到阐明。在这些过程性活动中,人与其所属环境达到了相对平衡。由此,戈德曼强调结构化的总体,而非固定、僵化的结构性总体。在他的理解中,结构具有实现某种功能的倾向,同时,"功能只能由结构来完成,而结构的重要性在于它们能够完成一个功能"[②]。后来,该生成的结构理论便成为他研究文学的一种方法。在他看来,文学作品的结构和心理范畴之间存在重要的结构。而且这两者在共同的意义基础之上是可以理解的,能够说明不同层次结构之间的同源关系。戈德曼致力于打造一个可以用于文学、社会学分析的方法论,本意不在深究总体的深层内涵,尚未进入总体概念本身的反思之中。

可以看到,在 20 世纪,总体概念在得到广泛关注和接受的同时,其丰富内涵也招致窄化,它被简化为一个方法论问题,变成了一个公式化、知识性的理论:"每个事物都有任何其他事物相联系,整体大于部分之和。"[③]在科西克看来,总体概念丧失了其辩证性质,总体概念不应该仅仅是方法论维度上的概念,还有着认识论和本体论的意义,后者恰恰是方法论维度上的具体总体概念成立的前提。不过,在为 20 世纪总体概念惋惜的同

---

① Goldmann and William, *Essays on Method in the Sociology of Literature*, St. Louis: Telos Press, 1980, p. 15.

② Goldmann and William, *Essays on Method in the Sociology of Literature*, St. Louis: Telos Press, 1980, p. 16.

③ 卡莱尔·科西克:《具体的辩证法》,傅小平译,北京:社会科学文献出版社 1989 年版,第 24 页。

时,我们也发现科西克也或多或少地带上了那个时代总体概念的烙印。

三、无法扬弃伪具体的总体

20 世纪总体概念被窄化至方法论的境地,科西克的总体概念也未能免俗。具体总体概念带有强烈的方法论指向,是扬弃伪具体的手段。吊诡的是,科西克从一开始就意识到,具体总体无法作为扬弃伪具体的方式,否则便是对人存在本身的否定。即使这样,科西克依旧试图完善其总体概念,构建一个以认识论为前提的、在本体论与认识论统一中的总体概念,并打造出基于人类实践的总体的历史观。

在科西克看来,伪具体是以实用—功利主义方式介入对象世界时所呈现的掩盖真实世界的形式。同时,在此形式上所建构的世界是真实存在的。这时,真实存在的现象世界在人的认识过程中,也即在人的头脑中,被直接再生产为一系列的理念、范畴,形成日常思维。在这个伪具体世界中,主体感到无比自由,"社会环境的主体在他们的内在联系相疏离的现象形式的世界感到自由自在,如鱼得水,而他们在这种隔离状态中时完全无意识的。"①面对实用—功利的实践构造的伪具体世界,只有通过批判—革命的实践才能突破。在这个意义上,伪具体是无法被扬弃的,因为这两种实践所构成的"实践一般"是人本身的生存状态。人若要以革命的方式改变社会—人类现实,这便意味着人对自己生存状态的否定。因为只有"在实践中并且以实践为基础",人才能"超越动物界与无机自然的封闭性,构建自己同世界总体的关系"②。这种实践一般有着海德格尔式的"去存在"的意蕴,也就是说,实践一般是人之为人的本性,否定实践便是否定人自身。尽管科西克承认基于日常思维建构的伪具体世界是忘记本真的状态,是需要被扬弃的,但毋庸置疑的是,这种否定人本身的实践是无法实现的,伪具体是无法被扬弃的。于是,他从实践领域退回至思维领

① 卡莱尔·科西克:《具体的辩证法》,傅小平译,北京:社会科学文献出版社 1989 年版,第 2 页。
② 同上书,第 175 页。

域,提出了一种辩证的批判性思维,"消解了实物世界与理念世界的拜物教化的人造物,摧毁了伪具体"①。如此,科西克指出扬弃伪具体的方式仅是思维中的方式。

从思维领域中的总体概念出发,科西克丰富了总体概念,阐明其认识论的前提,促成认识论与本体论的统一,并发掘出其中的发生—动力维度。值得一提的是,尽管科西克对 20 世纪总体概念窄化为方法论原则的遭遇表示不满,但他的总体性概念中却留下了卢卡奇主客体同一的总体概念和戈德曼结构主义的总体的身影。

科西克着重强调,在成为方法论之前,具体总体首先立足于本体论维度和认识论维度。或者说,正是在认识论视角的前提下,探究现象与本质维度下的具体总体概念才是合法的。正是在认识论与本体论的双重基础上,具体总体才能够作为一个方法。与伪具体概念的叙事逻辑一样,总体概念中也包含先验预设,该先验预设是对"现实是什么?"这一问题的回答。这涉及最根本的问题:对现实的认识问题。科西克在回答具体时包含了海德格尔式的逻辑转换,将其转化为"现实是如何生成的?"这一问题。首先,现实不是事实的总和,如果是这样的话,那就意味着人无法获得关于现实的认识,永远无法把握现实的结构。其次,现实是具体的总体,"是结构化的,进化着的,自我形成的整体"②,将现实理解为具体的总体,那么现实"是一个结构化的辩证的整体"③。在这之中,每一个事实都可以得到合理的解释,事实并非还原的,也不是不变的,拒绝以还原主义的方式认识现实,否则将会把无限丰富的现实还原为单个的实体,也拒绝以绝对不变的方式认识现实。现实是可以认识的,现实是无限丰富的有意义结构的具体的总体。而科学研究也发现现实、自然本身的结构也是辩证的。当人在认识事实时,事实本身也是生成的,因此,认识现实必然是一个螺旋式的过程。事实本身是编码的,当人在解释事实时,事实本身也在生成。科学方法并不是试图认识一个客观的、不变的事实,不是在应

---

① 卡莱尔·科西克:《具体的辩证法》,傅小平译,北京:社会科学文献出版社 1989 年版,第 10 页。
②③ 同上书,第 25 页。

然状态下的实证,而是本着开放的方式去认识、研究。为了将丰富的、差异巨大的社会现实吸收、容纳,揭示本体论与认识论辩证关系下的总体概念是一个可行路径。因为"只有关于结构和系统的本体论与认识论方面的辩证概念才能产生富有成效的结论"①。

以具体总体辩证法把握现实既是一个认识论问题又是一个本体论问题,如果孤立认识论与本体论问题将会导致相对主义。于是,辩证地研究现实,就要带有具体总体的观念。在这个观念之下,一个社会现象"既规定自身又规定总体"②,在构成总体之时又成就了其自己,绝非简单的整体与部分的关系,而是处于总体之中的现象。也就是说辩证法与现实是同一的,与具体总体是同一的。那么,在系统—加法的认识模式下,可知论与不可知论的追问将会被消解,因为这是具有主客二元对立取向的唯理论和经验论才会产生的追问而辩证的认识方式从根本上消解了该问题。辩证地研究客观现实的方法论原则就是具体,"总体是在形成其整体与内容的过程中使自身得到具体化的"③,具体总体才能够充当一个方法论原则,"这意味着每个现象都可以被看成整体的一个环节。一个社会现象在什么程度上作为特定总体的一个环节来研究……作为总体的社会现实发挥着双重作用,它既规定自身又规定总体,既是生产者又是产品,既是决定性的又是被决定的"④。

以上,总体概念已具有多重维度,它以认识论为前提,是认识论问题也是本体论问题,同时也作为方法论原则。科西克仍不满足于在思维领域对总体概念的范畴式解读。他回到《具体的辩证法》最初的问题上来,认为"哲学研究的'物自体'是人及其在宇宙中的位置,或者,换句话说,它是人在历史中发现的世界总体以及存在与这个世界总体中的人"⑤。

或许,科西克在伪具体与具体总体概念之间兜兜转转远非他本意,他

---

① 卡莱尔·科西克:《具体的辩证法》,傅小平译,北京:社会科学文献出版社 1989 年版,第 27 页。
② 同上书,第 29 页。
③ 同上书,第 39 页。
④ 同上书,第 29 页。
⑤ 同上书,第 193 页。

并不意在寻找一条扬弃伪具体道路的方式,而在于试探出一条认识世界的道路——以总体的方式把握人与世界的关系。

四、认识论前提式的马克思主义哲学反思

科西克的《具体的辩证法》中,包含着多种理论支援,蕴藏着复杂的逻辑线索。他所理解的马克思主义绝非第二国际正统的马克思主义,抑或原教旨主义的马克思主义,而有其独特的理论关涉——在认识论的前提下思考人与世界的问题。就像这本书的一条书评所说的那样:"评价科西克的哲学并不是一个简单的任务;其复杂性不仅体现在概念和语言上,而更像是对马克思主义哲学的一种重新构想。"①科西克提出认识论前提式的理解模式无疑将影响到对马克思主义哲学的理解。可以说,马克思主义哲学也没有从根本上抛弃自康德认识论革命奠定的基础,同时使之具有了更为坚实的地基——历史唯物主义。

面对唯理论和经验论分庭抗礼的状况,康德指出"尽管我们的一切知识都是以经验开始的,它们却并不因此就都是从经验中发源的"②。通过对人的认识能力的探讨,追问先天综合判断何以可能,康德结束了唯理论与经验论的对峙关系,使得主体与外部世界能够产生联系。康德通过知性范畴把感性的经验世界作为一个对象来把握,而之所以能够把世界当作一个客观对象来把握,是因为意识将杂多的感觉统一为思维逻辑,世界作为对象与我们发生关系。他承认了自我意识的统一性。先验的主观逻辑、认识范畴、知性能力是将外部世界作为一个统一的客观对象来把握的前提。于是,作为构成客观世界的先决条件的知性范畴也是把握外部杂多的方式。

此后,众多的哲学家虽然或多或少地对康德有所超越,但是都没有否定康德的认识论的前提。以黑格尔为例,黑格尔对康德的责难主要在于康德的知性范畴始终没有超出形式逻辑的水平,始终将知性范畴认识事

---

① Zeman, "Dialectics of the Concrete: A study on Problems of Man and world", in *Dialogue*, vol. 18, no. 2, 2010, p. 260.
② 康德:《纯粹理性批判》,邓晓芒译,北京:人民出版社 2017 年版,第 1 页。

物的能力看作是形式逻辑中的判断形式。也就是说,黑格尔认同了康德通过知性范畴统一人的认识能力,但是认为其以形式逻辑作为判断依据不太合理。康德虽然发现了人类有一种超越一切经验的知性统一的综合能力,但是他只是满足于从亚里士多德开始的几千年来的推理判断的形式。所以,黑格尔批判的是康德仍然将事物的认识看作外在于事物的主观规定,是一种形式逻辑化的外在判断,而非认识论前提。马克思也是在康德认识论革命的基础上去研究人与世界的关系。我们生活在现实的社会关系中,生活在一个颠倒的世界当中,在其中,每个人都通过个人的微观认知,领会和理解这种颠倒的处境,通过微观的努力而构造一个属于自己的通达自由的境界。这就是一种批判的社会历史认识论。在这个意义上,这种颠倒状况并不是消灭了私有制就能够克服,它是无处不在的,深入人的骨髓之中的,与人相伴而生的。

当然,马克思的认识论并非全然的主体向度,其中也包含着客体向度。后者主要体现在马克思的历史唯物主义对历史的解释原则之中:历史不仅仅是一个过程,同时也是一个结果,即在历史行动中的人所创造的结果。在这个意义上,历史唯物主义不仅仅体现着人类世界的现实关系,而且对人类的未来起着规范作用。从存在论上来看,这种以历史为解释原则的新世界观反映着人类历史的现实关系。从认识论上来看,这一原则解决了历史与逻辑、理论与实践之间的关系。在历史与逻辑的关系中,马克思认为历史决定逻辑,而非逻辑决定历史,这是对黑格尔的绝对精神式的逻辑学的扬弃。同时,马克思并不否认以逻辑的方式来把握历史,他认为这是对历史的理论把握。历史与逻辑的关系问题说到底解决的是现实活动与历史规律之间的问题。在马克思的认识中,规律是对现实事物的把握,但这并不意味着从现存事物中把握到的规律是必然的、永恒的。借助对现存事物的理解去把握未来的世界,是一种从抽象到具体的认识方式,包含着对现存事物必然灭亡的理解,这是马克思历史唯物主义认识方式的实质。从理论与实践的关系上来看,实践本身要趋向于理论,这意味着对理论本身存在着思想性的指引和规范性的矫正的维度。从价值论上来看,这种历史的解释原则以实现人类解放为价值指引。

科西克具体辩证法的本体论基础解读

张怡丹①

（南京大学马克思主义学院）

科西克的具体辩证法的本体论基础是人的实践构成的社会—人类实在，实践本体论包括实践作为人的存在方式和实践向一般实在开放两个维度。在对人的社会实践分析的基础上，科西克基于实践的两种类型即革命的实践与功利主义的实践，区分出具体总体世界和伪具体世界。通过揭露客观世界对人的统治的抽象外观，即"伪具体世界及其结构"，科西克试图将世界的本质具体化为人所创造的主客体统一体。因此，他的实践本体论旨在以实践为基质重释人与社会历史、人与世界的关系，进而建立一种以人为本的哲学本体论。

卡莱尔·科西克（Karel Kosik）是 20 世纪东欧新马克思主义的主要代表人物之一，他于 60 年代初发表的《具体的辩证法》在马克思主义思想史上产生了一定的影响。科西克具体辩证法的独特之处在于，它不仅从方法论、认识论上，而且从本体论上对辩证法进行了阐释和论证。根据科西克的理解，具体辩证法的本体论基础是人的实践构成的社会—人类实在。实践作为科西克《具体的辩证法》中的一个关键性范畴，构成了科西克探究人与社会历史、人与世界的关系的基质，它不仅是构造人类实在的过程，也是从存在方面揭示宇宙和实在的过程，正是实践构造了社会—人

---

① 作者简介：张怡丹，女，南京大学马克思主义学院博士研究生，研究方向为马克思主义理论。

类实在的基础,生成了人与人、人与世界的关系及其进程。对科西克具体辩证法的本体论基础进行解读,不仅有助于我们从理论深层上理解科西克的思想,更有助于我们发现其思想中存在的问题,推进对马克思哲学的当代理解。

一、作为科西克具体辩证法本体论基础的实践

在《具体的辩证法》中,科西克从辩证法入手探究什么是社会实在,并在实践的基础上对实在进行了阐释。那么,究竟什么是实在以及如何理解实在?科西克不仅在方法论、认识论上,而且在本体论上对实在进行了论证。在方法论上,实在就是具体的总体,在认识论上,实在是现象和本质的统一,在本体论上,实在则是作为人的实践的产物和过程的统一。

科西克首先是在本体论意义上讨论具体辩证法的,他对这一概念的阐释和论证具有明显指向和思想史渊源。科西克指出,"我们已经多次强调了辩证唯物主义关于实在的认识论观点对于实在的本体论问题的派生性"[1]。这就是说,对科西克而言,在辩证唯物主义问题上,实在的本体论观点较之实在的认识论观点具有优先性。在《具体的辩证法》开篇科西克便写道:"辩证法探求'物自体'。"在这里,辩证法所探究的物自体,关涉的正是本体论领域的事情。在科西克看来,物自体首先是作为本质和原初意义上存在的实在范畴,它"并不直接地呈现在人面前。把握'物自体'需要付出一定的努力,还要走迂回的道路"[2]。这一开场内在隐含科西克与康德和黑格尔的双向对话,指向从康德到黑格尔的本体论转向问题[3]。在西方近代哲学思想史上,康德通过认识问题领域中的"哥白尼式革命"批判并限制了理性,由此提出物自体的概念。作为一个界限意义上的概念范畴,物自体划定了形式化的理性概念和作为认识对象的存在的内容和

---

[1] 卡莱尔·科西克:《具体的辩证法》,傅小平译,北京:社会科学文献出版社1989年版,第37页。
[2] 同上书,第1页。
[3] 参见张一兵《哲学本体论视域中的具体性规定》,《东南大学学报(哲学社会科学版)》2000年第2期。

整体的二分。如此一来,世界在康德那里被二重化,形成主观和客观、现象和本质、自由和必然的僵化对立和二律背反。为了扬弃和消除这一对立,黑格尔在本体论意义上对物自体进行逻辑学的改造,试图将其纳入理性的同质性逻辑架构之中。他指出,"按照康德的说法,思想虽说有普遍性和必然性的范畴,但只是我们的思想,与物自体间却有一个无法逾越的鸿沟隔开着。与此相反,思想的真正客观性应该是:思想不仅是我们的思想,同时又是事物的自身,或对象性的东西的本质。"①他将"现象"与"物自体"之间的关系统一起来,指认现象(思辨意义上的)即物自身的现象,作为本体的物自体既是"实体"又是"主体",并借此建立了一种从本体世界向现象世界运动转化的逻辑概念的演绎体系。在被马克思称为"黑格尔哲学的真正诞生地和秘密"的《精神现象学》中,现象与物自身的辩证法的本体论基础在该书开端呈现:"[1.绝对即主体的概念]照我看来……一切问题的关键在于:不仅把真实的东西或真理理解和表述为实体,而且同样理解为主体。"②这正是科西克具体辩证法面向的实在展开的本体论前提,通过方法论的探究,实在本身被改变了,方法论被本体论化。

从方法论本体论化的设定出发,科西克将具体辩证法的本体论基础规定为实践,它构成科西克论证社会人类实在形成的"能动中心"。科西克指出,"辩证思维"不仅基于事物的观念与概念的区别"来理解认识实在的两种形式和两种水平","而且首先以此来理解人类实践的两种类型"。③因此,实在就其原初意义而言,"不是作为直觉、研究和推论的对象,而是作为人的感性—实践活动的界域呈现在他面前,这个界域构成对实在的直接实践直觉的基础"④。实践是人类存在的界域,这个意义上的实践概念具有一种"本体实在性"。这即是界定了一种人类实践作为基本社会实在的本体论前提。需要指出的是,科西克的实践本体论在某种意义上也可以说是劳动本体论,因为他将二者在构造实在进程中的作用视为是同

①黑格尔:《小逻辑》,贺麟译,北京:商务印书馆1980年版,第120页。
②黑格尔:《精神现象学》上卷,贺麟、王玖兴译,北京:商务印书馆1979年版,第10页。
③④卡莱尔·科西克:《具体的辩证法》,傅小平译,北京:社会科学文献出版社1989年版,第1页。

等重要的,"在构造人类实在的过程中,实践和劳动占有核心地位"①。他认为,"人的劳作不仅'丰富'了实在,实际上,它是实在的特殊的显身之所。劳作打开了通向实在之门"②。正是在劳作的基础上,人将自己塑造为宇宙中唯一有能力构造实在的存在。因此,科西克的实践哲学也可以说是劳动哲学。在他那里,不仅实践是人的存在的界域,而且劳动也是与人的存在密切关联的范畴。劳动渗透人的全部存在并构成人的特征的进程,在劳动中发生着与人、人的存在以及人的世界相关的事情。"劳作过程中发生着某种影响人的本质和人的存在的事情"③,这与科西克强调"人的实践中发生着某种本质性的事件"④的阐述几乎如出一辙。总之,科西克认为,不管是实践还是劳动,它们最终都引向"人本体论",探究的是实践或者说是劳动与社会—人类实在的形成之间的关系。

基于以上阐释和论证,科西克进一步规定了本体论意义上的实践内涵。一方面,实践是人特有的存在方式,是"社会—人类实在(即人类的和超人类的实在,总体上的实在)"的根基,人通过革命和批判的实践活动构造、把握和解释实在。"由于实践是人特有的存在方式,所以它在一切表现形式中渗透到人的存在本质中,而不是仅仅决定人的外在决定因素:无论机器还是狗都没有实践,也不懂实践。"⑤实践作为现实的人的存在方式,为构造并把握世界、调节人与自然的物质变换奠定了基础。"实践在历史中是能动的和自我创造的,即是说,它是人与世界、物质与精神、主体与客体、产品与生产能力之间不断更新和实际建构的统一体。"⑥另一方面,实践除了构成人的实在的基础,还具有向人之外的自在存在(一般实在)开放的本体论维度。科西克指出,实践进程不仅包括独特的人的实在,还包括独立于人的、以特定方式存在的实在。"人在实践中形成了一般实在的开放性。人类实践构造存在的过程是使本体论成为可能的基

① 卡莱尔·科西克:《具体的辩证法》,傅小平译,北京:社会科学文献出版社1989年版,第84页。
② 同上书,第170页。
③ 同上书,第149页。
④ 同上书,第170页。
⑤⑥ 同上书,第171页。

础,它使对存在的理解成为可能。构成社会人类实在的过程是展露和理解一般实在的前提。实践是构造人类实在的过程,也是从存在方面揭示宇宙和实在的过程。实践不是封闭在社会性和社会主观性的偶象中的人的存在,而是人对实在和存在的开放。"①在这里,科西克实际上回应的是实践哲学和哲学人本主义常常招致的责难,即自在存在或一般实在如何通过人的活动或者人的存在得到说明。科西克正是通过上面这一点给出了答案。他认为,当人通过实践构造实在并将其在精神上再现出来时,就形成了对世界及其发展过程的理解;当人同人的实在建立起一定的关系,从某种程度上也就与世界总体建立起联系。正是在这个意义上,人的实践是一个具有本体论内涵的范畴,人也由此成为"人本学—宇宙学"的存在。"在构造存在的实践基础上,人也发展了向自身之外伸张从而在一般存在中展现自己的历史能力。……他在实践的基础上展现自己以达到对存在的理解。因而,它是一种人类学—宇宙学的存在。人们已经发现,实践是现实的能动中心的基础,是精神与物质、文化与自然、人与宇宙、理论与行动、存在与存在者、认识论与本体论之间真正的历史中介。"②

二、科西克实践本体论的建构

在本体论层面,科西克设定的一个重要概念是世界的概念,它建立在对人的社会实践的分析之上。在他看来,社会存在是由人的社会实践建构出来的,但实践有两种类型,即革命的实践与功利主义的实践,实践的两种不同形式生发出具体总体世界和伪具体世界。伪具体世界又可以进一步细分为以下几个类别:形相世界、人的拜物教化实践的世界、日常观念的世界和固定客体世界。

首先,科西克确立了作为本体的具体总体的世界概念。在科西克那里,具体总体首先是本体论意义上的,它标识的是实在范畴。具体总体不

---

① 卡莱尔·科西克:《具体的辩证法》,傅小平译,北京:社会科学文献出版社1989年版,第173—174页。

② 同上书,第174页。

是"捕捉并描述实在的一切方面、属性、特性、关系和过程的方法,宁肯说,它是关于实在之具体整体的理论","是一个结构性的、进化着的、自我形成的整体"。① "具体"不是指一般事物或是思维和认识的某种属性,它和"总体"一样,指涉的是一种实体性的存在,是实在本身的运动形式,是基于人的实践而生成的总体。在对具体的总体观概念进行分析时,科西克总结和批判了欧洲总体性思想的历史,并将这一概念追溯到斯宾诺莎,指认其能动自然和被动自然的论述已经包含了总体的范畴。但是,如果从哲学的本体论视域审视这一概念便能看到,科西克的具体总体规定一方面与黑格尔和马克思的解读相关,另一方面,这一概念背后还直接站着青年卢卡奇。我们上面讨论过,黑格尔哲学破除康德纯认识论哲学的关键就在于,他抓住了具体并将其设定在本体论领域。在黑格尔那里,辩证的具体是具有丰富的内在规定性的概念,它是抽象的概念在历史运动中不断扬弃自身从而获得丰富且具体的规定的逻辑具体。黑格尔具体辩证法具有思辨唯心主义的特征,后经费尔巴哈和青年马克思,思辨的辩证具体被批判地阐发为感性具体。在实现了对费尔巴哈哲学的彻底清算之后,马克思进一步将具体规定为一定的社会历史存在。马克思之后,卢卡奇的《历史与阶级意识》作为对建立在市场经济中的原子式孤立个人基础上的、以物自体或非理性形式表现出来的所谓"自发"经济总体的批判,强调作为"类"的人的创造和对历史全程的把握,"正是历史过程的整体才是真正的历史现实"②,"具体的总体是真正的现实范畴"③。科西克正是在青年卢卡奇的基础上进行深入阐发的。正如有的学者指出的那样,不同于卢卡奇在黑格尔意义上的、与抽象相对并凝结着自身历史的具体总体概念,科西克的具体化总体此时有了进一步的规定。他更加突出总体规定的具体性维度,这是他在卢卡奇的基础上又向前迈出的一步。④

其次,科西克在具体总体世界与人的实践之间建立起本质关联,进而

---

① 卡莱尔·科西克:《具体的辩证法》,傅小平译,北京:社会科学文献出版社1989年版,第23页。
② 卢卡奇:《历史与阶级意识》,杜章智等译,北京:商务印书馆1999年版,第240页。
③ 同上书,第240页。
④ 参见张一兵《文本的深度耕犁》第1卷,北京:中国人民大学出版社2004年版,第221页。

将世界划分为实在(具体总体)世界和伪具体世界,伪具体世界又包含诸多环节。实践在科西克那里分为革命的实践和功利性实践,后者使人类生活平日环境和惯常氛围显现"自主性"和"自然性"特征,科西克将表现出这些性质的现象世界称作"伪具体的世界"。① 构成伪具体世界的现象集合的有以下几类:

第一,形相世界(外部现象世界)。"伪具体世界是一幅真理和欺骗相互映衬的画面。这里盛行着模棱两可的东西。现象即使在显露本质之时也在掩盖本质。本质在现象中展现自身,但只是在一定程度上、不完全地、只在某些方面和侧面展现自身。"②科西克认为,伪具体世界首先是作为世界的本质还未显现的外部现象世界存在的。尽管现象与本质并非二分,但是本质不会自发地呈现在人们面前,它必须以现象为中介,通过人的辩证的认识活动才能显现。因此,要想获得对现象世界的本质的认识,必须求助于辩证的思维、革命的批判活动以及通过真理的实现和人的实在在个体发生过程中的建构。③

第二,人的拜物教化实践的世界,也即操持和操控的世界。这一世界反映了当代的人的异化状态。在这里,人的实践成为机械的、冷淡的、重复性的与人相对立的无意识活动,拜物教化的世界是某种看似可操控的熟识的世界,而实则是完全消极被动的生存状态。在这一层面的阐释中,科西克借用了海德格尔"烦"的概念,以此标识当代人的实践活动降为以操作为核心的异化活动的真实写照。他认为,烦作为社会个体非心理状态的一种在世状态,是以个人的主观参与和功利主义实践为基础的社会关系体系,在其中个体的活动以烦神和操持为基本形式,而活动的主体则呈现出绝对被动性和逃避的无区分与无名的状况。"操持是实践的现象异化形式,它并不表明人类世界(人的世界、人类文化世界、人化着自然的文化世界)的起源,它表现着日常操控活动的实践,而人则受雇于一个即有'物'的系统,即装具系统。在这一装具系统中,人本身成了操控对象。

---

① 参见卡莱尔·科西克《具体的辩证法》,傅小平译,北京:社会科学文献出版社 1989 年版,第 2 页。
② 同上书,第 2 页。
③ 参见同上书,第 9 页。

操控实践(操持)把人转化为操控者,又转化为操控对象。"①

第三,日常观念的世界。作为拜物教化实践的产物,日常观念是投射到人的意识中的外部现象,它们是这种实践运动的意识形态形式。在科西克看来,日常生活或者说平日作为古往今来所有人群一切活动展开的领域,人们在其中感受到日常生活的"自然氛围",活动与生活方式都变为"本能的、下意识的、无意识的和不假思索的机械过程"。日常观念世界具有重复性和可替代性,不仅"平日中的每一天可以换为相应的另一天",而且"任一平日的主体,都可以任意换为别的主体"。② 在平日里,一切似乎都"在手边",它是一个可信的、舒适的、惯常行为的世界,但却是一个平淡冷淡的黑夜、机械和本能的黑夜。科西克对这一客观存在的异化的日常生活和日常观念的世界持批判态度,"平日的熟识世界并不是一个已知的被认识了的世界。为要表现它的实在,必须撕去其拜物教化亲密的假面,暴露其异化的残忍"③。

第四,固定客体的世界。这一世界指向人在其中沦为"经济人"的给定的客体的世界。在这一客体世界中,人们误以为它是自然环境,对其作为人的社会活动结果的本质毫不自知。在科西克看来,处在历史中的人与人之间的交往产生了物的社会运动,由此产生了作为人的社会产品的经济的对象世界。但是,这一本质在现实中却以颠倒的形式呈现,人的实践活动和经济因素的本质关系被切断,人与人、人与产品的社会关系被物与物之间的关系所掩盖。这样一种颠倒带来的结果是,经济因素和物的统治表现为一种似自然性,呈现为固定客体的世界。主体在这一过程中也从主体沦为客体,受经济因素和物的统治和奴役,成为一个彻头彻尾的"经济人",如科西克指出的那样:"在进入经济关系的瞬间,他就不依他的意志和意识为转移地被收入环境和规律似的关系网之中。在这些关系中,他作为一个经济人发挥作用。只有在完成了经济人的角色的条件下,他才能生存并实现自身。"④

---

① 卡莱尔·科西克:《具体的辩证法》,傅小平译,北京:社会科学文献出版社1989年版,第49页。
② 参见同上书,第55页。
③ 同上书,第60页。
④ 同上书,第65页。

三、科西克新马克思主义的人本主义实践本体论

基于上述分析我们能够看到,科西克的实践本体论一方面试图将马克思的哲学阐释为以人的"本真存在"为出发点的人本主义(以个体为本位的新人本主义)哲学本体论,另一方面试图以海德格尔为参照建立超越人类中心论的"人类—宇宙本体论",以一种人本主义的立场来调和两者的关系,并在新人本主义的本真实践视野中,构建出一幅反抗现代社会经济结构对日常生活的抽象统治的具体的乌托邦图景,最终陷入了一种人本主义的实践本体论。

首先,科西克的实践本体论把人本体论的马克思主义当作其哲学建构的逻辑基点,并整合了海德格尔以有限的"此在"的人的生存状态为出发点的基础本体论,在此基础上试图重建人与社会历史、人与世界的关系,形成了一种以人为本的哲学本体论。与马克思一样,科西克将人理解为实践的存在。实践作为人的本质的确证,回答的是"人是谁? 社会人类实在是什么? 这个实在是如何形成的?"①等存在论问题。他将实践规定为现实的人的存在界域以及构成实在的能动中心,正是由于实践,人类创造了世界及其历史进程,并将自身构造为自由的存在。在最直接的意义上,科西克的实践范畴是源于马克思的。他尝试从实践出发理解人的社会生活,正是意识到了马克思的实践概念对于传统哲学主客二分理解模式的革命性作用。但是科西克所理解和强调的实践只是人的实践活动本身,是一种海德格尔意义上的"在者",更倾向于是一个被描述的对象、一个实体性的哲学范畴,甚至尚未构成一种哲学意义的阐释原则。因此,在归根结底的意义上,科西克的实践本体论仍然是一种凌驾于客观现实的抽象理论原则。在这一理论原则的支配下,实践看似被提到了至高无上的理论层面,但事实上也只是从理论上提出了对抗异化的社会现实、实现人类的解放的要求。从实践本体论出发,科西克最终没能指明实现解放的现实道

---

① 卡莱尔·科西克:《具体的辩证法》,傅小平译,北京:社会科学文献出版社1989年版,第170页。

路,陷入了更深层次的唯心主义。造成科西克实践本体论局限的根源在于,他并未真正理解马克思的"实践转向"的真实意义。与科西克不同,在马克思那里实践并非一个实体范畴,也不是客体意义上的关系范畴,它是人与世界之间的内在矛盾范畴。正是基于这一立场,马克思得以突破一切人本主义的局限,创建了历史唯物主义。正如他指出的那样,"我们的出发点是从事实际活动的人,而且从他们的现实生活过程中还可以描绘出这一生活过程在意识形态上的反射和反响的发展","只要描绘出这个能动的生活过程,历史就不再像那些本身还是抽象的经验论者所认为的那样,是一些僵死的事实的汇集,也不再像唯心主义者所认为的那样,是想象的主体的想象活动"。① 这样,作为马克思历史唯物主义逻辑起点的人就不再是超历史的抽象的人,而是在一定的社会历史存在中,通过物质生产活动现实地推动自身和社会发展的历史主体。通过革命的批判的实践活动,人能够不断地选择和创造自己的历史,从而不断地塑造和改变自己的未来。

其次,从上述哲学人本主义的实践哲学架构出发,科西克对具体总体的阐释也具有强烈的人本主义倾向。第一,从科西克分析具体总体的逻辑架构来看,他首先设定了人的本真存在状态及其生存的具体总体世界,接着阐释了人的本真状态由于功利性的实践产生异化,从而为伪具体世界所"玷污",最后指出通过革命的批判的实践扬弃伪具体世界的异化状态,以此实现人的本真状态的复归。由此不难看出科西克哲学浓厚的"应该"与"是"的人本主义色彩。在他那里,人的本真存在状态是一种抽象的价值悬设。他认为,具体辩证法的核心是摧毁伪具体,但他只是停留在道德和伦理层面批判伪具体世界,指出"从本真性向非本真性的转变是一个历史过程,这既依靠于人类,也要依靠个人来实现"②,因而并未从现实生活出发指明通向具体总体世界的现实道路。第二,科西克对具体总体的重新阐释,是一种强调人的个性自由、人的创造作用的人本主义还原论。科西克对具体总体的理解可以概括为以下几点:其一,具体的总体是一个

---

① 《马克思恩格斯选集》第 1 卷,北京:人民出版社 2012 年版,第 151—152 页。
② 卡莱尔·科西克:《具体的辩证法》,傅小平译,北京:社会科学文献出版社 1989 年版,第 60 页。

结构性的、进化着的自我形成的整体。其二,这一整体是在各部分的相互作用中将自己构建为整体的。其三,整体由人的社会生产建造而成,因此必须将其视为人类实践成果从主观方面加以把握。[①] 应该肯定的是,科西克的上述阐释是深刻的,但是问题在于,他对具体总体的重新把握旨在为其哲学主题即个人与世界的关系做逻辑上的论证。在对古典理性主义、机械决定论、实证主义进行批判的过程中,他指责它们都颠倒了主体与客体、人与世界的关系。而具体的辩证法的旨趣就是批判这种超历史、超人类的客观性即理性,它把历史看作是特定时代的人所创造的主客体的辩证统一体,同时看作是人逐渐成为"自由的人"的过程。从伪具体世界到具体总体世界的转变,就是一个由个人和人类所实现的历史过程。[②] 可见,社会历史发展的客观过程在科西克那里被阐释为人类实现其自由本质的过程,具体的总体之所以具有具体性,而不是抽象的异己的客观力量,就在于它是人类实践的产物。其人本主义色彩可见一斑。

最后,在强调具体总体中人的个性、人的创造地位的基础上,科西克进一步阐述了人的实践与具体总体生成的关系问题,提出了他所谓的人类学—宇宙论,最终走向人本主义的实践本体论道路。在与经济决定论的对话中,科西克批判了它们在唯物史观上的经济要素论和经济还原论表现,并认为马克思坚持的是一种经济结构论的历史观。他指出,在马克思那里,"经济之所以具有首要性,……是因为在构造人类实在的过程中,实践与劳动占有核心地位"[③]。科西克意在表明,人类历史作为人类实践所创造的总体性进程,决定了经济及其活动的首要性地位。由此可见,他的实践不是与思想理论相对应的活动范畴,也不是产生于人与自然和人与人关系的某一历史形式,它标识的是人的存在方式和界域,是人的本质的对象化和对自然的主宰,又是人类自由的实现。显然,科西克对实践及其与人、世界的关系的解读,在本质上将实践等同于存在主义意义上的人的绝对自由选择。由于科西克本身意识到了存在主义在主观主义上的极

---

① 参见卡莱尔·科西克《具体的辩证法》,傅小平译,北京:社会科学文献出版社 1989 年版,第 23 页。
② 同上书,第 182 页。
③ 同上书,第 140 页。

端表现,所以他承认存在于人的实在之外的一般实在。但与此同时,他又规定了实践对一般实在的开放性。正是由于实践,人才摆脱了他的主观封闭性,而同外部世界保持一种本体论联系。在这个意义上,实在才是使自在实在成为人的实在的一个组成部分的重要介质。基于实践对一般实在的开放性的阐释,科西克提出建立一种人类学—宇宙学本体论。这种人类学—宇宙学本体论,是通过将人嵌入实在之中,从而将实在不仅把握为自然的而且把握为历史的总体。人因为有了自己生存的世界,人的本质才得以体现与实现。而世界因为有了人,才成了真正的世界,世界是为人的生存而存在的。从这个意义上看,科西克具体的辩证法要确立的是人在人与世界关系总体中的具体的主体地位,他的实践本体论不是要建构人与实践的客观物质联系,而是试图说明"人及其在宇宙中的位置"①。

总之,科西克的实践本体论实际上是要弘扬"主体性哲学"和"人的哲学",认为人本身才是马克思主义哲学的出发点,因而在哲学的对象、方法和性质上存在着根本缺陷。第一,在处理哲学的对象时,科西克直接将世界的范畴标识为属人的世界,自在世界只是抽象的存在,或者说是"非存在的存在"。在他那里,存在的意义仅仅在于"为人性",而属人世界作为人的活动的对象化,其存在的本原又在于"人为性"。这种"人为性"和"为人性"的统一就是存在的全部内涵。这一实践哲学与马克思的哲学世界观性质迥然相异,从而是一种片面的主体价值哲学。第二,在哲学的方法上,科西克在本质上采用的是抽象的归结法,并且是一种反向归结。这一点突出表现在,他将先在的世界归结为只是由于有了人,世界才称其为世界。这就使他不同于机械决定论者,从而陷于一种"人学目的论",实际上是用目的和手段、需要和对象的关系代替了线性的因果关系。第三,在哲学的性质上,科西克的实践本体论企图以"实践"取代"物质",将唯物主义的一般原则当作"形而上学"问题加以拒斥,从而是一种新形式的唯心主义——即抽象的人本主义的价值哲学。

---

① 卡莱尔·科西克:《具体的辩证法》,傅小平译,北京:社会科学文献出版社 1989 年版,第 191 页。

"人们"的实践辩证法：科西克社会认识论的批判性解读

孔伟宇①

（南京大学哲学系）

在《具体的辩证法》一书中，科西克独创性地挖掘了马克思认识论的理论背景、认识方法、世界图景等内容，在实践本体论的地平线上将马克思的认识论与黑格尔、海德格尔、自然科学发展、资产阶级意识形态相融合，整合成了一种新的社会认识论，并在此基础上阐释了人与世界的主客体辩证关系。但是，未经反思的理论前见和不成熟的经济学方法必然使科西克自身的认识论建构出现问题，甚至对马克思的理解形成历史性的倒退。

作为东欧马克思主义的代表人物，科西克在我国的西方马克思主义研究中始终处在边缘地位。学术界普遍认为，科西克驳杂的理论背景与人本主义立场导致了其理论的"错误性"。然而，科西克《具体的辩证法》认识论背后的隐性构架是什么？科西克对马克思认识论的解读的贡献是什么？科西克怎样发展了马克思的认识论思想？对这些问题的解答是缺场的，却也是极其重要的。科西克的哲学是一座桥梁，沟通了马克思、海德格尔、黑格尔、自然科学……通过对科西克社会认识论的批判性解读，

---

① 作者简介：孔伟宇，男，南京大学马克思主义社会理论研究中心暨哲学系博士研究生，研究方向为马克思主义哲学史。

马克思主义哲学认识论的冰山一角将缓缓浮出水面。

一、科西克认识论的隐性知识构架

众所周知,科西克的理论支援是复杂的。除了在显性话语层面表现出的黑格尔、马克思、海德格尔等理论背景,科西克在认识论上还有复杂的隐性知识构架。在介入科西克的认识论之前,有必要梳理其认识论的隐性知识构架,例如资产阶级意识形态的认识方法、自然科学认识论的认知范式等。

首先,科西克的认识论有着强烈的资产阶级意识形态痕迹。在显性话语上反对资产阶级和资本主义社会统治的科西克,为什么会有着资产阶级意识形态的隐性话语?这体现在科西克认识世界的方式上:其一,科西克认识世界的方式是占有性的。科西克说:"人以不同方式对世界的占有(appropriation)……马克思把它们解释为人类对世界的各种各样的占有……在现代哲学和现代科学中,认识代表人占有世界的方式之一。"①在科西克这里,人的活动都是占有性的,这是资产阶级私有制以来,人改造和占有外部世界及其产品的意识形态。马克思在《大纲》导言中说:"黑格尔论法哲学,是从占有开始,把占有看作主体的最简单的法的关系,这是对的。但是,在家庭或主奴关系这些具体得多的关系之前,占有并不存在。"②在奴隶制和封建时代,人和外部世界的关系是被动接受的,外部世界的占有权只有上天和天授神权的皇帝才可以拥有,只有到了资产阶级社会兴起后,人才开始征服和占有世界。他把马克思那里对资本主义生产方式特定的占有方式理解为人对自然的永恒状态,并在此基础上发展出了人的主观的官能(subjective sense)和自然的客观的意义(objective sense),简言之就是解释客观世界的同时建构主观世界,这种建构和认识是非历史性的。其二,科西克认识世界的方式是有用性的。在古典经济

① 卡莱尔·科西克:《具体的辩证法》,傅小平译,北京:社会科学文献出版社1989年版,第12页。
② 《马克思恩格斯全集》第30卷,北京:人民出版社1995年版,第43页。

学中,"有用性"是核心概念之一。"有用性"是建立在人能够改造世界和占有世界的基础之上的,人通过改造外部世界满足自身的需求,这一需求的有用性既包括了使用价值,也包括了交换价值。所以马克思在《布鲁塞尔笔记》中摘录萨伊道:"有用性存在于生产之中……具有有用性的所有事物的集合……构成一个国家的财富。"①而科西克在这里用人和环境的关系间接表达了这一认识方式:"环境本身在自身中并不是实在;只有当环境作为人的客观实践的实现、定型和发展,作为人的历史时,只有当它被这样把握时,它才是实在。"②在他看来,只有向"我"呈现的环境/事物才是实在,这明显是资产阶级意识形态的有用性,即与人无关的不是实在,被人把握和实践改造的"有用"的自然才是实在,人本主义的唯心史观也显露了出来。其三,科西克认识世界的方式是资产阶级时间性的。在解读主奴辩证法的时候,科西克将这一斗争的根源归结为时间性的构造和规划:"人之所以会向(未来的)奴隶命运屈服,或为(未来的)主人地位而战斗,只是因为他以未来的眼光选择现在。在未来规划的基础上构造现在。两种人都是在未有之物的基础上构造自己的现在和未来。"③科西克的这一解读是有创造性的,但是在奴隶制和封建社会,人出生下来就是奴隶,哪里还有斗争,甚至是未来的规划? 只有在资产阶级社会,历史的质性变化才能打破循环往复的规定,未来才成为需要规划的不确定性,而科西克正是在这一话语上进行言说的。

其次,科西克对马克思认识论的解读是站在现代自然科学发展的基础之上的,带有浓厚的自然科学认识论色彩的范式必然与马克思的认识论产生一定的冲突。就像在现代社会中人们认识世界必然要借助科学的手段或者声称自己是"科学的"一样,科西克也在认识论中引入了科学的活动,并以类比的方式将哲学的活动也等同起来:"事物的隐匿的基础必

---

① *Marx-Engels-Gesamtausgabe*(MEGA),Abteilung Ⅳ,Band 3,Berlin:Akademie Verlag,1998,S. 116.

② 卡莱尔·科西克:《具体的辩证法》,傅小平译,北京:社会科学文献出版社 1989 年版,第 99 页。

③ 同上书,第 172 页。

须通过特定的活动去揭露。这就是为什么要有科学和哲学的原因。"①那么，如何用科学和哲学的方式去认识世界呢？科西克提倡用"分割"的方法来认识本质："这种方法即是分割原一以便理智地再现物的结构，也就是去理解它。……认识实现于把现象与本质分开、把表面的东西与本质的东西分开的过程中。……这种对原一的分割是哲学认识的基本要素。"②科西克将这种分割说成是辩证法的哲学认识，但是在笔者看来，这种从抽象分割出发的认识论不正是自然科学发展的结果吗？自近代以来，科学研究的主要方向之一就是分割：通过显微镜的中介，科学家们将可见的物不断分割为肉眼不可见的分子、原子、中子、质子、电子乃至夸克，并从中分析构成一个可见物的内部结构和联系。这种分析既没有改变事物本身，又经历了分割到还原的辩证路径，在此基础上形成了自然科学的认识论。无疑，科西克受到这一方法的影响，并将其与辩证法相结合，在认识论上向前走了一步，这是马克思著作里没有出现的。但是，科西克并没有描述完整这一科学认识的过程，只是浅尝辄止，又强迫自己与马克思主义相结合，以至于形成了使人摸不着头脑的理论。并且，科西克还以科学实验为例，说明了认识的"间距性"。他说："科学要以实验人为地复制这一自然历史过程。这种实验的基础是什么？是适当的、有根据的科学距离。隔着这一段距离，人们可以充分地、不加歪曲地对事物和事件进行观察。"③在自然科学认识论中，保持间距是共识，是科学性实验的前提，既是认识历史的间距，也是认识事物的间距，科西克深受这一影响。但是科学的实验能够完整复制自然历史过程吗？纯粹的不加歪曲的观察真的存在吗？在科学实验当中，不仅要以实验仪器为中介，还要引入定量分析，以及理想化状态的推测，由于这些间距本身的存在，科学这本身的间距只能不断逼近真相，但是永远做不到还原和复制，更做不到无主观性的观察，因为实验者也是经过实践和理论前见培养的结果。科西克没有认识到这一点，简单将自然科学实验的认识方法

① 卡莱尔·科西克：《具体的辩证法》，傅小平译，北京：社会科学文献出版社1989年版，第4页。
② 同上书，第5页。
③ 同上书，第11页。

挪移到自然历史的认识过程之中,虽然是一种创新,但是必然也会导致理论矛盾的出现。

二、实践本体论的认识论结构

科西克基于实践本体论,创造性地挖掘和发展了马克思的认识论思想,并将其与黑格尔哲学、海德格尔哲学、自然科学最新进展相结合,给予了马克思认识论新的内涵。但是,多重理论背景的叠加与科西克自身认识论的前见导致其最终走向人本主义,甚至是唯心主义。

第一,科西克的认识论是基于主客体实践关系的,所以在解释其认识论结构之前,还要认识一下这一认识论的主体和客体,即人与世界。首先,什么是世界? 在科西克这里,世界不是自然属性的地球,而是"一个人类实践的世界"[①],是近代以来人们通过实践改变自然,从而建构起的周遭环境,是生产和产品、主体和客体、起源和结构的统一。所以"在真实的世界中,事物、意义和关系被设定为社会的人的产物,而人本身则表现为社会世界的真正主体"[②]。但是,这种世界观在科西克这里形成了一个类似异化劳动的理论结构:人创造了世界,人应当是世界真正的主体,但是这个世界却反过来奴役了人们。同样都是从实践出发,为什么马克思在历史唯物主义中超越了这种人本主义异化史观? 因为在马克思那里,实践是一种活动着的关系,是现实中的生产关系和方式决定了社会存在的结构。而科西克却将实践本体论化,无限放大了主体的作用,最终走向"人构造了一个人类世界"[③]的人本主义之路。那么,主体(人)为什么会被科西克放大? 无独有偶,与青年马克思的认识方式类似,科西克也是从黑格尔的对象化入手的。在科西克看来,"人的社会性不仅在于没有对象他将什么也不是,而更主要的是在于他在客观活动中显现自己的实在"[④],即人必须在对象化中实现自身。显然,这是黑格尔到青年马克思的思路:人通过

---

① ② 卡莱尔·科西克:《具体的辩证法》,傅小平译,北京:社会科学文献出版社1989年版,第8页。
③ 同上书,第89页。
④ 同上书,第88页。

对象化活动(劳动)塑造外部世界,也成全自身,将主体的本质对象化为社会历史存在——产品、社会关系和制度、情感等。在这个意义上,科西克的实践更倾向于对象化概念,其中也包含着异化的批判维度。同时,科西克还将主体性和客体性都理想化地还原到主体之中,"如果没有主体,人的这些社会产品将是毫无意义的……人的本质是客观性与主观性的统一"①,将人的本质作为主客体实现的来源,成为一种应然的价值悬设,这种社会性的人的本质不仅违背了历史唯物主义的现实原则,而且开了新人本主义的倒车,无疑又回到了旧人本主义之中。

第二,科西克在实践基础上发展的主客体认识论,既是对马克思没有言说的认识论的挖掘,也是结合新的理论对马克思主义社会认识论的发展。科西克认为,人要形成对事物的认识,就必须借助于自身的实践,即与事物打交道。科西克说:"为要认识自在之物,人必须把它变成为我之物;为要认识事物的不依赖于他的实在,他必须将它们诉诸自己的实践;为要弄清事物在没有他的干涉时是怎样的,他必须干涉(interfere with)这些事物。"②这里面有两个层面的实践:首先,科西克理解的第一层实践是干涉。Interfere 是干涉、介入,干扰、参与,甚至是破坏和阻碍,人通过干涉事物的运动达到认识,这种认识一定是关系性的、与人有关的主客体认识,但是这种干涉却使自在之物更加疏远,科西克想通过干涉来认识事物没有被干涉的模样,在理论上是不可能实现的。其次,第二层实践是认识。如果我们仔细观察科西克的描述,可以发现构成认识的实践有两种,一是"自己的实践(his praxis)",这是个人在世界中的个体性实践,从而形成了个体认识。二是"人类实践(human praxis)",这是个体进入到这个世界之中的实践先验,简言之是世世代代实践产生的事物和知识,孤立的个体实践是无法形成完整的世界认识的。科西克简单区分了这两种实践,但是没有深究,导致之后他的认识论建构的缺陷。

此外,科西克还在科学认识论的背景下发展了马克思的认识论,特别

① 卡莱尔·科西克:《具体的辩证法》,傅小平译,北京:社会科学文献出版社 1989 年版,第 88 页。
② 同上书,第 11 页。

是人的全部实践经验都参与认识的这一点上，是很有意思的。科西克说："人所知觉到的东西总是多于视听器官提供给他的东西。……我的全部经验，新鲜的经验或埋藏在忘却之中随时准备在特定条件（situation）下复现的经验，都参与感知活动。"①这是对马克思认识论的推进。人认识到的内容远比面前的事物要丰富，为什么？康德将这种认识解释为先天认识构架，即认识事物的理论先验，在我们认识到一座工厂之前，需要接受语言教育、建筑概念教育等内容，才能看到这个工厂。黑格尔将这种认识解释为概念先行，我们是先知道的"工厂"概念，才能看到现实中的工厂。马克思并没有在这方面提出专门的理论，但是他关于抽象到具体的认识在一定程度上继承了黑格尔和康德的认识论。而在自然科学发展之后，巴甫洛夫的条件反射实验利用铃声建构起狗与食物的关联性，使狗听到铃声就会条件反射地流口水，通过生理机制建构起经验和认识的条件反射理论。斯金纳的行为主义理论在条件反射说上发展了认识的能动性方面，他通过观察小白鼠偶然按压机关就能获得食物的经验使小白鼠主动将按压机关和食物关联起来的这一现象主动建构起按压机关和食物的关联，建立起了复杂的经验与认识的结构。科西克正是在这个基础上提出了人的全部经验都参与和复现于当下情境（situation）的认识活动的理论，他进一步提出认识是在一定情绪中实现的，这是有一定道理的。认识活动不仅会复现过去的经验事实，还会复现过去建构认识的情绪，例如你对某个人的某件事产生了厌恶的认识，之后你看这个人做什么事都不喜欢，这是思维内部的特定复现。可以说，科西克在这里，沿着康德黑格尔马克思的认识论，结合自然科学认识论向前走了一步，但是科西克并没有进一步探究这种认识的深层内容，戛然而止。因为他遭遇了他所声称的马克思主义与自然科学认识的矛盾之处：马克思的实践是社会性和历史性的，而自然科学的认识论是个体思维领域的，这是认识的两重维度，科西克没有区分开，因此也解答不了这一难题。比如我从来没去过某个地方，没有品尝过这个地方的美食。我通过"行走"到达了这个地方，见识到了这个

---

① 卡莱尔·科西克：《具体的辩证法》，傅小平译，北京：社会科学文献出版社 1989 年版，第 13 页。

地方的真实模样,又通过吃的行为品尝到了这个地方的美食,形成了对某一特定地方或食物的认识。在这个例子中,我个人没有进行社会性的实践,也没有进行包含劳动的实践,我只是通过行走和吃的行为构建了"我"的世界图景。这种个体性的实践活动和认识活动在科西克那里是缺场的。他那里的认识和实践是"我们"的实践,我第一次品尝的美食是通过劳动和技术对象化的高铁交通运输来的原材料,又通过隐藏在这个食物背后的劳动过程建构的,这个建构过程是一个历史性和社会性过程,然后又通过市场的交换活动使我"能够"吃到这个食物,这是我进行吃的行为的社会前提,这是"人们"的实践,是包含了社会性和历史性的实践,在这种实践活动之上建立的是一种社会认识论,是"我们"的认识。

第三,科西克虽然从实践出发来阐发马克思的认识论,但他不仅从此走向了人本主义,而且走向了唯心主义,这在他关于存在与意识这一根本问题的解答上可见一斑。科西克说:"平日的功利主义实践产生了日常思维,作为一种生存和运动的形式。它既涵盖对事物及其外貌的熟识,又涵盖在实践中驾驭事物的技术(technique of handling things in practice)。但是,在拜物教化实践中,即在操持和操控中,暴露在人面前的世界不是真实的世界,尽管它带有真实世界的'坚实性'和'功效性'。它是一个'形相世界'(world of appearances)(马克思语)。"[1]首先,科西克认为日常思维的认识来源于平日功利主义的实践,即社会实践产生了思维认识,这是值得肯定的,这种认识既包括第一层的对事物的熟识(familiarity),又包括了更深层次的对事物的驾驭的技术(technique of handling things)。驾驭(handing)的含义是以手工或机器的方式与物打交道(the action of touching with the hands, or the skillful use of the hands, or by the use of mechanical means),这是科西克内心深处的劳动本体论,来源于马克思和海德格尔,但此时还没有展开。其次,科西克在实践产生认识的基础上走了一条歪路,他从马克思的"形相世界"得出拜物教实践所展开的世界不是真实的世界,从而认为我们对世界的认识只是一种意识形态的假象,

---

[1] 卡莱尔·科西克:《具体的辩证法》,傅小平译,北京:社会科学文献出版社1989年版,第6页。

是僵化的环境在意识的投射。为什么科西克会得出这个结论？我们先抛开环境和意识的关系不谈，其实科西克的入手点是意识，即马克思资本论中批判的拜物教意识，但他没有察觉到马克思对这一意识的历史性根源的分析，先入为主地将这种拜物教意识价值判断为"坏"的意识。在马克思那里这种意识确实也是批判的，但是科西克却从实践产生认识的角度，把对意识的价值批判简单挪移到了实践之中，把坏的意识的产生归咎于坏的实践，归咎于不真实的世界，这就开了历史唯物主义的倒车，返回到了唯心主义的阵营，"伪具体"也应运而生。最后，科西克从实践本体论走向了人的本体论，世界是人的投影，"只是因为有了人，才有世界存在"①，即"我在故世界在"的唯心主义。

三、社会认识论的具体展开

基于历史唯物主义的现象学把握，科西克深刻阐释了历史唯物主义认识论的方法和内涵。但是，对经济学研究不够深入的科西克，却在《资本论》科学的资本批判理论中遭遇了青年马克思曾经历过的经济学"失语"过程，从而在人本主义的方法论上愈走愈远。

第一，科西克敏锐地觉察到马克思对社会认识的现象学方法，并将其与黑格尔连接，形成了马克思认识论的现象学解读。科西克说："从抽象上升到具体就是从部分到整体，从整体到它的部分；从现象到本质，从本质到现象；从总体到矛盾，从矛盾到总体；从客体到主体，从主体到客体的运动。从抽象上升到具体就是唯物主义认识论。它是具体总体的辩证法。"②科西克用从抽象上升到具体来解释《资本论》的结构对资本主义社会的认识，隐晦地指认了马克思现象学的方法，这一点是深刻的，他由此得出了与学术界共识异质性的结论："关于马克思的《资本论》不仅是他的《逻辑学》，也是他的《精神现象学》的看法，也包含着同样的问题。"③科西

---

① 卡莱尔·科西克：《具体的辩证法》，傅小平译，北京：社会科学文献出版社 1989 年版，第 188 页。
② 同上书，第 18 页。
③ 同上书，第 134 页。

克敏锐地看到了《资本论》中对资本主义社会的剖析是从现象到本质的现象学方式,即"马克思分析商品这个资本主义劳动产品的最简单社会形式时,首先分析它的现象形式,即交换价值,然后才进而考察它的本质,即价值"①。因此他也是遵照这一方式进行其社会认识论架构的:以奥德赛式的运动方式,从商品到劳动,从商品二重性到劳动二重性的展开。同时,科西克还抓住了另一个马克思和黑格尔精神现象学紧密相连的地方,他说在马克思的《大纲》中有一段话:"一切具有固定形式的东西,例如产品等等,在这一运动中都只表现为一个环节,一个消逝着的环节。直接的生产过程本身,在这里也只表现为一个环节。过程的条件和它的对象化本身也同样是运动的环节。"②在《马克思恩格斯全集》中,这一段翻译为"具有固定形式的一切东西,例如产品等等,在这个运动中只是作为要素,作为转瞬即逝的要素出现。直接的生产过程本身在这里只是作为要素出现。生产过程的条件和对象化本身也同样是它的要素"③,中译本在一定程度上将马克思的《大纲》与黑格尔《精神现象学》的关联遮蔽了。"正在消逝着的环节"既是指感性确定性在自我意识先验性之中的幻觉假象,也是指主体沉沦物性世界再扬弃复归自身的异化环节,张一兵教授将这一环节指认为"在《1857—1858 年经济学手稿》《1861—1863 年经济学手稿》和《资本论》第一卷中,这种对象消失则会以更加深刻的第二层级非物相化证伪,即历史现象学之上事物化颠倒—物化误认—经济拜物教批判呈现出来。同时,这也是狭义历史唯物主义基础上科学的批判认识论的前提"④。

　　第二,科西克对马克思广义历史唯物主义和狭义历史唯物主义都有着相应的认识论解读。在广义历史唯物主义方面,科西克准确把握了广义历史唯物主义的"物自体",他说:"唯物主义认识论,作为对社会的精神

① 卡莱尔・科西克:《具体的辩证法》,傅小平译,北京:社会科学文献出版社 1989 年版,第 136 页。
② 同上书,第 146 页。
③《马克思恩格斯全集》第 31 卷,北京:人民出版社 1998 年版,第 108 页。
④ 张一兵:《否定辩证法:探寻主体外化、对象性异化及其扬弃——马克思〈黑格尔《精神现象学》摘要〉解读》,《中国社会科学》2021 年第 8 期。

再现……既是一种'反映'又是一种'投射'。它记录着,同时也建构着和谋划着。它既是反映着又是预期,既是受动的,又是能动的。……只有能在物质本身发现否定性,发现产生新质和更高发展阶段的潜能的物质概念,才能唯物主义地把新东西解释为物质世界的一种特性。"①在他看来,历史唯物主义认识的"物"不是堆砌的可见物,而是不断建构的活动和看不见的关系,是带有人类主体性和否定性的随时建构、随时消解、从而螺旋式上升的辩证特性。所以在科西克的眼中,周遭世界是"社会世界,自然表现为人化的自然,表现为工业的对象和物质基础",即人们的社会历史实践建构的对象,人们在实践中把握、认识甚至不断改变他们,这构成了科西克社会认识论的基础。还需要指出的是,科西克从广义历史唯物主义认识论中发展出来的只能是社会认识论,是人类(human)建构社会、认识社会、从而社会性地建构自身各主体际关系的认识论,必然与自然科学的微观认识论相冲突,直至分道扬镳。在狭义历史唯物主义方面,科西克首先指出了资本主义社会商品交换过程的批判性认识:"人们在这中间只扮演简单的买者和卖者的角色——其实只是一种表面现象,是由本质上更深刻的资本主义社会过程(雇佣劳动的存在和对它的剥削)决定和中介的"②,即资本主义买和卖日常生活背后的雇佣劳动关系透视,这一点和马克思在《雇佣劳动与资本》中"黑人就是黑人,在一定的关系中他首次成为奴隶。纺织机就是纺织棉花的机器,只有在一定的关系中它才成为资本"③的判断是一致的。其次,科西克对《资本论》中的社会认识论的分析是独到的:

> 不管这一社会运动的真正主体是价值还是商品,实际情况是马克思这部著作关于理论的三卷追溯了这个主体的"奥德赛式漂泊历程",即**把资本主义世界的结构(它的经济)描述为由主体的真实运动**

---

① 卡莱尔·科西克:《具体的辩证法》,傅小平译,北京:社会科学文献出版社1989年版,第15—17页。
② 同上书,第39页。
③ *Karl Marx-Friedrich Engels Werke*, Bd. Ⅵ, Lohnarbeit und Kapital, Berlin: Dietz, 1961, S. 407.

造成。研究这一主体的真实世界意味着：(1) 确定其运动规律。(2) 分析主体在运动中并为了这个运动创造出来的**真实的个别形态和构造(格式塔)individual shapes or formations（Gestalten）**。(3) 给出这一运动的整体图景 picture。①

过去我们通常对《资本论》及其认识论的解读是从商品一步一步到剩余价值理论和资本主义生产方式的展开，但是科西克这里对这一分析过程赋予了主体性和认识论特性：资本主义世界的结构是主体的真实运动，所以揭示资本主义的秘密就是分析主体在这一运动中的规律以及主体为此创造的形态和构造，从主体视域描绘出资本主义的图景。首先，我们要肯定科西克这一理解的创造性和在一定程度上的合理性，当我们个人去认识资本主义社会的内部结构时，必然会掺杂主体性的观点，一方面资本主义社会就是人类创造出来的，另一方面我们思维的主体性会带着一定的构架去认识社会，科西克在这一点上是深刻的。其次，但如果将这一主体性无限扩张到资本主义社会的方方面面，将客观存在的客体性消除，只保留其主体性，又会走入人本主义的窠臼，科西克正是走到了这一极端。最后，译文没有翻译出来的内容是 individual shapes or formations（Gestalten），这里的德语"格式塔"一词是科西克特别标注的，该词一般被翻译为"构造"，但是在格式塔心理学中固定翻译为"格式塔"。在这里，科西克的着重标注意味着他对马克思资本主义社会认识论的独特看法，即"被构造""使成形"的含义，不仅标志着资本主义社会的形成是具有结构形态性质的，而且其形成过程被深深烙上了"人"的烙印。但是，国内学术界对马克思主义哲学的研究并没有关注到这一点。

第三，在走向马克思认识论的深处时，经济学的短板掣肘了科西克更深一步的分析。科西克在分析马克思的《资本论》时，大篇幅描述了一种奥德赛的历程：黑格尔的奥德赛历程是人为了认识自己，必须周游世界，

---

① 卡莱尔·科西克：《具体的辩证法》，傅小平译，北京：社会科学文献出版社 1989 年版，第 137—138 页。加粗部分为科西克标注。

必须以能动性参与世界的构建,最终回到主体自身,此时的主体由于有了认识世界的经验,所以认识方式产生了变化,科西克将其比喻为"从征服世界到退世避俗"①的变化。而马克思的"《资本论》则是具体历史实践的'奥德赛'。它从基本劳动产品出发,经过人在生产中的实践—精神活动对象化、固定化的一系列现实形态,最后不是在关于它自身是什么的认识中,而是在基于这种认识的革命实践活动中,结束自己的旅程"。② 笔者认为这种分析是有道理的,但是如果仅仅从哲学方法层面去分析马克思的思路,而不能进入到经济学语境中去深入分析马克思对现实经济过程的批判,就很容易与1844年的青年马克思一样,逐渐走向人本主义的批判认识论。马克思在1844年与经济学初次相遇时就得出了人的类本质的异化劳动理论,无独有偶,科西克则将现实的经济范畴还原到了"人的社会运动的物像化形式"③。科西克只能看到经济范畴中人与物的简单运动关系,并将人简单地夸大,看不到经济现实中复杂的人与人、物与物、人与物互相交叠和回转的深层关系,所以只要一谈到经济问题,他就只能苍白地复述马克思的话,抑或是将物与人简单结合。不懂经济学,是无法与历史唯物主义深处的马克思相遇的。

---

① 卡莱尔·科西克:《具体的辩证法》,傅小平译,北京:社会科学文献出版社1989年版,第138页。
② 同上书,第139页。
③ 同上书,第144页。

海外学者论域

共同体及其矛盾

——理查德·罗蒂的自由乌托邦[①]

埃内斯托·拉克劳[②]

（英国埃塞克斯大学人文与社会科学理论研究中心）

　　本文是拉克劳对罗蒂的重要著作《偶然，反讽与团结》的文本分析。罗蒂的意识形态概念"自由乌托邦""自由主义的反讽主义者""共同体"，透过自由社会的反讽这一思想形态，批判了语言、道德、文化等西方传统哲学实践中非历史的普遍性，拉克劳坚持这也是区别于后哲学范式并为自由社会奠定政治规划的逻辑——历史预设，但拉克劳分析罗蒂的规划集中于历史的反普遍主义特征，其演绎的二元对立范畴构成了完全异质的关系，未能过渡到"霸权"实践的接合，即承认历史要素本身具有完全可变性的斗争，同时保持接合/对抗的政治决断，既突显出自由民主最为激进的偶然性，也超越了罗蒂在说服/暴力、公共/私人等理论类型之间的游弋，从中一个政治斗争的新场所得以构造。

---

① Ernesto Laclau, *Emanicipation*, London: London Verso, 1996, p. 105 - 125.

② 作者简介：埃内斯托·拉克劳（Ernesto Laclau；1935 - 2014），埃塞克斯大学人文与社会科学研究中心主任，欧洲共产主义（简称"欧共"）思想家、欧共组织者、新葛兰西主义者。本文展现他在总体方面的重要思想谱系，即批判性地交互发展阶级对抗理论（包括霸权构造在内的当代左派到右派的话语）和阶级分析理论，全盘反对占据话语形左实右的全球资本政治结构表现——无止境、同一的从祛魅到反祛魅，一方面，阶级对抗的表现形态存在特殊性构造下的矛盾张力，显示经由霸权同构的操作关系，无法绕开资本有机组织无比均质化的再现。全球资本主义的当代现状，合乎霸权所描述的大量异质的话语类型，交织成一个共同对话的隐性空间，资本的组织形态充斥着"公共关系"同构性的话语建制，而特殊的霸权介入，扩大了比起资本组织实践的同义反复性而言更加深刻、含有构造张力的隐性割裂——使"构造＝对抗"，尤其是在霸权意义上的阶级对抗话语，超越了拉康式的创伤性（纯粹）异质形态，更符合呈现为（转下页）

迄今为止,反基础主义(anti-foundationism)虽已产生了许多智识和文化上的效果,但这些效果中关系到政治形势的少之又少。理查德·罗蒂著作的一大优势就在于,它热情而雄辩地尝试去建立起这种关系,在他的著作《偶然,反讽与团结》中,罗蒂呈现了一幅美好图景,它关于西方发生在过去2个世纪以来的智识转型,基于此,他勾画了一条社会和政治规划的主线,称之为"自由乌托邦"。罗蒂这么做,并非意欲呈现一种为他政治规划奠定理论基础的(后)哲学方法——如此(为罗蒂所拒斥)只是重新沿用反基础主义者的论调,简单地"重新占据""失去的基础"(lost foundation)。毋宁是,反基础主义(anti-foundationism)随同各种叙事和文化干预的多元化一道,构造了使特殊的社会和政治规划能够设想的智识氛围。

我将试图在本文中表明,尽管我确实同意大部分罗蒂哲学的论争和立场,而他的"自由乌托邦"概念却表现出一系列缺憾,只有将罗蒂的乌托邦重新置放在我们称之为"激进民主"(radical democracy)②的更宏大的框架中,重新阐述它的自由主义特质,才有可能超越那些缺憾。

一、反讽的胜利作为自由主义政治的要素

首先,让我们总结一下罗蒂主要论争的观点。书一开头,罗蒂对他的最初论题有着如下的确证表述:

> 本书试图指出,如果我们不再勉强利用理论把公共和私人统合起来,从而能心安理得地将自我创造的诉求和人类团结的诉求视为

(接上页)种种隐性割裂、内在不一致但完全具有社会同构性(所谓"有机体")——而非"多元决定"——的话语。另一方面,对抗性本身属于超越特殊构造,达到背后普遍、连续的阶级分析的范畴,即"平等"。拉康派从虚构创伤和传统马克思主义(朗西埃也批判)转向晚期资本主义批判的社会资本学残余,同时在这里得到了克服。译者简介:诸凯文,上海交通大学本科毕业,格拉斯哥大学分析哲学硕士拟录取,研究方向:无产阶级解放政治、共产主义、国际主义,长期全面批判政治哲学、全球化新、旧保守政治潮流、历史虚无复古论及其形形色色的当代资本演变体。文中所有段落标题为译者所加。

② 参见恩斯特·拉克劳、查特尔·墨菲:《领导权与社会主义战略:走向激进民主政治》,黑龙江:黑龙江人民出版社2003年版。

同样有效,却永远无法放在同一个尺度下衡量,那么,情况会变得怎么样?本书勾勒出一位我称之为"自由主义的反讽主义者"(liberal ironist)的人物。我对"自由主义"一词的定义,转借自朱迪斯·史克拉尔(Judith Shklar),她说,所谓"自由主义者",乃是相信"残酷是我们所做过的最糟糕的事"的那些人。根据我的用法,"反讽主义者"认真严肃地面对他或她自己最深处信仰和欲望的偶然性,他们秉持历史主义与唯名论的信仰,不再相信那些核心的信仰和欲望的背后,还有一个超越时间和机缘的基础。在"自由主义的反讽主义者"的这些无基础的欲望当中,包含了一个愿望,亦即希望苦难会减少,人对人的侮辱会停止。①

只是在后形而上学的文化中,包含着真正能获致如是目标的背景。

紧接着"语言的偶然"和"自我的偶然",针对构成前两章背景的"共同体的偶然",罗蒂做出了专门的政治论争。他指出,200 年前,欧洲智识生活中产生了两大主要变革:愈益对真理是构造的,而非寻获——使得重塑社会关系的乌托邦政治变得可能——的觉醒发现,以及取代了模仿现实,通向自我创造的艺术形象的浪漫主义革命。两大变革相互影响,逐渐获得了文化霸权。首先对于这场转型引起的智识上的后果进行勾画的是德国唯心主义,但它最终失败了,这是由于混淆了"无物具有可再现的内在本质",与截然不同的另一种观念,即人类心智产生了时间—空间世界。实际隐藏在浪漫主义时期的朦胧直观背后的是这种意识的增长:即实在性的世界不存在纯真本质,只会依据描述它所使用的不同话语呈现出面貌的改变,而且对于这些相互竞争"第一秩序"的话语描述,也不存在允许我们下定论的元语言或中性语言。这种语词竞争的表现,而非在特殊的语词(certain vocabulary)中呈现出论题的内在解构,左右着哲学论争的进程:

"有趣的哲学鲜少以一个论题正反面意见的检讨为主,而通常是一个根深蒂固但以麻烦丛生的语汇和一个半生不熟但隐约透露伟大前景的新

---

① 理查德·罗蒂:《偶然,反讽和团结》,北京:商务印书馆 2003 年版,第 8 页。

语汇之间,或隐或显的竞赛。"①

在这一点上,罗蒂恰好忠实于他的方式,单纯地抛弃了旧的语言概念,通过唐纳德·戴维森的语言哲学,开创了全新的"重描"(redescription)手法,同时拒斥语言构成再现和表达的媒介的观点,还有类似"语言像工具那样变化"的维特根斯坦式概念,表达这层关系也引用了玛丽·海西的"隐喻重描"(metaphorical redescription)和哈罗德·布鲁姆的"强者诗人"(strong poet)。

揭示透彻语言的偶然之后,罗蒂马上转而讨论自我。这里,尼采和(特别是)弗洛伊德变成了主角。尼采又是唯——位全面认识到自我偶然性的诗人:

"依照西方哲学传统的看法,个人生命的极致,就在于它突破了时间、现象、个人意见的世界,进入了另一个世界——永恒真理的世界。相对地,在尼采看来,极致生命所必须越过的重要关卡,不是时间与超时间真理的分界,而是旧与新的界限。他认为一个成功极致的个人生命,就在于它避免对其存在偶然作传统的描述,而必须发现新的描述。这正是真理意志和自我超克意志的差异所在:也是两种救赎观念的分野:一个认为救赎就是与一个比自己更伟大、更永久的东西接触,另一个认为——如尼采所言——救赎是把一切'曾是'创造为'我曾欲其所是'。"②

不过,却是弗洛伊德代表了最重要的将自我"去神圣化"的步骤,指出了这样一条将我们全部的意识特征都溯及幼年经历的偶然道路:

"他把道德意识加以'非普遍化',使道德意识变成像诗人的创作一样,个人有个人的独特性。因此,他让我们把道德意识视为历史条件的产物,和政治和美感意识一样,都是时间和机缘的产物。"③

据罗蒂所说,尽管弗洛伊德与尼采具有很多相似点,但弗洛伊德要比尼采更加实用,因为弗洛伊德展现了,尚未用精神分析便发现的随波逐流者枯燥乏味的布尔乔亚习性,仅仅显露在表层,然而,尼采却罢黜了"人性

---

① 理查德·罗蒂:《偶然,反讽和团结》,北京:商务印书馆 2003 年版,第 9 页。
② 同上书,第 29 页。
③ 同上书,第 30 页。

的绝大部分,其无异于死去禽兽的样子"①。

最后我们来到共同体的偶然,因为它与本文主题关系更甚,所以需要细谈。罗蒂这里开始碰到的困难是:尽管自由民主和反基础主义两者都引起了他的关注,但自由民主的语词,原本是表述于启蒙理性主义中的。虽然对早期的自由民主而言意义重大,那些语词却也成了其进一步发展和巩固的阻碍,这是罗蒂接下去两章试图辩护的论题。这些让罗蒂不遗余力地通过非理性主义和去普遍主义(non-universalist)的方式来重构民主理想。

从一开始,罗蒂就消解了针对他在方法上的相对主义和不理性的可能指认。他引用熊彼特的话说:"文明人与野蛮人的差异,在于前者了解到个人信念只具相对的有效性,但能够坚定不移地捍卫这些信念",然后在另一段中,他又概括总结了以赛亚·伯林的论断:"企图超越此限制或许是一种根深蒂固、无可救药的形而上学需求。然而,让这需求决定个人的实践,却是一种同样根深蒂固且更危险的道德与政治不成熟的征兆"②。为指出与这些断言正相反对的背景,迈克尔·桑德尔说:"如果一个人的信念只是相对地有效,为什么坚定不移地捍卫这些信念呢?"③因而,在其经典术语之内,相对主义的论争是开放性的。罗蒂介入这场论争,是通过与相对主义撇清关系。他从抛弃两种"绝对正确"(absolute validity)的概念出发:其一,因为它是规定对所有人和一切人皆成立的"绝对正确"——这种情况下没有任何妙言,能够对绝对正确究系何指做出说明。其二,是定义它的那些论断对未经腐化的人而言无偏颇的"绝对正确"——因为它预设了人类本性(神圣/动物性)上的分离,在最终意义上,同自由主义水火不容。为此,唯一可行的替代方案只能是:把那些说服(persuasion)的理性和非理性形式的对立,限定在话语游戏的范围内,唯有如此才能辨明哪些是信念的律则(reasons),哪些不具理性,而是产生信念的原因(causes)。然而,这就让语词转化是否理性的问题变得开放,因为没有中立的

---

① 理查德·罗蒂:《偶然,反讽和团结》,北京:商务印书馆 2003 年版,第 35 页。
② 同上书,第 46 页。
③ 同上书,第 74 页。

基础来评判律则和原因两者,看上去,似乎在范式、隐喻和话语中所有重大的转变只出于原因,却找不到律则,而这就暗示,要认识到一切伟大的智识运动——以基督教、伽利略科学和启蒙运动为例——中的非理性起源。在这一点上,罗蒂总结道,就理性/非理性之对立的描述已不再有用武之地。戴维森指出——罗蒂正是在这里引用他的——理性的概念一旦被内在的一致性所限制,但又不对它的术语运用设限,就会发现许多我们赞同的事物,却自称它们是"非理性"的(比如说,从欲望本身⟨desire it-self⟩出发来看,作出决定压制特殊的某种欲望,显得是非理性的)。如果戴维森和海西说对了,那么隐喻只是原因,而不是起到改变信念的律则,但是,隐喻不会因此就变得"非理性",倒是要质疑的是非理性的概念本身。由此,"正确"(validity)的问题本质上是开放和容许探讨的。只有在一个向所有人强加,也为他们接受的禁忌的体制和严格的主体秩序等级的社会里,"正确"的本性才会变得不可谈论,也正是这样的社会,在严格意义上与自由主义水火不容:

"自由主义社会的核心概念是:若只涉及言论而不涉及行动,只用说服(persuasion)而不用暴力(force),则一切都行。其所以要培养这种开放的心胸,不是因为《圣经》教导我们真理是伟大的且将战胜一切,也不是因为,如弥尔顿所建议的,在自由而开放的对抗中,真理必然得胜。这种开放的胸襟之所以要培养,应该以它自身为目的。所谓自由主义社会,就是不论这种自由开放的对抗结果是什么,它都赞成称之为'真理'。这就是为什么企图为自由主义社会提供'哲学的基础',其实并不适合自由主义社会。因为企图提供这类基础,等于假定了课题和论证具有一个自然秩序,这自然秩序既优先于新旧语汇的对抗,也凌驾于这种对抗的结果。"①

罗蒂打算通过阿多诺和霍克海默在《启蒙的辩证法》中雄辩的批判,来解决基础主义(理性主义)和自由主义之间的关系问题,他接受了其中的洞见:启蒙主义带来了这样的暴力,它施加于这场(智识)运动并暗中破坏着启蒙自身的信念。而他不同意的是两位作者妄下结论:由此,如今的

---

① 理查德·罗蒂:《偶然,反讽和团结》,北京:商务印书馆2003年版,第51页。

自由主义在智识和道德层面已经破产。罗蒂让为，在其理论成熟期，两位作者采用的语词，从未真正起过对一场历史进程或者智识运动的发生(initiation)的支配，在他看来，反讽的思考要比理性更适用于羽翼丰满的自由主义社会。

强者诗人和乌托邦革命家是罗蒂描绘的核心历史角色，它起到"在各种方面，凭借社会之名反对社会自我叛离其本身形象"的作用。罗蒂在另一重要段落里做了补充说明：

"(这个取代)似乎泯除了革命家和改革者的分野。但是，在所谓的理想的自由主义社会中，这分野应该早已不存在了。在自由主义社会中，社会理想的实现，乃是透过说服而非武力，透过改革而非革命，透过当前语言及其他的实务之自由和开放的交往，提出新实务的建议。但这就是说，理想的自由主义社会，其目标不外乎是自由，其宗旨不外乎一种意愿，亦即静观这些交往的动向，并遵行这些交往的结果。自由主义社会的目标不外乎是希望让诗人和改革家的生命好过一点，同时了解到这些人只透过文字而非行动，让其他人的生命难过一点。自由主义社会的英雄之所以是强者诗人和革命家，乃是因为这社会承认，它之所以为它，它之所以具有它的道德，它之所以说它的语言，并不是因为它逼近了上帝的意志或人的本性，而是因为一些过去的诗人和革命家说了他们所说的话。"[1]

通过与福柯(不愿成为自由主义者的反讽主义者)和哈贝马斯(不愿成为反讽主义者的自由主义者)的比较，罗蒂将"自由主义的反讽主义者"形象突显出来。对福柯而言，他强调自我实现和自我享乐是近乎排他的。由于更加关心自由主义社会仍表现出的自我革新进程的方式，福柯不太愿意考虑它有哪些优势或者说进步性，比起前现代社会，自由社会在许多地方甚至更加隐秘地向其社会成员强行施加控制。罗蒂反对福柯的关键点在于，他认为，并不必要去创造新的"我们"(we)，"我们作为自由主义者"(we liberals)就已经足够。哈贝马斯试图坚持——即使这需要激进的重塑——一条带有启蒙主义的理性基础的道路，对他而言，重要的是，民

---

[1] 理查德·罗蒂：《偶然，反讽和团结》，北京：商务印书馆 2003 年版，第 60 页。

主社会本身的形象带有普遍主义的要素,要获得它,应当通过他称之为"无宰制的沟通"(domination-free communication)。可见,罗蒂反对福柯是出于重要的政治考量,而反对哈贝马斯则是纯粹哲学性质的。

最后,出于我们的目的,应该考虑针对"自由乌托邦",罗蒂试图对两种可能的反对意见作出解答。第一,遗弃自由社会的形而上学根基将剥夺自由主义制度存续必要的社会凝聚力。第二,从心理学角度看,成为一个自由主义的反讽主义者不可能不同时具备一些对人类本性的形而上学信念。罗蒂对第一种反对的回应是,一个社会并非依靠任何哲学基础,而是通过共同的话语和愿景来维系。在过去,做出类似的这种反对,是由大众的宗教信仰散失引发灾难性社会后果,以及预言的灵验性被打破招致的。作为骨子里的精英主义者,反讽主义者并未对共同体进步作出过巨大的贡献,他们经常关涉重描(redescription),造成人们最珍视的信念被攻击,并使他们遭受人身上的羞辱。而比他们要高明的是,尽管形而上学家也偏好重描(redescription),他们却能够教给人们何种论断本质上可称其为正确,以及在哪些新信念上需要坚持,这一点要优于反讽主义者。不过在此,人们求之于反讽主义哲学家的是哲学解答不了的问题,要他们回答:"为什么不该残酷无情","为什么要心怀善意",这些被罗蒂指认为重要的难题,期望从中得到有理论意义的回答,仅仅发自于形而上的空想。在后形而上学的世纪,恰恰是叙说者(narratives)才表现了创造这类价值的能力:

"(相对地),在反讽主义文化中,这项任务则被安排给那些专门从事私人和独特面向的具体描述的学科,尤其是小说和民俗志,让人们对那些不使用我们的语言的人所经历的痛苦,能够感同身受。因此,两者必须担负过去普遍人性论述所必须承担的重大责任。"①

二、反讽建制(体制)的类型局限

我非常同意罗蒂的分析,特别是对于他的实用主义和他赋予了当代

---

① 理查德·罗蒂:《偶然,反讽和团结》,北京:商务印书馆 2003 年版,第 94 页。

理论实情的分量。当然,我也欣赏他拒斥任何社会秩序的形而上学基础和对哈贝马斯的批判。最后,令人着实满意的是他捍卫了自由民主的框架。不过,我还是认为在他的"自由乌托邦"中,有些东西单纯地发挥不了作用,我认为原因并不在细枝末节或小瑕疵上,而在于他的"理想社会"的内在不一致性。

我们从罗蒂描述作为社会规划类型之一的自由主义社会那里开始,其中,说服取代了暴力发挥作用。令我为难的是,能否真像罗蒂那样建立起这两种不同性质的力量之间的断然差别。当然,从某种意义而言,差别一目了然:说服当中含有共识的要素,而在暴力中则没有。不过问题仍然存在:在何种程度上说服/共识之中没有暴力可言?什么能被用于说服?除去在借助精确算法向他人证明事物的极端个案以外,我们都会涉及这样的做法,即在缺乏终极理性的基础之上致使他人改变想法。将理性的领域限制在特殊的语言游戏(language games)之内,罗蒂这么做无疑很正确。尽管如此还存在这样的问题,因语言游戏并不是一个绝对封闭起来的宇宙,所以通过它,无法用限制这一游戏结构的规则系统,来确定做出的决定是否必须。我同意罗蒂/戴维森认识到了,将决定描述成非理性也不合理,而且在这里区分理性和非理性两者也无济于事。不过我还想进一步说点别的:正是在那样的前提下做的决定将不可避免地带有暴力的要素。就以戴维森举的那个希望改过自新者——比如,他是一个考虑戒酒的酒鬼——决定压抑自己为例,从关注欲望这个层面出发看,他所作的就只是压制——亦即暴力。这些论争可以被归纳总结。就让我们考虑以下几种可能情形:

A 情形:我们正碰上需要在几种不同的行为方式中做选择的情形,而它们与我操控的语言游戏(language games)的结构并不相关。在评估形势后,我发现并没有符合我决定的明确候选项,不过我还是选择了其中一项,显然,在这个例子中我压抑了行为方式的多样性。

B 情形:我想要说服某人改变自己的想法,我并非想向他灌输黑格尔式的真相,即对立的想法原本就包括在他之中。我想要的是让他的想法消失,而不是发展它们,又一次用到了暴力,就让我们设想,我的努力获得了成功,这样一来,他就转而相信我希望他相信的。然而暴力的要素始终存在,我所做的只是说服他相信在泯灭自己想法上与我共谋。因而,说服结构性地内含着暴力。

C情形:存在两种可能的行为方式,以及两组分别遵循不同选择的人。这两种方式在此情形的结构中有同样的可能发生,要解决两者分歧必须依靠暴力。当然,可以有很多不同的方式来实现暴力:通过一组人说服另一组人(这样就回到了B情形),或者设定两组人都接受的规则体系来解决分歧(比如可以是选举),再或者通过最后的"最终方案"(ultima ratio)决定,不过关键点在于,这些方式中都将存在暴力的要素。

罗蒂偏好的社会显然将折中方案(the third solution)再到这里的C情形排除在外。尽管如此,还是留有了很多难题,首先,纯然不可能既反对说服,又反对暴力,因为说服也是暴力的一种形式。话题因此转向分析:一个社会如何组织暴力,以及在自由主义社会中可接受何种暴力类型。其次,问题在于,在最自由的社会中仍然无法消除身体的暴力。我怀疑罗蒂提倡说服可作为一种能够针对强奸者的适当方法。那些"刺头"和少年犯们——与自由社会的法律"完美地"共存——不仅会使用说服,也通过暴力威慑他们的对手而使其屈就,从而达到目的。当然,更多这种中间性的例子还能一一列举。

在同样意义上,我倾向运用与罗蒂不同的方式来对待改良和革命的差别,我认为问题是要取代使这一差别可能的情势。由于革命理想的经典含义不仅包括罗蒂轻视的暴力维度,还包括这样的观点,即暴力将通往它的特殊目的(specific ends),在那里奠定着社会秩序的全新基础。从这个层面上看,我是一个改良主义者,并非因为我的社会目标有限,而纯然是因为我并不相信有需要那样一种东西来当新基础的社会。难怪在这一点上,罗蒂与我所见略同。在过去,即便是那些称之为"革命"的事件,也只是涵盖社会大多数,而非全部方面的改良,涉及多元因素之间的决定关系。把社会推倒重来的想法从来没有任何意义(更不必说在尝试这种不可能的操作中多少恶行被犯下了)。而一方面,如果我在改良之内重新定位革命,那另一方面,我会非常同意再次将暴力的维度引进来。一个改良发生时不伴随暴力的世界并不是我们情愿生活其中的世界，只有某个全部人都同意单一改革方案的绝对一元性的社会，或者某个由社会工程师大军背着其余人口擅作主张的社会，才会如此。大部分情况下，任何关系到变更现状的改良都会冲击既得利益。改良的过程是斗争的过程，而不是渐进性的流水线过程，况且在这里，也毫无退路可言。正是在这一活跃的斗争过程中，人们的能力——通过新的语言游戏——才得以创新。我们能否设想，比如说，如果工人不经历在工业社会初级阶段必具的这种活跃斗争，他们的身份将沦落至何？自然，工人们具有对西方社会民主化进程的重要性的那些能力将得不到发挥。同样，其它社会劳动力也会徒然无用。因而，用激进民主的"乌托邦"来反对罗蒂的"自由乌托邦"，我将不会排除对抗性和社会分化，相反，它们被理解为社会的构造。

所以我认为，罗蒂将他的论争建立在特定的对立类型——说服/强迫、改良/暴力——的基础上，同使善起作用的假定中还隐藏有恶的本质类似，这些对立不是简简单单，更是不一致的。在民主社会中，关于权力的任何理论都是权力的形式如何与民主调和的理论，而不是消灭权力的理论，这并非出于对某种支配性形式的特殊坚持所致，而是正如罗蒂所熟知，事实上，社会并不能完整如拼图，所以不同需要和语言游戏之间的相互冲突也就不可避免。我们可以近来在美国引发热议的色情为例，不少女性主义团体指认色情侵犯到了女性——我们都十分同意这一点。不过有些团体要求立法许可妇女任意控告色情刊物和广告的开发商就过了头。已经有人对此提出反对——我也同意——认为这么做将造成影响言论自由的恐怖氛围。那么色情和艺术表现之间的界限在本例中要何从确立？

显然，必须建立起不同的对抗性需要之间的平衡，而重要的是去强调达到平衡并非最终寻找到一个使各种需要之间都能和谐的位置——这将把我们带回到复杂拼图理论。不，两种需要的对抗性在那样的关系中无法消除，而且，达到平衡构成了对两种不同需要的效果的限制，进而取得某种社会平等——也完全不同于理性意义上的和谐共存。这样一来，尽管对抗性可以被社会调节或规制，却仍然残留在"不同地位之争"的这一形式之下。处于对抗中的每一面都具有特权,对另一面施加着压力。我们得出了这样的矛盾结论:暴力和对抗性的存在会是自由主义社会的必要条件,其原因在于,社会并不是从一个给定的中心向外辐射的各种效果的叠加,而是由不同起始点现实地构造而成,这一性质导致了对抗性,而刚好是因为这样,因为冲突和不平等具有本体论的可能,我们才能够谈论自由。如果考虑从内含于解放的经典观念中的相反假设出发,那里就会出现一个彻底消灭暴力和对抗性的社会,在这样的社会里我们能感受到的只是充斥着必然性意识的斯宾诺莎式自由。在此,自由共同体遭遇了第一个悖论:构成其不可能性的条件(暴力)同样也是构成其可能性的条件。尽管可以消除压迫的特殊形式,但自由仅存在于那个只能不断企及的全体自由的目标永无实现之日这个意义上。正如我在其它地方强调过的那样,一个社会若完全自由,则无异于完全受支配。在我看来,这些就是因为罗蒂对"说服"概念之中包含的,和他建立在"说服"和"暴力"的绝对区分之上的理论思考的不充分,而未能完全认识到的悖论。

三、激进的短缺:构造霸权话语

说服的概念本质上并不纯粹。一个人不能在没有说服的他者——暴力——的前提下进行说服。可以认为说服中带有暴力,但根本无法认为,对他人的说服能建立在毕达哥拉斯公理的准确性上。全然没必要在后者这种泾渭分明的表现中运用说服。然而,人们也不能简单将说服缩减为暴力。说服是一种形式,一种德里达可能称之"薄膜"(hymen)的形式,在这个形式上信念的"律则"(reasons)和"原因"(causes)构成了不可分割的整体。能较好证明我观点的,是在库恩(Kuen)的意义上所运用的"新范式"。新范式在决定从日常到革命性科学的转向(transition)上,涵盖了运用科学研究工具的理论疑难,再到技术进步的律则/原因,它们簇集丛生,彼此之间存在多元决定关系。而且如我之前已经解释过原因——也一定程度清晰反映在库恩的说法中——这一转向,并不是和风细雨、无关痛痒的舍弃,而是包含着对其他可能性的压制,是斗争的结果。在提及政治——

意识形态领域时,这一点再清楚不过了。目前,根据《霸权和社会主义战略》中我和尚塔尔·墨菲(Chantel Murphy)的讨论,"说服"指向我们政治传统中对上述特殊实践的对应物的命名,而且,通过包含在其内部的暴力的对立面——它的名字是"霸权"——才能构造出来。

书中我提到了关于霸权概念谱系的方方面面——从俄国社会民主党运动到葛兰西主义,及其在激进民主规划内部的结构性特征和理论接合形式,这里,我只想强调一些与当下讨论相关的方面,最重要的一点在于,霸权是去中心的,在马克思主义的历史中开启了它的基础主义瓦解的进程。目前,自列宁、葛兰西以降,受生产力和既有生产关系矛盾内生性发展决定所表现的必要产物,曾经是在一个开放性整体中的政治接合的偶然进程的结果,这个整体是一个各种纯粹相互关联的要素组成的实体。这就是为何,由于不能优先地与任何统一的客体相关联,作为有效的话语对象的大写历史(具有首字母"H")并不存在,我们的唯一所有,是不受制于理性捕获的霸权集团的断裂性更替——它并非目的论的、辩证的或讲究因果。至于戴维森的例子中,我想要压抑的欲望和这种压抑的决定的关系并非内在地关联。另一方面,需要注意到这里的偶然性和必然性之间的重要辩证关系,假如在霸权集团内的任一干预要素都有自身同一的属性,那么它与其它要素的关系只会是偶然的。而如果相反,所有要素具有偶然性,是基于他们之间的联系,那么要保持这种偶然性就会有联系这些要素的绝对的必然性。

建立在说服过程基础上的霸权运作的内在逻辑成了现在需要讨论的问题,我们将通过引入被视作当代理论发生转型的结果出现的各种操作的分析,来对之探索。就从维特根斯坦关于主导一列数顺序的规则为例开始,我说"1、2、3、4"并且让一个朋友往下接:接下去的答案应该是"5、6、7",但还可以不是"5、6、7",而是"1、2、3、4、9、10、11、12等",我的朋友认为他懂我的意思,可以往下接,然而我还要补充,序列并不按我脑子里想的出现,等等,它的主导规则并不确然地发生变化,如刘易斯·卡罗尔会说,一切都取决于谁在主导。那现在,对这个例子稍作变通,我们假设在这个游戏中,A玩家开启了一个他设想的序列,假定这里面的规律性还存在,B

玩家就需要往下接。现在,又轮到了 A 玩家开始,他需要重新创造一个新规律,作为从 B 那儿结束的序列的起点,依此类推。最终,发现整个游戏变得复杂到无法想象新规律往下接的那个人就输了,这个例子中得出的推论如下所示:(a) 没有充当终极规律的事物:规律总在变。(b) 由于参加游戏的玩家人数不定,序列的主导规则根本上岌岌可危——或者用罗蒂的表达来说,体现出激进的偶然性。(c) 序列中每个数字的属性存在完全相关性,由此刻对整个数列具有霸权的规则内在的结构性位置给出,随同新规则的形成而改变。由于说服过程被描述成劝诱一个具有信念 A 的人,面对信念 B 时,同往返于两者,我认为这很重要。但是,事情不会真的如此,反而是新要素不断闯入和旧规则的霸权被打破——例如,就好像原序列中加入进一组明显乱序的数,于是,挑战成了寻求连贯规则以适用于新变化。新规律经常被接受,其原因不是它原本受到喜爱,而是在显见的混乱中,它引入了连贯和好懂的原则。许多置身 20 年代初意大利乱局中的自由主义者接受法西斯主义,并不是出于特殊偏好,而是因为突发性的社会状况的出现,使得传统政治框架无法思考和应对它们,而法西斯主义显得是应对这一混乱新局唯一连贯的良方。如果自由主义设想——它并未如此——将自己替换成一种霸权的策略,用于接合各种新要素,就只有使自己转型才能做到。考虑相较其他因素,1922 年的自由主义已然是反法西斯主义的,包含了对一系列致使局部领域激进转型的新问题的解决,同 1905 年的自由主义之间,只是存在"家族相似性"。也正因此,我不同意罗蒂断然声称我们能做的只是成为自由主义者,好像这个"我们"已经达到了用不着任何进一步转型的境地。哪怕只是保持做一个自由主义者,也需要付出更多。自由主义只能够作为接合过程中的霸权尝试——它是全部实体的特征激进关联的结果——才能存在。我认为这里,罗蒂恰恰是一个不充分的历史主义者。

也正在这一点——从维特根斯坦到德里达以来——上,解构主义成了政治理论的核心,德里达早就揭示,本质上所有文本都是脆弱的。用他的话说:

"一切符号,不管是语言还是非语言,口头语或者书面语(从它们构成对立的意义而言),小单位或者大单位,都能被引用,用引号隔开,这样一来,任何既有的文本都能被打破,凭借绝对越过限制的方式,新的文本产生出无限性,这并不是暗示,标点外在于文本仍有成立性,而正相反,真正的文本,是不具备任何绝对的锚定点的,这种引语,多义性或双重性,标点的可重复性,既不偶然,也非异常,而没有这些,就不存在标点所能称之为'正常'的功能。一个标点如不能用于引用,会变得如何? 或者已然在本源上,就随处失落的记号,会变成什么?"①

现在,如果所有文本根本上是脆弱和开放的说法有误,即选择了一种可能,而不是另一种,只是个纯粹偶然的事实呢? 如果结构不能决定选择,那根本上就只剩下霸权的操作,它是真正意义上的政治决断。

让我们带着这样的区分回到罗蒂的文本。对于他的"自由乌托邦",我想强调的第一个方面是罗蒂在公共和私人之间的断然区分,当然,我并无意回到某种可以同时容纳两者的"大理论"。我不同意于罗蒂的原因恰恰相反:罗蒂将团结各种事物视作必然,而在我看来,团结就只有通过偶然的接合而发生,作为激进断裂而发生。还有,个人的自我实现的领域仅限于私人性的? 前提是,如果自我实现只发生于个人追寻其目标毫不受阻地达成的中性媒介的意义上,就会是那样,当然这一中介还只是个神话。然而,女性追求自我实现,是因发现由男性主导制约其个人抱负和可能性的规则形式下的障碍,在女性主义斗争中,她们致力于推翻那些规则,构造出不同于抽象公民身份之"我"的集体之"我"。比起发生党争和选举大战的场所,这种斗争所创造的空间——记住那句格言"个人即政治"——更具共同体和公共性的特质。当然,任何源于个人目标实现的阻滞,源自社会规范、偏见、规则等存在的斗争,也同样如此。我看到,在公共空间的多元性以及认识到这种多元性和异质性的条件当中表现出了民主社会的力量,这种认识基于社会空间中存在的实质性断裂,并且基于这些断裂使自身全然的对立面——偶然的霸权接合——具备可能性的重要

---

① Derrida, *Signature Event Context*, in Limited Inc., Evanston: Northwest University Press, 1970, p. 12.

特点:包括称得上是共同体的全球意识,即一种特殊意义上的民主共感。我们看到共同体的第二个悖论在此出现:要让它获得实用的可能性,根本行不通。那要如何评判私人性质?作为多余的门类,它仅限于我们的目标不受任何结构性社会障碍干扰的活动的那些特点,并且实现它们不需要构造任何斗争性的共同体或"我们"。因而,如我们所见,对以下问题的经典表述被置换:它不再是问如何防止公共空间侵入到私人领地,因为个人目标的实现就需要构造出公共空间,而是要让公共空间多元化,这才成其为民主社会的必要条件:当然,一个民主社会的存在与公共空间仅剩一处并不冲突,我们却还应当具备一种多元的"市民共和主义"。

很显然,我的民主社会观念在一些核心方面不同于罗蒂的"自由乌托邦"。罗蒂的乌托邦由被限定于私人场所——仅对善良的自由主义者开放——的公共空间构成,它发挥着最低限度的功能,并由那些个人的代理机构追求着自身的目标。当然,里面这套体制可以改良或进步,但人们会产生的印象是,这种进步性像某种机器改良生产出更合适的模具,是被设计的,而并非斗争的结果。纯然由于在这样的图景中对抗性和暴力烟消云散,因此,谈不上它们的作用是积极还是消极。我认为,在一个激进民主的社会中,公共空间的多元性围绕着各异其趣的问题和需要构成,向每个成员灌输作为个体化身份而言是核心要素的公民意识,严格地说,人人自主自立,尽管这些场合下的多元化,抑或不妨说它是由扩散性民主文化的创建带来的结果,赋予着共同体特殊的认同。在其中,共同体的自由主义制度——国会,选举,分权——仍然保留着,但它们只是公共空间的一种类型,而非全部。一个民主社会绝不会将对抗性排除在外,更何况对抗性就是它的制度存在的条件。

对罗蒂而言,"布尔乔亚、自由、民主"三个词构造出一个不可分的整体;对我而言,这个三元组偶然地接合在一起。作为社会主义者,我准备好为捍卫自由制度的霸权来对抗资本主义,而作为自由制度的奉行者,我准备竭尽全力,使之能够融入民主的公共空间的全部领域。不过,这种相容性在我看来也是霸权的构造,不是从来就有的。上面 3 种要素接合的错位在我看来在很大程度上能用于解读 20 世纪,在第三世界,自由主义制度（更别说资本主义）表现得并不出色，而在东方阵营国家，试图（如果算得上某种意图）接合社会主义和民主的结果纯然堪忧。显然在于，尽管我偏好自由—民主—社会主义社会，但如果在给定情形下迫使我必须挑选三者之一，我一定会选民主（比如若在第三世界国家让我选择：一边是一个排除大众参与的教会帮派闹剧般操纵选举的腐败和压制自由的政权，一边是另一个致力于社会改良和大众自我组织的国家主义军人政权，我无疑会选择后者，我所有的经验都证明，第二种类型的政权可以通向——即便困难重重——制度层面不断扩大的自由化，然而第一种类型的政权甚至连倒退的可能都没有：只能是死路一条）。

四、从偶然决定到激进革命

最后，我打算解决罗蒂提出对这场论争的两点反对（见上文），还有他的回答。我无须在第一点反对上补充罗蒂，因为他讲的都对。而我认为在回答第二点时，罗蒂却带有很重的辩护语气，还可以说得更好，是我就会这么来说：问题在于，如果弃置普遍主义会破坏民主社会之根呢？答案当然是肯定的，我也赞同全盘反对此举。没有比如人权观念，像这种"类型意义上的普遍主义"（universalism of sorts），就没有真正的民主社会，但这一点的确证并不必然要遵循启蒙理性，或者哈贝马斯的"无宰制的沟通"（domination-free communication）。认识到民主的确证需要普遍性，同时，普遍性也作为语词，抑或语言游戏的一种，在某种意义上说，它的构造是借助于社会机构，而且业已成为我们价值观和文化中愈益重要的核心，就足够了。民主是偶然性的历史产物，发源于宗教话语——上帝面前，人人平等——并由启蒙带到了人间，再由过去两个世纪以来的民主革命汇入了日益扩大的社会关系当中。

我认为，以历史主义者对于普遍主义的重申，比起将它形而上学化，在政治层面有两个主要优势，有助于普遍主义的增强和激进化，而远非将它削弱。第一，它带来的是一种自由的效果：人们将越发视自己为这个世界不可替代的造就者，存在的历史主义特性将更加清晰，假如人们相信世界由上帝或神创造,就往往会认同命运的必然,而如果人们居住的这个世界的存在只是构造它的偶然话语和语词的产物,那么人就不太甘愿忍受命运,而是尽其所能去成为政治上的"强者诗人"。第二个优势在于,知晓普遍性价值的偶然特点,让人们更容易意识到危及这些价值并可能致使它们消亡的危险。如果我们又正好认同它们,那非但不会因为历史主义的意识使我们与之疏远,反而它还会教导我们变成更负责任的公民,更能做好对之捍卫的准备。从这方面看,历史主义助了这些信徒一臂之力,何况即便是不信者,若不像理性主义者做一番论争,影响也将微不足道。

这把我们带到了最后的结论,当代思想向我们敞开了最重要的、作为激进政治的可能性的双重效果——自由通过人类愈益确信自身能力的形象而增强,以及,社会责任通过存在性的历史主义意识的强化。西方形而上学的话语行将终结,处于黄昏的哲学,借助 21 世纪那些伟大的名字,为我们献上终曲:它自身领域的解构及其不可能性条件的创造。比如,我们想想德里达的"不确定性"(undecidability):一旦开始构造基础本身(ground itself)的是这种"不确定性",并由霸权的决定——作为霸权是因为并无客观决定,也因为共存着同等可能的不同决定——去支配特殊集团的组织,那么哲学领域就将落幕,伴随而来的是政治领域的新生。这个政治领域中各种不同的话语类型彼此共存,比如罗蒂的"叙说者"就是其中之一,它意在基于这种激进的不确定性构造全部世界。但对政治上的"强者诗人"形象,我不想冠以"反讽主义者"——它只会引发各种玩世不恭的想象——之名。相反在我看来,高尚的英雄主义和悲剧形象属于遭遇过奥斯威辛还具备承认自身信念的偶然性的道德力量,并不退回宗教或理性的神话中寻求庇护的那些人,他们代表着我们文化仍未能完全成就的新英雄主义品格。在这个时代,若要坚持最激进、最具活力的可能性,他们将是绝对必要的造物。

关于经济危机的评论[1]

弗里德里希·波洛克[2]

（德国法兰克福大学）

本文结合三组破坏因素对此次经济危机的异常严重性加以解释。正常的商业周期危机不仅被众多看似"独特的"、偶然的破坏因素的相互作用所凸显，而且还明显伴有种种结构性变化，这些变化使人们对市场机制和危机机制的运作产生质疑。然而，此次危机已然达到一定程度，采取远见卓识的经济政策或可克服危机。但与此同时我们无法确定，新的繁荣期能够持续多久，以及那些为克服危机而采取的措施是否又会引发新的、更严重的危机。为了厘清该问题，我们需要认真思考：以生产资料私有制为基础的经济系统在不触动其基础的前提下，可采用何种适宜的方法应对危机。该研究的结果提供了一些事实，或许有助于人们对世界大战所标示的资本主义新阶段的经济系统和社会状况有所认识。

此次经济危机呈现出众多混乱、危险的经济社会现象形式，迄今为止为克服危机所采取的种种努力令人失望，这不禁引人思考：这些过程历史性地（geschichtlich）意味着什么？对此人们给出大量自相矛盾的解释，学

---

① 文章来源：Friedrich Pollock, "Bemerkungen zur Wirtschaftskrise", in *Zeitschrift für Sozialforschung*, Jahrgang II, Paris, 1933.

② 作者简介：弗里德里希·波洛克（1894—1970），德国社会学家、哲学家，法兰克福社会研究所创始人之一。译者简介：王筱，首都师范大学马克思主义学院博士研究生。本文摘要为作者所加。

界亟需权威理论来阐释此事，然而这些权威理论又由于无法提出摆脱危机的切实之策而遭到反驳。

本文复述了一些在科学讨论、事实研究以及一部分连专家代表都感到毫无头绪的理论文献研究中已经给出的观点，这些观点或许适宜将某些神秘现象归置于一种可理解的关联之下。① 本文主要基于生产力与生产关系之间的冲突对此次危机的基本结构进行解释。生产力与生产关系的冲突体现在无限的经济技术可能性与有限的、越来越难以实现的资本增殖目标之间的矛盾中。此外我们要知悉，实现可严格测定的经济平衡具有必要性，但经济平衡的实现又有着偶然性和不稳定性，以此指导我们在事实与观点的迷宫中穿行。

鉴于经济状况与社会状况的联系愈发紧密，将研究仅仅局限于纯经济事实的做法根本行不通。倘若我们并不满足于那些极其抽象且脱离生活的词句，那就必须跨越专业界限。同理，要对经济和社会的未来做出预测亦需如此。我们迫切需要知晓危机的走向，如此一来，即使这些预测仅具有或然性，也远不及那种听天由命的"无知者"（ignoramus）的态度糟糕。

首先，我们试图厘清：这场危机在何种程度上与前几次危机相似，以及哪些因素决定了它们之间的差异。通过考察这些问题，我们可以针对危机克服的前景得出一些结论。此外，要对资本主义较为久远的未来进行评判，就必须从根本上思考，我们可采取哪些手段克服那些持存于系统（System）②内部的对立冲突，而无须触动其根基。

一

倘若有人在美国繁荣时期宣称，这种上升运动必将终结，那他便会被

---

① 在此我要感谢格哈德·梅耶尔（Gerhard Meyer）和鲁道夫·卡茨（Rudolf Katz），他们给出了许多中肯的建议并帮助我搜集到大量对于论文的完成至关重要的材料。——弗里德里希·波洛克
② System 有体系、系统、制度之意。鉴于作者主要考察了资本主义的整体运行机制及其内部各要素的相互作用，作者突显了某种自然性和自动性，比如后文提到的"清理""修复""弹性"等都表明作者似乎将资本主义视为一种有机体，由此译者选择将 System 全部译为"系统"，而非其他带有较为明显的"人为"内涵的译法。——译者注

告知,他这是在教条地执守着一种过时的危机理论。人们认为,危机并非资本主义所固有的产物,以往的经济崩溃只不过是系统外部的灾祸聚积的结果。即便在今天仍有很多人认为,无论是美国经济灾难还是世界危机都是由"外部"因素所致。事实上,在每次危机与每次高涨发生时,都有许多独特因素同时起作用,人们可以基于"偶然的"破坏因素或缓和因素对各个具体情况进行具体分析。① 但是这类解释并不能令人满意,因为它们未能指明其中典型的规律性,尽管危机总是不断地呈现出异质性,但经济周期研究(Konjunkturforschung)一再揭示出其具有规律性。我们认为以下情况已被证实,即经济周期循环是由"内因"所致,并且从本质上看,危机使得在前一次高涨中必然遭到破坏的平衡被粗暴地(不过只是暂时地)重新恢复起来。

如果人们依据国际联盟②(Völkerbund)或德国的经济周期研究所(Institut für Konjunkturforschung)近几年发布的详细研究③客观地看待危机现象并将其与典型的经济周期模型④进行比较,那么许多基本特征的外在一致性便一目了然。在此次危机中,前一次投资热潮的终结也是由外部事件所致,即纽约证券交易所崩盘(1873 年维也纳也发生过类似的崩盘)。

此次崩溃无法被解释为由直接动因所致,而只能被归因于先前已然出现的整体经济的不稳定性。此次崩溃触发了典型的危机机制:生产受限、裁员、销售停滞、价格下跌、信贷体系萎缩、支付停止、信心危机、破产。"清理"(Reinigung)过程启动,即在价值方面或实物方面消灭一部分生产资料和产品,从而消除"比例失调"(Disproportionalitäten)。由此新平衡

---

① J. Schumpeter, "Der Stand und die nächste Zukunft der Konjunktur forschung", *Festschrift für Arthur Spiethoff*, München, 1933, S. 263.

② 国际联盟,简称国联,成立于 1920 年 1 月 10 日,是世界上第一个以维护世界和平为主要任务的国际组织。——译者注

③ B. Ohlin, *Le cours et les phases de la dépression économique mondiale. Publié par le Secrétariat de la Société des Nations*, Genève, 1931; J. B. Condliffe, *Société des Nations*, *Situation économique mondiale 1932 / 33*, Genève, 1933; Vierteljahrshefte für Konjunkturforschung, Berlin; E. Wagemann, *Struktur und Rhythmus der Weltwirtschaft*, Berlin, 1931.

④ Wesley Clair Mitchel, *Business Cycles*, New York, 1927; Arthur Spiethoff, "Krisen", *Handwörterbuch der Staatswissenschaften* IV. Aufl., 1925.

逐渐产生出来,它表现为成本和价格之间的关系朝着新的营利性方向转变。这种新平衡与流动资本的积累共同构成经济复苏的先决条件。危机的这些"自然威力"(Naturgewalten)此前对于"健康的"企业也毫不留情。今天被人们称为"自我通缩"(Selbstdeflation)并且构成危机理论的主要争议对象的现象,也可以在以往危机中被观察到(尽管不如今天这般激烈):"清理过程"导致价格急剧下跌,从而引发破产,继而导致大量抛售和新的崩盘,由此陷入恶性循环。流动资本往往无法被重新投资,因为现有的生产设备和库存已明显过多。许多商品的价格已经低于一定水平,以至于就连最合理化的企业都很难从生产中获利。许多既不缺乏信用也不生产过剩的企业也被这种极其粗暴的危机机制所威胁。

人们已经屡次注意到,当代对以往危机的阐述读起来就像是当前危机的特定阶段的变体一般;在某些方面这种一致性深入到了最细微之处。[1] 然而,所有这些都只能证明当前状况与以往状况有着巨大的相似性。这种相似性证实了以下假设的合理性,即存在着众多从 19 世纪的危机中被人们知晓的、由系统本身所决定的原因。

自 1929 年年末以来肆虐美国的经济危机已逐渐波及几乎所有国家[2]。目前很显然,此次危机就其严重性、持续时间及其在地域和部门的扩散程度而言,已经远超以往历次危机。此次危机与 1873 年爆发的危机在很多方面最为相似,1873 年那场危机,直到 1879 年才被克服,而一些作者甚至认为,它在 80 年代末甚至更晚的时候才被克服。1873 年那场危机波及了所有欧洲国家和大多数经济部门。个别商品价格暴跌,其中铁价跌幅最大,铁价在 1873 年最高达到 116 先令 11 便士,1879 年便跌至 47 先令。但这里有个特殊情况,滞销与生产成本大幅降低共同导致了铁价的下跌。铁价自然显著地影响着工业原材料的价格指数。1873 年德国工业原材料价格指数为

---

[1] 参见 M. Wirth, *Geschichte der Handelskrisen*, Frankfurt a. M., 3. Aufl. 1883. 还有比较新的文献,如 Wagemann a. a. O.;J. Lescure, *Des crises générales et périodiques de surproduction*, 4e édition, Paris, 1932; der Völker bundsbericht Ohlins, a. a. O. S. 308 If. 1933 年 10 月,世界经济档案馆两篇文章涉及 1857 年危机,这两篇文章基于一部分迄今为止尚未发布的资料。

[2] 苏联、日本和巴基斯坦是仅有的例外。

123.8,1878 年便跌至 69.7(1913＝100[①])。其他数据也远远低于当前水平。1873—1879 年,英国出口产品的价值下降了约 25％,而在 1929—1932 年,大不列颠出口产品的价值下降了约 40％,1928—1932 年美国出口产品的价值下降了约 60％。1879 年工会成员的失业率为 11.4％,达到最高值。1932 年 12 月,在美国劳工联合会成员中,完全失业者占比 35％,短工占比 20％。[②] 尽管某些工业部门的工资水平显著下降,但 1879 年英国的工资指数仅从 1873 年的 108 下降至 102,1879—1887 年工资指数保持相对稳定(1867—1877 年＝100[③]),而北美和德国的工业工资指数则从 1930 年到 1933 年年底下降了 20％以上。与此同时由于计算方法不充分,名义工资的实际下降仅部分地被计算在内。[④] 因此我们需要对当前危机的严重程度做出特别说明。有人试图用“长波理论”加以解释。根据该理论,那些 8—10 年的经济周期循环在一个更大的、“更长期的”系统中会以特定的力度上下浮动,当经济崩溃在长波系统中遇上低谷,便会引发极为严重的危机。19 世纪 70 年代和当前都发生了这种情况。在此极力给出的这些证据是基于对个别事实的一般性概括[⑤],这还并不充分。因此我们必须尝试对此次危机的异乎寻常的性质作出更佳解释。

---

① Wagemann, a. a. O., S. 236.(在此 1913＝100 指以 1913 年的价格为对比基数 100。——译者注)

② *Annuaire Statistique de la Société des Nations. 1932/33.* Genève, 1933.

③ G. D. H. Cole, *British Trade and Industry*, *Past and Future*, London, 1932, p. 99.

④ *Société des Nations*, *Situation Économique Mondiale 1932/33*, Genève, 1933, p. 112. 在关于实际工资的研究中,该报告得出的结论并不完全正确,因为它仅涉及小部分人,而且其生活状况指数并不充分。“毫无疑问,如果我们不考虑与额外工作时间相关的收入损失,大多数按标准工资率连续工作的员工的情况要比 1929 年好得多。”作为危机的征兆,所有领薪者的购买力的变动尤为重要。报告显示,领薪者的购买力大幅下降。针对美国工业情况,国际劳动局发布的数据显示:

	1929 年	1932 年(10 月)
工资总额	100.5	39.9
生活状况指数	100	78.1
购买力	100.5	52.4

这意味着工资总额下降了六成以上,而购买力下降了近五成。

⑤ 我在文中多番引述了瓦格曼的那本卓越的著作。他在书中详尽地阐述了该问题,但其解释完全具有形而上学特征。类似地,迪博莱特博格(Dobretsberger)关于长波理论的著作《自由经济还是受限经济》也值得一读,参见 J. Dobretsberger, *Freie oder gebundene Wirtschaft*, München, 1932.

二

虽然人们坚信经济周期循环是由"内在因素"所致,但并不能排除"外在"因素对其进行显著影响。即便人们拒绝将"外部"干扰源作为此次危机的唯一解释,但仍然可以据此解释此次危机的特殊性。显然有两个此类"偶然"因素对于危机的加剧起着关键作用:世界大战及其所有经济、政治后果,还有农业技术的革命化。

世界大战引发的那些破坏已被人们详尽地阐述过了,在此仅需简要地列举其中最重要的干扰。① 战争极大地提高了整个世界的生产力,但同时破坏了国际分工(新兴国家的工业化,新的政治边界的划定等)并造成国际信贷关系混乱(由战争债务和战争赔偿所致),使得新平衡很难被建立起来。当人们日渐积聚的对机器和商品的革新需求在战后时期得到满足时,②并且 1931 年欧洲危机爆发后人们没有更多的私人贷款可用于政治支付时,这些困难便首次极其清晰地凸显出来。由此引发的严重震荡产生出一种充斥着巨大的政治不确定性及经济不确定性的氛围。这种氛围对被战争扰乱的国家信贷机制和国际信贷机制产生了毁灭性影响。各国纷纷采取有利于本国货币利益和销售利益的措施,这就损害了大多数其他国家的利益,最终产生了无可救药的混乱和危险的政治紧张。"常规的"经济崩溃发生于异常的条件下,在这些条件下,以往的弹性因素(Elastizitätsfaktoren)大都不再奏效。由于所有经济关系和政治关系愈发不稳定,在危机过程中变得流动起来的资本无法再被投资出去,而是流向了那些短期项目或者被完全不合时宜地转换成黄金积存起来。③ 怪诞情况由此产生,那些大国很清楚它们根本无法抵御那些游移的短期资本的

---

① 参见 Sir Arthur Salter, *Recovery*, London, 1932; B. Ohlin, a. a. O.; A. H. Hansen, *Economie Stabilization in an Unbalanced World*, New York, 1932.

② 1921 年那场严重危机在欧洲大陆被通货膨胀所遮蔽。

③ 国际联盟 1932—1933 年报告估计,这些私人财富达 13 亿美元。参见 der Völkerbundsbericht, a. a. O. S. 326.

撤出对整个经济生活造成的灾难性影响。事实证明,"常规的"市场机制和危机机制无法再正确运行,因为战争的直接或间接后果似乎破坏了其正常运行的条件。国家必须在许多地方进行干涉,以防产生最坏结果,由此便产生出一种无计划的干预主义。这种无计划的干预主义本身加剧了普遍的不确定性,并且作为"政治性的"干扰因素起作用。

在这个被粗略勾勒的图景中,由第二个"偶然的"危机源造成的毁灭性影响也必须被阐述,即农业危机,它似乎独立于第一个危机源。这场农业危机直接由海外农业技术的革命化所引发,它以多种多样的方式影响了所有国家的经济过程。农产品生产过多,在维持高价销售的尝试崩溃后,就算按照毁灭性的价格出售,这些农产品也只能售出一部分。前所未有的生产过剩威胁着农村人口的经济生计,农业信贷遭受严重震荡,农业债务国的外贸关系及其国际收支平衡遭受了灾难性的恶化。对于原先的受益者,即农业原料的订购者而言,此前的低价优势会被其他劣势所抵消,尤其是被必要的亏本销售所抵消。①

在进一步研究这两个导致危机加剧的"偶然的"干扰源时,我们很快便会遇到另一个问题,即它们是否确实应被判定为"偶然的"和"独特的"。首先,很显然这根本就不是两个不同种类的干扰因素,因为农业技术的极速革命化只不过是世界大战导致的特殊情况。谷物的战时高价和农业工人的战时高工资为农业技术革命化创造了经济基础,发动机制造的发展则为农业技术革命化提供了技术基础。很快又出现新的问题:农业机械化是否和通常被视作战争后果的许多其他过程(例如欧洲以外国家的工业化)一样,早在战前就已开始?② 战争本身真的只是一个"系统外部的"纯粹政治性因素吗?③ 可以看出,所谓的政治性因素是从资本主义的经济条件和社会条件中不断成长起来的,并且随着资本主义系统越来越僵化,

---

① 有关详细信息,参见前文提到的奥林(Ohlin)的报告及其 1932 年 7 月发表于世界经济档案的出色研究:《当前危机的未解难题》。

② 参见基尔大学世界经济与海运研究所编辑出版的著作。*Der deutsche Aussenhandel unter der Einwirkung weltwirtschaftlicher Strukturwandlungen*, 2 Bde, Berlin, 1932.

③ 世界大战在一场极其严重的经济危机爆发之前就已经开始了,这一点几乎不为人所熟知。

随着其内部紧张关系日益加剧,这些因素越来越作为看似独立的力量出现。人们可以认定,这些因素展开的速度和出现的时间点、导致危机加剧的众多因素的独特结合方式,以及政治和经济政策的某些失误,在某种意义上可以被视为独特的和偶然的,但是将其描述为"系统外部的"因素则并不正确,因为从资本主义系统的内部紧张关系中必定不断地产生出各种形式的新的准偶然性干扰源。

世界大战与和平条约的签订催生出众多"独特的"干扰因素,由此可以部分地解释危机的深度以及危机的难以克服性。此外,世界大战与和平条约的签订还引发并加速了资本主义系统的结构的持续变化,这些变化不断破坏着市场机制和危机机制的"正常"运行。

三

"在人类活动和人类需求的整个范围内,需求和供给能够自行找到平衡,无需任何人对其进行评估或计划。个体生产者努力挤占新市场或拓宽现有市场……他所依据的不是对世界需求和产量的估计,而是依据价格变动的动态指数。如果他和他的竞争对手所提供的产品的数量多于消费者将会购买的数量,那么价格便会下降。由此那些效率较低、未处于有利地位的生产者便遭受损失并被挤出市场。因此供给很快便会低于需求,价格又会上涨,不久之后对于更高利润的期许将会再次吸引更多的资本和企业投入生产。因而供给和需求将会围绕一个变动的中心平衡点上下波动——虽然有弹性,但变化幅度有限。那些在各个领域规划企业之人,与其说看到了,不如说感知到了其通往市场的道路……他们不需要也不可能扩大视线范围。生产和分配被一个自动的、有弹性的并且反应灵敏的过程调节着。"①

这首歌颂自由主义经济体系的赞歌载于一位极其重要的英国政治经济学家所写的讣告之中。在为死者致悼词时,人们通常会夸大死者的功绩,撇

---

① Sir Arthur Salter, a. a. O. S. 10 f.

开这一点,我们会意识到,索特(Salter)的言论更强调市场机制的运行方式,而不是其产生的"摩擦损失"(Reibungsverluste)。这些言论可以使我们很好地洞悉市场机制运行的一部分外部条件。在所有部门中相对较小的企业都具有典型性。无论如何,它们极其顺从地听命于价格下跌或上涨的指令,资本可以相对容易地从一个经济部门撤出并投入一个利润更高的经济部门。如果我们还要补充说(正如索特在别处所做的那样),货币和信贷在一般情况下可以极为有效地运转,大型海外市场呈开放状态,外贸政策甚少出现意外,那么我们便可大致了解到经济(但在最严重的情况下,也未将"摩擦损失"归于其中)一再自动实现其平衡的那些条件。

这还只是一些零散条件,当我们谈及"结构性转变"时,应该指出,"数据"变动在大部分情况下不是一个转瞬即逝的危机现象,而是一些不可逆的事实。在此我们只列举其中最重要的一些事实,它们仅仅在加剧危机和导致危机难以克服方面发挥显著作用。[1]

首先是经济重心向大企业、大公司和企业联合体转移。虽然中小企业在数量上占优势[2],但在所有重大决策中(不包括特殊的政治考量),大型单位都发挥着决定性作用。这些单位力争垄断性的市场统治地位,它们拥有意愿和权力,在更广阔的范围内抵制价格的匿名强制。他们要遵循这种强制的话,便不可能不遭受重大损失,因为其庞大的组织规模和技术规模使其缺乏灵活性。我们知道,"固定成本"在大企业中发挥着生死攸关的作用,这就迫使大企业尽其所能在本国范围内或者如果可能的话超出本国范围,排除掉竞争机制。对自由主义而言,"再贴现率"是唯一可用的经济政策手段。但是这种手段无力应付大型单位孤注一掷的盈亏。这种抵抗只会显著加剧原本业已存在的比例失衡状况。托拉斯和卡特尔在其权力运作时亦有此风险,它们可以支配大量自有资本和他人资本[3],

---

[1] 参见 *Zeitschrift für Sozialforschung*, Jahrgang I, Leipzig, 1932, S. 11 ff.

[2] 在此我们既指大型私人企业,包括作为整体出现的经济协会,如卡特尔、康采恩,目前在特定情况下也指工会。

[3] 相较于借贷者的信誉状况,出资者更看重借贷者自有资本的数量。通常情况下,借贷者自有资本的数量越大,出资者借款的意愿越高,这是众所周知的现象。

但这样做可能会导致不良投资或者至少是过度的产能扩张。大型单位不仅可以决定经济政策,而且可以确保在任何紧急情况下国家都能为其提供财政援助,由此便使得竞争机制更加失序。这种方式会妨碍受损的均衡重新恢复起来,也就阻碍了经济危机发挥其主要功能,从而导致经济低潮持续时间更长,其破坏程度成倍增加。企业必要的固定资本的规模越来越大,投资持续的时间越来越长,这就使得必要的资本转移,即资本从一个行业移至另一个行业或者新资本的移入愈发困难。经济平衡的自动调节建立在资本转移的基础之上,资本转移则是由各个经济部门的相对盈利能力调节。

至于现代技术的发展,我们除了将其与原先的集中化趋势联系起来,也应当将其归入最令人不安的那些结构性变化之中。自工业革命以来,每一代人都对技术的成就惊羡不已。然而自战争以来,鉴于生产方法的科学化以及"大型单位"为实现系统性的充分合理化而采取了大量手段,现代技术发展突飞猛进,已经远远超脱出总体市场机制。人力稀少、资本密集的大规模生产的重要性日益增加,持续生产过剩和"结构性"失业的风险也随之而来。生产资料的生产在总生产中的份额有所提高,这反过来又使得整个系统对危机更加敏感。[1] 最后,机器侵袭了农业部门并引发动荡,其冲击性之强,只有手动织机被机器织机取代这样的事件能与之相提并论。但是这也意味着,以往对危机不太敏感的经济部门,虽然在萧条期间受到轻微影响,但在未来将不得不承担危机的全部重压。

另一个至关重要的结构性变化显然是欧洲和美国为世界提供工业产品的垄断地位最终被彻底打破。在 50 年前被描述如下的那个过程,现在在更大规模上再现:

"自由贸易论是建立在英国应当成为农业世界唯一的伟大工业中心这样一个假设上的。而事实表明,这种假设纯粹是谎言。现代工业存在的条件——蒸汽力和机器,凡是有燃料、特别是有煤的地方都能制造出来,而煤不仅英国有,其他国家,如法国、比利时、德国、美国,甚至俄国也

---

[1] 参见 Frederick C. Mills, *Economic Tendencies in the United States*, New York, 1932, S. 533.

都有。这些国家的人并不认为，仅仅为了让英国资本家获得更多的财富和光荣而使自己沦为饥饿的爱尔兰佃农有什么好处。于是他们就动手来进行制造，不仅是为了自己，而且也是为了世界的其他部分。结果，英国保持了将近一个世纪的工业垄断，现在无可挽回地被打破了。"[①]

如果我们把蒸汽机和煤替换成电力，把欧洲国家替换成亚洲国家，那么就可以很好地了解世界市场目前正在发生的事情。在亚洲市场和南美市场上，日本的纺织品、钟表和其他物件，以及印度的织物击败了欧洲。马来西亚的橡胶鞋、日本的白炽灯泡和鞋子甚至侵入了欧洲市场，尽管欧洲有着极高的关税壁垒。虽然欧美国家批量生产产品的能力大幅提高，但是与此同时，其以前的买主正虎视眈眈，有望成为其危险的竞争对手。在以往危机时期，资本出口和开拓新市场尚且可以提供出路，但这种方式现在越来越行不通了。国际分工受到扰乱，这既是日益加剧的贸易保护主义的结果，又是其原因。贸易保护主义能够持续获得新的推动力，因为大型单位需要确保其自身尽可能持久地占据着庞大的销售市场。

前文仅仅概述了一部分不可逆的变化。一项专业研究显示，许多其他领域也发生了深远的转变，如信贷系统、商品销售方式、大众需求的组成情况及可变更性、人口流动（仅举几例）。将这些变化同前文的解释结合起来，人们可以理解为什么基于其他条件产生的并且运作相对良好的自由主义经济系统在今天已不再能胜任其任务。所有这些迹象表明，试图恢复自由主义市场经济的技术条件、经济条件和社会心理条件的努力将会是徒劳无功的。此处简要列举的这些结构性变化导致整个系统对危机更加敏感。我们可以预计，危机在未来将会愈发严重，而且其更新迭代的速度会更快，因为对经济周期过程起决定性作用的生产过程[②]在不断加速（Beschleunigung）。

[①]《马克思恩格斯文集》第 1 卷，北京：人民出版社 2009 年版，第 376 页。

[②] 处于经济过程之中的人的数量日趋减少，加之现代生产方式使生产率得到提升，并且大众产品的耐久性提高，这就意味着相对饱和状态将很快达到。汽车、人造丝和收音机，还有连锁店里许多物件都是典型例子。参见 D. H. Robertson, in der *Spiethoff-Festschrift* a. a. O., S. 240 f.

四

为了克服危机，人们已经提出无数建议，给出了五花八门的解决方案①。虔诚的自由主义者告诫人们，在经济活动所有领域，自由放任是唯一的救赎，人们应该信赖系统久经考验的自我修复能力。此外还有人主张改建或新建出一种彻底的计划经济。在此我们简要探讨几个有可能实现的或者至少在没有过度干预的情况下立即可行的经济政策措施。然后在接下来的章节中，我们将考察从根本上适用于克服当前危机的方法。

在经历了 4 年不堪设想的破坏之后，系统"自我修复"（Selbstheilung）能力有了长足进展，以至于通过一系列干预措施至少结束"清洁过程"并由此为经济恢复创造必要条件。这些措施主要包括彻底修复债权人与债务人的关系，尤其涉及农业债务和政治债务，此举已经在那些最重要国家内部和国家之间实行了一段时间。②恢复货币系统的秩序，以及相应地兼顾各国预算平衡也是绝对必要的。此举只有毫无顾忌地放弃次要利益的强大政府才能实现。这样的政府是必不可少的，它需要对税收进行分配并将工资维持在一定水平，从而使经济活动的盈利能力至少不会被这个方面威胁到。此外还需要促成一些国际协定，以消除一部分阻碍经济复兴的障碍。伦敦世界经济会议失败并不能证明此类协定无法达成。在那次会议上，人们把目标设定得过高并且忘记了自由贸易时代已经终结，也忘记了由于生产条件的多样性，限制生产的协议（某些原材料除外）必然会使强国做出难以忍受的牺牲。③那次会议的时机也极其不利，因为与会国只要无法掌控自己国家的极端威胁的局势，便不该指望美国积极合作。在此后某个时间，当"内部清洁"在最重要的那些国家完成时，而且货币倾

---

① 关于这些主要类型的系统性阐述，参见 G. Colm, Die Krisensituation der kapitalistischen Wirtschaft, *Archiv f. Sozialwissenschaft u. Sozialpolitik*, Juli 1933.

② 除了免除债务外，最有效的债务贬值手段，即通货膨胀，当前（1933 年 10 月）在美国被间接使用。在德国，无须企业破产而部分免除其债务的做法和东部援助措施关联起来。

③ 对战争工业（包括农业在内的所有较大的生产部门都日渐被包含在内）的重视大大加剧了本已严重的利益冲突。各大国都希望在战争工业中保持最大的生产能力。

销的优势由于其普遍应用而逆转为劣势时,这种有关稳定汇率的国际协议才能完全符合所有国家的利益。其他关于简化对外贸易的国际协定也可以考虑,但是由于某些尚待讨论的原因,这种协议只可能在特定国家团体之间缔结。在上述条件实现后,信心重新回归,货币稳定也得以恢复。在这种情况下,将数十亿流动资本转换成黄金或短期信贷闲置起来就变得毫无意义了。货币资本"过剩"(Plethora)长期以来被认为是危机逐渐转为萧条的最明显的标志。随着资本家恢复重新投资的意愿,货币资本过剩最终也会通过长期信贷及各种投资的利率下降体现出来。鉴于所有重要经济部门的生产能力过剩情况并未被危机消除,在主要工业国家安置那些寻求投资的资本将会遇到困难。① 但是整个世界还有广阔领域可供深入开发。非洲和亚洲②仍有能力吸收大量资本,"在殖民地维持高价"政策可充当绝佳的市场扩张的基础。如果国家为债券和货物交付提供担保,那么该过程会变得更加容易。人们通常低估了这些国家吸收新资本的能力。众所周知,中国在少数几个商业中心之外仍缺少一切。在非洲(如果能成功战胜昏睡病③,仍有广阔领域可以通达),道路、铁路和电力的系统性建设可以使整个非洲大陆焕然一新。即使是像印度那样已经被殖民了很长时间的国家,也能为新投资提供巨大空间,从而为生产资料和消费资料提供额外市场。④ 在通过开放新市场使消费适应于先进生产机制发展的过程中,将农业生产完全纳入资本主义系统之中或许会发挥显著作用。首先,农业领域的技术变革极大地加剧了危机的严重程度。随着时间的推移,由此产生的成本下降可能会表现为购买力的提升,尤其涉及

---

① 在以往对危机的克服过程中,在老旧的工业部门引入新的资本密集型生产方法的做法收效显著。而现在由于生产设备已经达到高技术水平,以往的方法在当前已不再奏效。

② 苏联、法国和美国似乎决定利用这种可能性。

③ 非洲锥虫病又称非洲睡眠病、非洲昏睡病,是一种由布氏锥虫引发的寄生虫病,发病初期会有发热、头痛等症状。——译者注

④ 在50万个村庄中,大部分村庄还没有碎石路或铁路;邮局与邮局间相隔数英里;电报局与电报局相距更加遥远。除了西北部地区外,整个国家都受季风影响,所有主要农业活动都依据季风情况被安排。除非能实现常年灌溉,否则受气候条件影响,农业活动被限定在一年中仅有的几个月内。参见 *Report of the Indian Statutory Commission*, vol. I, London, 1930, S. 16; *Report of the Royal Commission on Agriculture in India*, London, 1928.

农业精加工产品和工业品。另一方面,虽然许多国家为避免一些农场经济在适应变化了的环境的过程中遭受"摩擦损失",而采取国家干预措施使其保存下来,但这些农场经济最终将会被迫采用一种将所有可用的技术手段调动起来的、理性的、可计算的生产方式。这个旨在消除城乡生活条件差异的过程现在才刚刚开始。该过程的贯彻实现意味着生产资料和(之后的)消费资料行业的市场将会显著拓展。

虽然这些清洁措施得以实施并且这些措施还创造了许多开辟新市场的可能性,但是克服一场严重危机所必需的条件并未全部具备。根据以往的经验,还需要一次"引燃"(Initialzündung),正如1848年新的金矿场的发现或者19世纪末电力大获全胜那样。至于今天什么可以发挥"引燃"功能,人们观点迥异:授权启动大型公共工程(德国、法国),利用货币政策和信贷政策将市场从压价的库存中解放出来,提高工资(工会的传统要求)或者综合不同措施(罗斯福计划)。人们认为,不应像以前那样等待一场"偶然性的"引燃,而应采取"人为的"干预措施来克服萧条。这表明了危险的严峻性和系统条件的改变。在市场机制运行的大部分前提条件不复存在之后,人们需要采取特殊的干预措施以克服危急情况,同时也是为了使整个系统对危机的敏感性降低。这涵盖了国家在经济活动的所有领域实施的众多干预,特别是推动经济联合(罗斯福正确地认识到了这一点)以及实施以经济周期政策为导向的、不回避投资管控的信贷政策(凯恩斯和索特)。在这种情况下,外贸政策尤其起着决定性和关键性作用。鉴于外贸关系给各国带来的威胁,人们越来越频繁地质疑,使遭受破坏的世界市场重新恢复起来是否值得追求。最自给自足的党派最近赢得了一个令人意想不到的盟友,如凯恩斯。[①] "让产品在国内制造,"他指出,"只要有意义且切实可行,最重要的是,要让金融业首先归属于本国。"当前经济孤立更有利于和平,而不是其反面。国家坚持自给自足虽然要付出一些代价,但它有充足的理由担负这种奢侈。此外技术广泛发展,现代大众

[①] 这篇文章最早发表于伦敦的《国家》(*Nation*)杂志之中,其德文版1933年8月刊登于《施莫勒年鉴》,标题为"国家的自给自足"。(凯恩斯的这篇文章实际上发表于《新政治家与国家》(*New Statesman and Nation*)之中,作者在此可能使用了简略表述。——译者注)

产品几乎在所有国家和地区都能同等成功地生产出来。[①] 这当然并不意味着人们应该在英格兰种植棉花以及生产葡萄酒，也不意味着人们应该从"国外"获取这些东西。这种看法的逻辑结论不过是一种帝国主义的自给自足主义（Autarkismus），其目的是建立一个尽可能不依赖于外国的帝国。这些思路早已离开了学术思考的舞台。与此同时，随着世界贸易的衰退，超国家的经济集团的前景变得清晰可见，这样既可以为其股东保留一个巨大的市场又能保证较大程度的自给自足。[②]

至于这样一种"被刺激起来的"繁荣期能持续多久，这是成问题的。归根结底，所有这些措施丝毫没有改变干扰源，相反，这些干预措施会使某些干扰源变得更加危险。例如任何人为的价格上涨都会在较短时间内引发严重的生产过剩，那些预先计划好的措施无法确保必要的均衡得以维持，在殖民地推动工业化会在不久的将来制造出新的、危险的竞争对手，将世界划分为经济集团会引发武装防御的必要性，防御那些在分配中吃亏的国家。[③]

但是，上述措施远远不会耗尽资本主义系统适应不断变化的条件的可能性。毕竟这只不过是一些摆脱当前危机的方式。要想进一步作出预测，就有必要从根本上对资本主义系统可用以解决内部冲突的手段进行思考。

<h2 style="text-align:center">五</h2>

当前生产力与生产关系之间的冲突比以往任何时候都要激烈，这是当今社会形势的一个显著特征。可用于满足人类需求的各种生产力在以往从未如此迅猛地趋近于那个界限，即由因分工而联系起来的人们的关

---

① 参见 A. a. O. S. 79 ff.

② 以下这些组合可以被视作这种经济集团：1. 大英帝国，包含斯堪的纳维亚半岛和南美部分地区；2. 法国及其殖民地，包含多瑙河一部分地区，以及其东部邻国，此外还可能在苏联享有某些贸易政策的特权；3. 美国，包含南美和中国部分地区；4. 苏联。

③ 例如，尚不清楚德国和日本在上述组合中处于何种位置。当前的情况可以说是 1914 年的形势在更为不利的条件下的重现。

系的性质所设定的界限。这个过程在质上没什么新意:经济危机的漫长演进过程表明:当前的经济形势在或长或短的时间内无法利用它自身发展起来的生产力为所有社会成员谋福利。今天的情况同以往"正常的"调整过程相比存在着量的差异。这表明,当前所有领域的生产力都以前所未有的力量撼动着生产关系的束缚,尤其是通过特定所有权关系体现出来的生产关系。

这种形势催生出一系列可能性。人们最先想到的合乎逻辑的可能性是日趋强大的压力会冲破障碍。但所有迹象表明,我们目前不能期待这种发展。此外我们还能明确地想到一种调整过程,并且有两种方法:粗暴地缩减生产力或者扩展容纳生产力的界限。为了简便起见,我们可以参照希腊传说,把第一种方法称作"普罗克汝斯忒斯方法"①(Prokrustes-methode)。这种方式涉及许多极其粗暴的程序,会造成异常严重的损失,我们只能将其解释为现存的经济系统要义无反顾地同已变得异常强大的生产力作斗争。另一种方法是放松束缚,也就是调整所有权关系使其适应变化了的情况。这两种方法的共同之处在于,它们并未触及资本主义系统的基础。不过这两种方法只能在人们头脑中被严格区分开,因为许多措施直接来看或从其后果来看,既有第一种方法的特征,又有第二种方法的特征。针对世界经济危机,许多专家反复指出,如果现有生产力能够在适当条件下自由发展的话,那么人们的需求就能被更好地满足。在持这种观点的人组成的大合唱团中,我们选出了三种极其有力的声音:

"如果说我们能够同命运搏斗,那么可以说我们是人类历史上最幸运的一代。在我们这一代,科学提供给我们更多的支配自然的力量并且更加深入地拓宽了我们心灵的视野,远超以往所有有记录的历史。现在,也只有现在,我们的物质资源、技术知识和工业技能才足以令世界众多人口中的每一个人享受到身体上的舒适,获得充足的闲暇,使每一个人能够获

---

① 普罗克汝斯忒斯是希腊神话中的一个强盗,他开设黑店,拦截行人。普罗克汝斯忒斯在店内设置了一张铁床,他强迫旅客躺在铁床上,为使旅客与床的长短相等,他将身矮者的躯体强行拉长,将身高者的腿脚截短。顾名思义,普罗克汝斯忒斯方法指的是用粗暴的方式将生产力控制在现存生产关系所能容纳的范围之内。——译者注

致我们丰富的文明遗产中他凭借其个人素质所能享受到的一切。"①

"今天我们的经济形势具有悲剧性的讽刺意味。我们现在的处境并非由任何自然灾害造成……我们拥有丰富的原材料,拥有充裕的设备,可以将这些原材料加工成我们所需的商品,我们还拥有充足的运输设施和商业设施,可以把这些商品提供给所有需要它们的人。"②

"只有现在,在人类历史上第一次,我们可以说,使整个社会从苦役中解脱出来并使人们过上富裕生活的构想是可能实现的。实现这种可能性的手段是清晰可见的而且可以立即为我们所用并受我们控制。这种可能性已在视线之内,因为科学已经一个接一个地打开了自然的隐秘宝库,使我们能够获取有关新的能源、材料和发明的知识,使我们得以最大限度地利用这些资源为人类的需要服务。"③

技术治国论者的巨大功劳在于引起人们对当今时代的技术潜力的普遍关注。对于技术引发的惊人的副作用,对于最先进的或者说尚处于"蓝图阶段"(蔡斯④)的生产方法的难以普遍化,对于个别计算失误,人们有理由进行批判。只要他们揭示出了当今技术的潜力与其为人类谋福祉情况之间的鸿沟,他们便言之有理。作为生产力的代表,他们以他们的方式抗议"价格系统"的束缚。技术治国论者列举的人类劳动的生产力获得极大提高的那些例子已经为众人熟知,在此无须赘述。这些事例与日常经验的结果和生产统计数据相吻合。人们在较短的劳动时间内可以获得更好的供给,这仅仅是一系列进步的开端:通过使社会成员得到更加深入的培训和组织以及由此实现的整个经济过程的彻底合理化,产品供应增加,所有社会活力得到提升,这些进展在几十年前还被视为乌托邦。

尽管存在着潜在的、规模空前的财富,但人类面临着日益贫困的威胁,这是一个悖结。近年来无数外行人士和专家学者对此发表过许多慷慨激昂的言论并撰写了大量文献。在专门科学领域以及在负责任的政治

---

① Sir Arthur Salter, a. a. O. S. 302.

② Franklin D. Roosevelt, *Looking Forward*, London, 1933, p. 45.

③ Fred Henderson, *The Economic Consequences of Power Production*, London, 1931, p. 61.

④ 此处指斯图尔特·蔡斯(Stuart Chase)。——译者注

家中最常见的观点是:

"当前令商界烦恼的经济危机是历史上最愚蠢和最无端的危机。除了金融智慧,所有基本情况都有利于一个繁荣和福祉的时代……但由于人们无法调整手段以应对负重,无法调整支付方式以适应需求,危机由此产生,许多人在丰裕世界忍饥挨饿,所有人被一种绝望感压迫着,并且感到无力应付这种局面。对这种反常现象的解释是:买卖和分配劳动力产品的机制被证明是非常不合时宜的。"①

而问题恰恰在于,分配系统落后于生产能力的发展既不是偶然,也不是疏忽,而是由一个更高的利益所决定:要将所有经济事件和社会事件限制在确保当前社会秩序的基础得以维持的界限之内。因为一边是技术力量和组织力量的增长,另一边是资本统治和增殖的需要,这两者之间不仅不存在前定和谐,反而总是相互冲突,所以说这里涉及的问题并非只是使分配工具达到与生产同等水平的技术任务,也不是"更合目的地分配"收入的问题,而是使生产力适应生产关系的问题,这个问题只能从社会形势出发从整体上加以把握。

普罗克汝斯忒斯方法,即消灭或抑制生产力的方法,在以往历次危机中都被使用过。鉴于当前需要被压制的生产力的力量之大,我们必须动用前所未有的暴力手段。在经济史上没有任何时期像现在这般,人们要在如此大的范围内有计划地销毁各种原材料,而且把部分现存生产能力弃之不用还被人们视为最大的经济美德,国家甚至还给予一定的现金嘉奖。读者从大型日报上读到的关于这些举措的规模的介绍并不充分。②

---

① 迪·阿伯伦勋爵(Lord D'Abernon)的一段演说,转引自 Henderson a. a. O., S. 60.
② 甚至在专业报刊上人们也只能偶尔获取到准确信息。例如有关巴西销毁咖啡的情况,1933 年 7 月 1 日《商业和金融纪事》报道称,政府在两年内销毁了超过 1600 万包咖啡(据估计,1933 年咖啡年产量为 2600 万包);同年,每销毁 1 包咖啡,补贴 30 米尔里斯,1932 年支付的补贴费用更高。关于美国政府为限制棉花生产所采取的措施的结果,可参见 Condlifie a. a. O. S. 339。据悉,国家提供补偿的结果是:1100 万英亩的棉花种植园被荒废或翻耕。同一期美国杂志还报道了美国对部分收割完毕的烟草给予补贴。此外,1933 年 7 月 8 日该杂志报道称,22.5 万只羊在智利被屠宰,其中只有羊脂能被利用。1933 年 8 月 12 日该杂志报道称,美国为缓解猪市,将一部分猪加工成饲料或肥皂。据报道,同年丹麦大量的牛遭到屠宰和焚毁,还有一部分被用作猪饲料。参见 John Strachey, *The Coming Struggle for Power*, London 1932, S. 89 f.

更引人注目的是,世界很大一部分最有资质的工人的劳动力被长时间闲置。由此造成的对生产力的破坏比关闭工厂或报废机器大得多。人们已采取各种各样的方式计算"调整方法"给人类造成的损失。[①]

无论如何这都是极其巨大的价值数额。当今经济组织的批评者如果想阐明系统的高昂代价,便会援引该数据,而不会引述"资本家"所用的那个小得多的数值。

"大多数麻烦并非由逐利者实际获得的利润所致;而是由逐利者在谋取利润的过程中造成的浪费和失调所致。每一次成功都伴随着许多失败,其中大多数失败造成的混乱至少和成功造成的混乱一样多。在一个组织有序的充裕经济体中,我们或许可以忍受由投机商和缺位所有者导致的现金购买力的耗散。但是没有任何制度会无限容忍那些想要发财致富的人对它生命要害的持续损害……按照鲍利(Bowley)教授的说法,如果我们把富人的收入全部夺走并将其分给其他人,人类生活水准只能提高大约 10%。但是如果我们能够消除那些逐利者的反复无常,那我们就能一夜之间消除贫困并且使人类生活水准提升一倍。"[②]

有反对意见称,这只是危机现象而已,但这恰好证实了其所反对的内容:资本主义经济为了维持其存在需要消灭大部分可用的物质财富。有关 1929 年 1 月以来各月世界贸易额的图表显示,随着价格不断下跌,价值消灭的情况令人担忧。[③] 1933 年上半年世界贸易总值下降到 1929 年同比数据的 34.5%。即便数量销售额(该数据作为指数具有非常成问题的含义)"仅"缩水了 27%(1932 年),但价值销售额的萎缩足以表明世界上由劳动力分工联系起来的国家近几年所受重创的程度。

上述内容已经表明哪些力量正在推动人们进入愈发毫无顾忌的保护主义的恶性循环。在这一点上,我们必须强调,这是为了某些团体的利益

[①] 阿巴蒂的研究极具独创性,他计算出 1930 年未被充分利用的产能("无人认领的财富")为 150 亿美元,生产者的损失达 185 亿美元。其理论方法的启发性远超其理论的可靠性。参见 A. H. Abbati, *Economic Lessons*, London 1932. 沃伊廷斯基(W. Woytinsky)最近估计,截止到 1933 年年底,此次危机造成的损失约为 2000 亿美元,这与世界大战的代价相当。

[②] Stuart Chase, *A New Deal*, New York 1932, p. 21 sq.

[③] *Situation économique mondiale 1932/33*, a. a. O. S. 8. 数据在第 230 页及以下,以及第 352 页。

而有意识地放弃最优生产方法的举措。很显然,如果人们处在一个无阶级、无国界的世界国家(Weltstaat)中,那么采取古典政治经济学所设想的国际分工的方式在技术上会是可行的并且符合期望。要想维持现有所有权关系并对已经投资出去的资本进行经济保护和军事保护,就不得不采取普罗克汝斯忒斯方法,由此大部分人的生活水平就被迫降低到一定程度,鉴于自然之贫乏,就连马尔萨斯都不会为之辩护。其结果是,把人类从对日常面包的担忧中解放出来的想法都会被谴责为"物质主义的"目标,并且人们会被布道、劝诫去过贫苦生活。这种对贫困的赞颂总是出现在一些地方,在那里最佳生产方法被刻意放弃,只是为了消除技术变革对已经投资出去的资本所造成的危险。①

这些考量与基于其他原因而采取的措施相契合,后者反对"最大生产力"的发展,即工人阶级的发展。技术的发展要求并且促进了工人文化程度提升至一定程度,由此工人阶级的可组织性和组织能力同时得到了提升。再加上技术的发展极大地缩短了劳动时间,这就为社会重组创造了某种先决条件。工人在经济管理的众多领域拥有很高的技术能力,具备纪律和责任意识,由此,在最先进的国家中逐渐形成一种趋势,即普通工人要具备这些素质,这就像小学知识一样理所当然。当前许多强大的力量正在遏制这一发展。他们向群众传播清贫生活的福音,同时最大程度地降低群众受教育的机会并且削弱群众自我管理、自我组织的权利。如此一来,群众在有意识地管理经济发展的基础上有计划地组织社会生活的这种可能性的一个最重要的前提条件便遭到抑制,甚至遭到摧毁。②

压制生产力的斗争并非在所有领域都采取戏剧性的形式,即对每个人都显而易见的那种消灭过程,而是零零散散地隐藏在那些似乎与这些目标无关的举措背后:维持过时的、按现有技术标准来看并不合理的生产

---

① 一些权威人士坚信,维持在低生产、低生活水平和低收入的基础之上,旧体制尚能苟延残喘。商业杂志刊登的一些文章论述了大规模生产过度发展的后果。他们倡导重回19世纪的勤俭节约、努力工作和精打细算。参见 Stuart Chase, *Technocracy, An Interpretation*, New York, 1933, p. 28.

② 还存在着某些相反趋势,如罗斯福"法规"保障了工会制定工资标准的能力。

方法,例如借助特殊的保护措施在不适宜的土壤上进行农业生产或者在生产和贸易的许多领域进行小规模经营。在必要的情况下动用行政手段阻碍或压制技术效率更高的公司的发展。① 这些措施也是为了维护为现存秩序提供最佳支撑的社会阶层的利益而有意识地放弃了最优生产力的做法。

在某种程度上②,垄断的或类似垄断的经济协会为了维持高价而限制生产的措施也必须被归于普罗克汝斯忒斯方法。这些措施不仅会扰乱价格机制(例如我们所知的,在危机期间保持"受控的"高价)从而造成巨大损失,还会在质量上和数量上阻碍技术上可行的惠及团体利益的商品供给。由于生产的各个阶段紧密依存,这些措施造成的损害可能会比最初所显示的大得多,而且远远大于其给国民经济带来的好处。垄断经济政策的破坏性的长远影响包括不当投资,如将垄断利润投入某些新的、错误的项目中,还包括某些灾难性的经济、政治破坏,垄断组织为争取国内消费者而进行的斗争,尤其是以托拉斯和卡特尔的形式联合起来的、由国家支持的经济力量之间的摩擦碰撞,在世界市场上引发了灾难性的经济和政治破坏。最后,在这种情况下,日益增长的经济利益冲突使得军事冲突的必要性日益增加,这也会造成难以想象的破坏。为了压制内部敌人并对抗外部敌人,必须建立一种战争机制,该机制需要占据越来越多的社会产品并在很大程度上剥夺属于人民的产品供应。该机制不仅需要武器制造,还需要准备大量的生产储备,以及维持大量"本国"生产(例如不惜一切代价实现粮食自给自足,但是这种措施在"理性的"经济规划中应当被舍弃掉)。由经济对立和与此相关的不确定因素导致的军备竞赛更加激化了这些矛盾并且加剧了普遍的不确定性,从而使劳动和资本的合理分配变得不可能。人们试图构造出封闭的、相对自给自足的区域,至于这些措施是否会使这个混乱的周期发生很大变化,这是非常值得怀疑的。在这些过程暂时结束时,新战争的前景便呈现出来,当前从经济政策角度来

---

① 这包括在德国和瑞士发动的抵制百货公司和连锁店的斗争,还包括大多数保护城市和农村的中型公司的措施。

② 关于这种管制的积极的调整特征,参见第 346 页(即该文第六节——译者注)。

看,这无非是继续实施在以往危机中屡试不爽的暴力"清理"方法,只不过采取了另一些手段罢了。

人们对上述观点反驳称:普罗克汝斯忒斯方法涉及众多系统之外的过程;虽然在竞争系统中会出现令人痛苦的摩擦损失,但这只不过是具有自然必然性的增长现象。相对于将这些事实看作系统之外的或者不可避免的弊病的那些做法,我们要说,自资本主义系统产生以来,对生产力进行暴力压制一直是资本主义系统所固有的特征,其影响体现在它总是对商品、经常也是对人类生命进行野蛮摧毁。但是在早期阶段,为了在更高的基础上建立新的平衡,这种措施是必不可少的。而在今天,它在两方面有着不同性质:人们必须用前几代人根本无法想象的力度实施该措施,这种情况只能从生产力与生产关系之间对立的激烈程度方面得到解释。此外,该措施的使用在今天不再具有不可避免的必要性,相反该措施的使用意味着:要在维持现存的、过时的生产关系还是更好地满足人们的需求之间作出选择时,决策者还是会做出有利于现存秩序的决策。①

六

近年来人们为了使生产关系与生产力相适应而对生产关系进行了众多干预,其力度是以往在和平时期难以想象的,这表明当今资本主义系统内部张力日益增大。在其他领域亦如此,资本主义表现出令人意想不到的抵抗力和适应性。这些调整过程,无论多么五花八门,基本上都可以被归结为一点:它们意味着单个生产资料所有者自行决定经济活动的方式和方向的权力或多或少受到限制。为了大型单位的利益或者国家本身的利益,自由主义经济宪法的基本权利在很大程度上被弃置。与这些限制相对应的是,国家要在企业陷入困难时提供援助,至少要向大型经济主体提供援助,此举虽没有法律支撑却在实际发生。

---

① 某些案例表明,人们有意识地作出了这种选择。通常情况下,对"个人利益先于共同利益"不予干涉的决定不被考虑,这是因为人们无法对生产关系进行富有成效的重组。

在战争之前,资本占有和具有决定性的(企业主)活动之间的分离,就已经在股份公司和较高级别的证券资本主义组织中相对广泛地发展起来。这种"控制"的完全集中化已颇具规模,而分散的占有者没有实际抗议的可能性。[1] 很显然,最初由私有财产制度造成的束缚在此有了重大松动。大型单位易于融资(有时候是不公平的)也可以由此得到解释,无论是通过自筹资金还是基于公司规模而获得特殊信誉。[2]

托拉斯和卡特尔还对私人所有者的特权和"公司制度"进行干涉。[3]在整个经济部门实现生产政策和价格政策的统一化,以及在对现有生产能力精准了解的情况下,尽可能地淘汰落后企业并且防止不良投资,能够使现有生产力得到相对合理的应用并且使其不易受到资本占有者错误投机的影响。但是到目前为止,这还主要是一种理论上的可能性。在实践中,大多数垄断组织在制定价格政策时缺乏必要的灵活性,在投资中缺乏必要的、有远见的计划性。

国家对整个经济生活的干预快速增加,这带来了许多更加深刻的变化。在资本主义初期,国家已经从事过助产服务,之后国家被推到一边。如今随着资本主义面临的困难日益增加,国家再次出来提供帮助。

我们不是要阐述国家干预的不同类型和不同领域,而是要说明国家通过干预措施对生产关系进行调整的那些最重要的案例。国家对自由主义所认定的契约自由的干预越来越多。

这些干预可以被视为众多调整尝试中最薄弱的形式。当以往出于自愿的经济联合如今却被国家措施推动实现,甚至越来越频繁地被强制执行(意大利、德国、罗斯福政策)时,这些干预明显在加剧。更进一步的措施是推动个别企业或整个经济部门的国有化,在这些部门中,竞争的非经济性是显而易见的,比如交通运输业。尽管营利公司(Erwerbsgesell-schaft)的形式被保留下来(例如德意志帝国银行、德累斯顿银行、英国广

---

[1] 参见 Berle and Means, *The Modern Corporation and Private Property*, New York, 1932.

[2] 与此同时,我们应再次注意,同样的措施经常也会产生毁灭性的后果,前文提到的所有其他调整现象也是如此。例如自筹资金和轻率地筹措贷款经常导致极其严重的投资失误。

[3] 一般来说,在美国这些干预措施一直到《全国工业复兴法》颁布都被迫服务于这种"公司制度"。

播公司），但此类企业的活动不再仅仅取决于盈利能力。虽然上述国家干预措施在以往发挥了一定作用，但如今有意识的经济政策措施构成了"国家资本主义"干预的新阶段，其多样性和强度是有目共睹的。这些干预表明：以往的"自动主义"（Automatismus）可以被新的方法取代，不过只是部分被取代而且其成功也只是成问题的成功，这个取代过程并未触及现存秩序的基本结构。

通过实施各种货币政策和信贷政策措施或者通过国家创造就业机会来进行经济政策干预的许多计划被应用于罗斯福的《全国工业复兴法》①（Nira）中。这是我们迄今所知的，这些政策在资本主义历史上得到最为激进的应用。企业主主动权和私人逐利性的原则依然奏效，但受到极大限制。法律法规和公共舆论压力共同发挥作用，迫使各个经济主体按照民选的独裁者所指定的方式行事，采取后者认为对于"恢复"经济必不可少的措施。所使用的那些手段是众所周知的，我们在此只列举其中一部分，如推动企业家和工人的组织化，设定最低价格和最低工资，尝试对债权人—债务人的关系以及整个银行业进行重组，采取措施规范部分原材料的生产，推动公共工程项目等。所有这些措施对所有权关系的干预要远远大于美国以往的情况。至于这些政策能在多大程度上超出局部成功，我们目前还无法确定。从理论上讲，这些政策基于一种歪曲的购买力理论，其干预措施基本上只能治标。我们可以预计，这些措施会加剧现有的失衡情况并产生新的失衡。所有这些都使人怀疑该试验能否使美国走出危机。但这并不是说所有新采用的方法无关紧要，恰恰相反，许多证据表明这些措施以及更加强力的干预措施在未来是必不可少的。

此类干预措施的最大程度的实施在对外贸易政策中随处可见。一种较为完备的贸易管控从以往的贸易保护主义中发展起来，国家对外贸进行领导日渐成为趋势。劳特曼（Lautman）在其有关贸易政策的那本卓越

---

① 《全国工业复兴法》（National Industrial Recovery Act of 1933）是美国国会于1933年制订的劳工法案和消费者保护法案，该法案授权罗斯福总统制定行业法规，以营造公平的行业竞争环境，并稳定物价，从而刺激大萧条之后的经济复苏。——译者注

的著作中正确指出,国家对外贸进行领导的趋势不但不会停止,反而会促使国家对整个经济进行统一领导,这有其内在必然性。[1]

如果这种领导是由中央政府实施,那么我们便可以看出,生产关系可以最大极限地被调整到什么程度,而不会触及资本主义系统的基础。但是至于这样的资本主义计划经济究竟是否可能,仍存在很大疑问。首先这种资本主义计划经济仅仅意味着,控制着国家的那些最强大的资本主义团体会将其经济活动的条件强加给所有其他参与者。这样一种计划经济必然导致各个独立自主的企业家活动停止,取而代之的是国家下达指令。从均衡的增长调节意义上看,这种计划经济需要设法消除经济波动。人们会逐渐意识到,依靠一种纯粹量化的信贷政策和货币政策根本无法实现经济稳定。[2] 这就要求必须对整个经济过程有全面了解,并且在此基础上细致入微地加以监管,至少要对投资和大部分生产进行细致管制。[3] 借助于当今可用的手段,在大范围内这样一种完全管制在技术上可能实现。但这种完全管制在质上完全异于以往实施过的那些局部干预措施。这种全面管制的前提是,那些最有权势的团体要为资本主义整体利益考虑,必须就计划经济政策达成共识,但这种政策势必极大地影响其中某些团体的营利性利益。这样一个威力无比的计划中央(在某种程度上有所调整的"总管卡特尔"[4]),将独自决定所有其余经济主体(资本所有者和工人)的福祸,只要这些经济主体没有在决策中发挥决定性作用。

至于这是否会导致这种在资本主义基础之上对生产关系进行的调整仅仅依照国家标准进行,还有待观察;在这方面的某些趋势是显而易见的,并且得到了一部分国家官僚机构和新行政职位的待业人员的大力支持。但在此过程中也存在着众多大的阻力。最重要的阻碍因素是最强团

---

[1] Jules Lautman, *Les aspects nouveaux du protectionnisme*, Paris, 1933.

[2] 关于这个问题,可参见最近关于"中性"货币(das neutrale Geld)的激烈讨论,沃尔特·埃格勒(W. Egle)阐述了其最新情况。

[3] 在此我们首先假定利用价格政策对消费进行调节是可行的。

[4] 参见 John Strachey, a. a. O. S. 246 fl.

体之间的利益冲突以及新技术任务究竟能否得到完成的不确定性。① 但倘若资本主义系统的困难进一步加剧，为了挽救这个系统，这些障碍很可能会被克服，即便要进行许多艰难的斗争。对经济方法进行这样改造也必然伴随着社会政治组织的全面变革。最近几年的事件已经表明了与垄断资本主义相适应的政治形式所具有的特征。

这种资本主义计划经济能否成功地长时间保障资本主义系统的基础，即私有财产及其增殖，这个问题仍悬而未决。首先其管制活动能够对一部分生产力进行更加合理的管理，并且能够有条不紊地消灭系统中那部分无法被利用的生产力。② 但是倘若仍然出现新的重大经济困难和社会困难（这种情况比其相反情况更有可能），那么情况很可能发展到那种地步，即再次成为束缚并且无法被继续调整的生产关系将不再能够承受生产力的压力。

七

我们分析了危机的原因，指明了可用于克服当前世界危机的特殊手段，并且对消除生产力和生产关系之间危险对立的可能的方法作了基本考察，由此我们得出结论③：预测资本主义在不久的将来将不可避免地走向终结的观点是错误的。但是一种经济和社会制度的可持续性并不仅仅取决于其应对经济任务的"技术"手段，还取决于承担现有秩序重负的那些阶层的抵抗力。经验表明，这些抵抗力在过去被大大高估了。由于工人阶级在经济过程中的权重变化，武器技术的变革以及对大众进行精神控制的能力日臻完善，在可预见的将来，这种抵抗仅有可能发生在最严重的灾难之后。

---

① 资本占有退化为纯粹的年金债券导致一种资本主义的计划经济无法被接受，这是我们此前阐发的观点。鉴于目前日渐显著的大众控制的可能性，我们无法再将这种观点视为极大的反驳。

② 结果已经表明，在这种制度下，所有生产力远远没有被用于满足人们的需求，而在致力于满足人们需求的经济体系中，生产力服务于该目标。

③ 在此我们无法对下述预测做出论证，而且目前也没有充足的资料可作为例证。因此下述预测或许仅能作为论文的假设。

走向终结的不是资本主义,而只是资本主义的自由主义阶段。未来大多数人在经济、政治和文化方面享有的自由将越来越少。我们无法肯定地预测,经济领域渐增的联合能够在多大程度上成功消除危机。到目前为止尚未能证明,资本的增殖欲望会因其聚合成大的单位而减弱。就算掌控了国内销售市场也无法保障这种增殖。因此我们必须考虑到这样一个事实,即通过卡特尔政策排除竞争和在所管控的地区采取毫无顾忌的对外贸易管制从而对毁灭性的力量进行规避的做法,反而会使这些毁灭性的力量发生更加激烈的碰撞。① 即使这些碰撞使得由其他原因产生的战争危险持续存在,我们也不能设想,在未来短时间内必然发生大规模的战争纠纷,这种设想是错误的。世界还远远没有实现彻底工业化,国际协定仍能够在较长时间内实现利益均衡,并且在越来越高的水平上恢复必要的均衡仍有可能,通过普罗克汝斯忒斯方法将反叛的生产力塞进既定的框架内依然可行,并且余下的弹性因素还没有达到极限。对现存系统而言,似乎只有在非常遥远的未来,它在经济上才会没有出路。但是很多迹象表明,在不久的将来,经济波动将非常猛烈,繁荣期将变短,萧条期会变长而且深入。但是,采取目标明确、不回避干预的经济政策仍有可能极大地缓解个别国家的情况。

在社会各阶层中,经济领主及其最高级官员组成的圈子将日益缩小,这些人将是资本主义秩序的真正受益者。"美国三分之二的工业集中于几百家公司,实际上由不超过 5000 人管理……30 多家私人银行以及商业银行的股票销售附属机构主导着国内外的资本流动。经济权力集中在少数人手中。我们很大一部分劳动人口没有谋生机会,除非这个集中的经济机器能发发慈悲。"②

自主的中等阶层不得不和无产阶级一同承受危机和经济政策的主要重负。尽管统治力量基于最基本的自我保护考量而采取了援助措施,但只有越来越少的一部分人能够维持其经济独立性。其他人要么被吸纳到

---

① 在国内为争取消费者而进行的垄断斗争亦是如此。
② F. A. Roosevelt, a. a. O. S. 223 f.

日渐臃肿的国家机构之中，要么沦为无产阶级。① 所谓的中等阶层"复兴"，其看似独立的外表和对国家权力的决定性参与可能只是一种过渡现象，这种现象只能持续到国家权力机器在独裁的基础上完成重组为止。如今中等阶层的大部分诉求只能在想象中，而非在现实经济中得到满足。

众多强大力量正在努力将体力劳动者和脑力劳动者从其以往的经济关键地位中排挤出去，并令其在政治上无能为力。所有技术辅助手段被系统性地用于车间和办公室，愈发资本密集型的生产方式被推动实施，劳动场所不再需要人力或者仅需要少量人力成为明显趋势。这些情况导致大量"手"和"头"的"结构性"失业，同时导致从业人员的急剧差异化。这些从业者被划分为两大团体，一边是由高素质人才组成的急剧缩小的团体，这些人负责生产资料的建造和监管以及实施那些相对罕见的、需要熟练劳动力的生产方法。另一边是大量半熟练劳动者或不熟练劳动者组成的群体，这些人类似于特定商品，他们是"可替换的"，也就是说可以随意被失业大军中的成员替换掉。由于技术和政治原因，新"工人贵族"的工资将会相当高，但是任何工会政策都无法将不熟练的工人的工资提高到可变的最低生存标准之上。可以设想，由于资本增殖的难度越来越大，仅仅对一部分资本直接有利的高工资政策不会被容许。工人群众无力对抗这种重压，因为罢工武器已经变得钝化，而且他们不被允许有自己的政治利益代表。鉴于武器技术的发展状况，工人暴力抵抗几乎毫无胜算。此外鉴于现代化的统治群众的方法以及当前显见的公务员制度，广大群众的抗争意志也将遭到挫败。相对固定的就业机会将越来越成为一种特权，就像公务员的身份一样，要想获得这种特权，既要有无可挑剔的工作表现，还要一直保持"可靠的"思想态度。任何被证明是"不可靠"的人或者说试图积极抵抗现存秩序的人，不仅面临丢掉职位的风险，而且还有可能丧失所有支持，也就是说他和他的家庭必将走向毁灭。通过将失业人

---

① 出身于中等阶层家庭的有教养的年轻人是国家权力机构极其重要的招募对象。在此背景下，有一个很有启发的事实：1933年，在日本5.5万名大学毕业生中，有3万多名工程师、技术员、医生找不到工作。在2.1万名商学硕士中，只有9000人获得固定工作。信息援引自日本报纸（1933年10月6日）。

员划分为有望再就业者和"不可靠分子"的方式,工人阶级的抵抗力将被完全摧毁。某人如果被判定为"不可靠分子",就会暂时性地或永久性地被剥夺就业特权。

整个过程发生于特定类型的政府治下,这种政府的特征包括它对最强大的社会团体的完全依赖以及对所有其他群体保持独立。因此必要的国家措施可以被相对顺利地决定和实施。议会制不太契合这个目的,它适应于较不先进的经济权力集中。由于从议会制的条件中解放出来并且掌握了对大众进行精神统治的整个机制,与这一时期相适应的政府看似独立于各阶级并且对社会保持公正。对新型国家形式进行社会学分析是亟待解决的任务;前文讨论的经济问题是理解该问题的关键所在。

通向唯物主义历史观的道路？

——马克思与布鲁诺·鲍威尔的争论对其历史哲学的意义①

米夏埃尔·宽特②

（德国明斯特大学哲学系）

与传统马克思主义所解释和传播的历史唯物主义框架不同,在历史考证版的马克思文献版本的基础上,我们可以认识到在马克思思想中,存在着历史哲学的思想建构。马克思对史前史和真正的人类历史阶段的划分正体现了他的历史哲学。这一历史哲学的建构深受黑格尔哲学的影响,又最终通过与黑格尔哲学的继承者之一布鲁诺·鲍威尔的争论完成,这主要体现在《论犹太人问题》、《1844年经济学哲学手稿》和《神圣家族》之中。马克思的历史哲学建构表现出了反规范主义和反唯意志论的方向。

曾经似乎过时的哲学却使自己活了下来,因为它实现的瞬间被错过了。

——特奥多·W·阿多诺

对马克思哲学作品的每一次系统性研究,包括19世纪40年代的著作和他政治经济学批判的理论工程,都是有关其历史哲学,即通常被称为

---

① 原文来源:Michael Quante, "Auf dem Weg zur materialistischen Geschichtsauffassung? Die Bedeutung des Streits mit Brono Bauer für die Geschichtsphilosophie", *Die Gestaltbarkeit der Geschichte*, Hg. von Kurt Bayertz und Matthias Hoesch, Hamburg: Felix Meiner Verlag, 2019, S. 117 - 136. 论文由作者授权翻译发表。
② 作者简介:米夏埃尔·宽特(Michael Quante),德国明斯特大学哲学系教授,国际马恩基金会主席。译者简介:吴婷,南京大学马克思主义社会理论研究中心暨哲学系博士研究生。校者简介:李乾坤,南京大学马克思主义学院副教授。

"历史唯物主义"地位的问题,这些研究意义重大。至少看起来,马克思思想的历史哲学基础似乎与他自己以及正统马克思列宁主义的宣传所要求的告别哲学,是不一致的。但即使如本文所述,马克思的理论纲领应被理解为哲学的(与经验的、独立科学的相反),我们仍需要问的是,根据今天的系统化要求标准,马克思是否提出了一个合理的历史进程构想。具体来看,这涉及马克思关于人的类本质自我实现的阶段,这些阶段是在异化和物化的条件下进行的。那么,如果下面提到历史(或者历史进程)在马克思主义中它总是意味着"史前史"①的阶段,在此阶段人们还未有意识地占有他们的类本质,因此也没有掌握自己的历史。

若有人问到历史的可塑性(Gestaltbarkeit),有必要弄清楚,是否存在(如果有,是在什么意义上)一个这样的历史进程的可塑性。如果这个问题得到了有意义且肯定的回答,那么还必须澄清这个塑造(Gestaltung)的主体是什么。着眼于史前史之后的历史,马克思的回答是明确的:那些经历并克服了异化阶段的人类是他们历史的主体,且制定了理性的准则,以至于不再出现异化和物化。接下来与之相反,关于历史可塑性的核心问题涉及马克思称作为史前史,并以此来描述如异化、物化或阶级斗争等特征的阶段。如果人类发展的目的是让人类进入一个理性形成的历史,那么问题是:谁是史前史的主体,且这一史前史是在什么意义上被塑造的?②

在本文中我将试图澄清,可以从马克思关于这两个具体问题的哲学理论构建的相关文本中推断出那些答案。严格地说,我思考的目标更为温和:通过分析马克思在1844年和1845年与鲍威尔的争论,我想证明,在马克思的思想中可以识别出一种形而上学历史哲学要求。对黑格尔哲学独特的黑格尔左派的解释,以及黑格尔左派阵营内部的辩论情况都标志着这一点。如果没有这种双重语境化,就像本文的解释性假设一样,马克思的历史哲学思想的基本轮廓将难以被认识。一方面,从这里概述的背景可以清楚地看出,马克思的思想深受历史哲学的影响。它归结为一种概念,其中确实存在

---

① *Marx-Engels-Gesamtausgabe*（*MEGA²*）, Abteilung Ⅱ, Band 2, Berlin: Dietz Verlag, 1980, S. 101.
② 借助战略性制定手段并以特定方式来描述历史进程的政治干预,是这种塑造的特例。——原注

一个史前史的主体,但是人类却不是从这个主体中产生出来的。另一方面,传统理解和接受的历史唯物主义形象,应该被视为在 20 世纪中马克思著作管理者的出版决定的人工制品,以及马克思列宁主义主要代表的政治实践需要。尽管马克思在马克斯·施蒂纳批判的影响下,努力为被历史哲学隐蔽的哲学人类学提供经验支持和合理性,即马克思在通常所说的《1844 年经济学哲学手稿》中发展了的这种人类学。然而,其类本质概念的历史哲学本质主义关键性地影响了马克思的(早期)思想,直到他的政治经济学批判。就历史进程目的的开放性意义而言,历史的可塑性没有任何立足之地。它仅限于选择实现它的手段和方法;对马克思来说,实现它的动机完全来自哲学上对类本质的这种自我实现的必要性的哲学洞察力,而这种自我实现是通过经验主体的相互作用发生的。

在本文的第一部分,我探讨了黑格尔哲学的情况,这对于理解马克思的反思和当时在黑格尔左派阵营中的讨论是不可或缺的。随后,在第二部分中,我将介绍马克思和鲍威尔之间关于其历史哲学相关方面的争论。最后,我短暂地展望了理论的进一步发展,并简要地总结了马克思历史哲学思想中的历史可塑造性问题。

一、黑格尔

马克思的思想,尽管是复杂和断裂的,但被他所接受的黑格尔哲学深刻地影响了。这在马克思思想的历史哲学层面也不例外。马克思在历史哲学方面提到了黑格尔的三部核心著作,其中甘斯出版的《黑格尔哲学讲演录》作为第四本文本被加入进来,后者尽管在理解和接受史上有着重要的意义,但从出版语言学的角度来看,它不被认为是一个可靠的版本①。由于我想在本文中表明马克思与鲍威尔的争论对其历史哲学思想的重要性,所以我只中肯地从我的问题角度理解黑格尔这三部具有重要历史哲学意义的著作。

---

① 马克思在 1840 年没有使用这些讲演录的扩展版,关于两个版本的出版语言学缺失,参见 Tim Rojek, *Hegels Begriff der Weltgeschichte*, Berlin: De Gruyter, 2017, S. 11-12. ——原注

黑格尔的《精神现象学》：这本于 1807 年出版的书，严格地说不能算作一本历史哲学类书籍，尽管它在"精神"篇中分析了历史进程。黑格尔通过引入逻辑的发展阶段序列呈现出主体性的自我发展。在此过程中他遵循一种一元认识论程序，其中哲学怀疑主义以绝对知识的形态通过对其怀疑的反对面的批判地扬弃，从而形成最终的基础。因此，根据黑格尔的主张，主观性被确证为一种基本原则，它可以在唯一内在标准的要求下以内部批判的形态作为一个自我建立的整体被哲学地阐释出来。

对于整个黑格尔左派来说，他们的特点就是从现象学的角度理解黑格尔体系，这是克服不足的模型和状态的一系列发展阶段序列。此外，他们把此序列阐释为一种历史哲学解释的发展，并且这个发展是由人类通过自己的行为来驱动的。这两方面在马克思理论构成的核心文本《1844年经济学哲学手稿》中都有典型的表达：

"这样，因为黑格尔理解到——尽管又是通过异化的方式——有关自身的否定具有的积极意义，所以同时也把人的自我异化、人的本质的外化、人的非对象化和非现实化理解为自我获得、本质的表现、对象化、现实化。简单地说，他——在抽象的范围内——把劳动理解为人的自我产生的行动，把人对自身的关系理解为对异己存在物的关系，把作为异己存在物的自身的实现理解为生成着的类意识和类生活。

（b）但是，撇开上述的颠倒说法不谈，或者更正确地说，作为上述颠倒说法的结果，在黑格尔那里，这种行动，第一，仅仅是形式的，因为它是抽象的，因为人的本质本身仅仅被看作抽象的、思维着的本质，即自我意识。

第二，因为这种观点是形式的和抽象的，所以外化的扬弃成为外化的确证，或者说，在黑格尔看来，自我产生、自我对象化的运动，作为自我外化和自我异化的运动，是绝对的因而也是最后的、以自身为目的的、安于自身的、达到自己本质的人的生命表现。因此，这个运动在其抽象形式上，作为辩证法，被看成真正人的生命。而因为它毕竟是人的生命的抽象、异化，所以它被看成神性的过程，然而是人的神性的过程——人的与自身有区别的、抽象的、纯粹的、绝对的本质本身所经历的过程。

第三,这个过程必须有一个承担者、主体,但主体只作为结果出现,因此,这个结果,即知道自己是绝对自我意识的主体,就是神,绝对精神,就是知道自己并且实现自己的观念。现实的人和现实的自然界不过是成为这个隐蔽的非现实的人和这个非现实的自然界的谓语、象征。因此,主语和谓语之间的关系被绝对地相互颠倒了:这就是神秘的主体——客体,或笼罩在客体上的主体性,作为过程的绝对主体,作为使自身外化并且从这种外化返回到自身的、但同时又把外化收回到自身的主体,以及作为这一过程的主体,这就是在自身内部的纯粹的、不停息的圆圈。

关于第一:对人的自我产生的行动或自我对象化的行动的形式的和抽象的理解。"①

黑格尔的《法哲学原理》:在马克思当时接触的文本中,黑格尔在1820年出版的《法哲学原理》的最后段落,对历史哲学作出了明确的贡献。尔后他继续深入思考,这些思考可以从1817年出版的《哲学科学全书纲要》中找到。黑格尔在"C. 世界精神"篇里解释说,历史进程有一个理性的结构,它可以在哲学上被解释为一般理性的自我发展和自我实现:

"世界历史不是单纯权力的判断,就是说,它不是盲目命运的抽象的和无理性的必然性。相反地,由于精神是自在自为的理性,而在精神中理性的自为存在是知识,所以世界历史是理性各个环节光从精神的自由的概念中引出的必然发展,从而也是精神的自我意识和自由的必然发展——是对普遍精神的解释和实现。"②

对于所有黑格尔左派的信徒来说,有一个核心的历史哲学论点极为重要,黑格尔在下面的段落中阐述了这一点。

"精神的历史就是它自己的行为,因此精神仅仅是它所做的事,而它的行为就在于把自己,这里是作为精神,变成它自己意识的对象,并在对

① *Marx-Engels-Gesamtausgabe*（*MEGA²*）, Abteilung Ⅱ, Band 2, Berlin: Dietz Verlag, 1980, S. 301 中文译文参见《马克思恩格斯全集》第 2 版第 3 卷,北京:人民出版社 2002 年版,第 332—333 页。

② Georg Wilhelm Friedrich Hegel: *Grundlinien der Philosophie des Rechts*, Berlin: Nicolai, 1821, S342.

自己解释自己中把握自己。"①

如果一个人想要把握其理性结构，就必须把历史看作是一个"行为"，而不是仅仅一系列事件或颠倒的序列。这种"行为"的目的是精神的自我认识和自我实现——正如黑格尔的另一个核心前提——在黑格尔提出他的哲学体系时，这种认识已经实现了。在这样做的过程中，黑格尔给他的左派解释者留下了（至少）两个系统性问题：第一，如何与黑格尔一起向反黑格尔的人证明，黑格尔所确定的目的不是没有实现，而只是尚未达到？是否还存在一些突出的、对历史哲学意义重大的发展步骤有待执行？或者这是当时讨论的替代方案之一——确切地来说，是否有必要通过政治活动实际地将黑格尔在历史哲学方面提供的见解付诸实践？第二，黑格尔的观念提出了一个问题：如何在哲学上合理地将结构可描述的宏观层面与经验主体的目的和行为的微观层面相互联系起来，这个宏观层面是一般理性的自我认识和自我实现。很明显，这种转移问题不仅对马克思的理论纲领而言是决定性的，而且也是对任何历史形成问题进行哲学回答的关键挑战。不管怎样，黑格尔左派以及直至今天的许多解释者们都遵循了这样一种观点，即根据个体行为者的模式，把世界精神形态中黑格尔关于"理念"的概念作为历史的创造者来理解。

在黑格尔的《哲学科学全书纲要》的概论中：这本著作，马克思曾在《1844年经济学哲学手稿》中使用过其1830年出版的版本（即第三版），它遵循了基本原则的系统结构，并在"世界历史"篇以大量篇幅来结束客观精神的系统部分，其中包括第548到552节。在那里，不仅可以发现"理性完全在历史之中"的观点，而且还能找到把世界历史视为"精神本体"的"行为"的思维形象，在其中：

"只有第一本身存在的精神才能带来意识和自我意识，从而带来它和

---

① Georg Wilhelm Friedrich Hegel: *Grundlinien der Philosophie des Rechts*, Berlin: Nicolai, 1821, S342. 这两段引文基于黑格尔的历史哲学都证明了其精神论的解释性的基本结构。对于引用的段落的分析，考虑到此处所示的解释性特征，参见 Tim Rojek: *Hegels Begriff der Weltgeschichte*, Berlin: De Gruyter, 2017, S. 227 - 230. ——原注

为它存在的本质的预言和现实。"①

马克思将这种思维形象转化为他类本质构想的历史哲学的发展逻辑,即可以被解读为哲学人类学。②

在《哲学科学全书纲要》中黑格尔还提到了一个问题,这种精神本体的自我实现是如何在哲学上可解释的宏观层面中发生的,又如何与个体行为者的活动以及微观层面的经验过程相关联的:

"由于这些现实的事务表现为个体的活动和劳动,因此鉴于这些劳动的实质内容,他们只是工具,并且他们的主观性(即他们的特性)也只是活动的空洞形式。"③

马克思以双重方式在他自己的理论纲领中继承了这种转移问题,而没有展开具体的转移机制。在类的形而上学中,个体生活方式与类人的自我实现之间的关系在概念上是不确定的。即使他后来对政治经济的批判中,他或他的结构分析也产生了这样一个问题:宏观层面的发展规律是怎样在行为中以及通过个别行为者的相互作用来实现的。马克思与黑格尔非常类似地——把市场参与者不协调的相互作用所导致的意外结果视为这种转换机制的范式样本,作为他经常使用的隐喻,其目的论发生在所涉及的参与者的背后④。这种与黑格尔的差异,不在于结构上的理论设计,而在于对全局内容的相反评价,这种区别在马克思思想的历史哲学层面上也有所体现⑤。马克思认识到,黑格尔看到了劳动中普遍存在的理性的狡诈,人们可以且必须通过哲学的指导来调和这种狡诈——但诚然,这只适用于人类的史前史——反常的目的论;马克思称之为"无意识的主体"(automatisches Subjekt)⑥,这个主体以资本的形式取代了人类,并导

---

① Georg Wilhelm Friedrich Hegel: *Encyclopädie der philosophischen Wissenschaften im Grundrisse* (Auflage 3), Heidelberg: Oßwald, 1830, S. 549.

② Michael Quante: *Der unversöhnte Marx*, Münster: Brill Mentis, 2018.

③ Georg Wilhelm Friedrich Hegel: *Encyclopädie der philosophischen Wissenschaften im Grundrisse* (Auflage 3), Heidelberg: Oßwald, 1830, S. 551.

④ *Marx-Engels-Gesamtausgabe* (*MEGA²*), Abteilung II, Band10, Berlin: Dietz Verlag, 1991, S. 46.

⑤ Michael Quante: "Dialektik", In: *Marx-Handbuch: Leben-Werk-Wirkung*, Michael Quante/David Schweikard (Hg.), Stuttgart: J. B. Metzler, 2016a, S. 266 - 279.

⑥ *Marx-Engels-Gesamtausgabe* (*MEGA²*), Abteilung II, Band10, Berlin: Dietz Verlag, 1991, S. 141.

致了人类的异化。① 消除异化是马克思为转移问题提供的解决方案,当人们合理地从宏观层面规划结构时,同时也放弃了史前史,在史前史里人们的发展和市场活动是"自然地"发生的,也就是说,作为实际困难和偶然事件异化了的且无法控制的力量发生的。

爱德华·甘斯的两个《法哲学原理》版本:在黑格尔逝世后,通常所说的朋友协会版(Freundesvereinsausgabe)以一个显著(甚至可疑)的数量较快地出现了,黑格尔的学生们借助这些卷本试图呈现一个黑格尔曾在他《哲学科学全书纲要》的"概论"中解释过的整体系统,并且试图整合那些以演讲稿特别是以讲座和笔记的形式提供给他们的极为丰富的材料。

1833 年出版的《法哲学原理》和 1837 年出版的《哲学史讲演录》一样,对于本文的问题都具有启发性。但两者都不再适用于今天的出版语用学标准,因此对黑格尔历史哲学本身的系统解释来说没有用处②。另一方面,就我的目的而言,马克思在抵达柏林后所研究的甘斯两个版本的前言是相关的,因为它们提供了黑格尔论述关于上述世界历史的两个问题的回答。③ 在黑格尔去世两年后发表《法哲学原理》的序言中,甘斯含蓄地提出了一个问题,黑格尔之后的哲学是否还能有一个继续的发展。他写道:

"当把这本书交给公众并忠实地陈述它是如何产生的时候,对我来说剩下的就是谈论其未来的命运。作为黑格尔体系的一部分,它将不得不支持和涉及黑格尔的体系:也可能在其内部存在着相同的大量的阐释,或更细微差别的修改以及更明确的清晰性。也许,就像整个黑格尔体系一样,经过多年的发展,它会转移到想象力和一般意识中:他独特的艺术语言将会遗失,

---

① "论马克思《政治经济学批判大纲》中一个无意识主体演讲的意义",参见 Michael Quante: *Der unversöhnte Marx*, Münster: Brill Mentis, 2018. ——原注

② 参见 Tim Rojek: *Hegels Begriff der Weltgeschichte*, Berlin: Walter de Gruyter, 2017.

③ 碎片化形式留传下来的黑格尔法哲学的版本,批判黑格尔 1843 年的国家法。(参见 *Marx-Engels-Gesamtausgabe (MEGA²)*, Abteilung I, Band 2, Berlin: Dietz Verlag, 1982, S. 3-137.)马克思在其著作中多次引用黑格尔历史哲学的著作,诸如在《德意志意识形态》的文献手稿中,(参见 *Marx-Engels-Gesamtausgabe (MEGA²)*, Abteilung I, Band 5, Berlin: De Gruyter Forschung, 2017, S. 64, 193, 217.)以及在他的著作《路易·波拿巴的雾月十八日》中(*Marx-Engels-Gesamtausgabe (MEGA²)*, Abteilung I, Band11, Berlin: Dietz Verlag, 1985, S. 96.)。在此,我感谢杰拉尔德·哈曼和克里斯汀·威克对这些引文来源的说明。——原注

其深度将成为一种共同的精神财富。然而它的时间是哲学的,它属于历史。一个源于相同基本原则的新的哲学进步发展了,随之也产生了另一种改变现实的观念。我们希望以敬畏的心情来迎接这个未来,但不能被这个分离的幽灵所吓倒,它可以尴尬地触碰但不能阻碍我们。"①

除了黑格尔哲学不再作为哲学存在的假设外,如果专业层面和日常意识之间的差异,或者——换句话说——理论与其实现之间的差异被消除,那么甘斯的论文对黑格尔左派具有尤其重要的意义,并且人们还必须在哲学上对变化着的现实做出哲学上的反应②。虽然全部的黑格尔左派主义者一致认为通过实践实现黑格尔哲学的内容是首要的任务,但精神在后一点上有所分歧。例如,鲍威尔或卢格的见解与 1839 年去世的甘斯一样,可以且必须有一个黑格尔甚至超越黑格尔的哲学发展,其他黑格尔左派主义者,以施蒂纳和马克思为例,完全把黑格尔视为全部哲学的绝对的终句。由于 19 世纪 40 年代政治和社会仍在急剧变化,制定理论回答的任务成为不再争议的事实,这些在他们的自我理解中已不再是一种哲学了。

爱德华·甘斯在《黑格尔历史哲学》的前言中,也谈到了当时辩论的要点。他热衷于强调黑格尔历史哲学的具体特点。他写道:

"黑格尔关于历史哲学的演讲与前人的作品相比有着巨大的领先优势,而我们却不敢谈论它们的内容。它们把所有的事物与一个逻辑的并且在其中每一个最单独的环节都是现实的思想体系联系起来:它们声称代表了历史的逻各斯,就像有自然、精神、法律、艺术等的逻各斯一样。所以,在这里不是关于一些突发奇想和推理,有见地或者没有见地的观点的演讲,而相反的是关于在人类作品的实质中内在地寻找逻辑哲学的演讲。"③

这些陈述与本文的问题相关,因为甘斯没有把黑格尔历史哲学的突出

① Eduard Gans: "Vorrede des Herausgebers", In: Eduard Gans (Hg.), Georg Wilhelm Friedrich Hegel's Grundlinien der Philosophie des Rechts, Berlin, 1833, S. V - XVI.

② Tim Rojek: "Die Einheit von Theorie und Praxis. Praxiskonzepte vom Linkshegelianismus bis zum historischen und dialektischen Materialismus", In: Thomas Bedorf/Selin Gerlek (Hg.), Handbuch Praxisphilosophie, Tübingen: Mohr Siebeck, 2019, S. 80 - 111.

③ Eduard Gans: "Vorrede des Herausgebers", In: Eduard Gans (Hg.), Georg Wilhelm Friedrich Hegel's Grundlinien der Philosophie des Rechts, Berlin, 1833, S. XII.

点和具体特征放在物质研究中。甘斯看到了黑格尔在概念—范畴的发展模式中的哲学成就,黑格尔在《逻辑学》中根据这些发展模式展开了他的范畴机制,甘斯在其评论中含蓄地提及这些作为哲学上可解释的理性所塑造出来的范畴机制(参见罗耶克,2017 年)。同时,他不仅指点读者参阅黑格尔历史哲学的关键性特征,即作为目的论的结构分析,这些分析在宏观层面上运作并通过主观理论上的构想来被组织。他还强调黑格尔对"人类劳动的物质内部的逻辑哲学"的追求,从而强调其超越个体行为的历史哲学阐释水平。如何将这与个人行为和具体的经验过程联系起来的问题仍然是马克思历史哲学的核心理论任务,因为他赞同黑格尔的基本理论设计。

这给出了马克思的构想发展的框架:马克思将在黑格尔历史哲学结构中预定规定的基础之上,追随甘斯,切什考夫斯基,鲍威尔和卢格,在黑格尔的哲学上超越黑格尔。后来,受到费尔巴哈对黑格尔的批判和施蒂纳对哲学批判的决定性影响,他用黑格尔的手段进行反哲学转向。在对鲍威尔具体的澄清中,马克思的观念越来越多地呈现出反规范主义和反唯意志论的特征。

二、鲍威尔

在黑格尔左派阵营内部那场辩论的背景下,马克思和鲍威尔于 1844 年和 1845 年发生了冲突。① 在本文的第二部分,我想根据马克思的三篇文章来阐述这个时间段,马克思对他导师鲍威尔的疏离是如何以及在何

---

① 在施特劳斯和费尔巴哈发起的关于宗教、神学和黑格尔哲学的争论中,可以看到黑格尔左派讨论的第二个维度,这也是马克思理论发展的核心。此外参见 Michael Quante:"After Hegel. The Realization of Philosophy through Action", In: Dean Moyar (Hg.), *Routledge Companion to 19th Century Philosophy*, London: Routledge, 2010, S. 197 – 237. 以及 Nadine Mooren: *Hegel und die Religion*, Hamburg: Felix Meiner Verlag, 2018. 。鲍威尔在有关宗教批判的辩论中也发挥了关键作用,但如果我正确理解的话,他对这里的主要问题没有决定性作用。但是,应该明确承认,我对鲍威尔和费尔巴哈以及对马克思思想的发展所作的宗教批判,只会减少复杂性。为了进行全面的介绍,这两条线必须相互连接,并系统地相互关联。(对此参见 Michael Quante: *Der unversöhnte Marx*, Münster: Brill Mentis, 2018.)。这一点也很重要,因为这对《政治经济学批判大纲》而言是决定性的。——原注

种程度上影响了他的历史哲学发展。该过程可分为两个时期,其中第二个阶段又包括两个不同的发展阶段。

《论犹太人问题》:在 19 世纪 40 年代的前期,鲍威尔发展了政治解放的概念,其内容是公民将自身理解为一个自治的主体,并隐藏任何宗教倾向。只有这样,他才能在完全意义上属于一个与世界观相对立的中立国家,并将自己理解为完全自主的[①]。根据鲍威尔的观点,作为一个宗教主体的评价性自我理解是与作为一个自治主体的自我理解——因此也与民主国家的规范基础——在后一个结果上是不相容的。

马克思以人类解放的观念反对鲍威尔的论点。他将费尔巴哈的宗教批判作为前提,并将宗教的存在视作异化的证据。由于民主国家对所有宗教都表现出中立的态度,同时承认所有宗教且不排斥它们的存在(马克思时代的例子是美国),民主国家不可能成为人类本质的实现,否则的话宗教将完全消失。因此,鲍威尔的政治解放概念无论多么重要都不能成为人类解放的最后阶段,尽管作为反对在宗教神学前提之上建立的君主制的解放步骤对马克思而言同样重要。更何况,人二重化为一面是真正的个体,另一面是一种抽象的政治主体,这本身是对宗教异化的变体的描述,它必须在人类解放中被扬弃[②]。这一历史哲学构想发展的第一阶段的特点是确定适当的评价基础,以及关于国家和法律作为人的类本质实现形式的适当性的争议;对此马克思认为,对宗教的安置或需求的消失是决定性的充分条件。

《1844 年经济学哲学手稿》:通过阅读莫泽斯·赫斯和弗里德里希·恩格斯的著作——马克思因作为《莱茵报》的编辑和《德法年鉴》的共同编辑而注意到这些著作,马克思坚信,必须把费尔巴哈对宗教的批判作为基本参照在经济学中使用,因为人的类本质主要是在生产和再生产领域实现的。此外,异化的真正根源在于资本主义商品交换社会形式的类本质

---

① 参见 Douglas Moggach: *The Philosophy and Politics of Bruno Bauer*, Cambridge: Cambridge University Press, 2003.

② 在此语境中,马克思还批判了涉及二元论的作为抽象异化现象的自然法人权。参见 Michael Quante: "Bruno Bauer, Karl Grün und Karl Marx zur Emanzipation der Juden", In: Alain Patrick/Olivier u. Elisabeth Weisser-Lohmann (Hg.), *Kunst-Religion-Politik*, München: Wilhelm Fink, 2013, S. 321 – 336.——原注

的病态实现,因此也在于作为人类异化形式的宗教的起源和来源。①

马克思在这些手稿中发展了他自己的哲学人类学,这些手稿仍然是零碎的,直到 1932 年才出版。在这一点上,他结合了黑格尔的行动概念、费尔巴哈的宗教批判和哲学人类学,以及赫斯的行动哲学和经济批评的各个方面②。这个时候,马克思批判除了费尔巴哈的所有黑格尔左派主义者都停留在黑格尔哲学的理论框架内。在费尔巴哈的唯心主义批判之后,黑格尔哲学现在被认为是神学的最后形式。因此,类本质的历史哲学构想的第二个发展时期达到了它的第一阶段:即类的自我实现是一个经过异化阶段的形而上学的对象化过程。

《神圣家族,或对批判的批判所做的批判。驳布鲁诺·鲍威尔及其伙伴》:这部合著的且于 1845 年出版的作品,每个章节都标明了作者的身份,恩格斯和马克思通过提出自己的理论概念来介入当时黑格尔左派的讨论。在马克思撰写的包含对鲍威尔批判的章节里,他在 1844 年里探讨了鲍威尔的观点,尤其是那些鲍威尔在自己发行的《文学报总汇报》中所发展的观点。对于马克思理论构想的进一步发展而言,鲍威尔的以下两个论点是核心:

(论点 1)政治解放只能由异化意识的启蒙,并且必须通过自由的自治概念来实现,这种自治概念是鲍威尔根据费希特的自我意识哲学来展开的。

(论点 2)这种解放的目标和终点在于政治解放的共和主义观。

随着他的启蒙概念逐渐消失,而且没有得出任何政治实现的手段,鲍威尔在 1844 年发展了一个日益激进的社会批判观念。根据这一点,通常民众(鲍威尔谈及群众)由于他们的生活条件和智力惰性,无法掌握甚至实现其批判理念的解放潜力,据鲍威尔的说法这还包括了宗教观念的根源。鲍威尔正日益扮演着一个理论家的立场,他本人不再卷入政治冲突,其批判本身仍然具有制定政治解放的真正概念的功能,以便用这种方式保持清醒的批判意识。

---

① 人的类本质在经济再生产中的基础,是马克思的"唯物主义"的第一个含义。——原注
② Michael Quante:"Kommentar", In: Michael Quante(Hg.), *Karl Marx: Ökonomisch-Philosophische Manuskripte* (Auflage 2), Frankfurt am Main: Suhrkamp Verlag, 2015, S. 209 - 399.

马克思——反对鲍威尔的第二个中心假设（论点 2）——继续坚持他的人类解放观；政治行动的可能性和现实要求，也由于自己的政治承诺，正日益凸显出来。与此同时，马克思继续推行他从费尔巴哈和赫斯那里借来的计划，在哲学人类学的意义上转变理想主义的自我意识和行动理论，从而反对鲍威尔的第一个中心假设（论点 1）。① 作为鲍威尔对群众批判的对立点，马克思依靠无产阶级作为政治行动者，依靠社会生产及生活条件的变化，而不是鲍威尔批判的批判观所进行那种只是意识改变的启蒙工作。鲍威尔的这种启蒙思想被马克思视为一种真正的社会异化关系和资产阶级——自由派知识分子的政治无能的异化、准宗教的标志特征。他认为鲍威尔的构想最终只是（黑格尔式）理想主义的延续，当他在《神圣家族》中批判性地注意到：

"思想永远不会超越旧世界的秩序，只能超越旧世界的思想范围。而思想从来无法实现什么行动。"②

马克思进行的批判，其第一个创造性的牵引力，存在于这种反唯心主义的方向之中。

马克思在《神圣家族》里面也批判了蒲鲁东，这是他批判退却的第二前线。借此马克思想控制他在正义者同盟和新兴工人运动中的巨大影响，恩格斯和马克思当时实际上具体地把赢得这种政治组织作为他们自己构想的政治基础。在这种政治和制度的背景下，马克思一再强调并要求无产阶级的革命行动建立在科学基础之上（以分析资本主义的经济结构及其发展规律的形式）。因此，马克思批判了唯意志论，在他看来唯意志论是以蒲鲁东和魏特林的政治观念为基础的：

"这不是一个关于这个或那个无产阶级，甚至整个无产阶级把自己作为暂时目的来设想的问题。这是关于它是什么，以及它将根据这种情况

---

① 费希特和黑格尔的唯心主义主体性理论向哲学人类学的转变代表了马克思说的"唯物主义"的第二个含义。同时，这方面也解释了为什么马克思认为在《神圣家族》中有必要将他的观念与（古典）法国唯物主义区别开来。——原注

② Friedrich Engels, Karl Marx, *Die heilige Familie oder Kritik der kritischen Kritik. Gegen Bruno Bauer & Consorten*, Frankfurt am Main: Marx-Engels-Archiv, 1845, S. 186.

被迫历史地做什么。"①

卡尔·马克思所做的批判,其第二个创造性影响,存在于反唯意志论之中。

在《神圣家族》文本形成的时间线中可以发现,马克思也已经开始了第一次对费尔巴哈批判的评价。一方面,在马克思看来,费尔巴哈不承认社会变革是克服人类异化的必要条件,而且忽视了人类生活方式的实际经济层面。根据马克思在他著名论著《关于费尔巴哈的提纲》中的分析,后者可以在他感性主义认识论中看到。② 马克思将此与唯心主义主体论的实用主义方面进行了对比,他在费希特,尤其是黑格尔的概念中确定了这种理论,并将其重新表述为类本质自我生成的劳动本质。③ 因此,历史哲学观发展的第二时期的第二阶段发展结束了。它以确定经验候选人作为类属性形而上学自我实现的载体为内容。

三、展望和结论

马克思在 1845 至 1847 年的手稿中继续深化了对鲍威尔的讨论,这些手稿于 1932 年用一种与语文学版本不相符的方式被汇编成一本名为"德意志意识形态"的著作。然而,它与对施蒂纳的批评错综复杂地交织在一起,后者构成了这些手稿的大部分内容。除了非常复杂的文本和版

---

① Friedrich Engels, Karl Marx, *Die heilige Familie oder Kritik der kritischen Kritik. Gegen Bruno Bauer & Consorten*, Frankfurt am Main: Marx-Engels-Archiv, 1845, S. 45.

② 这些著名的论文,自 1888 年恩格斯首次出版以来,在《德意志意识形态》第一章——费尔巴哈章中一次又一次地被直接再版;属于马克思讨论语境中的客观的劳动背景;为了做出最后的澄清,必须查阅尚未出版的《神圣家族》副卷(计划为 MEGA² I - 4)。——原注

③ 这样,添加了"唯物主义的"第三种含义,这本身就是矛盾的,或者至少是紧张的。马克思采用了费尔巴哈的反唯心主义论点,即物质在本体论意义上对思想来说是第一性的。然而我认为,这方面应该称为"现实的",而不是"唯物主义的"。这种现实主义可以与马克思发展的哲学人类学相一致。同时,他对法国唯物主义与费尔巴哈经验论的批判——这两个概念——与马克思自己的概念协调得很好。然而,在这样做时,他整合了唯心主义主观主义理论的核心方面,这样就不清楚马克思整体概念的唯物主义最终应该包括什么。——原注

本史外①,这是由于两种情况:一方面,施蒂纳在 1844 年末出版的《唯一者及其所有物》一书中成熟的构想与鲍威尔的理论立场之间的关系难以界定②。另一方面,从 1845 年起,鲍威尔不再是马克思理论兴趣的强劲对手,这与马克思的哲学将对施蒂纳的批判置于中心地位的情况完全不同。

他对施蒂纳的系统价值批判及其展开的简短篇幅需要进行独立分析,这在本文中是无法做到的。因此,我在对施蒂纳的讨论中只简要介绍马克思历史观的进一步发展。

施蒂纳批判的作用:施蒂纳在《唯一者及其所有物》中展开的激进的批判,迫使马克思为他的哲学人类学和类本质的自我发展历史提供经验主义的基础。与此同时,施蒂纳对伦理依据的否认加强了马克思存在的趋势,即反对唯心主义和单纯的异化现象等论点。这一点在《德意志意识形态》手稿中对"真正的社会主义哲学"的批判中也很明显。此外,施蒂纳推向极端的唯意志论加强了马克思为批判鲍威尔所制定的反唯意志论的基本倾向。总而言之,这强化了马克思思想中实证主义和自然主义的特征。因此,可以将第二时期的第三阶段称为类本质的历史哲学观的经验主义奠基和自然主义—实证主义构建。

另外,我还想指明马克思的政治经济学批判理论大纲的各个方面,这些方面可以被理解为历史哲学观的后果。它们代表了马克思历史哲学思想形成的第三时期。然而,这大多仍隐藏在马克思《资本论》中展开的争论发展的表面之下。它们出现在前言或者所属文本非核心的理论观念中,并且只是粗略地或纲领性地存在着。

《资本论》中尚未解决的对立:反规范主义和反唯意志论两者的特征对马克思而言非常重要,他在《资本论》第一版的序言中明确提到了这两个特征:

---

① *Marx-Engels-Gesamtausgabe* (*MEGA²*), Abteilung Ⅰ, Band 5, Berlin: De Gruyter Akademie Forschung, 2017, S. 5.
② Michael Quante: "Max Stirners Kreuzzug gegen die Heiligen, oder: Die Selbstaufhebung des Antiperfektionismus", In: Michael Quante/Amir Mohseni (Hg.), *Die linken Hegelianer*, München: Wilhelm Fink Verlag, S. 245 – 263.

"为了避免可能产生的误解，要说明一下。我决不用玫瑰色描绘资本家和地主的面貌。不过这里涉及的人，只是经济范畴的人格化，是一定的阶级关系和利益的承担者。我的观点是把经济的社会形态的发展理解为一种自然史的过程。不管个人在主观上怎样超脱各种关系，他在社会意义上总是这些关系的产物。"①

此外，这种自我表征揭示了马克思关注的是一种批判的社会本体论，它根据透视行为者的方法论遮蔽，有利于对功能（人物面具，人格化）的阐述。② 这种批判社会哲学的总体观是建立在类本质没有变化的历史哲学形而上学基础之上：

"资本主义生产方式和占有方式，从而资本主义的私有制，是对个人的、以自己劳动为基础的私有制的第一个否定。对资本主义生产的否定，是它自己由于自然过程的必然性而造成的。这是否定的否定。这种否定重新建立个人所有制，然而是在资本主义时代的成就的基础上，在自由劳动者的协作的基础上和他们对土地及靠劳动本身生产的生产资料的公有制上来重新建立。"③

在这一点上，正如在他的《1844年经济学哲学手稿》中一样，马克思用黑格尔"否定之否定"的形象来模拟类的自我实现过程。④ 同样，他将这种自然过程描述为"必然的"，并同时使用一种没有哲学手段就无法加以解释的模拟算符。⑤ 这确定了马克思历史哲学观的又一步发展，可以将其称为第三时期：作为共时和历时整体的资本主义系统发展，作为类本质完全异化的资本

① *Marx-Engels-Gesamtausgabe*（*MEGA²*），Abteilung Ⅱ，Band 5，Hamburg：Otto Meissner Verlag，1867，S. 14.
② 为了说明这一点，马克思在1845—1846年的著作中；如《资本论》第十二章详细阐述了分工的概念，该分工在有关《德意志意识形态》的手稿中已经被勾勒出来了。——原注
③ *Marx-Engels-Gesamtausgabe*（*MEGA²*），Abteilung Ⅱ，Band 5，Hamburg：Otto Meissner Verlag，1867，S. 611.
④ 马克思用异化的概念（*Marx-Engels-Gesamtausgabe*（*MEGA²*），Abteilung Ⅱ，Band 5，Hamburg：Otto Meissner Verlag，1867，S. 461.）来描述资本主义生产过程对劳动者的影响，这也与《1844年经济哲学手稿》中的异化部分的内部结构相对应。——原注
⑤ 根据我的解释，马克思关于自然过程的谈论最有可能被解读为"朴实的过程"。以此方式看来，马克思并没有通过上述陈述将历史发展简化为自然过程，而是强调了历史过程的非计划性，这是人类史前历史的特征，因此是人类史无前例的特征。——原注

主义发展历史哲学建立的确定,都覆盖在政治经济学批判大纲中。①

结论:这些发现对于马克思思想中的〈史前史〉历史在何种意义上得以形成这个问题意味着什么? 关于在马克思那里是否究竟存在历史哲学的问题,在马克思赋予灵感的讨论内部是没有达成共识的。对于许多人来说,即使是马克思本人也认为,这一理论纲领根本不再是一种哲学形式。对马克思是否具有历史哲学,目前也没有任何共识。许多人把马克思理论纲领整体地评价为一种非唯心主义或后唯心主义的形式,因为"历史唯物主义"这一名字已经司空见惯了,他们在马克思历史观中看到了一种经验建立的、功能分析的以及如同预测任务一般用因果解释且没有借用形而上学的观念。

本文给出的结论——不管这种无形而上学观是否可行——是截然相反的。如果人们把"历史唯物主义"理解为历史观,这意味着一个与《1844年经济学哲学手稿》中发展起来的类形而上学的断裂,这个发现就是:马克思自己撰写的文本中并不存在这样的观念。如果人承认考证的文献编辑的重要意义在科学上是无可替代的,就无法得出这样的认识,即1843—1846 年是马克思的历史哲学思想的形成时期。根据 20 世纪初正统马克思主义者的描述,在《德意志意识形态》一书中——此书 1932 年编辑的形式在编辑语文学的意义上并不存在——有一个唯物主义的转折,它应作为马克思思想断裂的完成,这是无法得到证明的。

相反,与考证版的文本发现②最相符的解释是,我们与一个由黑格尔

---

① 为了系统地区分这两个层次,一方面有必要区分黑格尔《精神现象学》中历史哲学观构建的辩证法和以黑格尔《逻辑学》为基础的《资本论》中以范畴的系统发展为目的的辩证法;还可参见 Michael Quante: "Dialektik", In: Michael Quante/David Schweikard (Hg.), *Marx-Handbuch: Leben-Werk-Wirkung*, Stuttgart: J. B. Metzler, 2016a, S. 266 - 279. ——原注

② 哲学解释中一个不容忽视的问题是,马克思不仅把他几乎所有的哲学核心文本都以碎片形式(或处于尚未完成的完成状态)遗留下来。而且他生产了完全不同类型的文本:除了他发展其理论概念的核心文本之外,他的无数摘录中还包括新闻作品、政治分析、带有政治干预主义意图的文本、信件和评论段落。由于马克思本人一直将批判性提高意识的概念与他的基础概念出版物联系在一起,在其所写前言中经常发现纲领性声明(有时以非常粗略的提纲和简化的论证模式的形式),这些陈述不是当时在著作中进行的分析和论点的一部分,但被解释者们乐于视为马克思学说的"心脏"。总的来说,对马克思理论概念的科学讨论将区分这些文本类型,确定它们与马克思思想的哲学解释的相关性,并根据它们的相关性对其进行权衡。——原注

左派的辩论所驱动的进程有关,其中马克思受黑格尔启发的类形而上学存在一种经验主义的合理性(反对施蒂纳),并与无产阶级一起书写了一个政治上的收信人(反对鲍威尔或施蒂纳)。在有关他对史前史的哲学阐释的段落中,总有从黑格尔哲学那里获取的叙述方式和哲学原理,这些哲学原理可以连续不断地融入马克思作为哲学人类学发展起来的人的类本质形而上学中①。那些在马克思思想中经常被宣称为断裂的东西,显示了马克思试图在历史哲学中证明,历史哲学可解释性本质关系的经验主义的可识别实例以及因果执行机制,通过这些打断了人的类本质的经验主义轨迹。

甚至马克思所呈现的理论特征,不是在个体代表的层面(他们的目的或行为),而是在社会本体论更高级的结构中定位对历史观意义重大的描述和分析,这种历史观一直贯穿到对政治经济学批判的晚期著作中。显然,这些结构在马克思那里并不是黑格尔在法哲学中作为历史发展动力的法律,道德或者国家的社会制度。这些已经在马克思 1843 年撰写的对黑格尔法哲学残缺不全的评论中清楚地辨认出来②。虽然它保留了社会制度(比如,市场或者生产方式及其关系),通过这种制度,人们可以哲学地认识到历史进程的"运动规律",并能提出这个概念。

同样,在马克思历史哲学中保留了两个特征,这些特征在他抨击鲍威尔和施蒂纳时已被证明是有用的:反规范主义和反唯意志论。最晚从 1843 年他与鲍威尔的争论以来,马克思希望用其他合理资源取代道德和政治规范。首先,这是从费尔巴哈继承的哲学人类学;后来——在赫斯和恩格斯的影响下——是人的类属性在其内部自我实现的生产关系。作为黑格尔继承者和这种退却的结果就是,马克思产生了一种突出的反唯意志论,也就是说,是一种在历史进程的概念化中不以个体为目的而是针对结构条件的历史哲学观。在这点上,马克思与黑格尔一致,即让自己引入一个在哲学上可解释的规则,然而这种规则和研究的适当对象

① Michael Quante: *Der unversöhnte Marx*, Münster: Brill Mentis, 2018.
② *Marx-Engels-Gesamtausgabe* (*MEGA²*), Abteilung I, Band 2, Berlin: Dietz Verlag, 1982, S. 5.

两者间存在很大的分歧①。这些可形而上学论证的发展进程如何通过具体个体的目的和行为来实现，这不是历史哲学的首要问题。② 在这方面，黑格尔和马克思之间也有相似之处，但也不应掩盖决定性的差异。黑格尔假设，目的论的发展必须在历史哲学中被解释，并在它自己的理论形成时结束。这提出了一个问题，即这种发展是否会由于偶然原因而遭遇失败，当然仅是假设。另一方面，马克思又明确地允许失败的可能性。

那么这对于马克思的历史的可塑性问题意味着什么？当然，如果把承认失败的可能性作为一种激进极端的外部选择，那在故意确定目标的意义上，在马克思那里就不会有历史的塑造。其形而上学的确定性特征是结构的层面，以至于个人行为者可以在微观层面上自由地追求他们个体的目标和目的。相反，在结构层面上，阶段和目标状态是固定的。它们在马克思那里是在类本质的形而上学中以及在它们的自我发展和自我实现的动力中产生的。这种为了经验主体而把类主体的史前史作为工具的活动只有在一种意义上才是可塑造的：因为他们具有理论所赋予的对必然性的洞察力，他们才能减轻和缩短"分娩的痛苦"③。在马克思思想中，可塑造性由此获得了工具优化的技术特征，但不包含任何政治决策或目标理性定义的层面。所以，马克思毫无保留地同意恩格斯在他的《反杜林论》中提出的陈述：

黑格尔是第一个正确表达自由与必然之间关系的人。对他而言，自

---

① 参见 Klaus Hartmann：*Die Marxsche Theorie*，Berlin：De Gruyter，1970.

② 对于政治行动的概念，如果马克思想发展这样的政治哲学，这将是一个至关重要的问题。马克思也几乎没有评论过如何激发经验主体采取适当行动的问题。一方面，他假设无产阶级的困境将给予他们正确的动机；另一方面，他跳过了——在这里也与黑格尔的哲学有一定距离——结构宏观层面如何与个人行为相联系的问题，暗示这种转移将以某种方式发生。另一方面，既没有在他对政治经济学的批评中，也没有在他的类本质的形而上学的背景下找到关于这种转移过程的完成理论。——原注

③ *Marx-Engels-Gesamtausgabe*（*MEGA²*），Abteilung Ⅱ，Band 5，Hamburg，Otto Meissner Verlag，1867，S. 16. 中文译文参见《马克思恩格斯全集》第 42 卷，北京：人民出版社 1979 年版，第 16 页。

由是对必然的认识。"盲目只有在这件事没被理解的范围内才是必然的。"自由不在于自然法所梦想的独立性中,而在于对这些法的理解,以及它们对特定目的按计划行事给定的可能性中。①

（我非常感谢纳丁·穆伦和蒂姆·罗耶克所提供的宝贵信息和许多改进建议。）

① *Marx-Engels-Gesamtausgabe*（*MEGA²*）, Abteilung I, Band 27, Berlin: Dietz Verlag, 1988, S. 312.

MEGA²编辑的现状与计划①

米夏埃尔·宽特②

（德国明斯特大学哲学系）

　　自新冠疫情暴发以来，MEGA²（Marx-Engels-Gesamtausgabe）的编辑面临着种种困难，"居家辩证法"和"数字化的辩证法"成为新的编辑团队的工作常态。在各方的努力下，尽管困难重重，编辑团队还是顺利编辑了《伦敦笔记》《共产党宣言》《新莱茵报》等一系列手稿、笔记和书信，将陆续出版问世。在未来，MEGA²将与各研究机构精诚合作，共同朝着更好的方向继续发展。

　　大家好！我是德国明斯特大学的哲学家米夏埃尔·宽特，同时也是MEGA（Marx-Engels-Gesamtausgabe）编辑委员会的一员。应中共中央编译局和南京大学的邀请，我将为大家作一个简短的报告，介绍德国柏林

---

① 此文为米夏埃尔·宽特教授在 2022 年中国第三届"马克思主义文献典藏与研究"国际研讨会上的发言。

② 作者简介：米夏埃尔·宽特（Michael Quante），德国明斯特大学哲学院教授。曾任德国哲学学会主席（2012—2014），现任国际马克思恩格斯基金会（MEGA）主席，德国研究奖管理委员会委员，柏林-勃兰登堡科学院成员，北威州科学与艺术研究院和欧洲科学院成员，德国匈牙利协会副主席等。担任剑桥出版社、牛津大学出版社、劳特里奇出版社和斯普林格出版社等的审稿人。担任《哲学研究杂志》《欧洲哲学杂志》《医学伦理学杂志》等德语刊物审稿人。自 2012 年起为《黑格尔研究》主编之一。研究领域包含马克思主义哲学、德国唯心主义哲学、人的哲学、行动理论、生物医学伦理学、法哲学和社会哲学等。译者简介：孔伟宇，南京大学马克思主义社会理论研究中心暨哲学系博士研究生，德国明斯特大学访问学者，研究方向为马克思主义哲学史。

勃兰登堡科学院 MEGA 编辑团队的实际发展情况与未来的工作计划。我们的主要工作是编辑《马克思恩格斯全集》的批判性版本。

首先，我将从新冠疫情为我们带来的挑战说起。众所周知，我们所有人都正在面临疫情大流行的时代，可以肯定的是，这对我们每个人都有深远的影响。我们在柏林编辑 MEGA 的团队成员显然要比过去少很多。我将其称为"居家办公的辩证法"。大家可能也在你们研究的领域了解到，一方面，面对疫情肆虐的时代，我们用一种非常快速和与时俱进的方式来利用新的工具，例如这种远程在场的数字化教学与合作。但另一方面，如何构建一种新型的团队合作模式？这会带来很多新的难题。很多人可能无法设想，对马克思恩格斯的复杂文本的编辑是一种团队行为，而不是一种个体行为。除去安全、技术设备等问题，对这种新的编辑与合作模式的适应本身就需要我们花费很多精力。但是大家也可以相信，我们的团队越年轻，我们就越能更好地合作。自从我担任国际马恩基金会主席以来，今年已经是第三个年头了。我们现在面临的挑战是如何使我们的团队成员以一种全新合作模式重新回归团队的工作，这种合作模式必须是真正有效的。我们现在正在努力建立这种模式。即使未来的工作进展无法预料，我们仍然会非常乐观。在过去的几年里，尽管我们成员都感到压力很大，我们还是成功建立了一个良性的工作流程。

其次，我想谈一谈我称之为"数字化的辩证法"的方面。正如大家了解到的那样，在 2016 年，MEGA² 编辑的第二个时期也就是最后一个时期正式开始。我们申请以数字化出版的形式来完成 MEGA² 编辑最后几年的工作。如果顺利的话，我们将在 2032 年完成 MEGA² 的编辑和出版。的确，我们仍然面临很多挑战。可以设想一下，当我们将角色转换为编辑、文献研究者、出版者的时候，很多内容需要我们重新开始学习。例如我们在文献的细节处理上就遇到了难题，在 MEGA² 第三部分的书信内容以及第四部分的笔记内容中，每一卷中的文本都具有其特殊性，都需要我们制定个性化的处理方案来编辑，特别的卷次尤其需要特别的解决方案。如果将马克思的数学研究手稿或其他一封复杂的书信手稿放到你的面前，你就可以清楚地看到编辑方案是多么的众口难调。这就意味着，编辑一卷书需要一个漫长的过程,在这个过程中我们不断地从技术方面探讨不同词语的用法,并增加相应的技术手段来辅助我们的编辑。可以说,我们在一卷卷的编辑中学习和摸索,我们是"以战养战"。反过来看,我认为数字化出版最终对我们研究者而言是有积极作用的。基于现在的研究水平,我们可以分析出马克思恩格斯的出版物和手稿的历史语境,因为我们可以阅读马克思恩格斯曾经摘录、阅读和研究过的内容,包括同时代其他人给马克思恩格斯写的信也都收录在 MEGA² 的第三部分中。此外,通过数字化呈现马克思恩格斯的文本、卷次和索引来追寻马克思恩格斯的足迹,就更容易了。因此,我们非常乐观!作为一名哲学家,我个人也非常乐观地认为,我们将在这几年里更好地理解马克思恩格斯的深层思想结构,并且弄清楚马克思恩格斯为什么要在不同的领域进行理论建构。

没有文本和手稿就没有编辑对象,但没有团队的努力也不可能有好的编辑结果。在过去的几年时间里,由于一些变故,特别是我们编辑团队的一个成员不幸逝世,以及有一些成员在去年和今年退休,我们不得不调整我们的编辑团队,并且招聘一批年轻的同事。这就使得我们的工作要经历一个磨合的过程,加之近年来肆虐的疫情影响,为我们的编辑工作带来了很大的困难。然而,我们还是成功克服了种种困难,我认为我们的编辑团队现在处于一个非常好的工作状态,完全可以应对未来几年的工作挑战。要知道,年轻人对技术能力、专业知识的学习速度,以及对数字化的态度与年长的成员相比是完全不同的。因此,我认为活力是一个团队必不可少的,我们老一辈所面临的一些问题可以被年轻一代克服,这是对待各种事物的一个重要视角。此外,我们还为年轻的团队成员提供了出版、教学和研究等方面的额外职称选择。因为我们认为,在这样一个科学的训练中当一名编辑,也需要成为学术界的一员。所以我们为他们设立了新的选择和方案。

诚然,我们从事的 MEGA 编辑工作是由德国科学院长期资助的项目。这意味着我们必须定期参加考核。并且,承担这样一个体量庞大的编辑项目,我们必须经常性地接受评估和考核。也是由于这个原因,我们需要报告过去几年 MEGA² 的出版情况。

下面，我将简单介绍过去几年中已经出版的内容：

（1）第一部分第 16 卷已经在前几年出版。其中收录了马克思1857—1858 年间写作的文章，特别是发表在《纽约每日论坛报》《美国新百科全书》的文章。

在第四部分，大家可以通过已经出版的卷次看到马克思曾经的经济学研究摘录，在其中我们可以清晰地看出这位伟大思想家的跨学科研究以及可能对他的政治经济学批判产生影响的理论来源。

（2）第一部分第 8 卷已经以纸质图书的形式出版。其中收录了马克思在《新莱茵报》上发表的文章。我们还新确认了一批由马克思或恩格斯撰写但是过去没有整理出版过的文章，这部分也收录在了这一卷当中。此外，我们确认了《新莱茵报》中有些文章不是马克思恩格斯撰写的。因此，这一卷的内容也十分重要，我们可以从中看到马克思恩格斯新闻政治工作和早期理论研究工作的相互关系。

（3）第四部分第 19 卷已经以数字化的形式出版。其中收录了马克思在 1868—1869 年的政治经济学研究以及部分书信内容。

我们现在试图在技术上进行改进，为读者和研究者提供最佳的呈现形式，为未来的马克思恩格斯的进一步研究提供便利。

如果我们不公布未来几年的编辑方案与计划，就很难得到学术界的客观评估和有效建议。现在，我们对今年以及未来两年的编辑工作充满激情。在我们目前计划出版的著作中，有一些非常有意义的内容，包括大家一直非常期待的作品。

（1）我们将在今年出版第一部分第 4 卷。其中收录了马克思恩格斯合作撰写的《神圣家族》，以及恩格斯的早期作品《英国工人阶级的状况》。所以这一卷构成了马克思恩格斯早期作品中的重要部分。

（2）第四部分第 10 卷即将付印。其中收录了所谓马克思的《伦敦笔记》。按照原计划，我们原本打算不印刷之后出版的第四部分的各卷次，但是由于《伦敦笔记》的已出版的卷次已经以纸质图书的形式出版了，在这种特殊的情况下，我们决定将这一卷继续印刷出版。

（3）第一部分第 15 卷按照计划将在明年付印。其中收录了马克思恩格斯在 1856—1857 年间撰写的手稿。

（4）第一部分第 6 卷正在紧张地编辑和筹备中。这一部分收录的也是马克思恩格斯的早期文本，主要包括了马克思恩格斯的《共产党宣言》，这也是马克思和恩格斯政治和理论思想有机融合的最重要的核心文本之一。可以说，全世界的马克思恩格斯研究者们都在期待这一卷 MEGA 的批判版本问世。我们相信，这一 19 世纪最重要的哲学和政治史著作的重要版本将在明年问世。

（5）第一部分第 9 卷计划在明年至后年出版。这一卷的出版意味着《新莱茵报》的全部内容出版完成，也将会帮助我们完整地研究马克思恩格斯在 19 世纪 40 年代后期的新闻与政治工作。

（6）此外，关于第三部分的内容，我们正在积极以数字化的形式持续编辑出版马克思恩格斯的往来书信，目前已经编辑到 1870 年左右的书信。

（7）可以确定的是，我们将在未来两年内完成第四部分第 25 和 27 卷的编辑出版。如此一来，结合之前已经出版的第 26 卷，关于所谓"老年马克思"的立场和理论研究问题的庞大文献群将会完整地呈现给研究者们。

以上就是我们编辑团队正在进行和计划进行的工作。一路走来，尽管困难重重，但我们依然信心满满。去年 8 月，德国勃兰登堡科学院对我们进行了阶段性考核，考核结果十分乐观。参与考核的专家对我们的项目评价很高，他们还向科学院建议：MEGA 编辑项目应当继续推进下去，而且完全可以继续推进。这也使我们备受鼓舞，我们将沿着既定的道路继续且坚定地走下去。

当然，考核的专家们和科学院也承认新冠疫情为我们的工作带来了许多困难。由于种种原因，我们的团队不得不做出改变。除了我们的编辑工作，他们也认为我们现在的工作模式和团队建设创新十分有意义，出版和学历的职称方案为我们团队的年轻成员提供了一个长远的发展视域，他们不仅仅是编辑，而且在更广泛的意义上将成为学术界的一员，这也使他们更好地进入之后的马克思恩格斯文本编辑工作。

然而想必大家也知道，不久前世界格局再次开始发生巨大变化，特别是在欧洲。欧洲正在爆发第二次危机，这也加剧了新冠疫情的扩散。众所周知，MEGA 不仅仅是一个跨学科项目，更是一项跨越国家的国际性事业，我们需要与世界上很多国家的机构和学者进行合作。作为 MEGA 编辑团队的负责人，也作为一名德国勃兰登堡科学院的成员，我个人认为，即使在世界性冲突与困难重重的时代，科学性的合作仍需要超越政治性的边界与障碍，这是我们开展沟通与合作的必要前提。

因此，我真诚地希望，MEGA 与全世界各个研究机构和组织（特别是与德国勃兰登堡科学院和莫斯科）的良好合作能够继续进行，也将会继续进行，而不仅仅是将合作建立在那些认为除了科学对话别无选择的愿意合作的研究人员之上。为了重新建立和回到和平的交流，也为了 MEGA 的编辑能够继续推进，我们需要与全世界各个国家的研究机构和人员建立合作，特别是与俄罗斯的重新合作至关重要。我们也将尽我们所能，用实际行动保证 MEGA 的编辑和出版。通过一系列的努力，我们由衷地希望：MEGA 项目顺利进行，欧洲也能重返和平。